Original illisible
NF Z 43-120-10

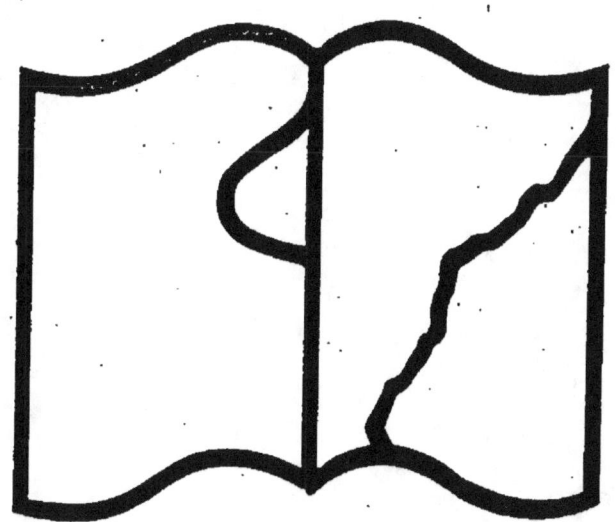

Texte détérioré — reliure défectueuse
NF Z 43-120-11

"VALABLE POUR TOUT OU PARTIE
DU DOCUMENT REPRODUIT".

OEUVRES

DE

NAPOLÉON
BONAPARTE.

IMPRIMERIE DE C. L. F. PANCKOUCKE.

ŒUVRES

DE

NAPOLÉON

BONAPARTE.

TOME DEUXIÈME.

PARIS,
C. L. F. PANCKOUCKE, ÉDITEUR,
Rue des Poitevins, n° 14.

MDCCCXXI.

OEUVRES DE NAPOLÉON BONAPARTE.

PREMIÈRE CAMPAGNE D'ITALIE.

(Suite).

Au quartier-général à Passeriano, le 15 fructidor an 5
(1ᵉʳ septembre 1797.)

Au directoire exécutif.

Les nouveaux entrepreneurs des hôpitaux, depuis trois mois qu'ils doivent prendre leur service, ne sont pas encore arrivés : ce retard a tellement bouleversé ce service, malgré le soin qu'on y a apporté, que les malades s'en ressentent, et que le nombre des morts aux hôpitaux s'en accroîtra considérablement.

L'équipage d'artillerie a été formé avec beaucoup de peine et de soins ; il est notre seul espoir si nous entrons en campagne, et est, aujourd'hui, fort de six mille chevaux. Il n'a pas coûté un sou à l'entreprise Cerfbeer ; au contraire, il doit lui en être revenu des pots de vin de la part de ses agens en Italie : nous avons tout acheté avec l'argent de la république.

Voilà déjà quinze jours que l'entreprise Cerfbeer a cessé, et qu'aucune autre ne la remplace. L'équipage d'artillerie périt déjà si sensiblement, que nous avons pensé, l'ordonnateur et moi, devoir prendre des mesures promptes pour que ce service n'éprouvât aucun choc, et que les hommes qui en ont l'inspection dans ce moment-ci puissent nous en répondre.

L'ordonnateur en chef a passé, en conséquence, le marché que je vous envoie, je vous prie de le ratifier : c'est le seul moyen pour que nos six mille chevaux ne soient pas gaspillés en peu de temps, et que se service, si essentiel maintenant, ne soit pas entièrement bouleversé. BONAPARTE.

Au quartier-général à Passeriano, le 17 fructidor an 5
(3 septembre 1797.)

Au directoire exécutif.

J'ai l'honneur de vous communiquer la lettre que j'écris au ministre des finances, je vous prie d'en prendre lecture.

Je désirerais même que vous la fissiez imprimer, afin que chacun connût quelle peut être la source de ces mille et un propos qui se répandent dans le public, et dont on trouve l'origine dans les impostures de la trésorerie. BONAPARTE.

Au quartier-général de Passeriano, le 17 fructidor an 5
(3 septembre 1797).

Au citoyen Carnot.

Le ministre de la guerre me demande des renseignemens sur les opérations que l'on pourrait entreprendre si la guerre recommençait. Je pense qu'il faudrait avoir sur le Rhin une armée de douze mille hommes de cavalerie et quatre-vingt mille hommes d'infanterie; avoir un corps faisant le siége de Manheim et masquant les quatre places fortes du Rhin; avoir en Italie quatre-vingt mille hommes d'infanterie et dix mille de cavalerie.

La maison d'Autriche, prise entre ces deux feux, serait perdue.

Elle ne peut pas nous nuire : car, avec une armée de quatre-vingt mille hommes on peut toujours avoir soixante mille hommes en ligne de bataille, et vingt mille en deçà en détachemens, pour se maintenir et rester maîtres de ses derrières.

Or, soixante-dix mille hommes en battent quatre-vingt-dix mille sans difficulté, à chance égale de bonheur.

Mais il faudrait que l'armée d'Italie eût quatre-vingt mille hommes d'infanterie.

Il y a aujourd'hui trente-cinq mille hommes à l'armée d'Italie présens sous les armes.

Dans ce cas, l'armée d'Italie ne sera donc, pour entrer en Allemagne, que de soixante mille hommes d'infanterie; on aura huit mille Piémontais, deux mille Cisalpins; il lui faudrait encore dix mille Français.

Quant à la cavalerie, elle a six mille deux cents hommes.

Il lui faudrait encore trois mille hommes de cavalerie.

Nous avons déjà eu deux conférences, que nous avons employées à nous entendre.   BONAPARTE.

Au quartier-général à Passeriano, le 17 fructidor an 5
(3 septembre 1797).

Au ministre des finances.

J'ai reçu, citoyen ministre, la lettre que vous m'avez envoyée par le dernier courrier.

Je ne puis répondre que trois mots : tout ce qu'on vous a dit sur les principes qui avaient été posés pour la marche de la comptabilité des finances de l'armée d'Italie est faux. Il n'y a jamais eu à l'armée d'Italie, depuis qu'il n'y a plus de commissaire du gouvernement, qu'une seule caisse, qui est celle du payeur de l'armée; elle se divise naturellement en deux branches, en caisse recevante, que nous avons appelée

1.

caisse centrale, et qui est destinée à recevoir les contributions, et en *caisse dépensante :* celle-ci sert à payer les dépenses de l'armée.

Tout ce que je lis, venant de la trésorerie, porte un caractère d'ineptie et de fausseté qui ne peut être expliqué que par la plus grande malveillance.

La trésorerie dit que nous avons 33,000,000 en caisse : elle dit un mensonge, car l'ordonnateur a beaucoup de peine à faire son service, et l'on suffit difficilement au prêt.

On estime le prêt de l'armée d'Italie à 1,400,000 fr. par mois, autre inexactitude : le prêt de l'armée monte à 3,000,000 par mois.

On dit que l'armée d'Italie n'a envoyé qu'un million à l'armée du Rhin, autre fausseté ; elle lui a envoyé un million l'année dernière, et un autre million cette année : il y a près de trois mois que ce dernier est arrivé.

Si tous les autres calculs pour toutes les autres dépenses de l'état et les autres armées de la république sont faits avec la même bonne foi, je ne suis plus étonné que les comptes de la trésorerie soient en si grande dissonnance avec la réalité.

Au reste, citoyen ministre, je ne me mêle des finances de l'armée que pour ne pas souffrir qu'une trésorerie mal intentionnée vienne nous ôter la subsistance que le soldat s'est gagnée, et nous fasse périr de faim.

Que la trésorerie assure la subsistance de l'armée, et alors nous nous embarasserons fort peu de ce qu'elle fera.

Mais, par l'emploi qu'elle a fait du million que j'avais envoyé pour les matelots de Toulon, qu'elle a retiré à Paris, quoique la paye des matelots se trouvât arriérée de trois mois, et par le million que j'avais envoyé à Brest, qu'elle a retenu à Paris, quoique les matelots de Brest se trouvassent sans prêt, je vois qu'elle se soucie fort peu du bien du soldat, pourvu qu'elle conclue des marchés comme ceux de la compagnie Flachat, par lesquels elle lui accorde 50,000 fr. pour le transport d'un million à Paris. Un million en espèces pèse à peu près dix milliers : cela ferait la charge de six voitures, qui, rendues en poste et en cinq jours à Paris, occasioneraient une dépense de trois à quatre cents louis; si vous ajoutez à cela la faculté de pouvoir le transporter en or et en lettres de change, il est facile de vous convaincre quelle est la friponnerie qui dirige toutes les opérations de la trésorerie.

Je vous prie, citoyen ministre, de communiquer cette lettre aux commissaires de la trésorerie, et de les prier, lorsqu'ils auront des assertions à publier sur les finances de l'armée d'Italie, de vouloir bien être un peu mieux instruits, et de s'occuper franchement des besoins de l'état.

L'armée d'Italie a procuré quarante ou cinquante millions à la république, indépendamment de l'équipement, de l'habillement, de la solde et de tout l'entretien d'une des premières armées de la république. Mais la postérité, en feuilletant l'histoire des siècles qui nous ont précédés, observera qu'il n'y a de cela aucun exemple. Qu'on ne s'imagine pas que cela ait pu se faire sans imposer des privations à l'armée d'Italie, elle en a souvent éprouvé; mais je savais que les autres armées, que notre marine, que le gouvernement avaient de plus grands besoins encore.

L'escadre du contre-amiral Brueys arrive à Venise. J'avais envoyé un million à Toulon, la trésorerie s'en est emparée, et il nous faut aujourd'hui près de deux millions, pour pouvoir acquitter six mois de l'arriéré de la solde, fournir à l'approvisionnement de la flotte et à l'habillement et équipement des matelots et garnisons des vaisseaux. Sans doute que la trésorerie dénoncera encore le commissaire ordonnateur, parce qu'il pourvoira aux besoins de son escadre : je ne sache pas qu'on puisse pousser plus loin la malveillance, l'ineptie et l'impudence. BONAPARTE.

Au quartier-général à Passeriano, le 17 fructidor an 5
(3 septembre 1797).

Bonaparte, général en chef de l'armée d'Italie, aux citoyens de la huitième division militaire.

Le directoire exécutif vous a mis sous mon commandement militaire.

Je connais le patriotisme du peuple des départemens méridionaux ; des hommes ennemis de la liberté ont en vain cherché à vous égarer.

Je prends des mesures pour rendre à vos belles contrées le bonheur et la paix.

Patriotes, républicains, rentrez dans vos foyers ; malheur à la commune qui ne vous protégera pas ! malheur aux corps constitués qui couvriraient de l'indulgence le crime et l'assassinat !

Et vous, généraux, commandans de place, officiers, soldats, vous êtes dignes de vos frères d'armes d'Italie ! protégez les républicains, et ne souffrez pas que des hommes couverts de crime, qui ont livré Toulon aux Anglais, qui nous ont obligés à un siége long et pénible, qui ont en un seul jour incendié treize vaisseaux de guerre, rentrent et nous fassent la loi.

Administrateurs, municipaux, juges de paix, descendez dans votre conscience : êtes-vous amis de la république, de la gloire nationale ? êtes-vous dignes d'être les magistrats de la grande nation ? Faites exécuter les lois avec exactitude, et sachez que vous serez responsables du sang versé sous vos yeux ; nous serons vos bras, si vous êtes à la constitution et à la liberté ; nous serons vos ennemis, si vous n'êtes que les agens de la cruelle réaction que soudoie l'or de l'étranger.

BONAPARTE.

Au quartier-général à Passeriano, le 20 fructidor an 5
(6 septembre 1797).

Au directoire exécutif.

L'escadre du contre-amiral Brueys est arrivée à Venise. Elle est nue et arriérée de quatre mois de paye : cela ne laisse pas de nous embarrasser beaucoup, puisqu'elle nous coûtera deux millions.

L'Italie s'épuise : les sommes considérables qu'il faut chaque mois pour entretenir une armée nombreuse, et qui se nourrit déjà depuis deux ans dans cette contrée, ne donnent de l'inquiétude pour l'avenir.

Le ministre des relations extérieures vous rendra compte que les négociations vont assez mal; cependant je ne doute pas que la cour de Vienne n'y pense à deux fois avant de s'exposer à une rupture, qui aurait pour elle des conséquences incalculables.

Plus nous conférons avec les plénipotentiaires, et plus nous reconnaissons de la part de Thugut, qui a rédigé les instructions, une mauvaise foi qui n'est plus même dissimulée. Tout le manége d'Udine me paraît avoir pour but d'obtenir Palma-Nova, qui est aujourd'hui dans une position effrayante pour eux. Vous connaissez sa situation topographique : neuf bons bastions avec de bonnes demi-lunes bien revêtues, fortifications bien rasantes; armée de deux cents pièces de canon et approvisionnée pour huit mois à six mille hommes. Ce serait pour eux un siége du premier ordre à entreprendre; ils seraient obligés de faire venir leur artillerie de Vienne. Depuis quatre mois que nous possédons cette place, j'y ai fait travailler constamment avec la plus grande activité : les fossés en étaient comblés, et tout était dans le plus grand désordre. Cette place seule change la nature de notre position en Italie.

Mais si l'on passe le mois d'octobre, il n'y a plus de possibilité d'attaquer l'Allemagne : il faut donc se décider promptement et rapidement. Si la campagne ne commence point dans les premiers jours d'octobre, vous ne devez pas compter que je puisse entrer en Allemagne avant la fin de mars.

BONAPARTE.

Au quartier-général à Passeriano, le 21 fructidor an 5
(7 septembre 1797).

A MM. Vurtemberger et Schmidt, représentans de la confédération helvétique.

Je ne reçois qu'aujourd'hui, messieurs, votre lettre, datée du 29 août. Je vous prie d'être persuadés du plaisir que j'aurais eu à pouvoir de nouveau vous témoigner de vive voix les sentimens que vous m'avez inspirés, et vous remercier moi-même de la sagesse avec laquelle vous avez, pendant votre gouvernement, contribué à la tranquillité de nos frontières.

La nation que vous représentez a une réputation de sagesse, que l'on aime à voir confirmée par la conduite de ses représentans.

Croyez que, en mon particulier, je regarderai toujours comme un des momens les plus heureux celui où il me sera possible de faire quelque chose qui puisse convaincre les treize cantons de l'estime et de la considération toute particulière que les Français ont pour eux. BONAPARTE.

Au quartier général à Passeriano, le 24 fructidor an 5
(10 septembre 1797).

A l'archevêque de Gênes.

Je reçois dans l'instant, citoyen, votre pastorale du 5 septembre. J'ai cru entendre un des douze apôtres : c'est ainsi que parlait saint Paul. Que la religion est respectable quand elle a des ministres comme vous ! Véritable apôtre de l'Evangile, vous inspirez le respect, vous obligez vos ennemis à vous estimer et à vous admirer ; vous convertissez même l'incrédule.

Pourquoi faut-il qu'une église qui a un chef comme vous ait de misérables subalternes, qui ne sont pas animés par l'esprit de charité et de paix ? Leurs discours démentent l'Evangile. Jésus-Christ mourut plutôt que de confondre ses ennemis autrement que par la foi. Le prêtre réprouvé, au contraire, a l'œil hagard ; il prêche la révolte, le meurtre, le sang ; il est payé par l'or du riche ; il a vendu, comme Judas, le pauvre peuple. Purgez-en votre église, et faites tomber sur eux l'anathème et la malédiction du ciel.....

La souveraineté du peuple, la liberté, c'est le code de l'Evangile.

J'espère sous peu être à Gênes : mon plus grand plaisir sera de vous y voir. Un prélat comme Fénélon, l'archevêque de Milan, l'archevêque de Ravenne, rend la religion aimable en pratiquant toutes les vertus qu'elle enseigne ; et c'est le plus beau présent que le ciel puisse faire à une grande ville et à un gouvernement. Croyez, je vous prie, aux sentimens, etc.

BONAPARTE.

Au quartier-général à Passeriano, le 25 fructidor an 5 (11 septembre 1797).

Au gouvernement de Gênes.

Le citoyen Ruggieri m'a communiqué les différentes proclamations qui contastent ce que vous avez fait dans les journées difficiles où vous vous êtes trouvé. Agissez avec force ; faites désarmer les villages rebelles ; faites arrêter les principaux coupables ; faites remplacer les mauvais prêtres, ces lâches qui, au lieu de prêcher la morale de l'Evangile, prêchent la tyrannie. Chassez les curés, ces scélérats qui ont ameuté le peuple et armé le bon paysan contre sa propre cause ; que l'archevêque vous fournisse des prêtres qui, comme lui, retracent les vertus des pères de l'Evangile.

Achevez d'organiser promptement votre garde nationale, votre troupe de ligne, et, s'il en était besoin, faites connaître aux ennemis de la liberté que j'ai cent mille hommes pour rejoindre avec votre nombreuse garde nationale, et effacer jusqu'aux traces des ennemis de votre liberté.

Désormais la liberté ne peut plus périr à Gênes : malheur à ceux qui ne se contenteraient pas du titre de simple citoyen, qui chercheraient à reprendre un pouvoir que leur tyrannie leur a fait perdre ! le moment de leur exaltation deviendrait celui de leur perte.   BONAPARTE.

Au quartier-général à Passeriano, le 26 fructidor an 5
(12 septembre 1797).

Aux marins de l'escadre du contre-amiral Brueys.

Camarades, les émigrés s'étaient emparés de la tribune nationale.

Le directoire exécutif, les représentans restés fidèles à la patrie, les républicains de toutes les classes, les soldats, se sont ralliés autour de l'arbre de la liberté : ils ont invoqué les destins de la république....., et les partisans de la tyrannie sont aux fers.

Camarades, dès que nous aurons purifié le continent, nous nous réunirons à vous pour conquérir la liberté des mers : chacun de vous aura présent à sa pensée le spectacle horrible de Toulon en cendre, de notre arsenal, de treize vaisseaux de guerre en feu; et la victoire secondera nos efforts.

Sans vous, nous ne pourrions porter la gloire du nom français que dans un petit coin du continent; avec vous, nous traverserons les mers, et la gloire nationale verra les régions les plus éloignées. BONAPARTE.

Au quartier-général à Passeriano, le 26 fructidor an 5
(12 septembre 1797).

Proclamation à l'armée.

Soldats,

Nous allons célébrer le premier vendémiaire, l'époque la plus chère aux Français; elle sera un jour bien célèbre dans les annales du monde.

C'est de ce jour que datent la fondation de la république, l'organisation de la grande nation; et la grande nation est appelée par le destin à étonner et consoler le monde.

Soldats! éloignés de votre patrie, et triomphant de l'Europe, on vous préparait des chaînes; vous l'avez su, vous avez parlé: le peuple s'est réveillé, a fixé les traîtres, et déjà ils sont aux fers.

Vous apprendrez, par la proclamation du directoire exécutif, ce que tramaient les ennemis particuliers du soldat, et spécialement des divisions de l'armée d'Italie.

Cette préférence nous honore : la haine des traîtres, des tyrans et des esclaves sera dans l'histoire notre plus beau titre à la gloire et à l'immortalité.

Rendons grâce au courage des premiers magistrats de la république, aux armées de Sambre-et-Meuse et de l'intérieur, aux patriotes, aux représentans restés fidèles au destin de la France; ils viennent de nous rendre, d'un seul coup, ce que nous avons fait depuis six ans pour la patrie.

BONAPARTE.

Au quartier-général à Passeriano, le 26 fructidor an 5
(12 septembre 1797).

Au directoire exécutif.

Je vous envoie ma proclamation à l'armée, en lui faisant part de votre proclamation et des événemens qui sont arrivés le 18 à Paris.

Je ne sais par quelle fatalité le ministre de la guerre ne m'a pas encore envoyé votre arrêté qui incopore l'armée des Alpes dans l'armée d'Italie. Un de ces arrêtés, qui est du 4 fructidor, vient de m'arriver aujourd'hui, encore est-ce un envoi que vous m'avez fait des bureaux du directoire même.

J'ai fait partir pour Lyon la quarante-cinquième demi-brigade de ligne, commandée par le général de brigade Bon, et une cinquantaine d'hommes à cheval: ces troupes se trouveront à peu près à Turin lorsque vous recevrez cette lettre.

J'ai fait partir le général de brigade Lannes avec la vingtième d'infanterie légère, et la neuvième de ligne, pour Marseille: elle se trouvera, lorsque vous lirez cette lettre, à peu près à la hauteur de Gênes.

J'ai envoyé dans les départemens du Midi la proclamation que je vous fais passer.

Je vais également m'occuper de faire une proclamation pour les habitans de Lyon, dès que je saurai à peu près ce qui s'y sera passé; dès l'instant que j'apprendrai qu'il y a le moindre trouble, je m'y porterai avec rapidité.

L'état-major a envoyé copie de votre arrêté au général Kellermann. Comptez que vous avez ici cent mille hommes qui, seuls, sauraient faire respecter les mesures que vous prendrez pour asseoir la liberté sur des bases solides.

Qu'importe que nous remportions des victoires, si nous sommes honnis dans notre patrie? On peut dire de Paris ce que Cassius disait de Rome : Qu'importe qu'on l'appelle reine, lorsqu'elle est, sur les bords de la Seine, esclave de l'or de Pitt ? BONAPARTE.

Au quartier-général à Passeriano, le 26 fructidor an 5
(12 septembre 1797).

Au ministre des relations extérieures.

Le général Clarke vous écrit en grand détail, citoyen ministre, pour vous faire connaître notre situation ; vous trouverez également dans sa correspondance la copie des procès-verbaux : toutes ces négociations ne sont que des plaisanteries, les vraies négociations se feront à Paris. Si le gouvernement prend une bonne fois la stabilité qu'il doit avoir ; si cette poignée d'hommes évidemment vendus à l'Angleterre, ou séduits par les cajoleries d'une bande d'esclaves, se trouve une fois dans l'impuissance et sans moyens d'agiter, vous aurez la paix, et telle que vous la voudrez, quarante-huit heures après.

On se figurerait difficilement l'imbécillité et la mauvaise foi de la cour de Vienne. Dans ce moment-ci nos négociations sont suspendues, parce que les plénipotentiaires de S. M. ont envoyé un courrier à Vienne pour connaître l'*ultimatum* de l'empereur.

Le seul projet auquel nous avons paru donner quelque assentiment, dans le confidentiel, est celui-ci : les limites spécifiées dans nos observations sur l'article 4 des préliminaires, seraient pour nous Mayence, etc.

Pour l'empereur, Venise et les limites de l'Adige.

Corfou, etc., à nous.

Le reste de l'Italie libre, à la Cisalpine.

Nous donnerions Palma-Nova le même jour qu'ils nous donneraient Mayence.

Je vous le répète, que la république ne soit pas chancelante; que cette nuée de journaux qui corrompent l'esprit public et font avoir de nous une très-mauvaise opinion à l'étranger, soit étouffée; que le corps législatif soit pur et ne soit pas ambitieux; que l'on chasse hors de la France les émigrés, et que l'on ôte de toutes les administrations les partisans de la royauté, que solde l'or de l'Angleterre, et la grande nation aura la paix comme elle voudra. Tant que tout cela n'existera pas, ne comptez sur rien. Tous les étrangers nous menacent de l'opinion de la France : que l'on ait de l'énergie sans fanatisme, des principes sans démagogie, et de la sévérité sans cruauté; que l'on cesse d'être faible, tremblant; que l'on n'ait pas honte, pour ainsi dire, d'être républicain; que l'on balaye de la France cette horde d'esclaves conjurés contre nous, et le sort de l'Europe est décidé.

Que le gouvernement, les ministres, les premiers agens de la république n'écoutent que la voix de la postérité.

BONAPARTE.

Au quartier-général à Passeriano, le 26 fructidor an 5
(12 septembre 1797).

Au citoyen Canclaux, ministre de la république à Naples.

Je reçois, citoyen ministre, votre lettre du 13 fructidor : M. le marquis de Gallo m'a effectivement parlé du projet qu'avait S. M. le roi des Deux-Siciles, soit sur les îles du Levant, soit sur les nouvelles frontières du côté du pape.

La république française saisira toutes les occasions de donner à S. M. le roi des Deux-Siciles une marque du désir qu'elle a de faire quelque chose qui lui soit agréable. M. le marquis de Gallo, qui a toujours été l'interprète des sentimens de la cour de Naples à la cour de Vienne, pour porter cette cour à une paix si nécessaire pour les deux états et si ardemment désirée par le gouvernement français, est plus propre que personne à suivre des négociations si intéressantes pour S. M. le roi des Deux-Siciles. Si, donc, les circonstances l'eussent permis, nous aurions déjà ouvert des négociations à cet effet ; mais nous avons pensé que dans un moment où l'on traitait des négociations qui doivent servir à la France de base dans le système du midi de l'Europe, il était impossible de rien décider. J'espère cependant que, d'un moment à l'autre, les négociations d'Udine prendront un caractère plus décidé, et assurez S. M. le roi des Deux-Siciles que la république française fera tout ce qui dépendra d'elle pour répondre à ses désirs.

Quant à moi, la cour de Naples connaît l'empressement que j'ai toujours eu de faire quelque chose qui pût lui être agréable. BONAPARTE.

Au quartier-général à Passeriano, le 27 fructidor an 5 (13 septembre 1797).

Au directoire exécutif.

Le département du Liamone, en Corse, n'est pas content d'avoir pour chef d'escadron de la gendarmerie de ce département le citoyen Gentilli : je vous prie de confirmer la nomination du citoyen Caura, qui remplit déjà cette place ; il a rendu des services essentiels dans la reprise de l'île, et joint à une parfaite connaissance des sentiers, des montagnes, un grand courage et un patriotisme éprouvé.

Ce département se plaint aussi de ce qu'on a ôté les bons

patriotes et anciens officiers qui remplissaient les places de lieutenans, pour y mettre trois cousins du citoyen Salicetti, dont l'un est un jeune homme qui n'a jamais servi.

Il y a entre les deux départemens qui divisent la Corse une certaine rivalité, qu'il est d'une bonne politique de laisser subsister, et qui serait d'ailleurs extrêmement difficile à détruire.

Le département du Liamone aime mieux avoir un Français du continent employé dans sa garde qu'un Corse du département du Golo. Vous sentez combien il est avantageux que ces deux extrémités de l'île s'attachent entièrement à la métropole. Je crois donc qu'il serait utile de nommer les citoyens Bonneli et Costa dans la gendarmerie du Liamone.

BONAPARTE.

Au quartier-général à Passeriano, le 27 fructidor an 5
(13 septembre 1797).

Au ministre de la marine.

L'amiral Brueys est arrivé à Venise, comme j'ai eu l'honneur de vous écrire ; je lui ai fait fournir l'habillement pour ses matelots et ses soldats, trois mois de vivres, et toute la solde arriérée : cela nous coûte deux millions, et met le prêt de l'armée en danger de manquer. Nous avions déjà envoyé un million à Toulon à cet effet.

L'amiral Brueys ne tardera pas à partir prendre à Corfou une partie des vaisseaux vénitiens qu'il y a laissés, et à retourner à Toulon.

BONAPARTE.

Au quartier-général à Passeriano, le 27 fructidor an 5
(13 septembre 1797).

Au directoire exécutif.

J'ai eu l'honneur de vous prévenir, dans le temps, que j'avais fait prendre, à Livourne, trente mille fusils appartenant au roi d'Espagne : c'est avec ces fusils que nous avons fait toute la campagne. BONAPARTE.

Au quartier-général à Passeriano, le 27 fructidor an 5
(13 septembre 1797).

A M. le marquis de Manfredini.

Je reçois, monsieur le marquis, votre lettre du 11 septembre avec un extrait de la réponse de M. de Corsini. Vous attachez peut-être trop d'importance au dire de certains folliculaires aussi méprisables qu'universellement méprisés. Au reste, je crois que vous ferez très-bien d'engager M. Corsini à ne plus se mêler des intrigues de France : c'est un pays difficile à connaître, et les ministres étrangers ne doivent pas se mêler des affaires intérieures.

J'ai été fâché de voir, dans les papiers qui sont tombés entre mes mains, que M. de Corsini voyait souvent M. Stuart et autres intrigans, gagnés par les guinées de l'Angleterre, et qui sont une source de dissensions et de désordres. Ici, les choses ne vont pas aussi bien qu'elles devraient aller : heureux les princes qui ont des ministres comme vous !

Un jour, le protocole de nos séances sera publié, et vous serez étonné de l'impudence et de l'effronterie avec lesquelles on joue les intentions de l'empereur et peut-être la sûreté de sa couronne. Au reste, rien n'est encore désespéré. Croyez que, quels que soient les événemens, rien n'altérera l'estime et la considération que j'ai pour votre personne.

BONAPARTE.

Au quartier-général à Passeriano, le 27 fructidor an 5
(13 septembre 1797).

Au ministre des relations extérieures.

Je vous envoie la lettre que j'écris au citoyen Canclaux, ministre à Naples, en réponse aux ouvertures qui lui ont été faites par M. Acton, et dont il vous aura sûrement rendu compte.

La cour de Naples ne rêve plus qu'accroissement et grandeur ; elle voudrait, d'un côté, Corfou, Zante, Céphalonie, etc. ; de l'autre, la moitié des états du pape, et spécialement Ancône. Ces prétentions sont trop plaisantes : je crois qu'elle veut en échange nous céder l'île d'Elbe. Je pense que désormais la grande maxime de la république doit être de ne jamais abandonner Corfou, Zante, etc., nous devons, au contraire, nous y établir solidement. Nous y trouverons des ressources pour notre commerce, elles seront d'un grand intérêt pour nous et les événemens futurs de l'Europe.

Pourquoi ne nous emparerions-nous pas de l'île de Malte? L'amiral Brueys pourrait très-bien mouiller là et s'en emparer : quatre cents chevaliers, et au plus un régiment de cinq cents hommes, sont la seule garde qu'ait la ville de la Valette. Les habitans, qui montent à plus de cent mille, sont très-portés pour nous, et fort dégoûtés de leurs chevaliers qui ne peuvent plus vivre et meurent de faim ; je leur ai fait exprès confisquer tous leurs biens en Italie. Avec l'île de Saint-Pierre, que nous a cédée le roi de Sardaigne, Malte, Corfou, nous serons maîtres de toute la Méditerranée.

S'il arrivait qu'à notre paix avec l'Angleterre nous fussions obligés de céder le cap de Bonne-Espérance, il faudrait alors nous emparer de l'Egypte. Ce pays n'a jamais appartenu à une nation européenne, les Vénitiens seuls y ont une prépondérance précaire. On pourrait partir d'ici avec vingt-cinq mille hommes escortés par huit ou dix bâtimens de ligne ou frégates vénitiennes, et s'en emparer.

L'Egypte n'appartient pas au grand-seigneur.

Je désirerais, citoyen ministre, que vous prissiez à Paris quelques renseignemens, et me fissiez connaître quelle réaction aurait sur la Porte notre expédition d'Egypte.

Avec des armées comme les nôtres, pour qui toutes religions sont égales, mahométane, cophte, arabe, etc., tout cela nous est indifférent : nous respecterons les unes comme les autres. BONAPARTE.

Au quartier-général à Passeriano, le 27 fructidor an 5
(13 septembre 1797).

Au ministre des relations extérieures.

Je vous envoie, citoyen ministre, une lettre que je reçois du citoyen Arnault. La cour de Naples est gouvernée par Acton. Acton a appris l'art de gouverner sous Léopold à Florence, et Léopold avait pour principe d'envoyer des espions dans toutes les maisons pour savoir ce qui s'y passait.

Je crois qu'une petite lettre de vous à Canclaux pour l'engager à montrer un peu plus de dignité, et une plainte à Acton sur ce que les négocians français ne sont pas traités avec égard, ne ferait pas un mauvais effet. BONAPARTE.

Au quartier-général à Passeriano, le 27 fructidor an 5
(13 septembre 1797).

Au général Augereau.

J'ai reçu, citoyen général, par votre aide-de-camp, la lettre que vous m'avez écrite.

J'avais précédemment reçu celle par laquelle vous m'annonciez les événemens mémorables du 18 fructidor. Toute l'armée a applaudi à la sagesse et à l'énergie que vous avez montrées dans cette circonstance essentielle, et elle a pris part au succès de la patrie avec cet enthousiasme et cette énergie qui la caractérisent.

Il est à souhaiter actuellement que l'on ne fasse pas la bascule et que l'on ne se jette pas dans le parti contraire. Ce n'est qu'avec la sagesse, et une modération de pensée, que l'on peut assurer d'une manière stable le bonheur de la patrie. Quant à moi, c'est le vœu le plus ardent de mon cœur.

Je vous prie de m'instruire quelquefois de ce que vous faites à Paris.

Je vous prie de croire aux sentimens que je vous ai voués.

BONAPARTE.

Au quartier-général à Passeriano, le 27 fructidor an 5
(13 septembre 1797).

Au ministre des relations extérieures.

M. de Gallo est venu hier me trouver ; il m'a dit que M. le général Meerweldt partait ce matin pour Vienne pour décider cette cour à nous faire promptement une réponse catégorique et à culbuter Thugut ou le forcer, malgré lui, à faire la paix ; qu'il avait écrit à cet effet à l'impératrice et dressé leur petit manége de cour.

Nous sommes convenus que, si l'empereur, en exécution de l'article 4 des préliminaires, nous reconnaissait les limites constitutionnelles, qui, à peu de choses près, sont celles du Rhin ; si, avec notre bonne foi, il faisait tous ses efforts pour nous mettre en possession de Mayence, nous le mettrions à notre tour en possession de Venise et de la rive de l'Adige. Il n'entrerait en possession de Palma Nova, d'Osopo, etc., que lorsqu'au préalable nous serions dans les remparts de Mayence. Pendant les dix ou douze jours que l'on attendra la réponse de Vienne, les négociatioons vont à peu près languir.   BONAPARTE.

Au quartier-général à Passeriano, le 27 fructidor an 5
(13 septembre 1797).

Au directoire exécutif.

Les commissaires du gouvernement pour la recherche des objets de sciences et d'arts, en Italie, ont fini leur mission.

Je retiens auprès de moi les citoyens Monge et Berthollet. Les citoyens Tinet et Barthelemi partent pour Paris ; les citoyens Moitte et Thouin sont partis avec les convois venus de Rome et sont déjà arrivés à Marseille.

Ces hommes distingués par leurs talens ont servi la république avec un zèle, une activité, une modestie et un désintéressement sans égal ; uniquement occupés de l'objet de leur mission, ils se sont acquis l'estime de toute l'armée ; ils ont donné à l'Italie, dans la mission délicate qu'ils étaient chargés de remplir, l'exemple des vertus qui accompagnent presque toujours les talens distingués.

Le citoyen Tinet désirerait avoir un logement à Paris.

Si vous formiez une académie à Rome, le citoyen Berthollet serait digne d'en avoir la présidence. BONAPARTE.

Au quartier-général à Passeriano, le 1er jour complémentaire an 5
(17 septembre 1797).

Au contre-amiral Brueys.

J'ai reçu, dans le temps, citoyen général, vos différentes lettres : il est indispensable, pour les opérations de l'armée d'Italie, que je sois absolument maître de l'Adriatique.

J'estime que, pour être maître de l'Adriatique dans toutes les circonstances et dans toutes les opérations que je voudrai entreprendre, j'ai besoin de deux vaisseaux de guerre, quatre frégates, 4 corvettes, tous commandés et montés par des équipages de garnison française.

Je vous prie donc de vouloir bien organiser cette escadre.

Je prendrai deux vaisseaux des meilleurs de ceux qui sont à Corfou ; je prendrai deux frégates vénitiennes et deux françaises, deux corvettes vénitiennes et deux françaises.

Je vous prie donc de vouloir bien recevoir chez vous l'officier-général auquel vous remettrez le commandement de cette escadre. J'accepte avec plaisir le citoyen Perrée ou tout autre que vous voudrez me donner.

Le commissaire ordonnateur Roubaud et le général Berthier, ou, si celui-ci était parti, le général Baraguay d'Hilliers, m'enverront, par le retour de mon courrier, l'état nominatif des vaisseaux, des officiers marins et la quantité des matelots français que vous destinez à monter sur chacun d'eux. Croyez que, lorsque j'aurai reçu cet état, il me sera possible de vous autoriser à retourner sur-le-champ à Corfou, et de là à Toulon ; et je vous ferai passer différentes instructions sur les objets que vous aurez à remplir tout en faisant route.

Profitez de ce temps-là pour achever vos approvisionnemens. Comme il est impossible que je me rende à Venise, si vous pouviez vous absenter pendant trente-six heures, vous pourriez vous-même vous rendre à Passeriano. J'aurai à renouveler votre connaissance et à vous convaincre des sentimens d'estime que vous m'avez inspirés.

Je vous envoie une proclamation pour votre escadre, je vous prie de la communiquer à l'ordre ; assurez-les que tout est tranquille en France, et qu'il n'a pas été répandu une seule goutte de sang. BONAPARTE.

Au quartier-général à Passeriano, le 1er jour complémentaire an 5
(17 septembre 1797).

Au directoire exécutif.

J'ai envoyé par un courrier extraordinaire l'ordre au général Sahuguet de retourner à l'armée d'Italie. Ce général, qui était le seul qui pouvait être utile pour calmer un peuple furieux et contre-révolutionnaire dont Villot était le représentant, et lorsque Dumolard présidait les cinq-cents, est aujourd'hui plus utile à l'armée.

J'ai envoyé l'ordre au général Lanusse, qui est chez lui pour se guérir d'une blessure qu'il a reçue à l'armée d'Italie, et dont il ne se remettra jamais au point de pouvoir servir dans une armée active, de se rendre à Toulon pour y prendre le commandement de cette place. J'ai donné l'ordre au général Mailly d'aller prendre le commandement d'Avignon.

J'ai rappelé à l'armée le général commandant à Avignon, le général Parat, l'adjudant-général Léopold Stabeurath, l'adjudant-général Boyer et d'autres officiers de la huitième division, qui sont depuis trop long-temps dans leurs places, et que j'ai cru nécessaire de faire revenir, pour respirer l'air pur et républicain des camps.

J'ai envoyé le chef de brigade Berthollet, blessé à Arcole, commander la place d'Avignon.

Le chef de brigade à la suite, Lapisse, de la cinquante-neuvième, commande l'arrondissement d'Antibes.

J'ai envoyé dans la huitième division, pour être reportés comme adjudans, une douzaine d'officiers patriotes qui ont été blessés dans la campagne et qui tous étaient à la suite.

Dès l'instant qu'un officier que j'ai envoyé à Lyon sera de retour, et que j'aurai un état de situation exact de cette division, je ferai la même chose pour Lyon.

Ce sont surtout les commandans des places, les adjudans et tous les subalternes qu'il faut changer dans les places secondaires, sans quoi un général s'y trouve impuissant. J'ai donc lieu d'espérer qu'avec les mêmes troupes qui existent dans ce moment-ci dans le midi, elles seront suffisantes pour comprimer les malveillans, rétablir l'ordre, surtout si vous destituez les administrations qui sont mauvaises, et que vous les remplaciez par des hommes attachés à la liberté.

J'ai envoyé l'ordre pour faire venir à l'armée d'Italie l'état-major d'artillerie qui était à l'armée des Alpes, ainsi que tous les détachemens des demi-brigades de l'armée d'Italie qu'on avait mal à propos retenus.

J'ai également envoyé l'ordre à deux bataillons de la vingt-troisième demi-brigade d'infanterie légère, qui ne faisaient rien à Chambéry et dans le Mont-Blanc, et dont en général l'esprit est bon, de rejoindre l'armée.

La quarante-cinquième demi-brigade est en marche pour Lyon.

La vingtième demi-brigade va à Marseille.

Il y a cependant à Lyon plus de monde qu'il n'en faut pour contenir cette ville, si ceux qui les commandent veulent les faire agir, et que les autorités et le gouvernement n'aient qu'une action.

Il y a également dans la huitième division plus de troupes qu'il n'en faut.

Je crois qu'au moment où les nouvelles autorités constituées seront organisées dans la huitième division militaire et à Lyon, et dès l'instant où j'aurai pu également renouveler tous les états-majors subalternes de ces départemens, qu'alors vous jugerez nécessaire de m'ôter un commandement qui se trouve trop éloigné de moi, et qui n'est qu'un surcroît aux occupations déjà trop considérables que j'ai.

BONAPARTE.

¡Au quartier-général à Passeriano, le 2ᵉ jour complémentaire an 5 (18 septembre 1797).

Au directoire exécutif.

Il est indispensable que vous jetiez un coup d'œil sur le congrès d'Udine.

M. de Meerveldt est parti pour Vienne.

Vous aurez vu, dans la seconde séance du protocole, que nous avons déclaré aux plénipotentiaires de S. M. I. que si au premier octobre la paix n'était pas signée, nous ne négocierions plus sur la base des préliminaires, mais sur la base respective de la puissance des deux états.

Il serait possible qu'avant le premier octobre, M. de Meerveldt revînt avec des instructions de signer la paix aux conditions suivantes :

1o. La ligne de l'Adige à l'empereur, y compris la ville de Venise.

2°. La ligne de l'Adige à la république cisalpine, et dès lors Mantoue.

3o. Les limites constitutionnelles telles qu'elles sont spécifiées dans le protocole de la cinquième séance, y compris Mayence.

4°. Que l'empereur n'entrerait en possession de l'Italie que lorsque nous entrerions dans les remparts de Mayence.

5°. Corfou et les autres îles à nous.

6°. Que ce qui nous manque pour arriver aux limites du Rhin pourrait être arrangé dans la paix avec l'Empire.

Il faut que je sache si votre intention est d'accepter ou non ces propositions.

Si votre *ultimatum* était de ne pas comprendre la ville de Venise dans la part de l'empereur, je doute que la paix se fasse (cependant Venise est la ville la plus digne de la liberté de toute l'Italie); et les hostilités recommenceraient dans le courant d'octobre.

L'ennemi est en position de guerre vis-à-vis de moi : il a sur les frontières de l'Italie, dans la Carinthie, la Carniole et le Tyrol dix mille hommes de cavalerie, et quatre-vingt-dix mille d'infanterie.

Il y a dans l'intérieur et sur les confins de la Hongrie, dix-huit mille hommes de cavalerie Hongroise levés en masse, et qui s'exercent depuis trois mois.

L'armée française en Italie a un pays immense et un grand nombre de places fortes à garder, ce qui fait que je ne pourrai prendre l'offensive qu'avec quatre mille hommes de cavalerie et quarante-cinq mille hommes d'infanterie sous les armes. Ajoutez à cela à peu près deux mille Polonais, et tout au plus mille Italiens devant rester en Italie pour maintenir la police et prêter main forte à leur gouvernement qui sera tourmenté par toute espèce de factions et de fanatisme, quelles que soient les mesures que je compte prendre pour assurer la tranquillité pendant mon absence.

Je crois donc que si votre *ultimatum* est de garder Venise, vous devez regarder la guerre comme probable, et :

1°. M'envoyer l'ordre d'arrêter la marche de cinq cents

hommes qui vont dans l'intérieur, pour que je les fasse revenir à l'armée.

2°. Faire ratifier par les conseils le traité d'alliance avec le roi de Sardaigne; ce qui mettrait à peu près huit mille hommes de plus à ma disposition.

Malgré ces mesures l'ennemi sera encore plus fort que moi.

Si je le préviens et que je prenne l'offensive, je le bats, et je suis, quinze jours après le premier coup de fusil tiré, sous les murs de Vienne. S'il prend l'offensive avant moi, tout devient très-douteux.

Mais, en supposant que vous prissiez les deux mesures que je vous indique afin d'augmenter l'armée, vous sentez que le jour où je serais près de Gratz, j'aurais le reste des forces autrichiennes sur les bras.

J'estime donc que pour faire de grandes choses, telles que la nation a le droit de l'attendre du gouvernement, si les Autrichiens n'acceptent pas les propositions de paix supposées plus haut, il faut que je sois renforcé de quatre mille hommes de cavalerie, entre autres de deux régimens de cuirassiers et de douze mille hommes d'infanterie.

Je pense également que du restant vous ne devez former sur le Rhin qu'une seule armée, qu'elle doit avoir pour but d'entrer en Bavière, de manière qu'en pressant l'ennemi entre ces deux masses, nous l'obligions à nous céder tout le pays en-deçà du Danube.

Faites attention que je suis ici plus près de Vienne, que ne l'est Ratisbonne de l'armée du Rhin, et qu'il faut vingt jours de marche à celle-ci pour arriver à cette dernière ville.

Tous les yeux, comme toutes les meilleures troupes et toutes les forces de la maison d'Autriche sont contre l'armée d'Italie, et toutes ces forces sont disposées en échelons de manière à accourir promptement au point où j'aurais percé.

Si votre *ultimatum* est que Venise ne soit pas donnée à

l'empereur, je pense qu'il faut sur-le-champ prendre les mesures que je vous ai indiquées : à la fin d'octobre, les renforts que je demande peuvent être arrivés à Milan, et en supposant que nous rompions le 15 octobre, les quinze jours dont nous conviendrons pour en prévenir nos gouvernemens et les armées, conduisent au premier novembre, et je m'arrangerai de manière, dès l'instant que je saurai que ces renforts auront passé les Alpes, à m'en servir comme s'ils étaient déjà sur l'Isonzo.

Je vous prie, citoyens directeurs, de donner la plus grande attention à toutes les dispositions contenues dans la présente lettre, de surveiller et de vous assurer de l'exécution des différens ordres que vous donnerez, car la destinée de l'Europe sera indubitablement attachée aux mesures que vous prendrez.

Je vous fais passer une note sur la situation de mon armée, calculée sur sa force actuelle, pour vous mettre à même de juger de la vérité de l'exposé que je vous fais.

BONAPARTE.

Au quartier-général à Passeriano, le 2e jour complémentaire an 5
(18 septembre 1797).

Au directoire exécutif.

Je reçois à l'instant votre arrêté du 18 fructidor, relatif au général Clarke : votre lettre a été quatorze jours en route. Je me suis déjà aperçu du même retard dans les arrêtés que vous m'avez envoyés relativement à la huitième division militaire et à l'armée des Alpes.

Je dois rendre au général Clarke un témoignage de sa bonne conduite. Soit dans les négociations, soit dans ses conversations, il m'a paru toujours animé par un patriotisme pur et gémir sur les progrès que faisaient tous les jours les malveillans et les ennemis intérieurs de la république. BONAPARTE.

Au quartier-général à Passeriano, le 3º jour complémentaire an 5
(19 septembre 1797)

Au ministre des relations extérieures.

Les plénipotentiaires de l'empereur ont reçu un courrier de Vienne ; ils sont venus nous trouver et voulaient insérer, au protocole, des observations sur le congrès qui doit se tenir à Rastadt pour la paix avec l'Empire; ils voulaient que ce congrès se tînt sur-le-champ et allât de pair avec les négociations d'Udine. La mauvaise foi de Thugut est égale à la bêtise de ses négociateurs.

Je leur ai fait sentir que c'était représenter le congrès de Berne sous un autre nom ; je leur ai fait voir la réponse que nous ferions à leur note, et j'ai fini par leur dire que le directoire exécutif était indigné des menées ridicules du cabinet de Vienne ; qu'il fallait enfin qu'ils se souvinssent que cette paix avait été accordée par le vainqueur aux vaincus ; et s'ils avaient trouvé à Léoben un refuge dans notre modération, il était temps de les faire souvenir de la posture humble et suppliante qu'ils avaient alors ; qu'à force de vouloir analyser sur des choses de forme, et en elles-mêmes étrangères au grand résultat de la négociation, ils m'obligeraient de leur dire que la fortune s'était prononcée, que désormais non-seulement le ton de la supériorité était ridicule, mais même le ton de l'égalité inconvenant ; que s'ils n'avaient pas voulu reconnaître la république française à Léoben, ils avaient été obligés de reconnaître la république italienne. *Prenez garde,* leur ai-je dit, *que l'Europe ne voie la république de Vienne.* Tout cela les a portés à ne pas faire leur déclaration pour le congrès de Rastadt. Vous sentez facilement quel piége grossier Thugut prétendait nous tendre, en voulant nous conduire à un congrès, tandis que nos arrangemens ne sont pas faits avec l'empereur, et nous mettre par là dans une position délicate avec plusieurs princes germains avec lesquels nous sommes en paix.

Nous leur avons déclaré que si l'empereur convoquait le congrès de l'Empire avant que nous fussions d'accord, il nous obligerait à déclarer, par une contre-note, à plusieurs princes que cela est sans notre consentement, et que par là S. M. impériale se trouverait avoir fait une école. BONAPARTE.

Au quartier-général à Passeriano, le 3e. jour complémentaire an 5
(19 septembre 1797).

Au ministre des relations extérieures.

J'ai reçu, citoyen ministre, votre lettre confidentielle, du 22 fructidor, relativement à la mission que vous désirez donner à Sieyes en Italie. Je crois effectivement comme vous, que sa présence serait aussi nécessaire à Milan, qu'elle aurait pu l'être en Hollande, et qu'elle l'est à Paris.

Malgré notre orgueil, nos mille et une brochures, nos harangues à perte de vue et très-bavardes, nous sommes très-ignorans dans la science politique morale. Nous n'avons pas encore défini ce que l'on entend par pouvoir exécutif, législatif et judiciaire. Montesquieu nous a donné de fausses définitions, non pas que cet homme célèbre n'eût été véritablement à même de le faire; mais son ouvrage, comme il le dit lui-même, n'est qu'une espèce d'analyse de ce qui a existé ou existait : c'est un résumé de notes faites dans ses voyages ou dans ses lectures.

Il a fixé les yeux sur le gouvernement d'Angleterre ; il a défini, en général, le pouvoir exécutif, législatif et judiciaire.

Pourquoi effectivement regarderait-on comme une attribution du pouvoir législatif le droit de guerre et de paix, le droit de fixer la quantité et la nature des impositions?

La constitution anglaise a confié avec raison, une de ces attributions à la chambre des communes, et elle a très-bien fait, parce que la constitution anglaise n'est qu'une charte de priviléges : *c'est un plafond tout en noir, mais bordé en or.*

Comme la chambre des communes est la seule qui, tant bien que mal, représente la nation, seule elle a dû avoir le droit de l'imposer ; c'est l'unique digue que l'on a pu trouver pour modifier le despotisme et l'insolence des courtisans.

Mais dans un gouvernement où toutes les autorités émanent de la nation, où le souverain est le peuple, pourquoi classer dans les attributions du pouvoir législatif des choses qui lui sont étrangères ?

Depuis cinquante ans je ne vois qu'une chose que nous avons bien définie, c'est la souveraineté du peuple ; mais nous n'avons pas été plus heureux dans la fixation de ce qui est constitutionnel, que dans l'attribution des différens pouvoirs.

L'organisation du peuple français n'est donc véritablement encore qu'ébauchée.

Le pouvoir du gouvernement, dans toute la latitude que je lui donne, devrait être considéré comme le vrai représentant de la nation, lequel devrait gouverner en conséquence de la charte constitutionnelle et des lois organiques ; il se divise, il me semble, naturellement en deux magistratures bien distinctes :

1°. Dans une qui surveille et n'agit pas, à laquelle ce que nous appelons aujourd'hui pouvoir exécutif serait obligé de soumettre les grandes mesures, si je puis parler ainsi, la législation de l'exécution : cette grande magistrature serait véritablement le grand conseil de la nation ; il aurait toute la partie de l'administration ou de l'exécution, qui est, par notre constitution, confiée au pouvoir législatif.

Par ce moyen le pouvoir du gouvernement consisterait dans deux magistratures, nommées par le peuple, dont une très-nombreuse, où ne pourraient être admis que des hommes qui auraient déjà rempli quelques-unes des fonctions qui donnent aux hommes de la maturité, sur les objets du gouvernement.

Le pouvoir législatif ferait d'abord toutes les lois organiques, les changerait, mais pas en deux ou trois jours, comme l'on fait ; car une fois qu'une loi organique serait en exécution, je ne crois pas qu'on pût la changer avant quatre ou cinq mois de discussion.

Ce pouvoir législatif, sans rang dans la république, impassible, sans yeux et sans oreilles pour ce qui l'entoure, n'aurait pas d'ambition et ne nous inonderait plus de mille lois de circonstances qui s'annulent toutes seules par leur absurdité, et qui nous constituent une nation sans lois avec trois cents in-folio de lois.

Voilà, je crois, un code complet de politique, que les circonstances dans lesquelles nous nous sommes trouvés rendent pardonnable. C'est un si grand malheur pour une nation de trente millions d'habitans, et au dix-huitième siècle, d'être obligée d'avoir recours aux baïonnettes pour sauver la patrie ! Les remèdes violens accusent le législateur ; car une constitution qui est donnée aux hommes, doit être calculée pour des hommes.

Si vous voyez Sieyes, communiquez-lui, je vous prie, cette lettre. Je l'engage à m'écrire que j'ai tort ; et croyez que vous me ferez un sensible plaisir si vous pouvez contribuer à faire venir en Italie un homme dont j'estime les talens, et pour qui j'ai une amitié tout à fait particulière. Je le seconderai de tous mes moyens, et je désire que, réunissant aux efforts, nous puissions donner à l'Italie une constitution plus analogue aux mœurs de ses habitans, aux circonstances locales, et peut-être même aux vrais principes, que celle que nous lui avons donnée. Pour ne pas faire une nouveauté, au milieu du tracas de la guerre et des passions, il a été difficile de faire autrement.

Je me résume,

Non-seulement je vous réponds confidentiellement que je désire que Sieyes vienne en Italie, mais je pense même, et cela très-officiellement, que si nous ne donnons pas à Gênes et à la république cisalpine une constitution qui leur convienne, la France n'en tirera aucun avantage : leurs corps législatifs, achetés par l'or de l'étranger, seront tout entiers à la disposition de la maison d'Autriche et de Rome. Il en sera, en dernière analyse, comme de la Hollande.

Comme la présente lettre n'est pas un objet de tactique, ni un plan de campagne, je vous prie de la garder pour vous et pour Sieyes, et de ne faire usage, si vous le jugez à propos, que de ce que je viens de vous dire sur l'inconvenance des constitutions que nous avons données en Italie.

Vous verrez, citoyen ministre, dans cette lettre, la confiance entière que j'ai en vous, et une réponse à votre dernière.

Je vous salue.   BONAPARTE.

Passeriano, le 3e. jour complémentaire an 5
(19 septembre 1797).

Au ministre des relations extérieures.

Je vous envoie, citoyen ministre, une lettre que je vous prie de remettre au directoire, parce qu'elle renferme des dispositions politiques et militaires. Je vous prie de la lire avec attention, et d'avoir soin que dans le cas où l'*ultimatum* serait que Venise restât à la république cisalpine, l'on prît toutes les dispositions militaires que j'indique dans ma lettre.

Le parti qu'on doit prendre dépend absolument de l'intérieur. Peut-on y rétablir la tranquillité sans armées? Peut-on se passer de la plus grande partie des troupes qui y sont dans ce moment-ci? Alors il peut être avantageux de faire encore une campagne.

Ce n'est pas que, peut-être, lorsque l'empereur verra les armées du Rhin et de Sambre-et-Meuse organisées dans une seule masse, l'armée du Nord se rappuyant sur les armées du Rhin, les troupes de l'intérieur marchant pour renforcer les armées; peut-être alors consentira-t-il lui-même à renoncer à Venise. Mais, je vous le répète, il ne faut pas y compter.

Toutes leurs positions sur leurs frontières sont telles que, s'ils devaient se battre d'un instant à l'autre, leurs troupes sont campées et prêtes à entrer en campagne.

BONAPARTE.

Passeriano, le 5e. jour complémentaire an 5
(21 septembre 1797).

Au directoire exécutif.

Les pouvoirs que j'ai pour la paix de l'Europe sont collectifs avec le général Clarke : pour la règle, il faudrait que vous m'en envoyassiez de nouveaux.

Si j'ai accepté dans le temps la réunion de plusieurs fonctions dans ma personne, j'ai voulu répondre à votre confiance, et j'ai pensé que les circonstances de la patrie m'en faisaient un devoir.

Aujourd'hui je pense que vous devez les séparer, je demande :

1°. Que vous nommiez des plénipotentiaires pour le congrès d'Udine, et que je n'y sois plus compris.

2°. Que vous nommiez une commission de trois membres choisis parmi les meilleurs publicistes, pour organiser la république d'Italie. La constitution que nous lui avons donnée ne lui convient pas; il y faut de grands changemens, que la religion, les mœurs de ces peuples et leur situation locale recommandent.

3°. Je m'occuperai plus soigneusement de mon armée, elle a besoin de tous mes soins.

Voyez, je vous prie, dans cette lettre, citoyens directeurs, une nouvelle preuve du désir ardent que j'ai pour la gloire nationale. BONAPARTE.

Au quartier-général à Passeriano, le 1er. vendémiaire an 6 (22 septembre 1797).

Au contre-amiral Brueys.

J'ai reçu, citoyen, vos différentes lettres; j'ai examiné avec attention les observations que vous me faites : je vais vous tracer la conduite que vous avez à tenir, qui conciliera à la fois les intentions du ministre de la marine, qui vous appelle à Toulon, et les intérêts de la république dans les mers où vous vous trouverez.

Les bâtimens vénitiens que vous devez conduire en France sont à Corfou; il me paraît qu'il faut quinze jours pour y arriver, et un mois de station dans ce port pour pouvoir lever des matelots et vous mettre à même de conduire en France les vaisseaux vénitiens.

Je crois donc nécessaire que vous envoyiez sur-le-champ l'ordre à l'officier de marine qui commande le sixième vaisseau vénitien à Corfou, de faire toute la diligence nécessaire pour lever des marins, afin que, lorsque vous y serez arrivé, votre séjour soit le moins long possible.

Vous partirez avec votre escadre, dès l'instant que le temps vous le permettra, pour vous rendre à Corfou.

Vous passerez par Raguse; vous ferez connaître à cette république l'intérêt que prend à elle le directoire exécutif de la république française, et la volonté qu'il a de la protéger contre quelque ennemi que ce fût qui voudrait se l'approprier, et de garantir son indépendance.

Vous prendrez des renseignemens sur la situation actuelle des bouches du Cattaro, et, s'il est vrai que les Autrichiens s'en soient emparés, vous déclarerez à l'officier qui y commande, qu'il n'a pas pu les occuper sans violer un des articles préliminaires de paix qui existent entre S. M. I. et la république française; vous le sommerez dès-lors d'évacuer sur-le-champ les bouches du Cattaro, le menaçant, s'il s'y refusait, de vous emparer de toutes les îles de la Dalmatie, et d'agir hostilement contre les troupes de S. M. I.

S'il s'y refuse et que vous trouviez le moyen de vous emparer des bâtimens qui servent au transport de leurs vivres, ainsi que de quelques-uns de leurs convois, vous le ferez, ayant soin de ne pas y toucher et de mener tous les bâtimens autrichiens en séquestre à Corfou. Vous préviendrez dans ce cas le commandant autrichien que vous tiendrez en séquestre lesdits bâtimens jusqu'à ce qu'il ait évacué un territoire qu'il n'a pas dû occuper.

Vous pourrez demander à Raguse un rafraîchissement en vivres pour votre équipage, moyennant cependant quelques procédés.

Arrivé à Corfou, vous en partirez avec les six vaisseaux vénitiens dès l'instant qu'ils seront montés par un assez grand nombre de matelots albanais.

En partant de Venise, vous embarquerez sur votre bord

la troisième légion cisalpine sans qu'elle se doute de l'endroit où vous la conduirez ; vous vous concerterez à cet effet avec le général Baraguey d'Hilliers : vous devez également faire courir le bruit que vous embarquez un bien plus grand nombre de troupes, et qu'il s'est embarqué à Ancône, sous l'escorte de vos frégates, plusieurs bataillons de troupes.

Vous aurez soin également de continuer à laisser entrevoir que vos opérations vont se combiner avec celles de l'armée d'Italie.

Vous vous concerterez à Venise avec l'ordonnateur de la marine et le citoyen Forfait, pour embarquer à votre bord les caisses de tableaux et d'objets d'art destinés pour Paris.

Vous laisserez dans la rade de Venise ou dans celle de Goro, ou même dans le port d'Ancône, les frégates *la Junon* et *la Diane*, et les bricks *l'Alceste* et *le Jason*, qui seront sous les ordres du chef de division Perrée.

Vous laisserez à Corfou les frégates *l'Arthémise* et *la Sibylle*, et les bricks *le Mondovi* et *la Cybèle*, qui seront également sous les ordres du chef de division Perrée, et qui devront se tenir à Corfou prêts à partir immédiatement après l'ordre qu'ils en recevront, pour concerter leurs opérations avec celles de *la Junon* et de *la Diane*.

Je fais connaître au directoire exécutif, par un courrier extraordinaire, le présent ordre, et je lui demande son autorisation pour pouvoir garder toute votre escadre dans l'Adriatique, afin de concerter vos opérations avec celles de l'armée d'Italie. Je vous ferai passer la réponse du gouvernement par un aviso, qui nécessairement vous trouvera encore à Corfou.

Je vous envoie :

1°. Une lettre pour le général Gentili, par laquelle j'approuve toutes les mesures qu'il a prises pour nourrir votre escadre à Corfou, où je prescris que le reçu des sommes qu'il a déboursées sera accepté en paiement dans la caisse du payeur de Corfou, approuvant également l'emploi des treize cents sacs de farine que vous avez pris.

2°. L'ordre pour que l'administration de terre de l'armée d'Italie fournisse à l'escadre, partout où elle pourrait se trouver, les vivres journaliers comme aux troupes de terre, et, d'après les envois qui ont été faits en subsistances à Corfou, à Ancône, à Constantinople et à Messine, vous ne devez avoir aucune inquiétude sur la subsistance de votre escadre pendant tout le temps qu'elle demeurera dans ces parages.

3°. Je vous autorise à prendre dans les magasins de Corfou tout ce que vous croirez nécessaire à l'approvisionnement de nos arsenaux et au ravitaillement de notre marine ;

4°. A embarquer à Corfou cent pièces de canon de fonte, en conséquence cependant d'un procès-verbal dressé chez le général Gentili par un conseil composé de vous, du général Gentili, du commandant du génie, du chef de l'état-major, des commissaires des guerres : ce procès-verbal devra constater :

1°. La quantité de pièces nécessaires pour la défense de la citadelle et celle de la rade de Corfou ; 2°. la quantité hors de service ; 3°. la quantité existante : et ce ne sera que dans le cas où ledit conseil ne trouverait aucun inconvénient à vous délivrer les cent pièces, que le présent ordre sera exécuté.

5°. Je vous envoie également un ordre pour que le général Sugny vous remette à Venise les ustensiles pour chauffer à boulets rouges six pièces de canon, et dont le général Gentili se servirait à Corfou, si jamais les circonstances l'exigeaient.

6°. Un ordre pour que le général Gentili mette à votre disposition quatre cents hommes cisalpins pour servir de garnison aux vaisseaux vénitiens.

7°. Vous garderez et menerez avec vous à Toulon les officiers vénitiens qui désirent servir dans la marine française, jusqu'à ce que le ministre vous ait envoyé des ordres.

8°. Quant aux objets trouvés à bord des vaisseaux vénitiens et appartenant aux capitaines, vous en ferez des reçus qui seront valables pour leur liquidation par le gouvernement de Venise.

9°. Je vous envoie un ordre pour que le général Gentili vous remette 50,000 fr. pour la solde des marins vénitiens destinés à l'armement des vaisseaux vénitiens.

10°. L'ordre pour qu'on vous fournisse les blés, riz et vins pour deux mois, pour deux mille hommes; la nourriture journalière pour votre escadre vous sera fournie à Corfou.

11°. Je vous enverrai la solde des marins de votre escadre pour un mois, dès l'instant que la caisse de l'armée le permettra, et que la solde de fructidor sera payée à l'armée.

12°. Quant aux dépenses qu'auraient faites les équipages à Corfou, vous aurez soin de les liquider, de vérifier toutes les pièces et de les envoyer au commissaire ordonnateur de la marine à Venise, qui y pourvoira.

13°. Je vous fais passer une ordonnance de 10,000 fr., que le citoyen Haller vous fera payer : cette somme est destinée à vos frais extraordinaires et qui vous sont particuliers.

14°. Une ordonnance de 30,000 fr., que le citoyen Haller mettra à votre disposition entre les mains de votre payeur, pour les dépenses extraordinaires de votre escadre, pour servir à compenser aux matelots l'incomplet des fournitures que vous pourriez ne pas recevoir des magasins de Corfou.

BONAPARTE.

Au quartier-général à Passeriano, le 1ᵉʳ vendémiaire an 6
(22 septembre 1797).

Au général Kellermann.

J'ai reçu, citoyen général, votre lettre du 2 fructidor. J'avais déjà reçu précédemment quelques exemplaires de votre lettre imprimée au directoire.

Puisque vous vous êtes donné la peine de répondre à des calomnies auxquelles des personnes raisonnables ne pouvaient prêter l'oreille, vous avez dû le faire, sans doute, d'une manière aussi convaincante. Les personnes qui connaissent les services distingués que vous avez rendus à la liberté par vos victoires, sont indignées de penser que vous avez pu croire votre justification nécessaire. Cependant vous avez bien fait de le faire, sans doute, en pensant à ce grand nombre d'hommes qui ne désirent que le mal.

BONAPARTE.

Au quartier-général à Passeriano, le 1ᵉʳ vendémiaire an 6
(22 septembre 1797).

Au commissaire ordonnateur de la marine à Toulon.

Je reçois, citoyen ordonnateur, votre lettre du 17 fructidor. J'apprends avec plaisir que vous reprenez vos fonctions importantes et que vous avez déjà gérées avec distinction. Je vous remercie des choses extrêmement obligeantes contenues dans votre lettre : je les mérite par la sollicitude que j'ai toujours eue de faire quelque chose qui pût être avantageux à notre marine.

L'escadre de l'amiral Brueys est ici : elle a reçu son approvisionnement de trois mois, pour 400,000 francs d'habillement, 600,000 francs pour la solde, ainsi que des câbles, des cordages et autres objets qui lui étaient nécessaires. Il me paraît que l'amiral Brueys et son équipage sont très-satisfaits. Il part, demain ou après, pour se rendre à Corfou, où il prendra six vaisseaux vénitiens qu'il vous amenera. Le citoyen Roubaud, votre préposé à Venise, vous aura sans doute donné sur tout cela des détails plus circonstanciés.

BONAPARTE.

Au quartier-général à Passeriano, le 2 vendémiaire an 6
(23 septembre 1797).

Au directoire exécutif.

Vous trouverez ci-joint la copie de l'ordre que je donne au contre-amiral Brueys; vous verrez que par là il se trouvera à même d'exécuter vos ordres, quels qu'ils soient.

Le contre-amiral Brueys a 1°. six vaisseaux de guerre français; 2°. six frégates, *id.*; 3°. six corvettes, *id.* parfaitement équipées : j'ai fait habiller à neuf les équipages et les garnisons; je lui ai fait payer plusieurs mois de solde, et les arsenaux de Corfou et de Venise ont fourni toutes les pièces de rechange et les câbles dont il peut avoir besoin.

Lorsque vous lirez cette lettre, le contre-amiral Brueys sera bien près de Corfou, où j'ai fait établir des batteries à boulets rouges pour défendre la rade, et où il est parfaitement en sûreté.

Il y a à Corfou six bâtimens de guerre vénitiens et six frégates qu'il peut armer en guerre dans un mois : ils sont déjà montés par des officiers mariniers et des garnisons françaises.

A Corfou, Zante, Céphalonie, il trouvera les 2,000 matelots qui lui sont nécessaires, tant pour l'équipement desdits vaisseaux, que pour le complément des siens.

Les frégates *la Muiron* et *la Carrère*, ainsi que les trois autres bâtimens de guerre qui sont en armement à Venise, pourront également augmenter son escadre d'ici à deux mois.

Je pense donc que, si vous m'autorisez à garder l'escadre de l'amiral Brueys à Corfou, vous pourrez disposer, d'ici au 1ᵉʳ frimaire, 1°. de six vaisseaux de guerre français parfaitement bien en équipages, approvisionnés pour quatre mois et abondamment pourvus de tous les objets nécessaires, même de cordages; 2°. six frégates françaises; 3°. six bricks français; 4°. huit vaisseaux de guerre vénitiens; 5°. huit frégates, *id.*; 6°. huit bricks, *id.* : tous approvisionnés pour quatre mois.

Voudriez-vous faire filer le contre-amiral Brueys dans l'Océan, il partira de Corfou en meilleur état qu'il ne partirait de Toulon; il partira de Corfou plus vite que de Toulon, car ses équipages seront toujours complets et exercés, ce qui ne sera jamais à Toulon.

Vous pourrez même, à mesure qu'un vaisseau de guerre sera armé à Toulon, faire ramasser les équipages et les faire partir pour Corfou.

Voudrez-vous vous servir des vaisseaux vénitiens? Ils seront tout prêts à seconder notre escadre.

Voulez-vous, au contraire, que les vaisseaux vénitiens soient sur-le-champ armés en flûte et envoyés à Toulon? Le contre-amiral Brueys les fera filer en les escortant jusqu'à ce qu'il n'y ait plus rien à craindre.

Si vous voulez que votre escadre prenne un bon esprit, devienne manœuvrière et se prépare à faire de grandes choses, tenez-la loin de Toulon : sans quoi, les équipages ne se formeront jamais et vous n'aurez jamais de marine.

Enfin, de Corfou, cette escadre peut partir pour aller partout où vous voudrez, et vous devez la laisser à Toulon : elle sera beaucoup plus utile dans l'Adriatique, parce que, 1°. ne se trouvant qu'à vingt lieues de la côte de Naples, elle tiendra en respect ce prince; 2°. elle me servira à boucher entièrement tout l'Adriatique à nos ennemis ; 3°. enfin, elle prendra les îles de l'Adriatique, reconquerra l'Istrie et la Dalmatie en cas de rupture, et sera, sous ce point de vue, très-utile à l'armée.

Si nous avons la guerre, votre escadre vous rapportera plus de dix millions, et fera une bonne diversion à l'avantage de l'armée d'Italie. Quand vous voudrez la faire aller dans un point quelconque, elle sera, à Corfou, à portée d'exécuter vos ordres en vingt-quatre heures, pour s'y rendre.

Enfin, si nous avons la paix, votre escadre, en abandonnant ces mers et en s'en retournant en France, pourra prendre quelques troupes, et, en passant, mettre 2,000 hommes de garnison à Malte : île qui, tôt ou tard, sera aux Anglais si nous avons la sottise de ne pas les prévenir.

Quant à la sûreté, quatre-vingts vaisseaux anglais viendraient dans l'Adriatique, qu'ils ne pourraient rien contre notre escadre, qui est aussi sûre dans le golfe de Corfou qu'à Toulon.

Je vous demande donc : 1°. un ordre au ministre de la marine de faire armer tous les vaisseaux qu'il a à Toulon, et de les envoyer, un à un, à Corfou ; 2°. un ordre au ministre de la marine de faire partir une trentaine d'officiers et encore soixante ou quatre-vingts officiers mariniers, pour être distribués sur les vaisseaux vénitiens ; 3°. que vous m'autorisiez à garder cette escadre dans l'Adriatique jusqu'à nouvel ordre ; 4°. que vous preniez un arrêté qui m'autorise à cultiver les intelligences que j'ai déjà à Malte, et, au moment où je le jugerai propre, de m'en emparer et d'y mettre garnison.

Répondez-moi, je vous prie, le plus promptement possible à ces différens articles, afin que je sache à quoi m'en tenir ; mais je vous préviens que, dans tous les cas, l'escadre ne peut partir de Corfou avec les vaisseaux vénitiens, même armés en flûte, que vers la fin de brumaire.

BONAPARTE.

Au quartier-général à Passeriano, le 2 vendémiaire an 6
(23 septembre 1797).

Au citoyen Perrée, chef de division de l'armée navale.

J'ai reçu, citoyen, les différentes lettres dans lesquelles vous me témoignez le désir de reprendre vos fonctions à la mer : la place de commandant des armes que vous occupez, n'offre pas un assez grand aliment à votre activité. En rendant justice à votre zèle, je consens à ce que vous repreniez le commandement de la frégate *la Diane*, que vous n'avez quitté que momentanément, et j'envoie l'ordre au citoyen Roubaud de vous remplacer dans vos fonctions. Vous rentrerez sous les ordres du contre-amiral Brueys jusqu'à son départ pour France, et vous commanderez ensuite la division qui restera dans l'Adriatique. BONAPARTE.

Au quartier-général à Passeriano, le 2 vendémiaire an 6
(23 septembre 1797).

Au citoyen Roubaud.

Le citoyen Perrée devant commander une flotte, vous remplirez les fonctions de commandant des armes, et vous aurez une autorité entière pour l'armement des trois vaisseaux et des deux frégates.

Vous organiserez le port et l'arsenal comme vous le jugerez nécessaire au bien du service.

Vous presserez, le plus possible, l'armement du brick *le James*; vous ferez armer les deux frégates *la Muiron* et *la Carrère*, afin qu'elles puissent se joindre le plus tôt possible à Corfou, et augmenter l'escadre du contre-amiral Brueys.

Je donne l'ordre au citoyen Haller de remettre 15,000 fr. à votre disposition pour commencer la levée des matelots pour l'armement de ces deux frégates.

Vous ferez fabriquer un câble pour chacun des vaisseaux français de l'escadre de l'amiral Brueys, ainsi que les manœuvres de rechange qui sont les plus nécessaires. Ces objets seront pris à compte des trois millions que doit nous payer la république de Venise.

La division Bourdé se trouvant à l'escadre de l'amiral Brueys, les hardes qui lui sont destinées seront envoyées au contre-amiral Brueys, pour qu'il puisse les lui remettre.

BONAPARTE.

Note.

Le plénipotentiaire de la république française soussigné a l'honneur de faire connaître à leurs excellences MM. les plénipotentiaires de S. M. l'empereur et roi la douleur qu'il a éprouvée en apprenant que les troupes de S. M. l'empereur venaient de prendre possession de la province d'Albanie, vulgairement appelée Bouches du Cattaro.

Par l'article 1er des préliminaires secrets, S. M. l'empereur devait entrer, à la paix définitive, en possession de la Dalmatie et de l'Istrie vénitiennes. Lors donc que les troupes de S. M. ont occupé lesdites provinces, cela a été une violation des formes, mais non du fond des préliminaires.

Mais l'occupation, par les troupes de S. M. l'empereur, de l'Albanie vénitienne, dite Bouches du Cattaro, est une violation réelle et est contraire au texte comme à la nature des préliminaires. Le plénipotentiaire français soussigné ne peut donc regarder, dans les circonstances présentes, l'occupation par elles des Bouches du Cattaro que comme un acte d'hostilité.

La connaissance qu'il a des intentions qui animent leurs excellences messieurs les plénipotentiaires de S. M. l'empereur et roi, ne lui permet pas de douter qu'ils ne prennent des mesures expéditives, dont l'effet soit d'ordonner aux troupes de S. M. l'empereur l'évacuation des Bouches du Cattaro, dont l'occupation par elles est contraire à la bonne foi . aux traités. Le plénipotentiaire français assure leurs excellences messieurs les plénipotentiaires de S. M. l'empereur et roi de sa haute considération.

Passeriano, le 2 vendémiaire an 6 (23 septembre 1797).
Le général en chef, plénipotentiaire de la république française. **BONAPARTE.**

Au quartier-général à Passeriano, le 2 vendémiaire an 6
(23 septembre 1797).

Au citoyen François de Neufchâteau, membre du directoire exécutif.

Quoique je n'aie pas l'avantage de vous connaître personnellement, je vous prie de recevoir mon compliment sur la place éminente à laquelle vous venez d'être nommé; je me souviens avec reconnaissance de ce que vous avez écrit dans le temps contre les apologistes des inquisiteurs de Venise.

Le sort de l'Europe est désormais dans l'union, la sagesse et la force du gouvernement.

Il est une petite partie de la nation qu'il faut vaincre par un bon gouvernement.

Nous avons vaincu l'Europe, nous avons porté la gloire du nom français plus loin qu'elle ne l'avait jamais été: c'est à vous, premiers magistrats de la république, d'étouffer toutes les factions, et à être aussi respectés au dedans que vous l'êtes au dehors. Un arrêté du directoire exécutif écroule les trônes; faites que des écrivains stipendiés, ou d'ambitieux fanatiques, déguisés sous toute espèce de masque, ne nous replongent pas dans le torrent révolutionnaire.

Croyez que, quant à moi, mon attachement pour la patrie égale le désir que j'ai de mériter votre estime.
BONAPARTE.

Au quartier-général à Passeriano, le 2 vendémiaire an 6
(23 septembre 1797).

Au citoyen Merlin, membre du directoire.

J'ai appris, citoyen directeur, avec le plus grand plaisir, la nouvelle de votre nomination à la place que vous occupez.

On ne pouvait pas choisir un homme qui eût rendu constamment plus de services à la liberté : en mon particulier, je m'en félicite.
BONAPARTE.

Au quartier-général à Passeriano, le 4 vendémiaire an 6
(25 septembre 1797).

Au directoire exécutif.

Un officier est arrivé avant-hier de Paris à l'armée d'Italie : il a répandu dans l'armée qu'il était parti de Paris le 25, qu'on y était inquiet de la manière dont j'aurais pris les événemens du 18 ; il était porteur d'une espèce de circulaire du général Augereau à tous les généraux de division de l'armée.

Il avait une lettre du ministre de la guerre à l'ordonnateur en chef, qui l'autorisait à prendre tout l'argent dont il aurait besoin pour sa route : je vous en envoie la copie.

Il est constant, d'après tous ces faits, que le gouvernement en agit envers moi à peu près comme envers Pichegru, après vendémiaire.

Je vous prie, citoyens directeurs, de me remplacer et de m'accorder ma démission. Aucune puissance sur la terre ne sera capable de me faire continuer de servir après cette marque horrible de l'ingratitude du gouvernement, à laquelle j'étais bien loin de m'attendre.

Ma santé, considérablement affectée, demande impérieusement du repos et de la tranquillité.

La situation de mon ame a aussi besoin de se retremper dans la masse des citoyens. Depuis trop long-temps un grand pouvoir est confié dans mes mains, je m'en suis servi dans toutes les circonstances pour le bien de la patrie : tant pis pour ceux qui ne croient point à la vertu, et qui pourraient avoir suspecté la mienne. Ma récompense est dans ma conscience et dans l'opinion de la postérité.

Je puis, aujourd'hui que la patrie est tranquille et à l'abri des dangers qui l'ont menacée, quitter sans inconvénient le poste où je suis placé.

Croyez que s'il y avait un moment de péril, je serais au premier rang pour défendre la liberté et la constitution de l'an 3.

BONAPARTE.

Au quartier-général à Passeriano, le 5 vendémiaire an 6
(26 septembre 1797).

Au ministre des relations extérieures.

Je viens de recevoir, citoyen ministre, votre lettre du 3e fructidor.

Je ne puis tirer aucune ressource de Gênes, pas plus de la république cisalpine : tout ce qu'ils pourront faire, c'est de se maintenir maîtres chez eux. Ces peuples-là ne sont point guerriers, et il faut quelques années d'un bon gouvernement pour changer leurs inclinations.

L'armée du Rhin se trouve très-loin de Vienne, pendant que j'en suis très-près. Toutes les forces de la maison d'Autriche sont contre moi, on a très-tort de ne pas m'envoyer dix ou douze mille hommes. Ce n'est que par ici que l'on peut faire trembler la maison d'Autriche.

Mais puisque le gouvernement ne m'envoie pas de renfort,

il faut au moins que les armées du Rhin commencent leurs opérations quinze jours avant nous, afin que nous puissions nous trouver à peu près dans le même temps dans le cœur de l'Allemagne. Dès l'instant que j'aurai battu l'ennemi, il est indispensable que je le poursuive rapidement, ce qui me conduit dans le cœur de la Carinthie, où l'ennemi n'aura pas manqué, comme il s'y prépare déjà, de réunir toutes les divisions qu'il a en échelons sur l'armée du Rhin, qu'il peut éviter pendant plus de vingt jours; et je me trouverais avoir encore en tête toute les forces qui, dans l'ordre de bataille naturel, devraient être opposées à l'armée du Rhin. Il ne faut pas être capitaine pour comprendre tout cela : un seul coup d'œil sur une carte, avec un compas, convaincra, à l'évidence, de ce que je vous dis là. Si on ne veut pas le sentir, je n'y sais que faire.

Le roi de Sardaigne, si l'on ne ratifie pas le traité d'alliance qu'on a fait avec lui, se trouve à l'instant même notre ennemi, puisque, dès cet instant, il comprend que nous avons médité sa perte.

Pendant mon absence, il se chicanera nécessairement avec la république cisalpine, qui n'est pas dans le cas de résister à un seul de ses régimens de cavalerie : d'ailleurs, je me trouve alors obligé de calculer, en regardant comme suspectes les intentions du roi de Sardaigne : dès-lors il faut que je mette deux mille hommes à Coni, deux mille à Tortone, autant à Alexandrie.

Je pense donc que si l'on s'indispose avec le roi de Sardaigne, on m'affaiblit de cinq mille hommes de plus que l'on m'oblige à mettre dans la garnison des places que j'ai chez lui, et de cinq à six mille hommes qu'il faut que je laisse pour protéger le Milanais, et, à tout événement, la citadelle de Milan, le château de Pavie et la place de Pizzigithone.

Ainsi donc, vous perdez, en ne ratifiant pas le traité avec le roi de Sardaigne :

1°. Dix mille hommes de très-bonnes troupes qu'il nous fournit ;

2°. Dix mille hommes de nos troupes qu'on est obligé de laisser sur nos derrières, et, outre cela, de très-grandes inquiétudes en cas de défaite et d'événemens malheureux.

Quel inconvénient y a-t-il à laisser subsister une chose déjà faite?

Est-ce le scrupule d'être allié d'un roi ? Nous le sommes bien du roi d'Espagne et peut-être du roi de Prusse!

Est-ce le désir de révolutionner le Piémont et de l'incorporer à la Cisalpine? Mais le moyen d'y parvenir sans choc, sans manquer au traité, sans même manquer à la bienséance, c'est de mêler à nos troupes et d'allier à nos succès un corps de dix mille Piémontais, qui, nécessairement, sont l'élite de la nation : six mois après, le roi de Piémont se trouve détrôné.

C'est un géant qui embrasse un pygmée, le serre dans ses bras et l'étouffe sans qu'il puisse être accusé de crime. C'est le résultat de la difficulté extrême de leur organisation. Si l'on ne comprend pas cela, je ne sais qu'y faire non plus ; et si à la politique sage et vraie qui convient à une grande nation, qui a de grandes destinées à remplir, des ennemis très-puissans devant elle, on substitue la démagogie d'un club, l'on ne fera rien de bon.

Que l'on ne s'exagère pas l'influence des prétendus patriotes cisalpins et génois, et que l'on se convainque bien que, si nous retirions d'un coup de sifflet notre influence morale et militaire, tous ces prétendus patriotes seraient égorgés par le peuple. Il s'éclaire tous les jours et s'éclairera bien davantage ; mais il faut le temps et un long temps.

Je ne conçois pas, lorsque, par une bonne politique, on s'était conduit de manière que ce temps est toujours en notre faveur, qu'en tirant tout le parti possible du moment présent, nous ne faisons qu'accélérer la marche du temps en assurant et épurant l'esprit public, je ne conçois pas comment l'on peut hésiter.

Ce n'est pas lorsqu'on laisse dix millions d'hommes derrière soi, d'un peuple foncièrement ennemi des Français par préjugés, par l'habitude des siècles et par caractère, que l'on doit rien négliger.

Il me paraît que l'on voit très-mal l'Italie, et qu'on la connaît très-mal. Quant à moi, j'ai toujours mis tous mes soins à faire aller les choses selon l'intérêt de la république : si l'on ne me croit pas, je ne sais que faire.

Tous les grands événemens ne tiennent jamais qu'à un cheveu. L'homme habile profite de tout, ne néglige rien de ce qui peut lui donner quelques chances de plus. L'homme moins habile, quelquefois en en méprisant une seule, fait tout manquer.

J'attends le général Meerweldt. Je tirerai tout le parti dont je suis capable des événemens qui viennent d'arriver en France, des dispositions formidables où se trouve notre armée, et je vous ferai connaître la véritable position des choses, afin que le gouvernement puisse décider et prendre le parti qu'il jugera à propos.

Il ne faut pas que l'on méprise l'Autrichien comme on paraît le faire ; ils ont recruté leurs armées et les ont organisées mieux que jamais.

Je viens de prendre des mesures pour l'incorporation à la république cisalpine, du Brescian et du Mantouan.

Je vais aussi m'occuper à organiser la république de Venise. Je ferai tout arranger de manière que la république, en apparence, ne se mêle de rien. BONAPARTE.

Au quartier-général à Pusseriano, le 5 vendémiaire an 6
(26 septembre 1797).

Au ministre des relations extérieures.

J'attendais, citoyen ministre, pour vous parler du général Clarke, que vous-même m'en eussiez écrit. Je ne cherche pas s'il est vrai que ce général ait été envoyé dans l'origine pour me servir d'espion : si cela était, moi seul aurais le droit de m'en offenser, et je déclare que je lui pardonne.

Je l'ai vu, dans sa conduite passée, gémir le premier sur la malheureuse réaction qui menaçait d'engloutir la liberté avec la France. Sa conduite dans la négociation a été bonne et loyale : il n'y a pas déployé de grands talens, mais il y a mis beaucoup de volonté, de zèle et même une sorte de caractère. On l'ôte de la négociation, peut-être fait-on bien ; mais, sous peine de commettre la plus grande injustice, on ne doit pas le perdre. Il a été porté principalement par Carnot. Auprès d'un homme raisonnable, lorsqu'on sait qu'il est depuis près d'un an à trois cents lieues de lui, cela ne peut pas être une raison de proscription. Je vous demande donc avec instance pour lui une place diplomatique du second ordre, et je garantis que le gouvernement n'aura jamais à s'en repentir. Il est chargé d'une très-grande mission ; il connaît tous les secrets comme toutes les relations de la république, il ne convient pas à notre dignité qu'il tombe dans la misère et se trouve proscrit et disgracié.

J'entends dire qu'on lui reproche d'avoir écrit ce qu'il pensait des généraux de l'armée d'Italie. Si cela est vrai, je n'y vois aucun crime : depuis quand un agent du gouvernement serait-il accusé d'avoir fait connaître à son gouvernement ce qu'il pensait des généraux auprès desquels il se trouvait ?

On dit qu'il a écrit beaucoup de mal de moi. Si cela est

vrai, il l'a également écrit au gouvernement : dès-lors il avait droit de le faire ; cela pouvait même être nécessaire, et je ne pense pas que ce puisse être un sujet de proscription.

La morale publique est fondée sur la justice, qui, bien loin d'exclure l'énergie, n'en est au contraire que le résultat.

Je vous prie donc de vouloir bien ne pas oublier le général Clarke auprès du gouvernement : on pourrait lui donner une place de ministre auprès de quelque cour secondaire.

BONAPARTE.

Au quartier-général à Passeriano, le 7 vendémiaire an 6
(28 septembre 1797).

Au ministre des relations extérieures.

M. le comte de Cobentzel, citoyen ministre, est arrivé de Vienne avec le général Meerweldt ; il m'a remis la lettre dont je vous envoie copie, et à laquelle je ne répondrai que dans trois ou quatre jours, lorsque je verrai la tournure que prendra la négociation.

Pour ma première visite, j'ai eu une prise très-vive avec M. de Cobentzel, qui, à ce qu'il m'a paru, n'est pas très-accoutumé à discuter, mais bien à vouloir toujours avoir raison.

Nous sommes entrés en congrès.

Je vous ferai passer :

1°. Copie des pleins pouvoirs donnés à M. le comte de Cobentzel ;

2°. Copie du protocole d'hier ;

3°. Copie de la réponse que je vais faire insérer au protocole d'aujourd'hui. Je les attends dans un quart d'heure.

Il est indispensable que le directoire exécutif donne les ordres qu'on se tienne prêt sur le Rhin : ces gens-ci ont de grandes prétentions. Au reste, il paraît, par la lettre de l'empereur, par la contexture des pleins-pouvoirs de M. de Cobentzel, même par son arrivée, que l'empereur accéderait au projet d'avoir pour lui Venise et la rive de l'Adige, de nous donner Mayence et les limites constitutionnelles.

Je dis il paraît, parce qu'en réalité notre conversation avec M. le comte de Cobentzel n'a été, de son côté, qu'une extravagance.

C'est tout au plus s'ils veulent nous donner la Belgique. Je vous fais grâce de ma réponse là-dessus comme de notre discussion, qui vous ferait connaître ce que ces gens-ci appellent diplomatie.

A minuit.

Le courrier devait partir à midi, il n'est pas parti. Ces messieurs sortent à l'instant même d'ici. Nous avons été à peu près quatre ou cinq heures en conférences réglées. M. de Cobentzel et nous avons beaucoup argumenté, beaucoup rabâché les mêmes choses.

Il n'a été question dans le protocole que des deux notes annoncées dans ma lettre ci-dessus, auxquelles ces messieurs répondront demain.

Après le dîner, moment où les Allemands parlent volontiers, j'ai causé quatre ou cinq heures de suite avec M. Cobentzel : il a laissé entrevoir, au milieu d'un très-grand bavardage, qu'il désire fort que S. M. l'empereur réunisse son système politique au nôtre, afin de nous opposer aux projets ambitieux de la Prusse. Il m'a paru que le cabinet de Vienne adoptait le projet des limites de l'Adige et de Venise, et pour nous les limites à peu près comme elles sont portées dans notre note, et spécialement Mayence : ce n'est pas qu'il n'ait dit qu'il lui paraissait tout simple que nous donnions à S. M. l'empereur les Légations.

Mais lorsque je lui ai dit que le gouvernement français

venait de reconnaître le ministre de la république de Venise, et que dès-lors je me trouvais dans l'impossibilité de pouvoir, sous aucun prétexte et dans aucune circonstance, consentir à ce que S. M. devînt maîtresse de Venise, je me suis aperçu d'un mouvement de surprise qui décèle assez la frayeur, à laquelle a succédé un assez long silence, interrompu à peu près par ces mots : Si vous faites toujours comme cela, comment voulez-vous qu'on puisse négocier ? Je me tiendrai dans cette ligne jusqu'à la rupture. Je ne leur bonifierai point Venise jusqu'à ce que j'aie reçu de nouvelles lettres du gouvernement.

Demain, à midi, nous nous verrons de nouveau, et je vous expédierai demain au soir un autre courrier. Je n'entre pas dans d'autres détails sur les propositions réciproques que nous nous faisons ; mais il y a la négociation officielle, qui est, comme vous l'avez vu par le protocole, une suite d'extravagances de leur part, et la confidentielle qui, quoiqu'elle n'ait pas été mise clairement en discussion avec M. de Cobentzel, est basée cependant sur le projet que M. de Meerweldt a apporté de Vienne. Vous vous apercevrez, par la note que je vais leur présenter aujourd'hui, que je veux les conduire à dire dans le protocole qu'on ne peut pas exécuter les préliminaires, et regarder, si le gouvernement le juge à propos, ces préliminaires comme nuls. J'ai pensé qu'il n'y avait pas d'autre moyen de sauver les apparences, que de leur faire dire d'eux-mêmes que les préliminaires sont impossibles : ce qui nous est très-facile. BONAPARTE.

Au quartier-général à Passeriano, le 8 vendémiaire an 6
(29 septembre 1797).

Au citoyen Canclaux, ministre de la république à Naples.

J'apprends, citoyen ministre, qu'il y a des mouvemens sur les frontières de Naples, en même temps qu'un général autrichien vient commander à Rome. Je ne saurais penser que, si cela était, vous ne soyez pas instruit des mouvemens et des desseins que pourrait avoir la cour de Naples, et vous me les auriez fait connaître par un courrier extraordinaire. L'intention du directoire exécutif de la république française n'est point que la cour de Naples empiète sur le territoire romain. Soit que le pape continue à vivre, soit qu'il meure ou qu'il soit remplacé par un autre pape ou par une république, vous devez déclarer, lorsque vous serez assuré que la cour de Naples a intention de faire des mouvemens, que le directoire exécutif de la république française ne restera pas tranquille spectateur de la conduite hostile du roi de Naples, et que, quelque événement qu'il arrive, la république française s'entendra avec plaisir avec la cour de Naples pour lui faire obtenir ce qu'elle désire, mais non pour autoriser le roi de Naples à agir hostilement. BONAPARTE.

Au quartier-général à Passeriano, le 8 vendémiaire an 6,
(29 septembre 1797).

A l'ambassadeur de la république française à Rome.

Je reçois, citoyen ambassadeur, votre lettre du 13 vendémiaire. Vous signifierez sur-le-champ à la cour de Rome, que si le général Provera n'est pas renvoyé de suite de Rome, la république française regardera cela de la part de Sa Sainteté comme un commencement d'hostilités. Faites sentir combien il est indécent, lorsque le sort de Rome a dépendu de nous, qu'elle n'a dû son existence qu'à notre générosité, de voir le pape renouer encore des intrigues et se montrer sous des couleurs qui ne peuvent être agréables à la république française. Dites même dans vos conversations avec le secrétaire d'état, et, s'il le faut, même dans votre note : La république française a été généreuse à Tolentino, elle ne le sera plus si les circonstances recommencent.

Je fais renforcer la garnison d'Ancône d'un bataillon de Polonais. L'escadre de l'amiral Brueys me répond de la conduite de la cour de Naples.

Vous ne devez avoir aucune espèce d'inquiétude, ou, si elle agit, je détruirai son commerce, avec l'escadre de l'amiral Brueys, et, lorsque les circonstances le permettront, je ferai marcher une colonne pour leur répondre. Je verrai dans une heure M. de Gallo, et je m'expliquerai avec vous en termes si forts, que messieurs les Napolitains n'auront pas la volonté de faire marcher des troupes sur Rome.

Enfin, s'il n'y a encore aucun changement à Rome, ne souffrez pas qu'un général aussi connu que M. Provera prenne le commandement des troupes de Rome. L'intention du directoire exécutif n'est pas de laisser renouer les petites intrigues des princes d'Italie. Pour moi, qui connais bien les Italiens, j'attache la plus grande importance à ce que les troupes romaines ne soient pas commandées par un général autrichien.

Dans la circonstance, vous devez dire au secrétaire d'état : « La république française, continuant ses sentimens de bienveillance au pape, était peut-être sur le point de lui restituer Ancône : vous gâtez toutes vos affaires, vous en serez responsable. Les provinces de Macerata et le duché d'Urbin se révolteront, vous demanderez le secours des Français, ils ne vous répondront pas. »

Effectivement, plutôt que de donner le temps à la cour

de Rome d'ourdir de nouvelles trames, je la préviendrai.

Enfin, exigez non-seulement que M. Provera ne soit point général des troupes romaines, mais que, sous vingt-quatre heures, il soit hors de Rome. Développez un grand caractère; ce n'est qu'avec la plus grande fermeté, la plus grande expression dans vos paroles, que vous vous ferez respecter de ces gens-là : timides lorsqu'on leur montre les dents, ils sont fiers lorsqu'on a trop de ménagemens pour eux.

Dites publiquement dans Rome que, si M. Provera a été deux fois mon prisonnier de guerre dans cette campagne, il ne tardera pas à l'être une troisième fois : s'il vient vous voir, refusez de le recevoir. Je connais bien la cour de Rome, et cela seul, si c'est bien joué, perd cette cour.

L'aide-de-camp qui vous portera cette lettre a ordre de continuer jusqu'à Naples pour voir le citoyen Canclaux; il s'assurera par lui-même des mouvemens des troupes napolitaines, auxquels je ne peux pas croire, quoique je m'aperçoive qu'il y a depuis quelque temps une espèce de coalition entre les cours de Naples, de Rome, et même celle de Florence; mais c'est la ligue des rats contre les chats.

Si vous le jugez à propos, mon aide-de-camp présentera une lettre, que vous trouverez ci-jointe, au secrétaire d'état, et lui dira, d'un ton qui convient aux vainqueurs de l'Italie, que si, sous vingt-quatre heures, M. Provera n'est point hors de Rome, ils nous obligeront à une visite.

Si le pape était mort, vous devez faire tout ce qu'il vous est possible pour qu'on n'en nomme pas un autre, et qu'il y ait une révolution. Le roi de Naples ne fera aucun mouvement : s'il en faisait lorsque la révolution serait faite, vous déclareriez au roi de Naples, à l'instant où il franchirait les limites, que le peuple romain est sous la protection de la république française; ensuite, en vous rendant de votre personne auprès du général napolitain, vous lui diriez que la république française ne voit point d'inconvénient à entamer une négociation avec la cour de Naples sur les différentes demandes qu'elle a faites, et spécialement sur celle qu a faite à Paris M. Balbo, et auprès de moi M. de Gallo, mais qu'il ne faut pas qu'elle prenne les armes, la république regardant cela comme une hostilité.

Enfin, vous emploieriez en ce double sens beaucoup de fierté extérieure pour que le roi de Naples n'entre pas dans Rome, et beaucoup de souplesse pour lui faire comprendre que c'est son intérêt; et si le roi de Naples, malgré tout ce que vous pourriez faire, ce que je ne saurais penser, entrait dans Rome, vous devez continuer à y rester, et affecter de ne reconnaître en aucune manière l'autorité qu'y exercerait le roi de Naples, de protéger le peuple de Rome, et faire publiquement les fonctions de son avocat, mais d'avocat tel qu'il convient à un représentant de la première nation du monde.

Vous pensez bien, sans doute, que je prendrai bien vite dans ce cas les mesures qui seraient nécessaires pour vous mettre à même de soutenir la déclaration que vous auriez faite de vous opposer à l'invasion du roi de Naples.

Si le pape est mort, et qu'il n'y ait aucun mouvement à Rome, de sorte qu'il n'y ait aucun moyen d'empêcher le pape d'être nommé, ne souffrez pas que le cardinal Albani soit nommé; vous devez employer non-seulement l'exclusion, mais encore les menaces sur l'esprit des cardinaux, en déclarant qu'à l'instant même je marcherai sur Rome, ne nous opposant pas à ce qu'il soit pape, mais ne voulant pas que celui qui a assassiné Basseville soit prince. Au reste, si l'Espagne lui donne aussi l'exclusion, je ne vois pas de possibilité à ce qu'il réussisse. BONAPARTE.

Au quartier-général à Passeriano, le 8 vendémiaire an 6
(29 septembre 1797).

Au directoire exécutif.

Le pape est très-malade et peut-être mort à l'heure qu'il est. Le roi de Naples fait beaucoup de mouvemens.

Je vous enverrai copie des lettres que j'ai écrites à nos ministres à Rome et à Naples.

Je ne dissimule pas que depuis quelque temps il y a une espèce de coalition entre le pape, le roi de Naples, et même la Toscane. Le pape n'a-t-il pas eu l'insolence de confier le commandement de ses troupes au général autrichien Provera !

Je pense que tout cela est une nouvelle raison pour que vous ratifiez le traité d'alliance avec le roi de Sardaigne. Le général Berthier, que j'ai envoyé à Novare pour passer la revue des troupes piémontaises, m'écrit que ce corps est dans une situation superbe. Je vous ferai passer copie de la lettre que m'écrit M. Priocca.

Vous m'aviez écrit, il y a quatre mois, qu'en cas que le roi de Naples se rendît à Rome, de l'y laisser aller : quant à moi, je crois que ce serait une grande sottise. Quand il sera à Rome, il fera emprisonner une soixantaine de personnes, il fera prêcher les prêtres, se prosternera devant un pape dont il aura en vérité la puissance, et nous aurons tout perdu. Vous verrez dans mes lettres aux ministres de la république à Rome et à Naples la conduite que je leur ai dit de tenir. Je vous prie de me faire connaître positivement vos instructions sur ce point.

BONAPARTE.

Au quartier-général à Passeriano, le 10 vendémiaire an 6
(1er octobre 1797).

Au ministre des relations extérieures.

Messieurs les plénipotentiaires de l'empereur sortent d'ici; nos différentes entrevues n'avancent pas encore beaucoup : c'est toujours la même exagération de prétentions.

Je les renverrai demain, et vous ferai connaître le projet qu'ils doivent me remettre avec ma réponse. BONAPARTE.

Au quartier-général à Passeriano, le 10 vendémiaire an 6
(1er octobre 1797).

Au ministre de la marine.

Je reçois, citoyen ministre, votre lettre du 28 fructidor; j'ai fait passer à l'amiral Brueys celle qui était pour lui. J'ai écrit, il y a quelques jours, au directoire exécutif pour lui demander une autorisation pour garder la flotte dans ces mers, d'où vous pourrez lui donner la destination qu'il vous plaira, quelle qu'elle soit. L'amiral Brueys vous a écrit par le même courrier. L'escadre se trouve bien approvisionnée et ses équipages fort contens. J'espère que, si nous rompons, elle nous sera du plus grand service. Recevez mes remercîmens pour les choses honnêtes renfermées dans votre lettre, et croyez que mon plus grand plaisir sera de mériter votre estime. BONAPARTE.

Au quartier-général à Passeriano, le 10 vendémiaire an 6
(1er octobre 1797).

A S. A. R. le duc de Parme.

La caisse de l'armée d'Italie aurait besoin du crédit de votre A. R., afin de ne pas retarder le prêt du soldat, et pour subvenir aux dépenses les plus indispensables à l'armée. Comme je connais les sentimens de bienveillance que votre A. R. a pour l'armée française, je la prie d'ordonner à son ministre de seconder l'opération que lui proposera le citoyen Haller, administrateur des finances de l'armée, pour assurer les comptes.

Croyez aux sentimens d'estime, etc., etc.   BONAPARTE.

Au quartier-général à Passeriano, le 10 vendémiaire an 6 (1er octobre 1797).

Au ministre de la police générale.

J'ai reçu, citoyen ministre, votre lettre du 27 fructidor. Je vous remercie de l'avis que vous me donnez; je souhaite à messieurs les royalistes de ne pouvoir faire plus de mal à la république que celui qu'ils feraient en tuant un de ses citoyens; d'ailleurs il est plus facile d'en faire le projet que de l'exécuter.

Permettez que je saisisse cette occasion pour vous faire mon compliment sur votre nomination au ministère, que vous avez déjà signalée par un rehaussement de l'esprit public.

Je vous prie de croire aux sentimens d'estime et de considération que j'ai pour vous.   BONAPARTE.

Au quartier-général à Passeriano, le 10 vendémiaire an 6 (1er octobre 1797).

Au ministre des relations extérieures.

Vous verrez, par la lettre que j'écris au directoire exécutif, les nouvelles de Rome : la santé du pape chancelle de nouveau. J'ai eu une conversation avec M. de Gallo, et je lui ai fait connaître que le directoire exécutif de la république française ne souffrirait jamais que le roi de Naples se mêlât des affaires de Rome sans sa participation. Nous avons eu hier une conférence : je vous envoie la copie du protocole, et vous vous convaincrez que les choses continuent à prendre mauvaise tournure.

J'ai eu, après le dîner, une conférence avec M. le comte de Cobentzel ; il m'a dit que l'empereur pourrait nous céder le Rhin, si nous lui faisions de grands avantages en Italie : ce qu'il articulait est extravagant. Il me remettra demain un projet confidentiel ; je vous l'enverrai, et j'y ferai une réponse qui sera en moins ce que lui aura fait en plus.

Nous sommes convenus, en cas de rupture, d'établir la manière dont l'un ou l'autre gouvernement se signifierait la rupture, afin que les deux armées ne pussent pas être surprises, et que les deux nations continuent à être liées par le droit des gens.

Comme les grandes opérations dépendent ici de ce que fera l'armée du Rhin, et de l'époque où l'on entrera en campagne, je ne précipiterai rien ici ; mais je mettrai le gouvernement à même de prendre le parti qu'il voudra, et de pouvoir mettre en mouvement en même temps les armées du Rhin et d'Italie.

La position de l'armée française d'Italie est superbe. Le Brescian et le Mantouan seront bientôt réunis à la république cisalpine. Je m'occupe à réunir les différentes parties de l'état de Venise dans un seul et même état, afin d'organiser robustement les derrières de l'armée, qui seront tranquilles pendant ce grand mouvement ; et ce gouvernement s'engagera à donner 25,000,000 pour pouvoir sustenter l'armée pendant ses grandes opérations.

Toutes les places fortes sont approvisionnées pour un an. Palma et Osoppo, qui doivent être les pivots des armées, contiennent des dépôts pour nourrir l'armée pendant un long temps.

L'artillerie se trouve également dans une position satisfaisante.

De grandes choses pourront être faites avec cette armée.

Tout ce que je fais, tous les arrangemens que je prends dans ce moment-ci, c'est le dernier service que je puisse rendre à la patrie.

Ma santé est entièrement délabrée; et la santé est indispensable et ne peut être substituée par rien, à la guerre. Le gouvernement aura sans doute, en conséquence de la demande que je lui ai faite il y a huit jours, nommé une commission de publicistes pour organiser l'Italie libre;

De nouveaux plénipotentiaires pour continuer les négociations ou les renouer, si la guerre avait lieu, au moment où les événemens de la guerre seraient les plus propices;

Et, enfin, un général qui ait sa confiance pour commander l'armée : car je ne connais personne qui puisse me remplacer dans l'ensemble de ces trois missions, toutes trois également intéressantes.

Je donnerai aux uns et aux autres des renseignemens, soit sur les hommes, sur les mœurs, caractères, positions et les projets qui leur seront utiles, s'ils veulent en profiter.

Quant à moi, je me trouve sérieusement affecté de me voir obligé de m'arrêter dans un moment où, peut-être, il n'y a plus que des fruits à cueillir; mais la loi de la nécessité maîtrise l'inclination, la volonté et la raison.

Je puis à peine monter à cheval : j'ai besoin de deux ans de repos.
BONAPARTE.

Au quartier-général à Passeriano, le 15 vendémiaire an 6
(8 octobre 1797).

Au président du gouvernement provisoire de Gênes.

J'apprends avec peine que vous êtes divisés entre vous, et que par là vous donnez un champ libre à la malveillance et aux ennemis de votre liberté. Etouffez toutes vos haines, réunissez tous vos efforts, si vous voulez éviter de grands malheurs à votre patrie et à vos familles. Les rois voient avec plaisir et fomentent peut-être une dissension dans votre gouvernement, qui ruine votre commerce, dégoûte la masse de la nation de l'égalité, et établit les priviléges et les préjugés.

Les hostilités peuvent recommencer d'un moment à l'autre, vous devez vous mettre en mesure de pouvoir aussi concourir à la cause commune : comment croyez-vous le faire lorsque vous avez même besoin des Français pour vous garder ?

Si vous en croyez un homme qui prend un vif intérêt à votre bonheur, remettez en termes plus clairs dans votre constitution ce qui a pu alarmer les ministres de la religion : je dirai même plus, la superstition aux prises avec la liberté ; la première l'emportera dans l'esprit du peuple.

Enfin, supprimez toutes les commissions violentes qui pourraient alarmer la masse des citoyens.

Vous ne devez pas vous gouverner par des excès, comme vous ne devez vous laisser périr par faiblesse. Eclairez le peuple, concertez-vous avec l'archevêque pour leur donner de bons curés ; acquérez des titres à l'amour de vos concitoyens et à l'estime de l'Europe, qui vous fixe, et croyez qu'en tout temps je vous appuierai et prendrai un vif intérêt à tout ce qui vous concerne. BONAPARTE.

Au quartier-général à Passeriano, le 16 vendémiaire an 6
(7 octobre 1797).

Au ministre des relations extérieures.

Je vous envoie, citoyen ministre, le projet confidentiel que m'a remis M. le comte de Cobentzel ; je lui ai témoigné toute l'indignation que vous sentirez en le lisant. Je lui répondrai par la note ci-jointe. Sous trois ou quatre jours, tout sera terminé, la paix ou la guerre. Je vous avoue que je ferai tout pour la paix, vu la saison très-avancée et le peu d'espérance de faire de grandes choses.

Vous connaissez peu ces peuples-ci ; ils ne méritent pas que l'on fasse tuer 40,000 Français pour eux.

Je vois par vos lettres que vous partez toujours d'une fausse hypothèse : vous vous imaginez que la liberté fait faire de grandes choses à un peuple mou, superstitieux, pantalon et lâche.

Ce que vous désireriez que je fisse sont des miracles : je n'en sais pas faire.

Je n'ai pas à mon armée un seul Italien, excepté 1500 polissons ramassés dans les rues des différentes villes de l'Italie, qui pillent et ne sont bons à rien.

Ne vous laissez pas inspirer par quelque aventurier italien, peut-être par quelque ministre même, qui vous diront qu'il y a 80,000 hommes italiens sous les armes ; car, depuis quelque temps, je n'aperçois pas les journaux, et ce qui me revient de l'opinion publique en France s'égare étrangement sur les Italiens.

Un peu d'adresse, un ascendant que j'ai pris, des exemples sévères, donnent seuls à ces peuples un grand respect pour la nation, et un intérêt, quoique extrêmement faible, pour la cause que nous défendons.

Je désire que vous appeliez chez vous les différens ministres cisalpins qui se trouvent à Paris, que vous leur demandiez d'un ton sévère....., qu'ils vous déclarent sur-le-champ, par écrit, le nombre de troupes qu'a la république cisalpine à l'armée ; et, s'ils vous disent que j'ai plus de 1500 hommes cisalpins et à peu près 2000 à Milan, employés à la police de leur pays, ils vous en imposeront, et réprimandez-les comme ils le méritent ; car telle chose est bonne à dire dans un café ou dans un discours, mais non au gouvernement, puisque ces fausses idées peuvent le mettre dans le cas de prendre un parti différent de celui qui convient, et produire des malheurs incalculables.

J'ai l'honneur de vous le répéter, peu à peu le peuple de la république cisalpine s'enthousiasmera pour la liberté, peu à peu cette république s'organisera, et peut-être dans quatre ou cinq ans pourra-t-elle avoir 30,000 hommes de troupes passables, surtout s'ils prennent quelques Suisses; car il faudrait être un législateur habile pour leur faire venir le goût des armes : c'est une nation bien énervée et bien lâche.

Si les négociations ne prennent pas une bonne tournure, la France se repentirait à jamais du parti qu'elle a pris avec le roi de Sardaigne. Ce prince, avec un de ses bataillons et un de ses escadrons de cavalerie, est plus fort que toute la Cisalpine réunie. Si je n'ai jamais écrit au gouvernement avec cette précision, c'est que je ne pensais pas qu'on pût se former des Italiens l'idée que je vois, par vos dernières lettres, que vous en avez. J'emploie tout mon talent à les échauffer et à les aguerrir, et je ne réussis tout juste qu'à contenir et à disposer ces peuples dans de bonnes intentions.

Je n'ai point eu, depuis que je suis en Italie, pour auxiliaire, l'amour des peuples pour la liberté et l'égalité, ou du moins cela a été un auxiliaire très-faible; mais la bonne discipline de l'armée, le grand respect que nous avons tous eu pour la république, que nous avons porté jusqu'à la cajolerie pour les ministres de la justice, surtout une grande activité et une grande promptitude à réprimer les malintentionnés et à punir ceux qui se déclaraient contre nous, tel a été le véritable auxiliaire de l'armée d'Italie : voilà l'historique. Tout ce qui n'est bon qu'à dire dans des proclamations, des discours imprimés, sont des romans.

Comme j'espère que les négociations iront bien, je n'entrerai pas dans de plus grands détails pour vous déclarer beaucoup de choses qu'il me paraît qu'on saisit mal. Ce n'est qu'avec de la prudence, de la sagesse, beaucoup de dextérité, que l'on parvient à de grands buts, et que l'on surmonte tous les obstacles : autrement on ne réussit en rien. Du triomphe à la chute il n'est qu'un pas. J'ai vu, dans les plus grandes circonstances, qu'un rien a toujours décidé des plus grands événemens.

S'il arrivait que nous adoptassions la politique extérieure que nous avions en 1793, nous aurions d'autant plus tort, que nous nous sommes bien trouvés de la politique contraire, et que nous n'avons plus ces grandes masses, ces moyens de recrutement, et ce premier élan d'enthousiasme qui n'a qu'un temps.

Le caractère distinctif de notre nation est d'être beaucoup trop vif dans la prospérité. Si l'on prend pour base de toutes les opérations la vraie politique, qui n'est que le résultat du calcul, des combinaisons et des chances, nous serons pour long-temps la grande nation et l'arbitre de l'Europe ; je dis plus, nous tenons la balance, nous la ferons pencher comme nous voudrons, et même, si tel est l'ordre du destin, je ne vois pas d'impossibilité à ce que l'on arrive en peu d'années à ces grands résultats que l'imagination échauffée et enthousiaste entrevoit, et que l'homme extrêmement froid, constant et raisonné, atteindra seul. Ne voyez, citoyen ministre, je vous prie, dans la présente lettre, que le désir de contribuer autant qu'il est en moi au succès de la patrie.

Je vous écris comme je pense, c'est la plus grande marque d'estime que je puisse vous donner.

BONAPARTE.

Au quartier-général à Passeriano, le 19 vendémiaire an 6.
(10 octobre 1797).

Au directoire exécutif.

Les négociations de paix sont enfin sur le point de se terminer. La paix définitive sera signée cette nuit, ou la négociation rompue.

En voici les conditions principales :

1°. Nous aurons sur le Rhin la limite tracée sur la carte que je vous envoie, c'est-à-dire la Nethe jusqu'à Kerpen, et passe de là à Juliers, Venloo ;

2°. Mayence et ses fortifications en entier et tel qu'il est ;

3°. Les îles de Corfou, Zante, Céphalonie, etc., et l'Albanie vénitienne ;

4°. La Cisalpine sera composée de la Lombardie, du Bergamasque, du Crémasque, du Brescian, de Mantoue, de Peschiera, avec les fortifications, jusqu'à la rive droite de l'Adige et du Pô ; du Modenais, du Ferrarais, du Bolonais, de la Romagne :

Cela fait à peu près trois millions cinq à six cent mille habitans.

5°. Gênes aura les fiefs impériaux ;

6°. L'empereur aura la Dalmatie et l'Istrie, les états de Venise jusqu'à l'Adige et le Pô, la ville de Venise ;

7°. Le prince d'Orange, conformément au traité secret avec la Prusse, obtiendra une indemnité. Le duc de Modène sera indemnisé par le Brisgaw, et en place l'Autriche prendra Salzburg et une partie de la Bavière comprise entre la rivière d'Iun, la rivière de Salza, l'évêché de Salzburg, faisant cinquante mille habitans ;

8°. Nous ne céderons les pays que doit occuper l'empereur que trois semaines après l'échange des ratifications et lorsqu'il aura évacué Manheim, Ingolstadt, Ulm, Ehrenbreistein et tout l'Empire ;

9°. La France aura ce que la république de Venise avait de meilleur, etc., et les limites du Rhin, auxquelles il ne manquera que deux cent mille habitans que l'on pourra avoir à la paix de l'Empire. Elle gagnera de ce côté quatre millions de population ;

10°. La république cisalpine aura de très-belles limites militaires, puisqu'elle aura Mantoue, Peschiera, Ferrare.

11°. La liberté gagne donc : république cisalpine, trois millions cinq cent mille habitans : nouvelles limites de la France, quatre millions : en tout sept millions cinq cent mille habitans ;

12°. La maison d'Autriche gagnera un million neuf cent mille habitans :

Elle en perdra, en Lombardie, un million cinq cent mille ; à Modène, trois cent mille ; en Belgique, deux millions cinq cent mille : en tout quatre millions trois cent mille habitans ; sa perte sera donc encore assez sensible.

J'ai profité des pouvoirs que vous m'avez donnés et de la confiance dont vous m'avez revêtu pour conclure ladite paix ; j'y ai été conduit :

1°. Par la saison avancée, contraire à la guerre offensive, surtout de ce côté-ci, où il faut repasser les Alpes et entrer dans des pays très-froids ;

2°. La faiblesse de mon armée, qui cependant a toutes les forces de l'empereur contre elle ;

3°. La mort de Hoche, et le mauvais plan d'opérations adopté ;

4°. L'éloignement des armées du Rhin des états héréditaires de la maison d'Autriche ;

5°. La nullité des Italiens. Je n'ai avec moi au plus que

quinze cents Italiens qui sont le ramassis des polissons dans les grandes villes;

6°. La rupture qui vient d'éclater avec l'Angleterre;

7°. L'impossibilité où je me trouve, par la non ratification du traité d'alliance avec le roi de Sardaigne, de me servir des troupes sardes, et la nécessité d'augmenter de six mille hommes de troupes françaises les garnisons du Piémont et de la Lombardie;

8°. L'envie de la paix qu'a toute la république, envie qui se manifeste même dans les soldats, qui se battraient, mais qui verront avec plus de plaisir encore leurs foyers, dont ils sont absens depuis bien des années, et dont l'éloignement ne serait bon que pour établir le gouvernement militaire;

9°. L'inconvenance d'exposer des avantages certains et le sang français pour des peuples peu dignes et peu amans de la liberté, qui, par caractère, habitude et religion, nous haïssent profondément. La ville de Venise renferme, il est vrai, trois cents patriotes: leurs intérêts seront stipulés dans le traité, et ils seront accueillis dans la Cisalpine. Le désir de quelques centaines d'hommes ne vaut pas la mort de vingt mille Français;

10°. Enfin, la guerre avec l'Angleterre nous ouvrira un champ plus vaste, plus essentiel et plus beau d'activité. Le peuple anglais vaut mieux que le peuple vénitien, et sa libération consolidera à jamais la liberté et le bonheur de la France, ou, si nous obligeons ce gouvernement à la paix, notre commerce, les avantages que nous lui procurerons dans les deux mondes, seront un grand pas vers la consolidation de la liberté et le bonheur public.

Si, dans tous ces calculs, je me suis trompé, mon cœur est pur, mes intentions sont droites: j'ai fait taire l'intérêt de ma gloire, de ma vanité, de mon ambition; je n'ai vu que la patrie et le gouvernement; j'ai répondu d'une manière digne de moi à la confiance illimitée que le directoire a bien voulu m'accorder depuis deux ans.

Je crois avoir fait ce que chaque membre du directoire eût fait en ma place.

J'ai mérité par mes services l'approbation du gouvernement et de la nation; j'ai reçu des marques réitérées de son estime. « Il ne me reste plus qu'à rentrer dans la foule, reprendre le soc de Cincinnatus, et donner l'exemple du respect pour les magistrats et de l'aversion pour le régime militaire, qui a détruit tant de républiques et perdu plusieurs états. »

Croyez à mon dévouement et à mon désir de tout faire pour la liberté de la patrie. BONAPARTE.

Au quartier-général à Passeriano, le 19 vendémiaire an 6
(10 octobre 1797).

Au directoire exécutif.

Le citoyen Botot m'a remis votre lettre du premier jour complémentaire; il m'a dit, en conséquence, de votre part, de révolutionner l'Italie : je lui ai demandé comment cela se devait entendre; si le duc de Parme, par exemple, était compris dans cet ordre. Il n'a pu me donner aucune explication. Je vous prie de me faire connaître vos ordres plus clairement.

J'ai retenu quelques jours ici le citoyen Botot, pour qu'il pût s'assurer par lui-même de l'esprit qui anime mon état-major et tout ce qui m'environne. Je serais bien aise qu'il en fît autant dans les différentes divisions de l'armée, il y trouverait un esprit de patriotisme qui distingue ces braves soldats.

Ma santé considérablement affaiblie, mon moral non moins affecté, ont besoin de repos et me rendent incapable de remplir les grandes choses qui restent à faire. Je vous ai déjà demandé un successeur : si vous n'avez pas obtempéré à ma demande, je vous prie, citoyens directeurs, de le faire. Je ne suis plus en état de commander. Il ne me reste qu'un vif intérêt, qui ne m'abandonnera jamais, pour la prospérité de la république et la liberté de la patrie. BONAPARTE.

Au quartier-général à Passeriano, le 22 vendémiaire an 6 (13 octobre 1797).

Au directoire exécutif de la république cisalpine.

J'ai reçu, citoyens directeurs, le projet que vous m'avez envoyé pour la formation du département de Mantoue. Faites faire une loi par les comités réunis, pour joindre Mantoue, la partie du Véronais que vous désirez dans votre plan, et le Brescian à la république cisalpine. Si vous le croyez nécessaire, envoyez-la moi, je la signerai : surtout que chaque département n'excède pas cent quatre-vingt mille habitans. Je crois qu'il sera bon de mettre une partie du Brescian dans le départemement de Mantoue, pour pouvoir faire une bonne limite. La ville de Mantoue continuera cependant à être en état de siége, et immédiatement sous les ordres du général commandant la place.

Les fortifications de Mantoue seront désormais aux frais de votre gouvernement, ainsi que celles de Pizzighittone et de Peschiera. Il est indispensable que vous envoyiez un de vos officiers du génie à Mantoue, lequel se concertera avec l'officier français, et prendra des mesures pour augmenter, autant que possible, les fortifications de cette place. J'ordonne au général Chasseloup de faire faire des projets en grand pour des fortifications permanentes.

Il est également indispensable que l'on commence à travailler à un bon fort à la roche d'Anfous, entre Brescia et le Tyrol. Ce poste est des plus importans pour la république cisalpine, et il demande toute votre sollicitude. Envoyez un officier du génie à Brescia.

Je donne l'ordre au général Chasseloup d'en envoyer également un pour se concerter avec le vôtre, et présenter un projet pour établir une bonne forteresse dans cette position.

BONAPARTE.

Au quartier-général à Passeriano, le 27 vendémiaire an 6
(18 octobre 1797).

Au directoire exécutif.

Le général Berthier et le citoyen Monge vous portent le traité de paix définitif qui vient d'être signé entre l'empereur et nous.

Le général Berthier, dont les talens distingués égalent le courage et le patriotisme, est une des colonnes de la république, comme un des plus zélés défenseurs de la liberté. Il n'est pas une victoire de l'armée d'Italie à laquelle il n'ait contribué. Je ne craindrai pas que l'amitié me rende partial en retraçant ici les services que ce brave général a rendus à la patrie; mais l'histoire prendra ce soin, et l'opinion de toute l'armée fondera le témoignage de l'histoire.

Le citoyen Monge, un des membres de la commission des sciences et arts, est célèbre par ses connaissances et son patriotisme. Il a fait estimer les Français par sa conduite en Italie. Il a acquis une part distinguée dans mon amitié. Les sciences, qui nous ont révélé tant de secrets, détruit tant de préjugés, sont appelées à nous rendre de plus grands services encore. De nouvelles vérités, de nouvelles découvertes nous révéleront des secrets plus essentiels encore au bonheur des hommes; mais il faut que nous aimions les savans et que nous protégions les sciences.

Accueillez, je vous prie, avec une égale distinction, le général distingué et le savant physicien : tous les deux illustrent la patrie et rendent célèbre le nom français. Il m'est impossible de vous envoyer le traité de paix par deux hommes plus distingués dans un genre différent. BONAPARTE.

Au quartier-général à Passeriano, le 27 vendémiaire an 6
(18 octobre 1797).

Au ministre des relations extérieures.

La paix a été signée hier après minuit. J'ai fait partir, à deux heures, le général Berthier et le citoyen Monge pour vous porter le traité en original. Je me suis référé à vous en écrire ce matin, et je vous expédie, à cet effet, un courrier extraordinaire qui vous arrivera en même temps, et peut-être avant le général Berthier : c'est pourquoi j'y inclus une copie collationnée de ce traité.

1°. Je ne doute pas que la critique ne s'attache vivement à déprécier le traité que je viens de signer. Tous ceux cependant qui connaissent l'Europe et qui ont le tact des affaires, seront bien convaincus qu'il était impossible d'arriver à un meilleur traité sans commencer par se battre, et sans conquérir encore deux ou trois provinces de la maison d'Autriche. Cela était-il possible ? oui. Préférable ? non.

En effet, l'empereur avait placé toutes ses troupes contre l'armée d'Italie, et, nous, nous avons laissé toute la force de nos troupes sur le Rhin. Il aurait fallut trente jours de marche à l'armée d'Allemagne pour pouvoir arriver sur les lisières des états héréditaires de la maison d'Autriche, et pendant ce temps-là j'aurais eu contre moi les trois quarts de ses forces. Je ne devais pas avoir les probabilités de les vaincre, et, les eussé-je vaincues, j'aurais perdu une grande partie des braves soldats qui ont à seuls vaincu toute la maison d'Autriche et changé le destin de l'Europe. Vous avez cent cinquante mille hommes sur le Rhin, j'en ai cinquante mille en Italie.

2°. L'empereur, au contraire, a cent cinquante mille hommes contre moi, quarante mille en réserve, et au plus quarante mille au-delà du Rhin.

3°. Le refus de ratifier le traité du roi de Sardaigne me privait de dix mille hommes et me donnait des inquiétudes réelles sur mes derrières, qui s'affaiblissaient par les armemens extraordinaires de Naples.

4°. Les cimes des montagnes sont déjà couvertes de neige : je ne pouvais pas, avant un mois, commencer les opérations militaires, puisque, par une lettre que je reçois du général qui commande l'armée d'Allemagne, il m'instruit du mauvais état de son armée, et me fait part que l'armistice de quinze jours qui existait entre les armées n'est pas encore rompu. Il faut dix jours pour qu'un courrier se rende d'Udine à l'armée d'Allemagne annoncer la rupture; les hostilités ne pouvaient donc en réalité commencer que vingt-cinq jours après la rupture, et alors nous nous trouvions dans les grandes neiges.

5°. Il y aurait eu le parti d'attendre au mois d'avril et de passer tout l'hiver à organiser les armées et à concerter un plan de campagne, qui était, pour le dire entre nous, on ne peut pas plus mal combiné; mais ce parti ne convenait pas à la situation intérieure de la république, de nos finances et de l'armée d'Allemagne.

6°. Nous avons la guerre avec l'Angleterre : cet ennemi est assez considérable.

Si l'empereur répare ses pertes dans quelques années de paix, la république cisalpine s'organisera de son côté, et l'occupation de Mayence et la destruction de l'Angleterre nous compenseront de reste et empêcheront bien ce prince de penser à se mesurer avec nous.

7° Jamais, depuis plusieurs siècles, on n'a fait une paix plus brillante que celle que nous faisons. Nous acquérons la partie de la république de Venise la plus précieuse pour nous. Une autre partie du territoire de cette république est acquise à la Cisalpine, et le reste à l'empereur.

8°. L'Angleterre allait renouveler une autre coalition. La guerre, qui a été nationale et populaire lorsque l'ennemi était sur nos frontières, semble aujourd'hui étrangère au peuple, et n'est devenue qu'une guerre de gouvernement. Dans l'ordre naturel des choses, nous aurions fini par y succomber.

9°. Lorsque la Cisalpine a les frontières les plus militaires de l'Europe, que la France a Mayence et le Rhin, qu'elle a dans le Levant Corfou, place extraordinairement bien fortifiée, et les autres îles, que veut-on davantage? Diverger nos forces, pour que l'Angleterre continue à enlever à nous, à l'Espagne, à la Hollande leurs colonies, et éloigner encore pour long-temps le rétablissement de notre commerce et de notre marine?

10°. Les Autrichiens sont lourds et avares : aucun peuple moins intrigant et moins dangereux pour nos affaires militaires qu'eux; l'Anglais, au contraire, est généreux, intrigant, entreprenant. Il faut que notre gouvernement détruise la monarchie anglicane, ou il doit s'attendre lui-même à être détruit par la corruption et l'intrigue de ces actifs insulaires. Le moment actuel nous offre un beau jeu. Concentrons toute notre activité du côté de la marine, et détruisons l'Angleterre : cela fait, l'Europe est à nos pieds. BONAPARTE.

Au quartier-général à Trévise, le 5 brumaire an 6
(26 octobre 1797).

Au citoyen Villetard.

J'ai reçu, citoyen, votre lettre du 3 brumaire, je n'ai rien compris à son contenu; il faut que je ne me sois pas bien expliqué avec vous.

La république française n'est liée avec la municipalité de Venise par aucun traité qui nous oblige à sacrifier nos intérêts et nos avantages à celui du comité du salut public ou de tout autre individu de Venise.

Jamais la république française n'a adopté pour maxime de faire la guerre pour les autres peuples. Je voudrais connaître quel serait le principe de philosophie ou de morale qui ordonnerait de faire sacrifier 40,000 Français contre le vœu bien prononcé de la nation et l'intérêt bien entendu de la république.

Je sais bien qu'il n'en coûte rien à une poignée de bavards, que je caractériserais bien en les appelant fous, de vouloir la république universelle; je voudrais que ces messieurs pussent faire une campagne d'hiver : d'ailleurs, la nation vénitienne n'existait pas. Divisés en autant d'intérêts qu'il y a de villes, efféminés et corrompus, aussi lâches qu'hypocrites, les peuples de l'Italie, et spécialement le peuple vénitien, n'est pas fait pour la liberté. S'il était dans le cas de l'apprécier, et s'il avait les vertus nécessaires pour l'acquérir, eh bien ! la circonstance actuelle lui est très-avantageuse pour le prouver : qu'il la défende ! Il n'a pas eu le courage de la conquérir, même contre quelques misérables oligarques ; il n'a pas pu même se défendre quelque temps dans la ville de Zara, et peut-être même que, si l'armée fût entrée en Allemagne, nous eussions vu se renouveler, sinon les scènes de Verone, du moins des assassinats particuliers, multipliés, qui produisent le même effet sinistre pour l'armée.

Au reste, la république française ne peut pas donner, comme on pourrait le croire, les états de Venise. Ce n'est pas que, dans la réalité, ces états n'appartiennent à la France par droit de conquête ; mais c'est parce qu'il n'est point dans les principes du gouvernement de donner aucun peuple. Lors donc que l'armée française évacue ces pays-ci, les différens gouvernemens sont maîtres de prendre toutes les mesures qu'ils pourraient juger avantageuses à leur pays.

Si je vous avais chargé de conférer avec le comité de salut public sur l'évacuation qu'il est possible que l'armée française exécute, c'est pour le mettre à même de prendre toutes les mesures, soit pour leur pays, soit pour les individus qui voudraient se retirer dans les pays qui, réunis à la république cisalpine, sont reconnus et garantis par la république française.

Vous avez dû également faire connaître au comité de salut public que les individus qui voudraient suivre l'armée française auraient tout le temps nécessaire pour vendre leurs biens, quel que soit le sort de ces pays, et que même je savais qu'il était dans l'intention de la république cisalpine de leur accorder le titre de citoyen. Votre mission doit se borner là ; quant au reste, ils feront ce qu'ils voudront. Vous leur en avez assez dit pour leur faire sentir que tout n'était pas perdu, que tout ce qui arrivait était la suite d'un grand plan. Si les armes de la république française continuaient à être heureuses contre une puissance qui a été le nerf et le coffre-fort de toute la coalition, peut-être Venise aurait pu, par la suite, se trouver réunie avec la Cisalpine ; mais je vois que ce sont des lâches. Ils ne savent que faire, eh bien ! qu'ils fuient ! Je n'ai pas besoin d'eux.

Le général Serrurier vous communiquera les différens ordres que je lui ai envoyés. Je vous prie, dans l'absence du citoyen Lallemant, de coopérer de tout votre pouvoir à leur exécution.

BONAPARTE.

Au quartier-général à Milan, le 10 brumaire an 6
(31 octobre 1797).

Au directoire exécutif.

Le contre-amiral Brueys a mouillé, le 8 brumaire, dans la rade de Raguse. Conformément aux instructions que je lui avais données, il annonça à cette république l'intérêt que le directoire exécutif prend à son indépendance, et le désir qu'il avait de faire tout ce qui était nécessaire pour la maintenir; il a été accueilli, de la manière la plus amicale, par les habitans de Raguse.

Il est difficile de voir une escadre plus belle que celle du contre-amiral Brueys. J'ai cru devoir donner une marque de satisfaction aux équipages pour leur bonne conduite et la dextérité qu'ils ont mise dans les différentes manœuvres que le contre-amiral Brueys leur a fait exécuter, en leur accordant, en gratification, un habillement neuf. J'ai fait également solder tout ce qui était dû aux équipages.

Le contre-amiral Brueys est un officier distingué par ses connaissances, autant que par la fermeté de son caractère. Un capitaine de son escadre ne se refuserait pas deux fois de suite à l'exécution de ses signaux. Il a l'art et le caractère pour se faire obéir. Je lui ai fait présent de la meilleure lunette d'Italie, avec l'inscription suivante : « Donné par le général B........ au contre-amiral Brueys, de la part du directoire exécutif. » BONAPARTE.

Au quartier-général à Milan, le 12 brumaire an 6
(2 novembre 1797).

A M. de Cobentzel, ambassadeur.

Je reçois à l'instant, monsieur l'ambassadeur, un courrier de Paris, qui m'apporte la ratification du directoire exécutif du traité de paix que nous avons signé. Je me fais en conséquence un devoir de vous en prévenir.

Les citoyens Treilhard, Bonnières et moi, nous avons été nommés pour assister au congrès de Rastadt.

Le gouvernement m'a également nommé pour être l'officier-général chargé de prendre toutes les mesures pour l'exécution du traité de paix, conformément à notre convention additionnelle. J'attends, monsieur le comte, avec intérêt le courrier que vous m'avez promis de m'envoyer.

Je l'attendrai à Milan.

Je suis charmé que cette occasion me mette à même de me rappeler à votre souvenir, ainsi qu'à celui de MM. de Gallo, de Merweeldt et Dengelmann. BONAPARTE.

Au quartier-général à Milan, le 5 brumaire an 6
(5 novembre 1797).

Au directoire exécutif.

J'ai envoyé à Vienne, par le courrier Moustache, l'avis à M. le comte de Cobentzel que vous aviez ratifié le traité de paix de Passeriano.

J'attends à chaque instant l'avis que l'empereur a ratifié, je suis surpris de ne l'avoir pas encore reçu.

J'envoie à Corfou la sixième demi-brigade de ligne pour renforcer la garnison, j'y ai fait passer des approvisionnemens considérables.

J'ai expédié un navire au contre-amiral Brueys pour qu'il se tînt prêt à partir de Corfou avec l'escadre vénitienne.

J'ai renforcé la garnison d'Ancône de la trente-neuvième demi-brigade.

Je crois que vous pourriez laisser 25,000 hommes en Italie, en mener trente-six mille en Angleterre, et faire rentrer le reste à Nice, à Chambery et en Corse.

Je me rendrai à Rastadt dès l'instant que j'aurai des nouvelles de Vienne.

Je prépare tout pour les différens mouvemens des troupes, qui ne pourront plus avoir lieu avant que nous occupions Mayence.

Pour faire avec quelques probabilités l'expédition d'Angleterre, il faudrait :

1°. De bons officiers de marine;

2°. Beaucoup de troupes bien commandées, pour pouvoir menacer sur plusieurs points et ravitailler la descente;

3°. Un amiral intelligent et ferme : je crois Truguet le meilleur;

4°. Trente millions d'argent comptant;

5°. Le général Hoche avait de très-bonnes cartes d'Angleterre, qu'il faudrait redemander à ses héritiers.

Vous ne pouviez pas faire choix d'un officier plus distingué que le général Desaix.

Quoique véritablement j'aurais besoin de repos, je ne me refuserai jamais à payer, autant qu'il sera en moi, mon tribut à la patrie. BONAPARTE.

Au quartier-général à Milan, le 17 brumaire an 6
(7 novembre 1797).

Au directoire exécutif.

Je vous fais passer l'organisation que je viens de donner aux Iles du Levant dans la mer Ionienne.

J'ai écrit à Venise que l'on réunisse tous les mémoires géographiques et tous les ouvrages relatifs à ces établissemens, pour les envoyer au ministre de l'intérieur.

Je m'occupe à force à mettre la dernière main à l'organisation de la république cisalpine.

Je ne crois pas qu'il soit possible que je parte avant le 22.

Je ne pourrai pas être avant le 30 à Rastadt [1] : je compte passer par Chambéry et Genève; mais je vais faire partir demain matin un de mes aides-de-camp, qui y arrivera avant le 27. BONAPARTE.

Au quartier-général à Milan, le 18 brumaire an 6
(8 novembre 1797).

A M. le marquis de Chasteler, quartier-maître général de l'armée autrichienne.

Je n'attendais, monsieur, que la nouvelle de la ratification de Vienne, pour vous engager à terminer le travail dont vous êtes chargé.

J'écris par le même courrier au général Chasseloup pour qu'il se rende à Verone : je le prie de m'expédier par un courrier extraordinaire la première partie de votre travail depuis la Lizza jusqu'à San-Giacomo.

Je désire, si vous tombez d'accord, comme je l'espère, que vous me l'expédiiez par un courrier extraordinaire, afin que je le reçoive avant mon départ pour Rastadt, et que cela n'apporte aucun obstacle à l'échange des ratifications.

BONAPARTE.

Au quartier-général à Milan, le 20 brumaire an 6
(10 novembre 1797).

A M. le marquis de Manfredini.

Le citoyen Cacault, ministre de la république, s'adressera à vous, monsieur, de ma part, pour obtenir un service pour l'armée.

---

[1] Bonaparte venait d'être nommé ministre plénipotentiaire de la république française auprès du congrès de Rastadt.

Je désirerais que S. A. R. facilitât la négociation de 2,000,000 de lettres de change que la caisse de l'armée a sur la république cisalpine.

Vous trouverez ci-joint une note détaillée sur cet objet de l'administrateur général des finances de l'armée.

Croyez, je vous prie, monsieur le marquis, aux sentimens d'estime et à la haute considération, etc., etc.

BONAPARTE.

Au quartier-général à Milan, le 20 brumaire an 6
(10 novembre 1797).

A M. Louis, comte de Cobentzel, ambassadeur.

Le courrier que vous m'avez envoyé, monsieur l'ambassadeur, s'est croisé avec celui que je vous avais expédié. Je pars dans deux ou trois jours pour me rendre à Rastadt. Les conseils ont également ratifié le traité de paix. Je ne doute pas que j'aurai le plaisir de vous voir à Rastadt pour l'échange des ratifications.

J'ai donné les ordres pour que les séquestres mis à Venise sur les effets appartenans à S. M. l'empereur soient levés.

Croyez, je vous prie, à l'estime et à la haute considération que j'ai pour vous, et renouvelez-moi au souvenir de MM. le chevalier de Gallo, le comte de Meerweldt et le baron de Degelmann.

BONAPARTE.

Au quartier-général à Milan, le 20 brumaire an 6
(10 novembre 1797).

Au général Gentili.

Vous avez très-bien fait, citoyen général, de vous refuser aux prétentions d'Ali-Pacha : tout en l'empêchant d'empiéter sur ce qui nous appartient, vous devez cependant le favoriser autant qu'il sera en vous. Il est de l'intérêt de la république que ce pacha acquière un grand accroissement, batte tous ses rivaux, afin qu'il puisse devenir un prince assez puissant pour pouvoir rendre des services à la république. Les établissemens que nous avons sont si près de lui, qu'il n'est jamais possible qu'il puisse cesser d'avoir intérêt d'être notre ami.

Envoyez des officiers du génie et d'état-major auprès de lui, afin de vous rendre un état de la situation, de la population et des coutumes de toute l'Albanie; faites faire des descriptions géographiques, topographiques de toute cette partie si intéressante aujourd'hui pour nous depuis l'Albanie jusqu'à la Morée, et faites en sorte d'être bien instruit de toutes les intrigues qui divisent ces peuples.

Il est nécessaire, citoyen général, que vous caressiez toutes les peuplades qui environnent Prevesa, et en général celles qui touchent nos possessions, et qui paraissent déjà si bien disposées en notre faveur.

Je vous fais passer l'organisation des îles en trois départemens, je vous prie de la mettre sur-le-champ à exécution.

J'ai nommé au consulat d'Otrante le citoyen Leclerc.

BONAPARTE.

Au quartier-général à Milan, le 21 brumaire an 6
(11 novembre 1797).

Au gouvernement provisoire de la république ligurienne.

Je vais répondre, citoyens, à la confiance que vous m'avez montrée, en vous faisant connaître une partie des modifications dont votre projet de constitution peut être susceptible.

Vous avez besoin de diminuer les frais de l'administration, pour ne pas être obligés de surcharger le peuple, et de détruire l'esprit de localité fomenté par votre ancien gouvernement.

Cinq directeurs, trente membres du conseil des anciens, et soixante des jeunes, vous forment une représentation suffisante.

La suppression de vos administrations de district me paraît essentielle.

Que le corps législatif partage votre territoire en quinze ou vingt juridictions, en cent cinquante ou deux cents cantons, ou municipalités centrales.

Ayez, dans chaque juridiction, un tribunal composé de trois juges; dans chaque canton un, deux et même trois juges de paix, selon leur population et leurs localités.

Ayez, dans chaque juridiction, un commissaire nommé par le directoire exécutif, qui soit à la fois commissaire près le tribunal et spécialement chargé de faire passer aux différentes municipalités les ordres du gouvernement et de l'instruire des événemens qui pourraient survenir dans chaque municipalité.

Que la municipalité centrale du canton soit composée de la réunion d'un député de chacune des communes qui composent le canton; qu'elle soit présidée par le juge de paix du chef-lieu du canton, et qu'elle ne se rassemble momentanément qu'en conséquence des ordres du gouvernement.

Partagez votre territoire en sept ou dix divisions militaires; que chacune soit commandée par un officier de troupes de ligne: vous aurez par là une justice qui pourra être bien administrée, et une organisation extrêmement simple, tant pour la répartition des impositions, que pour le maintien de la tranquillité publique.

Plusieurs questions particulières sont également intéressantes : ce n'est pas assez de ne rien faire contre la religion, il faut encore ne donner aucun sujet d'inquiétude aux consciences les plus timorées, ni aucune arme aux hommes mal-intentionnés.

Exclure tous les nobles des fonctions publiques est d'une injustice révoltante, vous feriez ce qu'ils ont fait; cependant les nobles qui ont exercé les places dans les colléges, qui s'étaient attribué tous les pouvoirs, qui ont tant de fois méconnu les formes mêmes de leur gouvernement, et ont sans cesse cherché à river davantage les chaînes du peuple, et à organiser une oligarchie au détriment même de l'aristocratie; ces hommes ne peuvent plus être appelés aux fonctions de l'état; la justice le permet et la politique l'ordonne, tout comme l'une et l'autre vous ordonnent de ne pas priver des droits de citoyen ce grand nombre d'hommes qui sont si utiles à votre patrie.

Le port franc est une pomme de discorde que l'on a jetée au milieu de vous. Autant il est absurde que tous les points de la république prétendent à la franchise du port, autant il pourrait être inconvenant et paraître un privilége d'acquisition de laisser la franchise du port à la ville de Gênes seule.

Le corps législatif doit avoir le droit de déclarer la franchise pour deux points de la république; la ville de Gênes ne doit tenir la franchise de son port que de la volonté du corps législatif, mais le corps législatif doit la lui donner.

Pourquoi le peuple ligurien est-il déjà si changé? A ces premiers élans de fraternité et d'enthousiasme ont succédé la crainte et la terreur: les prêtres s'étaient, les premiers, ralliés autour de l'arbre de la liberté; les premiers, ils vous avaient dit que la morale de l'Evangile est toute démocratique; mais des hommes payés par vos ennemis, dans les révolutions de tous les pays, auxiliaires immédiats de la tyrannie, ont profité des écarts, même des crimes de quelques prêtres, pour écrire contre la religion, et les prêtres se sont éloignés.

Une partie de la noblesse a été la première à donner l'éveil au peuple et à proclamer les droits de l'homme; l'on a profité des écarts, des préjugés ou de la tyrannie passée de quelques nobles; l'on a proscrit en masse, et le nombre de vos ennemis s'est accru.

Après avoir ainsi fait planer les soupçons sur une partie des citoyens, et les avoir armés les uns contre les autres, on a fait plus, on a divisé les villes contre les villes. On vous a dit que Gênes voulait tout avoir, et tous les villages ont prétendu avoir le port franc; ce qui détruirait les douanes, et rendrait impossible la conservation de l'état.

La situation alarmante où vous vous trouvez est l'effet des sourdes menées des ennemis de la liberté et du peuple; méfiez-vous de tout homme qui veut exclusivement concentrer l'amour de la patrie dans ceux de sa cotterie. Si son langage a l'air de défendre le peuple, c'est pour l'exaspérer et le diviser. Il dénonce sans cesse, lui seul est pur. Ce sont des hommes payés par les tyrans, dont ils secondent si bien les vues.

Quand, dans un état (surtout dans un petit), l'on s'accoutume à condamner sans entendre, à applaudir d'autant plus à un discours, qu'il est plus furieux; quand on appelle vertu l'exagération et la fureur, et crime la modération, cet état-là est près de sa ruine.

Il en est des états comme d'un bâtiment qui navigue, et comme d'une armée; il faut de la froideur, de la modération, de la sagesse, de la raison dans la conception des ordres, commandemens ou lois, et de l'énergie et de la vigueur dans leur exécution.

Si la modération est un défaut, et un défaut très-dangereux pour les républiques, c'est d'en mettre dans l'exécution des lois sages; si les lois sont injustes, furibondes, l'homme de bien devient alors l'exécuteur modéré; c'est le soldat qui est plus sage que le général : cet état-là est perdu.

Dans un moment où vous allez vous constituer en un gouvernement stable, ralliez-vous; faites trève à vos méfiances, oubliez les raisons que vous croiriez avoir pour vous désunir, et, tous d'accord, organisez votre gouvernement.

J'avais toujours désiré pouvoir aller à Gênes, et vous dire moi-même ce que je ne puis ici que vous écrire : c'est le fruit de l'expérience acquise au milieu des orages de la révolution du grand peuple, et que confirment l'histoire de tous les temps et votre propre exemple.

Croyez que dans tous les lieux où mon devoir et le service de ma patrie m'appelleront, je regarderai comme un des momens les plus précieux celui où je pourrai être utile à votre république, et comme ma plus grande satisfaction d'apprendre que vous vivez heureux, unis, et que vous pouvez, dans tous les événemens, être, par votre alliance, utiles à la grande nation, à qui vous devez la liberté et un accroissement de population de près de cent mille ames.

BONAPARTE.

Au quartier-général à Milan, le 21 brumaire an 6
(11 novembre 1797).

Au peuple cisalpin.

Citoyens,

A compter du 1er frimaire, votre constitution se trouvera en pleine activité.

Votre directoire, votre corps législatif, votre tribunal de cassation, les autres administrations subalternes se trouveront organisés.

Vous êtes le premier exemple, dans l'histoire, d'un peuple qui devient libre sans factions, sans révolutions et sans déchiremens.

Nous vous avons donné la liberté, sachez la conserver. Vous êtes, après la France, la république la plus populeuse, la plus riche. Votre position vous appelle à jouer un grand rôle dans les affaires de l'Europe.

Pour être dignes de votre destinée, ne faites que des lois sages et modérées.

Faites-les exécuter avec force et énergie.

Favorisez la propagation des lumières, et respectez la religion.

Composez vos bataillons, non pas de gens sans aveu, mais de citoyens qui se nourrissent des principes de la république, et soient immédiatement attachés à sa prospérité.

Vous avez en général besoin de vous pénétrer du sentiment de votre force et de la dignité qui convient à l'homme libre.

Divisés et pliés depuis tant d'années à la tyrannie, vous n'eussiez pas conquis votre liberté ; mais sous peu d'années, fussiez-vous abandonnés à vous-mêmes, aucune puissance de la terre ne sera assez forte pour vous l'ôter.

Jusqu'alors la grande nation vous protégera contre les attaques de vos voisins. Son système politique sera réuni au vôtre.

Si le peuple romain eût fait le même usage de sa force que le peuple français, les aigles romaines seraient encore sur le Capitole, et dix-huit siècles d'esclavage et de tyrannie n'auraient pas deshonoré l'espèce humaine.

J'ai fait, pour consolider la liberté et en seule vue de votre bonheur, un travail que l'ambition et l'amour du pouvoir ont seuls fait faire jusqu'ici.

J'ai nommé à un grand nombre de places, je me suis exposé à avoir oublié l'homme probe et avoir donné la préférence à l'intrigant ; mais il y avait des inconvéniens majeurs à vous laisser faire ces premières nominations : vous n'étiez pas encore organisés.

Je vous quitte sous peu de jours. Les ordres de mon gouvernement, et un danger imminent que courrait la république cilsapine, me rappelleront seuls au milieu de vous.

Mais, dans quelque lieu que le service de ma patrie m'appelle, je prendrai toujours une vive sollicitude au bonheur et à la gloire de votre république. BONAPARTE.

Au quartier-général à Milan, le 22 brumaire an 6
(12 novembre 1797).

Au chef des trois ligues.

Le citoyen Comeyras, résident de la république française, vous a fait passer la décision que j'ai prise, au nom de la république, le 10 octobre, par laquelle les peuples de la Valteline, Chiavene et Bormio sont libres de pouvoir se réunir avec la république cisalpine, laquelle réunion a effectivement eu lieu.

Vous avez, magnifiques seigneurs, sollicité la médiation de la république française. Je l'avais acceptée avec répugnance, parce qu'il est dans nos principes de nous mêler le moins possible dans les affaires des autres peuples ; mais j'ai dû céder à vos vives instances, j'ai dû céder même à la voix du devoir, étant garant de l'exécution des capitulats qui vous liaient avec les peuples de la Valteline, de Chiavene et de Bormio.

De quelle influence et de quelle raison a-t-on pu se servir pour vous aveugler sur vos intérêts, et pour vous faire substituer à la conduite franche et loyale qui distingue votre brave nation, une conduite tortueuse, contraire à la bonne foi et spécialement aux égards que vous devez à la grande nation que vous avez choisie pour médiatrice ?

Depuis quatre mois que j'ai accepté la médiation, quoique le citoyen Comeyras vous eût continuellement sollicités, ce n'est qu'aujourd'hui, lorsque vous avez dû savoir la décision que j'avais prise, que vous avez envoyé des députés. Magnifiques seigneurs, votre brave nation est mal conseillée, les intrigans substituent la voix de leurs passions et de leurs préjugés à celle de l'intérêt de leur patrie et aux principes de la démocratie.

La Valteline, Chiavene et Bormio sont irrévocablement réunis à la république cisalpine. Du reste, cela n'altérera d'aucune manière la bonne amitié et la protection que la république française vous accordera, toutes les fois que vous vous conduirez envers elle avec les égards qui sont dus au plus puissant peuple du monde.

Croyez au sentiment d'estime et à la haute considération que j'ai pour vous, etc., etc. BONAPARTE.

Au quartier-général à Milan, le 22 brumaire an 6
(12 novembre 1797).

Au directoire exécutif.

Je vous ferai passer la distribution de l'armée d'Italie en armée d'Angleterre.

J'ai fait toutes les dispositions et donné tous les ordres en conséquence, afin que, dès l'instant que l'échange des ratifications aura eu lieu, et que nous serons dans Mayence, on puisse commencer à mettre les colonnes en marche pour l'Océan.

Je ferai partir demain le citoyen Andréossy, chef de brigade d'artillerie, pour se rendre à Paris, afin de faire fondre des canons du calibre de l'artillerie de campagne anglaise, et faire faire des caissons plus légers et plus propres à l'embarquement que les nôtres. Il est nécessaire d'avoir des canons du calibre de ceux des Anglais, afin qu'une fois dans le pays on puisse se servir de leurs boulets.

Je travaille nuit et jour pour achever l'organisation de la république cisalpine et pour arranger l'Italie et l'armée, de manière que mon absence n'y fasse aucun vide et n'ait aucun inconvénient.

Je ne pourrai pas partir avant le 29.

Je me suis fait précéder à Rastadt du général de brigade Murat. Je ne suis pas fâché de ne m'y trouver que le 4 ou 5 frimaire, cela me donne d'autant plus de temps pour achever les cinq bâtimens de guerre qui nous reviennent à Venise, et les mettre dans le cas de tenir la mer.

Le ministre des relations extérieures vous rendra compte des opérations que je viens de faire dans la Cisalpine et à Gênes.

Une grande partie des Génois désirent être Français. C'est une acquisition qui, je crois, nous serait utile et qu'il ne faut pas perdre de vue. Je ne crois pas que la constitution qu'ils ont acceptée, quoique j'y aie fait quelques changemens pour l'améliorer, puisse leur convenir, et, si nous aidons un peu, avant deux ou trois ans ils viendront se jeter à nos genoux pour que nous les recevions comme citoyens français.

J'ai envoyé à Malte le citoyen Poussielgue sous le prétexte d'inspecter toutes les Echelles du Levant mais, à la vérité, pour mettre la dernière main au projet que nous avons sur cette île.

Je vous ferai tenir l'ordre que j'ai donné pour régler les affaires de Venise.

La république cisalpine s'est emparée de quelques villages qui sont sur la rive gauche du Pô, qui depuis long-temps sont en controverse avec le duc de Parme, et dès lors les gênaient beaucoup.

Elle s'empare également de la forteresse de Saint-Leo, enclavée dans la Romagne, où le pape est entré. Je ne sais trop pourquoi elle aura cette forteresse, extrêmement intéressante, en donnant quelque argent aux soldats du pape qui la défendent, et en faisant quelques dispositions.

BONAPARTE.

Au quartier-général à Milan, le 23 brumaire an 6
(13 novembre 1797).

Au consul de la république française à Malte.

De nouvelles relations, citoyen, vont résulter de la réunion à la république française des îles de Corfou, Zante, Céphalonie et Cérigo. Je charge le citoyen Poussielgue, premier secrétaire de la légation de France à Gênes, qui a la confiance du gouvernement et toute la mienne, de se transporter dans les différentes échelles du Levant, à l'effet d'y recueillir les observations et d'y prendre tous les renseignemens nécessaires pour mettre le gouvernement en état de faire les changemens et modifications à apporter dans nos relations commerciales et politiques dans cette partie, et d'établir, de la manière la plus sûre, la correspondance et les communications régulières entre le continent de la république française et ses îles de l'Adriatique.

Je vous prie d'aider le citoyen Poussielgue de vos connaissances et de vos lumières dans tout ce qui concerne sa mission, et de le faire connaître auprès du gouvernement du pays où vous résidez.

L'intention du gouvernement de la république française est de consolider toujours ses intérêts avec ceux des gouvernemens étrangers, dans les relations qu'il peut avoir à établir chez eux. BONAPARTE.

Commission d'inspecteur général des échelles du Levant.

La réunion à la république française des îles de Corfou, Zante, Céphalonie et Cerigo, allant procurer à la France de nouvelles relations politiques et commerciales dans la Méditerranée et principalement dans le Levant ; et le gouvernement voulant, le plus tôt possible, établir ses rapports d'une manière régulière et avantageuse, le général en chef de l'armée d'Italie charge, en son nom, le citoyen Poussielgue, premier secrétaire de la légation de la république française à Gênes de se transporter immédiatement, en qualité d'inspecteur général des échelles du Levant auprès des différens consuls et agens de la république dans le Levant, et en général de visiter tous les établissemens français situés dans cette partie; il examinera dans chaque point la situation actuelle de notre commerce et de nos relations; observera les changemens éprouvés depuis la révolution; recherchera les moyens les plus prompts de rétablir l'ancienne prospérité de notre commerce, et de l'accroître en proportion des avantages de notre nouvelle position; il examinera sous quels rapports il conviendrait d'étendre ou de modifier nos relations politiques; il prendra enfin des renseignemens sur la manière la plus sûre d'établir notre correspondance et nos communications régulières et périodiques entre le continent de la France et nos îles de l'Adriatique, en fixant les points intermédiaires en Corse, en Sardaigne, en Sicile ou à Malte, ou en les établissant sur le continent de l'Italie par Ancône. Au retour de cette mission, qu'il accélérera autant qu'il sera possible, il remettra au général en chef de l'armée d'Italie son rapport général sur tous les objets dont il est chargé par la présente commission. BONAPARTE.

Au quartier-général à Milan, le 24 brumaire an 6
(14 novembre 1797).

Au ministre des relations extérieures.

Je vous fais passer, citoyen ministre, copie de la commission que j'ai donnée au citoyen Poussielgue et de ma lettre au consul à Malte.

Le but réel de la mission du citoyen Poussielgue est de mettre la dernière main aux projets que nous avons sur Malte.

BONAPARTE.

Au quartier-général à Milan, le 24 brumaire an 6
(14 novembre 1797).

Au cardinal Mattei.

J'ai reçu, monsieur le cardinal, votre lettre du 9 novembre. Je pars demain pour le congrès de Rastadt.

La cour de Rome commence à se mal conduire.

Contre l'opposition formelle qu'avait faite l'ambassadeur, et la promesse qu'avait donnée le secrétaire de l'état, elle vient de donner le commandement des troupes papales au général Provera.

Je crains bien que les maux que vous avez en partie épargnés à votre patrie ne tombent sur elle. Souvenez-vous, monsieur le cardinal, des conseils que vous avez donnés au pape à votre départ de Ferrare.

Faites donc entendre à Sa Sainteté, que, si elle continue à se laisser mener par le cardinal Busca et autres intrigans, cela finira mal pour vous.

BONAPARTE.

Au quartier-général à Milan, le 24 brumaire an 6
(14 novembre 1797).

Au citoyen Joseph Bonaparte, ambassadeur de la république française à Rome.

J'ai partagé votre indignation, citoyen ambassadeur, lorsque vous m'avez appris l'arrivée du général Provera. Vous pouvez déclarer présentement à la cour de Rome que, si elle reçoit à son service aucun officier connu pour être ou avoir été au service de l'empereur, toute bonne intelligence entre la France et la cour de Rome cesserait à l'heure même, et la guerre se trouverait déclarée.

Vous ferez connaître, par une note spéciale au pape, que vous adresserez à lui-même en personne, que quoique la paix soit faite avec S. M. l'empereur, la république française ne consentira pas à ce que le pape accepte dans ses troupes aucun officier ni aucun agent, sous quelque dénomination que ce soit, de l'empereur, hormis les agens diplomatiques d'usage.

Vous exigerez que M. le général Provera, vingt-quatre heures après la présentation d'une note que vous ferez à ce sujet, quitte le territoire de Sa Sainteté, sans quoi vous déclarerez que vous allez quitter Rome.

Vous ferez connaître, dans la conversation, au pape que je viens d'envoyer trois autres mille hommes à Ancône, lesquels ne rétrograderont que lorsque vous leur ferez connaître que M. Provera et tous les autres officiers autrichiens auront quitté le territoire de Sa Sainteté.

Vous ferez connaître au secrétaire-d'état que si Sa Sainteté se porte à faire exécuter aucun des détenus, de ceux que vous avez réclamés, la république française, par représailles, fera arrêter les attenans du cardinal Busca et des autres cardinaux qui égarent la cour de Rome. Enfin, je vous invite à prendre dans vos notes un style concis et ferme, et, si le cas arrive, vous pouvez quitter Rome et vous rendre à Florence ou à Ancône.

Vous ne manquerez pas de faire connaître à Sa Sainteté et au secrétaire-d'état, qu'à peine vous aurez quitté le territoire de Sa Sainteté, vous déclarerez la réunion d'Ancône à la Cisalpine. Vous sentez que cette phrase doit se dire et non pas s'écrire.

BONAPARTE.

Au quartier-général à Milan, le 24 brumaire an 6
(14 novembre 1797).

Au général Kilmaine.

Je pars, citoyen général, pour me rendre au congrès de Rastadt. Vous prendrez le commandement de l'armée jusqu'à l'arrivée du général Berthier.

Le général de brigade Leclerc remplira les fonctions de chef de l'état-major.

Le chef de l'état-major vous fera connaître les mouvemens que j'ai ordonnés pour mettre l'armée en état de faire son mouvement rétrograde, dès l'instant que je vous en enverrai l'ordre par un de mes aides-de-camp.

Si le bataillon de la soixante-dix-neuvième, qui était dans la huitième division militaire arrive, vous l'enverrez à Ancône, où il s'embarquera pour Corfou, ainsi que tous les détachemens des sixième et soixante-dix-neuvième demi-brigades.

Vous laisserez à Ancône la trente-neuvième demi-brigade de ligne.

Les généraux Chabot et Lasalcette ont ordre de se rendre à Corfou.

Le général Baraguey d'Hilliers, comme vous le verrez par les ordres que j'ai donnés, doit faire l'arrière-garde de l'armée.

Jusqu'à ce que vous receviez de nouveaux ordres de moi de Rastadt, le général Baraguey d'Hilliers occupera la Ponteba, les gorges de Cividale et Monte-Falcone, indépendamment de quoi il y aura une demi-brigade, comme j'en ai spécialement donné l'ordre, pour la garnison de Palma-Nova, et un bataillon pour celle d'Osopo.

Si des événemens quelconques vous faisaient penser nécessaire de renforcer le général Baraguey d'Hilliers, vous le feriez avec la onzième demi-brigade de ligne, qui doit être à Bassano, et avec la division du général Guieux, qui se trouvera à Padoue et composée des onzième, vingt-troisième et vingt-neuvième d'infanterie légère; et enfin, si cela ne suffisait pas, par toute la division du général Serrurier, qui est à Venise, et par la grosse cavalerie, le vingt-quatrième de chasseurs, le septième de hussards, et, s'il le fallait, par toute la division de cavalerie aux ordres du général Rey.

Par ce moyen, la partie de l'armée qui est destinée à faire partie de l'armée d'Angleterre, resterait toujours placée en deçà de la Brenta.

Je ne prévois pas le cas où vous vous trouverez en rupture ouverte avec l'ennemi, alors même il faudrait marcher avec toutes vos divisions, et employer tous les moyens qui sont en votre pouvoir.

Vous devez prendre les mesures, même celles de rigueur, des arrestations, des contributions forcées, pour que les ordres que j'ai donnés à Venise pour l'achèvement de nos vaisseaux et l'évacuation de cette place soient terminés. Le chef de l'état-major, le général Serrurier et le citoyen Villetard vous donneront des renseignemens sur cette place. J'ai donné tous les ordres nécessaires, il ne s'agit plus que de les exécuter avec vigueur.

Il faut laisser le gouvernement cisalpin livré à lui-même, s'essayer; cependant, s'il demandait votre secours, vous devez lui accorder celui de votre influence morale et des troupes qui sont à vos ordres, pour le soutenir.

Tous les princes d'Italie étant accoutumés, pour le moindre événement, à recourir à moi, vous devez, pour ce qui regarde la république cisalpine, les renvoyer au ministre des affaires étrangères, disant que cela ne vous regarde point. Pour ce qui est de nos troupes, veillez à ce qu'elles vivent en bonne intelligence et sous la plus sévère discipline, à ce qu'elles soient bien logées et bien nourries, excepté dans la république cisalpine, où nous en sommes empêchés par nos traités.

Vous pouvez favoriser tous les élans de la ville d'Ancône pour la liberté, notre intention étant de la considérer comme une république indépendante.

La neuvième demi-brigade de bataille doit être toute réunie à Gênes. Vous devez également prêter le secours de votre influence morale et de vos troupes, pour soutenir le gouvernement démocratique à Gênes.

Vous me ferez passer à Rastadt, par des courriers extraordinaires, toutes les dépêches que vous recevrez de Corfou et de l'amiral Brueys.

La cour de Rome commence à se mal conduire : vous devez soutenir par votre influence morale, et, dans l'occasion, en faisant concourir le mouvement de quelques troupes, les démarches que ferait l'ambassadeur de la république de Rome, et surtout avoir bien soin que le roi de Naples ne sorte point de ses frontières. BONAPARTE.

Au quartier-général à Milan, le 24 brumaire an 6
(14 novembre 1797).

Au contre-amiral Brueys.

Je vous ai écrit, général, par mon aide-de-camp Eugène Beauharnais, pour vous donner des nouvelles de la paix. Je vous instruis aujourd'hui que la paix ayant été ratifiée par les deux conseils, je me rends à Rastadt pour suivre différentes négociations diplomatiques.

Je vous ai déjà écrit de vous préparer avec vos vaisseaux vénitiens, afin de pouvoir les convoyer jusqu'aux îles Saint-Pierre, et, de là, prendre votre vol pour la grande expédition.

J'ai été nommé pour commander l'armée d'Angleterre, j'ai demandé que Truguet commandât : vous sentez combien il serait nécessaire de vous avoir là avec vos six vaisseaux, vos frégates et vos corvettes.

Je viens d'envoyer un agent diplomatique à Malte. La sixième demi-brigade, forte de seize cents hommes, part demain pour se rendre à Corfou : cela vous mettra à même de pouvoir embarquer trois mille hommes pour la petite expédition, et je vous enverrai des ordres pour l'une et pour l'autre par un de mes aides-de-camp.

Vous aurez avec vous *la Diane* et *la Junon*.

BONAPARTE.

Au quartier-général à Milan, le 25 brumaire an 6
(15 novembre 1797).

Au directoire exécutif.

Le général Clarke, qui se rend à Paris, est employé en Italie depuis plusieurs mois. Dans toutes les lettres qui lui ont été adressées et qui ont été interceptées, et qui me sont parvenues, je n'ai jamais rien vu que de conforme aux principes de la république.

Il s'est conduit dans les mêmes principes aux négociations.

Le général Clarke est travailleur et d'un sens droit. Si ses liaisons avec Carnot le rendent suspect dans la diplomatie, je crois qu'il peut être utile dans le militaire, et surtout à l'expédition d'Angleterre.

S'il se trouve avoir besoin d'indulgence, je vous prie de lui en accorder un peu. En dernière analyse, le général Clarke est un bon homme : je l'ai retenu à Passeriano jusqu'au 30 vendémiaire, et depuis il a été malade. BONAPARTE.

Au quartier-général à Milan, le 25 brumaire an 6
(15 novembre 1797).

Au directoire exécutif.

Je vous envoie plusieurs exemplaires de mes adieux à la république cisalpine et à l'armée : je compte partir décidément demain.

Le citoyen Cerbelloni m'a demandé sa démission. Je vous fais passer copie de sa lettre et de l'arrêté du directoire.

Le citoyen Savaldi, patriote prononcé, un des chefs du gouvernement de Brescia, a été nommé pour le remplacer.

La cour de Rome n'a pas reconnu la république cisalpine. Je vous envoie copie du message du directoire exécutif aux comités réunis, faisant fonctions de corps législatif, et de la résolution qu'ils ont prise en conséquence.

Cela ne laissera pas de beaucoup embarrasser le pape et finira par l'avilir, en l'obligeant à reconnaître de force une puissance qu'il eût dû, comme les autres puissances, reconnaître de bonne volonté.

Notre ambassadeur à Rome instruit, je crois, le ministre des relations extérieures de la conduite de cette imbécille cour de Rome ; je vous envoie copie de la lettre que j'écris à notre ambassadeur. J'ai lieu de penser qu'à l'heure qu'il est Provera aura été chassé.

Je pense que nous devons tenir garnison dans la citadelle d'Ancône, et laisser cette ville se déclarer indépendante.

Dans cet intervalle, le temps s'écoulera, et nous aurons toujours un point extrêmement intéressant pour notre commerce, pour observer le pape et brider Naples.

Il faudra, je pense, garder Ancône, en disant toujours que nous y attachons peu de prix, et que, dès que le pape se conduira envers nous comme il convient, nous n'aurons point de difficulté à le lui rendre.

Je vous envoie une lettre d'Ottolini, gouverneur de Bergame, que l'on a trouvée dans les papiers des inquisiteurs de Venise. Vous y verrez qu'elle compromet beaucoup un adjudant-général nommé Landrieux, qui, depuis long-temps, a quitté l'armée pour se rendre en France. Ce misérable, à ce qu'il paraît, excitait le Brescian et le Bergamasque à l'insurrection, et en tirait de l'argent ; dans le même temps qu'il prévenait les inquisiteurs, il en tirait aussi de l'argent. Peut-être jugerez-vous à propos de faire un exemple de ce coquin-là ; mais, dans tous les cas, j'ai pensé qu'il fallait que vous fussiez instruits, afin qu'il ne vînt pas à demander à être employé.

J'ai destitué un nommé Gérard, chef de brigade, qui a été sept ou huit mois commandant à Brescia ; il paraît, par la correspondance également prise à Venise, qu'il avait avec le provéditeur ou gouverneur de la république de Venise des relations d'intimité que l'intérêt de l'armée aurait dû lui prohiber.

Dans quelques autres lettres trouvées également à Venise, de légers indices de soupçons planent sur des officiers d'ailleurs estimables. Ces malheureux inquisiteurs répandaient l'argent partout, et cherchaient par ce moyen à connaître et à avoir des indices sur tout.

J'ai envoyé à Corfou le citoyen Rulhières, homme instruit, pour remplir les fonctions de commissaire près le département de la mer Egée. Je n'ai point trouvé de sujets pour envoyer comme commissaires dans les départemens de Corcyre et d'Ithaque. Il faudrait des hommes instruits et extrêmement désintéressés. Ces peuples aiment beaucoup les Français. Je vous fais passer copie d'une lettre de la municipalité de Zante.

Je vous prie de donner l'ordre pour que l'on fasse travailler à la fonderie et à l'organisation d'un petit équipage d'un calibre anglais. J'envoie à Paris le citoyen Andréossy, chef de brigade d'artillerie, pour faire exécuter ledit travail.

BONAPARTE.

P. S. Le citoyen Pocholle, ex-conventionnel, et le citoyen Carbini, m'ayant demandé à être commissaires dans les départemens de Corcyre et d'Ithaque, je les y ai envoyés. Cela vous donnera le temps d'envoyer dans ces départemens des hommes qui aient votre confiance, en même temps que cela épargne des frais de route, ces citoyens se trouvant ici.

Le citoyen Comeyras, président de la république à Coire, désirerait être votre commissaire pour l'organisation de ces îles. Comme cette place est très-importante, et que le citoyen Comeyras est employé comme agent, je n'ai pas voulu prendre sur moi de le nommer. BONAPARTE.

Au quartier-général à Milan, le 26 brumaire an 6
(16 novembre 1797).

Au directoire exécutif.

Je vous envoie le drapeau dont la convention fit présent à l'armée d'Italie par un des généraux qui ont le plus contribué aux différens succès des dernières campagnes, et par un des officiers d'artillerie les plus instruits de deux corps savans qui jouissent d'une réputation distinguée dans l'Europe.

Le général Joubert, qui a commandé à la bataille de Rivoli, a reçu de la nature les qualités qui distinguent les guerriers. Grenadier par le courage, il est général par le sang-froid et les talens militaires : il s'est trouvé souvent dans ces circonstances où les connaissances et les talens d'un homme influent tant sur le succès. C'est de lui qu'on a dit avant le 18 fructidor : Cet homme vit encore. Malgré plusieurs blessures et mille dangers, il a échappé aux périls de la guerre ;

il vivra long-temps, j'espère, pour la gloire de nos armes, le triomphe de la constitution de l'an III et le bonheur de ses amis !

Le chef de brigade d'artillerie Andréossy a dirigé dans les deux campagnes la partie la plus essentielle comme la plus difficile en Italie; il a eu la direction des ponts; il nous a rendu de grands services à tous les passages. A celui de l'Izonzo, il trouva plus expéditif, pour répondre à la demande qu'on lui fit si la rivière était guéable, de s'y jeter le premier devant l'ennemi pour la sonder.

Un état n'acquiert des officiers comme le citoyen Andréossy, qu'en soignant l'éducation et en protégeant les sciences dont le résultat s'applique à la marine, à la guerre comme aux arts, à la culture des terres, à la conservation des hommes et des êtres vivans. BONAPARTE.

Rastadt, le 10 frimaire an 6 (30 novembre 1797).

Au directoire exécutif.

J'ai reçu, citoyens directeurs, votre lettre du 6 frimaire. Conformément à vos intentions, je partirai demain au soir ou après-demain.

Nous avons aujourd'hui échangé les ratifications. M. le comte de Cobentzel et le général Meerweldt ont été chargés de cette opération du côté de l'empereur. Demain nous achèverons tout ce qui nous reste à faire pour l'exécution de la convention secrète. Si cela est achevé demain, je partirai le soir même. BONAPARTE.

Paris, 21 frimaire an 6 (12 décembre 1797).

Discours de Bonaparte en présentant au directoire la ratification du traité de Campo-Formio.

« Citoyens directeurs,

« Le peuple français, pour être libre, avait des rois à combattre.

« Pour obtenir une constitution fondée sur la raison, il avait dix-huit siècles de préjugés à vaincre.

« La constitution de l'an III, et vous, vous avez triomphé de tous ces obstacles.

« La religion, la féodalité et le royalisme ont successivement, depuis vingt siècles, gouverné l'Europe ; mais de la paix que vous venez de conclure, date l'ère des gouvernemens représentatifs.

« Vous êtes parvenus à organiser la grande nation, dont le vaste territoire n'est circonscrit, que parce que la nature en a posé elle-même les limites.

« Vous avez fait plus.

« Les deux plus belles parties de l'Europe, jadis si célèbres par les arts, les sciences et les grands hommes dont elles furent le berceau, voient avec les plus grandes espérances le génie de la liberté sortir des tombeaux de leurs ancêtres.

« Ce sont deux piédestaux sur lesquels les destinées vont placer deux puissantes nations.

« J'ai l'honneur de vous remettre le traité signé à Campo-Formio, et ratifié par S. M. l'empereur.

« La paix assure la liberté, la prospérité et la gloire de la république.

« Lorsque le bonheur du peuple français sera assis sur les meilleures lois organiques, l'Europe entière deviendra libre. »

Paris, le 18 nivose an 6 (7 février 1798).

Au ministre de la guerre.

Je reçois, citoyen ministre, avec reconnaissance, le drapeau et le sabre que vous m'avez envoyés.

C'est l'armée d'Italie que le gouvernement honore dans son général. Agréez en particulier mes remercîmens sur la belle lettre qui accompagne votre envoi. BONAPARTE.

Paris, le 18 nivose an 6 (7 février 1798).

Au général de brigade Lannes.

Le corps législatif, citoyen général, me donne un drapeau en mémoire de la bataille d'Arcole : il a voulu honorer l'armée d'Italie dans son général. Il fut, aux champs d'Arcole, un instant où la victoire incertaine eut besoin de l'audace des chefs : plein de sang et couvert de trois blessures, vous quittâtes l'ambulance, résolu de mourir ou de vaincre. Je vous vis constamment, dans cette journée, au premier rang des braves ; c'est vous également qui, à la tête de la colonne infernale, arrivâtes le premier à Dego, passâtes le Pô et l'Adda : c'est à vous à être le dépositaire de cet honorable drapeau, qui couvre de gloire les grenadiers que vous avez constamment commandés. Vous ne le déploierez désormais que lorsque tout mouvement en arrière sera inutile, et que la victoire consistera à rester maître du champ de bataille.

BONAPARTE.

Au directoire exécutif de la république cisalpine.

Le pays de Vaud et les différens cantons de la Suisse, animés d'un même esprit de liberté, adoptent les principes de liberté, d'égalité et d'indivisibilité sur lesquels est fondé le gouvernement représentatif.

Nous savons que les bailliages italiens sont animés du même esprit; nous croyons essentiel que, dans ce moment-ci, ils imitent le pays vaudois et manifestent le vœu de se réunir à la république helvétique.

Nous désirons, en conséquence, que vous vous serviez de tous les moyens que vous pouvez avoir pour répandre chez ces peuples, vos voisins, l'esprit de liberté; faites répandre des imprimés libéraux; excitez-y un mouvement qui accélère le mouvement général de la Suisse.

Nous donnons l'ordre au général de brigade Monnier de se porter sur les confins des bailliages suisses avec des troupes, afin d'encourager et de soutenir les mouvemens que pourraient opérer les insurgés. Il a ordre de se concerter avec vous pour parvenir à ce but, qui intéresse également les deux républiques.

Note.

Dans la position actuelle de l'Europe, la prudence nous fait une loi de nous tenir prêts sur nos différentes frontières à pouvoir, au premier signal des autres puissances, faire la guerre.

Nous avons en Italie seize mille Français et cinq mille Polonais contre le roi de Naples, ce qui, joint à deux mille hommes de débarquement que le gouvernement a ordonné de préparer à Toulon, suffit pour n'avoir rien à craindre de ce monarque.

Nous avons en Italie, contre l'empereur, vingt-un mille hommes, qui, joints aux quatre mille que le gouvernement vient de mettre à la disposition de cette armée, forment vingt-cinq mille hommes.

On peut compter à peu près sur dix mille Cisalpins de mauvaises troupes, ce qui porterait nos forces à trente-cinq mille hommes, nombre insuffisant pour garnir les places et former un corps d'observation, en comparaison de quatre-vingt mille hommes que l'empereur a sur cette frontière.

Mais toutes les forces de la république peuvent se réunir en Allemagne pour bien vite dégager l'Italie, et empêcher les places fortes d'être prises.

Il nous serait bien facile de porter à quatre-vingt ou quatre-vingt-dix mille hommes l'armée de Mayence, et d'avoir quarante ou cinquante mille hommes sur le lac de Constance, renforcés d'un certain nombre de Suisses.

Ces deux armées se réuniraient bien vite pour attaquer la maison d'Autriche dans le cœur de ses états héréditaires.

Si nous avions la guerre contre le roi de Prusse, l'armée de Mayence et celle de Hollande se jetteraient bien vite dans l'évêché de Munster, pour entrer dans le Hanovre.

Mais, dans tous les cas, il est indispensable : 1°. de faire travailler à l'armement et à l'approvisionnement de Dusseldorf et à celui de Mayence ;

2°. De suspendre le licenciement de nos équipages d'artillerie, afin de ne pas être obligé de faire des achats pressés, qui nécessiteraient beaucoup d'argent et perdraient un temps précieux, car si la guerre a lieu, ceux qui frapperont les premiers coups auront, par leur position, de grands avantages.

Au général Bernadote.

Je reçois, citoyen général, votre dernière lettre. Le directoire exécutif, à ce qu'il m'a assuré, s'empressera de saisir toutes les occasions de faire ce qui pourrait vous convenir.

Il a décidé qu'il vous laisserait le choix de prendre le commandement des îles ioniennes ; de prendre une division de l'armée d'Angleterre, laquelle sera augmentée des anciennes troupes que vous aviez à l'armée de Sambre-et-Meuse, ou même de prendre une division territoriale, la dix-septième, par exemple.

Personne ne fait plus de cas que moi de la pureté de vos principes, de la loyauté de votre caractère, et des talens militaires que vous avez développés pendant le temps que nous avons servi ensemble. Vous seriez injuste si vous pouviez en douter un instant.

Dans toutes les circonstances, je compterai sur votre estime et sur votre amitié.   BONAPARTE.

Paris, le 8 ventôse an 6 (26 février 1798).

Au général Dufalga.

Le résultat à obtenir dans les travaux des ports du Pas-de-Calais est celui-ci :

Travailler à ces ports de manière à obtenir que le plus grand nombre de bateaux possible pût sortir dans une seule marée.

Calais, Ambleteuse, Boulogne, Etaples, peuvent seuls être comptés, et encore n'est-ce qu'avec réserve, de sorte que je me trouverais obligé de calculer sur Calais pour porter les premiers trente mille hommes.

Il serait inutile de faire des travaux longs et coûteux au port de Boulogne, pour le rendre susceptible de contenir un plus grand nombre de bateaux qu'il n'en peut sortir dans une marée.

Ainsi, il est bien prouvé que l'on ne peut sortir du port de Boulogne que cent à cent cinquante bateaux dans une marée; il ne faut travailler au port que pour le mettre à même de contenir ce nombre de bateaux.

A Calais, même raisonnement.

Il faudrait forcer les travaux du port d'Ambleteuse, et le mettre à même de contenir autant de bateaux qu'il serait possible d'en faire sortir dans une marée.

Je vous prie de me faire connaître le partique l'on peut tirer d'Etaples, tant en raisonnant sur sa situation actuelle, que sur sa position géographique.

Si le chenal du port de Boulogne et ceux des autres ports étaient parallèles au rivage de la mer, il est clair que les bâtimens, recevant l'eau de la marée au même instant, pourraient sortir sur-le-champ : c'est donc sur la partie des ports qui est la plus proche de la mer, qu'il faut travailler.

Enfin, il faut que vous vous appliquiez à favoriser partout les travaux qu'il sera possible de faire pour la prompte sortie d'une grande quantité de bateaux.

Tous les petits bateaux ne portant que quarante à cinquante hommes ne pourraient-ils pas être échoués sur la plage, et ne pourrait-on pas favoriser cet échouage en faisant quelques travaux sur la plage?

Tous les bâtimens hollandais, et même ceux de Dieppe, ne pourraient-ils pas être échoués sur la plage?

Puisqu'il n'est pas possible de faire sortir plus de cent bateaux de Boulogne dans une marée, nous y mettrons de préférence les écuries, les bâtimens chargés et les grosses chaloupes canonnières.

Nous mettrons les bateaux canonniers et les muskins [1], qui ne tirent que trois pieds d'eau, dans le port d'Ambleteuse.

Et les trois ou quatre cents bateaux, nous les échouerons sur la plage de la rade de Saint-Jean : ces bâtimens ne doivent porter que des hommes et deux ou trois sacs de biscuit, et ne se trouveront chargés de rien.

---

[1] Espèce de prâme ou chaloupe canonnière, de l'invention du capitaine de vaisseau Muskins.

Je voudrais que vous vous occupassiez de choisir : 1°. le local de la plage, depuis Ambleteuse jusqu'à Boulogne, le plus favorable pour cet échouement ; 2°. voir les travaux que l'on pourrait faire à ladite plage pour rendre cette opération plus facile et moins fatigante pour les bateaux.

Quant à Calais et à Dunkerque, on s'en servirait pour le complément de l'armée, le reste des denrées, les bagages, les approvisionnemens, etc. BONAPARTE.

Paris, le 24 ventose an 6 (14 mai 1798).

Au ministre des relations extérieures.

Je viens d'être instruit, citoyen ministre, que l'Empire a enfin consenti à prendre pour base du traité de Rastadt la rive gauche du Rhin. Les citoyens Treilhard et Bonnier achèveront sans difficulté ce qu'ils viennent de commencer si heureusement. Mon intervention désormais devient superflue ; je vous prie donc de vouloir bien m'autoriser à faire revenir de Rastadt une partie de ma maison que j'y avais laissée, ma présence à Paris étant nécessaire pour différens ordres et différentes expéditions. BONAPARTE.

Paris, le 7 germinal an 6 (27 mai 1798).

Au directoire exécutif.

Les papiers publics répandent que vous avez fait arrêter plusieurs membres des conseils de la république cisalpine, et qu'il est dans ce moment-ci question de faire arrêter Moscati et Paradisi, deux membres du directoire exécutif de ladite république.

Je crois qu'il est de mon devoir, comme citoyen qui a quelque connaissance des personnes et des événemens qui se sont passés en Italie, de vous faire connaître que la France et la liberté n'ont point d'amis plus vrais que ces deux directeurs.

Le citoyen Paradisi, qui était professeur renommé à Reggio, est le seul Italien qui ait rendu quelques services aux armées françaises, tandis que Mantoue était encore au pouvoir des Autrichiens, et, vers le milieu de la première campagne, il osa, les armes à la main, à la tête de douze cents hommes de Reggio, ses compatriotes, investir un détachement de deux cents Autrichiens qui s'étaient retirés dans un château, et les fit prisonniers. Lui, sa famille et la ville de Reggio ont été depuis spécialement menacés par les Autrichiens, qui leur ont conservé un ressentiment très-vif de cet événement.

Le citoyen Moscati était connu pour un des plus célèbres médecins de l'Europe, ayant de grandes connaissances dans les sciences morales et politiques. Il s'abandonna tout entier au service de l'armée, et c'est à lui et à ses conseils que nous devons peut-être vingt mille hommes, qui eussent péri dans nos hôpitaux en Italie.

L'avilissement du gouvernement cisalpin dès sa naissance et la perte de ses meilleurs citoyens seraient un malheur réel pour la France, et un sujet de triomphe pour l'empereur et ses partisans.

Voyez, je vous prie, dans cette lettre, le désir constant qui m'a toujours animé, d'employer toutes mes connaissances au service de la patrie. BONAPARTE.

EXPÉDITION D'ÉGYPTE.

LIVRE DEUXIEME.

Paris, le 15 ventose an 6 (5 mars 1798).

Note remise par le général Bonaparte au directoire exécutif.

Pour s'emparer de Malte et de l'Egypte, il faudrait de vingt à vingt-cinq mille hommes d'infanterie, et de deux à trois mille hommes de cavalerie sans chevaux.

L'on pourrait prendre et embarquer ces troupes de la manière suivante, en Italie et en France :

A Civita-Vecchia, la vingt-unième d'infanterie légère, deux mille; la soixante-unième de ligne, seize cents; la quatre-vingt-huitième, *id.*, seize cents; le vingtième de dragons, de quatre cents; et le septième de hussards, de quatre cents : en tout six mille hommes, commandés par les généraux Belliard, Friant et Muireur.

A Gênes, la vingt-deuxième d'infanterie légère, deux mille; la treizième de ligne, dix-huit cents; soixante-neuvième *id.*, seize cents; quatorzième de dragons, quatre cents; deux escadrons du dix-huitième de dragons qui sont en Italie, deux cents; en tout cinq mille cinq cents hommes, commandés par les généraux Baraguey d'Hilliers, Veaux, Vial et Murat.

En Corse, la quatrième d'infanterie légère, douze cents hommes, commandés par le général Ménars.

A Marseille, la neuvième de ligne, dix-huit cents; la quarante-cinquième *id.*, deux mille; vingt-deuxième de chasseurs, quatre cents; deux escadrons du dix-huitième dragons qui sont dans le midi, deux cents; en tout quatre mille quatre cents hommes, commandés par les généraux Bon et ....

A Toulon, sur les vaisseaux de guerre, la dix-huitième de ligne, deux mille; vingt-cinquième *id.*, deux mille; trente-deuxième *id.*, deux mille; soixante-quinzième *id.*, deux mille; troisième dragons, quatre cents; quinzième *id.*, quatre cents; en tout huit mille huit cents hommes, commandés par les généraux Brune, Rampon, Pigeon et Leclerc.

A Nice et à Antibes, la deuxième d'infanterie légère, quinze cents hommes.

Ce qui formerait un total de vingt-quatre mille six cents hommes d'infanterie, et de deux mille huit cents de cavalerie.

Les demi-brigades, avec leurs compagnies de canonniers.

La cavalerie, avec les harnois et sans chevaux, et chaque cavalier armé d'un fusil. Tous les corps avec leur dépôt, cent cartouches par homme; de l'eau pour les bâtimens, pour un mois; des vivres pour deux.

Il faudrait que ces troupes fussent embarquées dans ces différens ports, et prêtes à partir au commencement de floréal, pour se rendre dans le golfe d'Ajaccio, et réunies et prêtes à partir de ce golfe avant la fin de floréal.

Il faudrait joindre à ces troupes soixante pièces d'artillerie de campagne, quarante grosses bouches à feu de siége, deux compagnies de mineurs, un bataillon d'artillerie, deux compagnies d'ouvriers, un bataillon de pontonniers, qui seraient embarqués dans les ports d'Italie et de France de la manière suivante :

A Marseille, vingt obusiers de six pouces, quatre pièces de 12, trois cents coups à tirer par pièce, deux compagnies d'artillerie à pied.

A Civita-Vecchia, deux obusiers de 6 pouces, deux pièces de 8, deux pièces de 12, trois cents coups par pièce ; une compagnie d'artillerie à cheval, une compagnie d'artillerie de ligne, commandés par le général Sugny.

A Gênes, quatre obusiers de 6 pouces, quatre pièces de 8, quatre pièces de 12, douze pièces de 3, cinq cents coups à tirer par pièce ; deux compagnies d'artillerie à cheval, deux id. d'artillerie de ligne.

A Nice et Antibes, vingt pièces de 24, six mortiers à la Gomère, de 12 pouces, cinq cents coups à tirer par pièce, deux compagnies d'artillerie de ligne, commandées par le général Dommartin.

A Toulon, six obusiers de 6 pouces, six pièces de 8, six pièces de 12, quatre mortiers à la Gomère de 12 pouces, quatre id. de 6, cinq cents coups à tirer par pièce, quatre compagnies d'artillerie à pied, deux compagnies d'artillerie à cheval.

A Civita-Vecchia, le général Masséna peut être chargé de noliser les bâtimens les plus grands qu'il trouvera dans ce port, d'y embarquer les troupes et ladite artillerie, et les faire partir sur-le-champ pour se rendre et rester jusqu'à nouvel ordre dans le port d'Ajaccio : on peut prendre, sur les contributions de Rome, de quoi subvenir aux frais de cet embarquement. On doit spécialement y affecter les galères du pape qui seraient dans le cas de tenir la mer.

Le général qui commande dans la Cisalpine peut exécuter le même ordre à Gênes, et le général Baraguey d'Hilliers peut s'y rendre à cet effet; il faut, au préalable, envoyer l'argent nécessaire.

On demandera au directoire exécutif de la république cisalpine deux galères, qui serviront à aider, à transporter les troupes et à escorter le convoi.

Quant à Nice, Antibes et Marseille, il faut que le ministre de la marine :

1°. Frête les plus gros bâtimens de commerce, suffisamment pour porter les troupes et l'artillerie désignées ci-dessus;

2°. Travaille aux approvisionnemens nécessaires;

3°. Que le ministre de la guerre donne ordre pour y faire passer les troupes ci-dessus, avec l'artillerie et autres approvisionnemens.

Nous avons à Toulon six vaisseaux de guerre, des frégates, des corvettes; il faudrait y joindre six tartanes canonnières.

Tous ces bâtimens réunis seraient dans le cas de porter la partie des troupes qui doit être embarquée à Toulon.

Cette escadre, selon le rapport du ministre de la marine, sera, sous quinze jours, prête à partir; mais elle manque entièrement de matelots. Il n'y aura donc qu'à noliser et mettre l'embargo sur les bâtimens nécessaires au transport de l'artillerie.

Pour réussir dans cette expédition, on doit calculer sur une dépense extraordinaire de cinq millions, sans compter les dépenses ordinaires tant pour l'approvisionnement, armement et solde de l'escadre, que pour la solde, nourriture et habillement des troupes, que pour les dépenses de l'artillerie et du génie, auxquelles il est indispensable de pourvoir en effectif; ce qui forme donc une somme de huit à neuf millions qu'il faudrait que le gouvernement déboursât d'ici au 20 germinal.

Paris, le 7 ventose an 6 (7 mars 1798).

Instruction pour la commission chargée de l'inspection de la côte de la Méditerranée (proposée par Bonaparte au directoire exécutif).

Le premier soin de la commission doit être de conférer à Toulon avec les chefs du port, et de prendre toutes les mesures pour que les six vaisseaux de guerre, les quatre frégates qui s'y trouvent, les quatre frégates que le citoyen Perrée amène avec lui d'Ancône, six corvettes, six chaloupes canonnières, six tartanes canonnières et quatre bombardes portant un mortier de 10 ou 12 pouces, ayant à bord pour trois mois de vivres, soient prêts à partir de la rade de Toulon au 15, ou au plus tard au 20 germinal.

On placera sur chaque chaloupe ou tartane canonnière, indépendamment de ces pièces, un mortier de 4 à 5 pouces.

2°. Faire prendre les mesures pour que les approvisionnemens pour deux mois soient embarqués sur lesdits vaisseaux, à raison de six cents hommes par vaisseau de guerre, deux cent dix par frégate, et cent par corvette.

3°. Faire préparer la solde et les vivres, également pour trois mois, pour l'escadre de l'amiral Brueys, de manière que cette escadre puisse, le 15 germinal, sortir de quarantaine pour reprendre la mer.

4°. Faire armer *le Conquérant*, les gabares, les vieilles frégates, etc., en flûte, de manière à pouvoir porter le supplément de dix mille hommes que doit embarquer le port de Toulon, dans le cas où l'amiral Brueys ne rejoindrait pas à temps.

5°. Donner des ordres pour que l'on embarque sur-le-champ à bord des six vaisseaux de guerre et des six frégates ou gabares, vingt pièces de 24 en bronze, avec deux affûts, un porte-voix, cinq ou six cents coups à tirer par pièce.

Dix mortiers à la Gomère, de 12 pouces; dix *id.*, de 8 pouces, avec cinq cents coups à tirer par mortier; double crapaud et les camions nécessaires pour transporter les mortiers; six forges pour rougir les boulets, avec leurs soufflets et leurs ustensiles; quatre millions de cartouches avec les pierres à feu, en proportion; vingt mille fusils; trente mortiers de 4 à 5 pouces, ayant chacun six cents coups à tirer, et tous les ustensiles et approvisionnemens nécessaires à un équipage de siége de quarante bouches à feu; spécialement une grande quantité d'objets pour artifices.

Nota. Une partie de ces objets est portée sur le tableau joint aux instructions du gouvernement, comme devant être embarqués à Nice ou à Antibes; mais il sera possible de les faire embarquer sur les vaisseaux de guerre, si cela ne les obstrue pas trop.

6°. Faire embarquer sur les vaisseaux de guerre et frégates six obusiers de campagne, six pièces de 8, six pièces de 12; cinq cents coups à tirer par pièce.

7°. Faire transformer en écuries deux ou trois gabares ou autres bâtimens de transport, de manière à pouvoir transporter deux cent cinquante chevaux.

8°. Se procurer et faire embarquer trois paires de bœufs sur chaque bâtiment de guerre, avec les harnois et les hommes nécessaires, afin de pouvoir s'en servir pour le transport de l'artillerie.

9°. La commission fera charger à Antibes ou à Nice, sur deux ou trois très-gros bâtimens, des approvisionnemens, de manière à ce que toutes les pièces de campagne de l'équipage qui s'embarque à Civita-Vecchia, à Gênes, à Nice, à Toulon et à Marseille, et qui se trouve composé de seize pièces de campagne, seize pièces de 12, seize pièces de 8, seize pièces de 3, ait sur ces bâtimens un approvisionnement de réserve de trois cents coups par pièce.

L'on pourra également faire embarquer à Nice ou à Antibes un supplément extraordinaire d'artifices, d'outils et autres objets nécessaires au gros parc de l'armée, indépendamment des onze cents hommes que l'on doit faire embarquer dans ce port.

Le général Dommartin donnera les ordres pour toute la partie de l'artillerie, et fournira les états nécessaires.

10°. La commission fera mettre l'embargo et nolisera à Marseille de gros bâtimens en suffisance pour embarquer de quatre à cinq mille hommes, et des écuries pour deux cents chevaux, et fera en sorte que ces bâtimens soient approvisionnés d'un mois d'eau, de deux mois de vivres, et que ce convoi soit prêt à partir de Marseille le 15 germinal.

11°. La commission correspondra avec le consul de Gênes ; elle enverra de suite, à Gênes, un officier de marine intelligent, qui puisse lui rendre compte de tout. Indépendamment des 200,000 fr. que le payeur y fait passer, il y fera passer tous les fonds qui seraient nécessaires.

12°. La commission ne correspondra qu'avec moi.

13°. Si l'amiral Brueys arrivait à temps pour pouvoir partir le 20 germinal, la commission ferait sur-le-champ armer en flûte les six vaisseaux vénitiens qu'il amène avec lui, ce qui diminuerait d'autant le convoi.

14°. La commission correspondra avec le général Vaubois en Corse, pour l'embarquement des deux mille hommes que ce général a reçu l'ordre du gouvernement de faire embarquer. Indépendamment des 200,000 fr. que l'on a envoyés dans cette île, elle y fera passer ce qui pourrait être nécessaire pour l'établissement d'un hôpital de cinq cents lits et un magasin de rafraîchissemens que l'ordonnateur de la division de Corse a reçu ordre d'établir à Ajaccio.

15°. Indépendamment de tous ces objets, la commission formera à Toulon et à Marseille un magasin de seize mille paires de souliers, mille paires de bottes, seize mille chemises, huit mille gibernes, six mille chapeaux, seize mille paires de bas pour pouvoir être distribués aux troupes.

16°. Elle fera également acheter un million de pintes de vin, cent vingt mille pintes d'eau-de-vie, qu'elle fera charger sur de gros bâtimens, auxquels elle donnera ordre de se rendre dans le port d'Ajaccio, où ils resteront sans décharger, jusqu'à nouvel ordre; les équipages ayant de l'eau pour un mois et des vivres pour deux.

17°. Le commissaire ordonnateur Sucy ordonnancera toutes les dépenses relatives aux troupes de terre; le citoyen Leroy, celles relatives au fret des bâtimens et en général à la marine, et l'on mettra à la disposition des directeurs d'artillerie les sommes nécessaires pour les dépenses de l'artillerie.

18°. Les dix mille hommes qui s'embarqueront à Toulon, les cinq mille autres qui s'embarqueront à Marseille, et ceux qui s'embarquent à Gênes, doivent avoir chacun une ambulance avec les chirurgiens, médecins et approvisionnemens nécessaires.

19°. Indépendamment du million que le payeur de la commission recevra demain, la commission recevra, chaque décade, à commencer du 20 ventose, 500,000 fr. jusqu'au 30 germinal. Elle aura soin de garder en réserve, et pour être employés sur un ordre exprès de moi, 200,000 fr. sur le million qu'elle touche demain, et 200,000 fr. sur le demi-million qu'elle touchera chaque décade; ce qui fera, au 30 germinal, qu'il y aura dans la caisse du payeur un million en réserve.

Lorsque la commission fera des marchés, elle réservera une partie des paiemens desdits marchés pour être faits en floréal.

20°. La commission m'enverra, le plus tôt possible, l'état des sommes présumées nécessaires pour l'exécution du présent ordre.

21°. La commission formera une compagnie de vingt-cinq armuriers, avec leurs outils; deux compagnies d'ouvriers bourgeois de la même formation que celles de l'artillerie, avec leurs outils, destinées également à être embarquées.

Paris, le 25 ventose an 6 (15 mars 1798).

Aux commissaires de la trésorerie nationale.

J'ai l'honneur de vous envoyer, citoyens, l'arrêté du directoire, relatif à la commission de la Méditerranée, et que vous m'avez paru désirer.

Je joins également l'état des demi-brigades qui se trouvent en ce moment à Gênes et en Corse. Je désirerais savoir si la solde des troupes est assurée pour les mois de ventose et germinal. BONAPARTE.

Etat des troupes qui se trouvent dans ce moment-ci en Corse.

Dix-neuvième demi-brigade de ligne, deux mille hommes; premier bataillon de la quatre-vingt-sixième, neuf cents; quatrième d'infanterie légère, quinze cents; vingt-troisième *id.*, deux mille cent; artillerie, deux cents : en tout, six mille sept cents hommes.

Etat des troupes qui viennent de recevoir l'ordre de se rendre à Gênes.

Vingt-deuxième d'infanterie légère, quinze cents hommes; treizième de ligne, deux mille; soixante-neuvième *id.*, dix-sept cents; quatorzième de dragons, cinq cents; dix-huitième *id.*, deux cents; artillerie, trois cents : en tout, six mille deux cents hommes.

Paris, le 25 ventose an 6 (15 mars 1798).

A la commission de l'armement de la Méditerranée.

Le citoyen Estève, nommé payeur près de la commission, part ce soir. Il a des ordres pour toucher 1,300,000 fr. à Toulon. Il a touché ici, et a fait partir pour Gênes, par un courrier extraordinaire, 200,000 fr., ce qui fait les 1,500,000 f. que vous deviez toucher dans ce mois.

J'aurai soin qu'au premier germinal on vous fasse passer 500,000 autres francs.

Il est indispensable que vous fassiez partir sur-le-champ, par une frégate, 200,000 fr. en Corse. J'attends avec intérêt votre première dépêche. Mettez la plus grande activité dans tous vos travaux.

Les troupes qui doivent s'embarquer à Toulon sont en marche, et arriveront vers le 15 germinal. Faites préparer les casernes et les subsistances. BONAPARTE.

Paris, le 25 ventose an 6 (15 mars 1798).

Instruction pour le général Dommartin.

L'équipage d'artillerie pour la Méditerranée est composé d'un équipage de campagne et d'un de siége.

Il a été ordonné au général Masséna, par un courrier qui est parti le 15 ventose, de faire embarquer à Civita-Vecchia deux obusiers de 6 pouces, deux pièces de 8, deux pièces de 12; trois cents coups à tirer par pièce; une compagnie d'artillerie à cheval, une *id.* de ligne, un capitaine faisant fonctions de directeur du parc.

Il a été ordonné au général Berthier, par un courrier parti le même soir, de faire embarquer à Gênes le général Sugny, un chef de brigade d'artillerie, deux compagnies d'artillerie à cheval, deux *id.* de ligne, le commissaire des guerres Boinod, des conducteurs et inspecteurs d'équipages, deux cents charretiers, cinq cents harnois de chevaux de trait, une compagnie d'ouvriers, une *id.* de mineurs, une *id.* de pontonniers, un bataillon de sapeurs, douze pièces de 3 approvisionnées à cinq cents coups, quatre obusiers de 6 pouces approvisionnés à trois cents coups, quatre pièces de 8 *id.*, quatre pièces de 12 approvisionnées à trois cents coups, deux mortiers à la Gomère de 12 pouces, deux *id.* de 6 pouces approvisionnés à cinq cents coups, deux cents outils de pionniers, un million de cartouches. Vous devez faire embarquer à Marseille deux obusiers de 6 pouces, quatre pièces de 12, trois cents coups à tirer par pièce, deux compagnies de ligne; à Toulon, six obusiers de 6 pouces, six pièces de 8, six pièces de 12, approvisionnées à trois cents coups par pièce.

Vous devez faire embarquer à Nice ou à Antibes un double approvisionnement pour tout l'équipage.

Vous devez faire également embarquer à Toulon ou à Marseille trois ou quatre millions de cartouches, avec tout ce qui est nécessaire pour un équipage de campagne de cette importance.

Vous devez également faire embarquer un équipage de siége de vingt pièces de 24, dix mortiers de 12 pouces, dix *id.* de 8 pouces, vingt ou trente mortiers de 3 ou 4 pouces; le tout approvisionné à six cents coups.

Embarquez le plus d'ouvriers et d'armuriers, munis de leurs outils, qu'il vous sera possible. BONAPARTE.

Paris, le 25 ventose an 6 (15 mars 1798).

Au général Berthier.

Le courrier qui vous porte cette lettre, mon cher général, porte au consul de Gênes des lettres de change pour 200,000 fr., afin de subvenir aux dépenses extraordinaires de l'embarquement, tant pour la marine que pour l'artillerie et les approvisionnemens extraordinaires de deux mois.

Il serait nécessaire de faire arranger trois des plus gros bâtimens de transport, pour servir d'écuries, de manière qu'ils pussent porter, à eux trois, une centaine de chevaux de cavalerie et une cinquantaine d'artillerie. Vous feriez alors choisir les chevaux les plus forts et en meilleur état.

Si l'on peut trouver à Civita-Vecchia, également pour embarquer, une centaine de chevaux de cavalerie et une cinquantaine d'artillerie, donnez-en l'ordre; si on ne le peut pas, on s'en passera.

Envoyez à Civita-Vecchia un de vos aides-de-camp qui prendra l'état de situation des troupes qui s'embarquent, de l'artillerie; le nombre, le nom et le tonnelage des bâtimens.

Donnez l'ordre, tant à Gênes qu'à Civita-Vecchia, pour que le général de division ne puisse pas embarquer plus de trois chevaux, le général de brigade, plus de deux, le chef de brigade plus d'un : vous sentez combien il est nécessaire de n'avoir que ce qui est strictement nécessaire et indispensable; mais vous pouvez engager les officiers à embarquer leurs selles, brides, etc., pour les chevaux qu'ils doivent avoir.

Je vous ai déjà écrit, je crois, pour que vous teniez tous vos chevaux, ceux de Leclerc, et cinq à six autres bons chevaux, prêts à partir.

Vous enverrez également à Gênes, pour être embarquée, la compagnie des guides qui est dans le Mont-Blanc, ainsi que les douze gardes à cheval que vous avez gardés avec vous.

BONAPARTE.

Paris, le 26 ventose an 6 (16 mars 1798).

Au ministre de la marine.

Je désirerais, citoyen ministre, que vous envoyassiez l'ordre à la frégate qui est à Cadix de se rendre à Ajaccio en Corse, où elle attendra les ordres du contre-amiral Duchayla, et que vous en prévinssiez à Toulon, pour qu'on y fît passer la solde et les vivres dont elle doit avoir besoin.

BONAPARTE.

Paris, le 27 ventose an 6 (17 mars 1798).

Au ministre de la guerre.

J'ai reçu, citoyen ministre, votre lettre relative aux adjudans-généraux Grésieux et Clauzel. Vous pourrez donner des lettres de service au citoyen Clauzel pour l'armée d'Angleterre, et envoyer le citoyen Grésieux à Toulon, où il serait employé sur les côtes de la Méditerranée.

Je vous demanderai également d'employer l'adjudant-général Jullien à Marseille, sous les ordres du général Bon. Cet adjudant-général est actuellement employé à l'armée d'Angleterre.

BONAPARTE.

Paris, le 27 ventose an 6 (17 mars 1798).

Aux commissaires du gouvernement, à Rome.

Le directoire exécutif, attachant la plus grande importance à la bonne organisation et au prompt départ de la division qui doit s'embarquer à Civita-Vecchia, a jugé à propos d'en confier le commandement au général Desaix, qui part ce soir même pour s'y rendre en toute diligence.

Je vous prie de lui faire fournir tout ce dont il peut avoir besoin, et tous les officiers d'état-major, d'artillerie, du génie, commissaires des guerres qu'il demandera.

BONAPARTE.

Paris, le 27 ventose an 6 (17 mars 1798).

Note au directoire exécutif.

Le général commandant à Berne fera faire le prêt de la deuxième demi-brigade d'infanterie légère, de la dix-huitième de ligne, de la vingt-cinquième *idem*, du troisième régiment de dragons, du quinzième *idem*, ainsi que des canonniers attachés à cette division, jusqu'au 13 germinal.

Il fera compléter leur armement, leur buffleterie, et, autant qu'il sera possible, leur habillement.

Il donnera l'ordre au troisième et au quinzième régimens de dragons, avec toute l'artillerie de campagne qui est attachée à la division qui est venue de l'armée d'Italie, de se rendre, par le chemin le plus court, à Toulon.

Le ministre de la guerre donnera l'ordre au général de brigade de cavalerie Leclerc de se rendre sur-le-champ à Lyon pour prendre le commandement de ces deux régimens, et les conduire lui-même à Toulon.

Le général commandant l'armée d'Helvétie incorporera

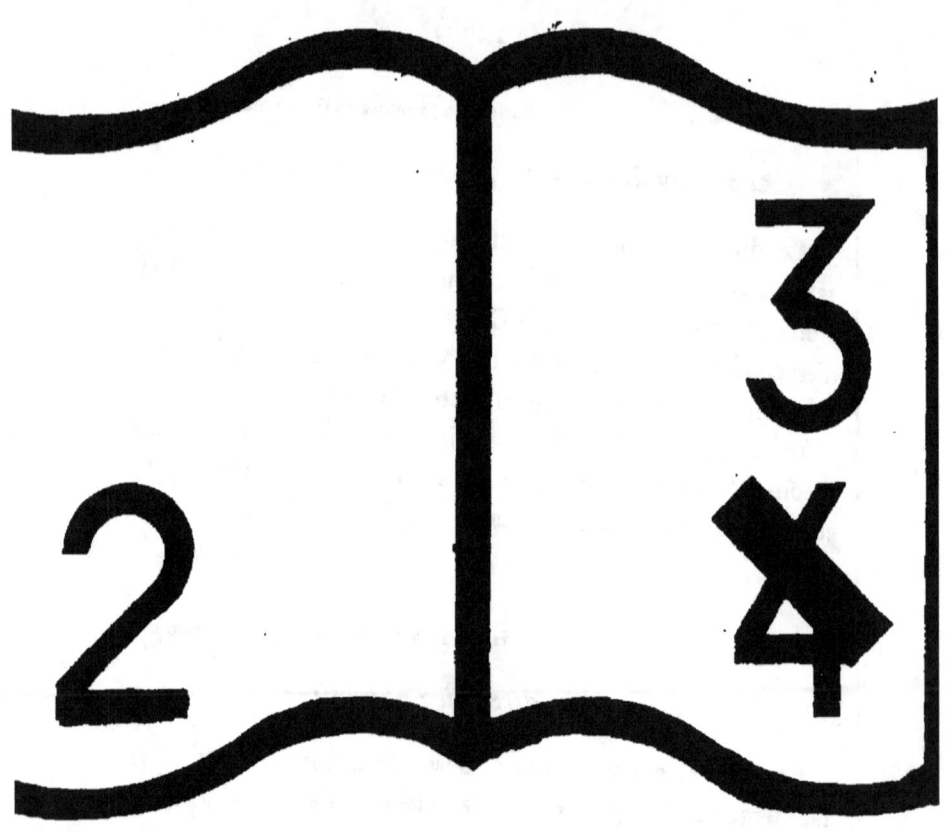

Pagination incorrecte — date incorrecte

NF Z 43-120-12

dans la seconde d'infanterie légère les éclaireurs de la vingt-troisième d'infanterie légère; après quoi, il donnera l'ordre au général Pigeon de partir avec la deuxième demi-brigade d'infanterie légère, les dix-huitième et vingt-cinquième de ligne, pour se rendre à Lyon, où ces corps s'embarqueront sur le Rhône jusqu'à Avignon, d'où ils se rendront par terre à Toulon.

Deux jours après, il donnera l'ordre au général Rampon de partir avec la trente-deuxième et la soixante-quinzième pour se rendre également à Lyon, s'y embarquer sur le Rhône jusqu'à Avignon, et se rendre de là par terre à Toulon.

Le ministre de la guerre donnera l'ordre au général Lannes de partir sur-le-champ en poste de Paris, pour se rendre à Lyon avec l'adjudant-général Lagrange, et prendre toutes les mesures, en se concertant avec le commandant de cette place, le commissaire-ordonnateur et celui du directoire exécutif, pour qu'il y ait dans cette ville la quantité de bateaux et tout ce qui est nécessaire pour embarquer les troupes ci-dessus, et surveiller ledit embarquement; après quoi, le général Lannes et le citoyen Lagrange se rendront à Toulon.

Le ministre de la guerre donnera également les ordres pour qu'il y ait à Lyon : dix mille paires de souliers, six mille paires de culottes, six mille chapeaux, quatre mille vestes, dix mille paires de bas, dix mille chemises, trois mille sacs de peau, trois mille habits, quatorze mille paires de bottes, pour pouvoir être distribués auxdites troupes, à leur passage.

Le général Lannes aura soin de veiller aux distributions, pour qu'elles se fassent conformément aux besoins de chaque corps.

Le général commandant l'armée d'Helvétie fera mettre à l'ordre des demi-brigades ci-dessus désignées, qu'elles vont se rendre à Toulon, d'où elles partiront pour une opération extrêmement essentielle, et qu'elles trouveront à Toulon le général Bonaparte, sous les ordres duquel elles continueront d'être.

BONAPARTE.

Paris, le 27 ventose an 6 (17 mars 1798).

Au président du directoire exécutif.

Je vous ferai passer, citoyen président, la réponse de la trésorerie à la demande que je lui avais faite si la solde était assurée pour les troupes qui se rendent en Corse et à Gênes.

La caisse de l'armée d'Italie a bien de la peine à subvenir aux dépenses des corps qui sont dans ce pays.

Je crois qu'il serait nécessaire que le directoire prît l'arrêté ci-joint :

ARRÊTÉ.

ART. 1er. La trésorerie nationale fera sur-le-champ passer à son payeur, en Corse, la solde pour les troupes qui y sont, pour les mois de nivose, pluviose et ventose.

2. L'ordonnateur de la marine à Toulon fera partir une corvette pour porter lesdits fonds.

Pour cet effet, il en remettra les sommes au payeur de la marine à Toulon, qui les fera passer en Corse par un aviso.

3. La trésorerie nationale fera solder à Gênes, dans le plus court délai, aux troupes qui s'y trouvent, la solde des mois de ventose et germinal.

Etat des troupes qui sont en Corse.

La quatrième d'infanterie légère, quinze cents hommes ; la vingt-troisième *id.*, deux mille cent; la dix-neuvième de ligne, dix-huit cents; un bataillon de la quatre-vingt-sixième *id.*, huit cents; artillerie, trois cents : en tout, six mille cinq cents hommes.

Etat des troupes qui sont à Gênes, sous les ordres du général Baraguey d'Hilliers.

La vingt-deuxième d'infanterie légère, quinze cents hommes; la treizième de ligne, deux mille; la soixante-neuvième *id.*, dix-huit cents; le quatorzième de dragons, cinq cents; le dix-huitième *id.*, deux cents; artillerie, deux cents : en tout, six mille deux cents hommes. BONAPARTE.

Paris, le 2 germinal an 6 (22 mars 1798).

Au ministre des finances.

La commission chargée de l'armement de la côte de la Méditerranée doit recevoir 500,000 fr. cette décade-ci. Je désirerais, citoyen ministre, être informé si la trésorerie a donné des ordres pour cet objet.

Je vous prierais de faire réserver sur cette somme 50,000 f., pour être mis à la disposition du général Dufalga, commandant l'arme du génie, attaché à ladite commission, lesquels 50,000 fr. doivent être soldés à Paris.

Je vous prie également de donner des ordres pour que la trésorerie fasse passer des fonds pour solder les troupes qui sont dans les deux départemens de Liamone et du Golo, qui sont arriérées de trois mois. BONAPARTE.

Paris, le 3 germinal an 6 (23 mars 1798).

Au ministre de la guerre.

Je vous prie, citoyen ministre, de donner l'ordre au général de brigade Gardane, qui est à Paris, de se rendre à

Toulon, où il s'adressera au général Dommartin, chez lequel il trouvera de nouveaux ordres.

Je vous prie de donner les mêmes ordres au général Verdier, qui est à Toulouse; au général de brigade Davoust, qui est dans ce moment-ci à Paris, de se rendre à Marseille, pour y prendre le commandement de la cavalerie qui se réunit dans cette ville, où il sera sous les ordres du général Bon; et au général de division Dumas de se rendre à Toulon, où il recevra de nouveaux ordres. BONAPARTE.

Paris, le 5 germinal an 6 (25 mars 1798).

A la commission chargée de l'approvisionnement de la Méditerranée.

J'ai reçu, citoyens, la lettre que vous m'avez envoyée par un courrier extraordinaire.

J'ai vu avec plaisir l'état satisfaisant de l'escadre. J'aurais désiré avoir également l'état des galères ou bâtimens de transport que vous avez arrêtés à Toulon, pour l'embarquement de dix mille hommes.

Les troupes arriveront avant le 15 germinal; il est nécessaire que tout soit prêt à partir le 20.

Si le contre-amiral Brueys n'est point arrivé lorsque vous aurez reçu cette lettre, vous ferez vos préparatifs pour vous en passer.

Les six vaisseaux de guerre qui sont en rade : *le Conquérant*, les frégates, les briks, doivent, ensemble, porter facilement six mille hommes. Il ne vous reste donc plus qu'à chercher, à Toulon, des bâtimens de transport pour quatre mille hommes.

Si l'escadre du contre-amiral Brueys était arrivée, ou si vous aviez des nouvelles du jour où elle arrivera, vous n'auriez plus alors besoin de transports à Toulon.

Le général Dommartin doit être arrivé. Vous avez déjà, sans doute, commencé à embarquer l'artillerie.

Si le citoyen Sucy n'était pas arrivé, cela ne doit pas vous empêcher de faire tout ce dont il est chargé, appelant auprès de vous un commissaire-ordonnateur le plus à portée.

Le payeur, qui doit être arrivé, vous aura apporté l'argent qui vous était nécessaire ; la trésorerie prend ses dispositions pour vous faire toucher 500,000 fr. cette décade.

J'attends avec impatience votre premier courrier pour savoir si tout est prêt, et si les troupes pourront être embarquées le 20 de ce mois. BONAPARTE.

Paris, le 6 germinal an 6 (26 mars 1798).

Aux commissaires de la trésorerie nationale.

Le ministre des finances, citoyens commissaires, a dû vous prévenir que, sur les 500,000 fr. de cette décade que vous devez mettre à la disposition de la commission de la Méditerranée, 50,000 fr. devaient être soldés, à Paris, au général Dufalga.

Je vous prie, citoyens commissaires, de vouloir bien faire solder lesdits 50,000 fr. au général Dufalga, et de donner son reçu en paiement au payeur de la commission, qui le recevra pour comptant. Le revirement est tout simple : la lettre du ministre des finances et celle que j'ai l'honneur de vous écrire, cette commission se trouvant sous mes ordres, vous y autorisent suffisamment. BONAPARTE.

Paris, le 6 germinal an 6 (26 mars 1798).

Au ministre des relations extérieures.

Ayant besoin, citoyen ministre, pour remplir les intentions du gouvernement, des citoyens Ruyer et Belletête, deux jeunes gens qui sont partis, il y a quelques jours, pour Constantinople, et qui doivent être actuellement à Toulon, je vous prie de leur envoyer l'ordre de rester à Toulon.

Je désirerais également que vous donnassiez l'ordre aux citoyens Jaubert, Chéry, Laporte, trois jeunes gens les plus avancés à l'école des langues orientales à Paris, de se rendre à Constantinople, et de leur envoyer contre-ordre à Toulon, pour qu'ils y attendent de nouveaux ordres. BONAPARTE.

Paris, le 6 germinal an 6 (26 mars 1798).

Au ministre de l'intérieur.

Le directeur de l'imprimerie de la république et le citoyen Langlès, citoyen ministre, sont animés de la plus mauvaise volonté. Je vous prie de donner l'ordre positif que tous les caractères arabes actuellement existans, hormis les matrices, soient sur-le-champ emballés, et au citoyen Langlès l'ordre de les suivre.

Le citoyen Langlès m'a paru, dans la première conférence que j'ai eue avec lui, très-disposé à venir; d'ailleurs la république, qui a fait son éducation et qui l'entretient depuis long-temps, a le droit d'exiger qu'il obéisse.

Je vous prie de donner l'ordre que l'on emballe également les caractères grecs; il y en a, puisque l'on imprime en ce moment Xénophon, et ce n'est pas un grand mal que le Xénophon soit retardé de trois mois, pendant lequel temps on fera d'autres caractères, les matrices restant.

Je vous prie de donner également l'ordre positif d'emballer les caractères pour trois presses françaises. Il nous suffit d'avoir des caractères ordinaires. BONAPARTE.

Paris, le 6 germinal an 6 (26 mars 1798).

Au ministre de l'intérieur.

J'ai l'honneur de vous envoyer, citoyen ministre, la lettre du directoire pour vous.

Je vous prie en conséquence de vouloir bien donner l'ordre aux citoyens dont la liste est ci-jointe [1] de se tenir prêts à partir, au premier ordre qu'ils recevront, pour se rendre à Bordeaux.

Ceux d'entre eux qui ont des places les conserveront, les appointemens en seront payés à leur famille. Ils recevront en outre un traitement extraordinaire et les frais de poste pour la route.

Je vous prie de donner l'ordre aux citoyens dont la liste est ci-jointe [2], de se tenir prêts à partir, au premier ordre, pour Flessingue. Les ingénieurs jouiront d'un traitement pour leurs travaux extraordinaires. Leur mission n'étant que temporaire, leurs places doivent leur être conservées.

BONAPARTE.

Paris, le 6 germinal an 6 (26 mars 1798).

A la commission chargée de l'inspection des côtes de la Méditerranée.

Je viens de recevoir, citoyens, des nouvelles du contre-amiral Brueys. Il est parti de Corfou, le 6 ventose, avec six

---

[1] Dangés, Duc-la-Chapelle, astronomes; Costaz, Fourier, Monge, Molard, géomètres; Conté, chef de bataillon des aérostiers; Thouin, Geoffroi, Delisle, naturalistes; Dolomieu, minéralogiste; Berthollet, chimiste; Dupuis, antiquaire.

[2] Isnard, Lepère, Lepère (Gartien), Lancret, Lefebvre, Chézy, ingénieurs des ponts et chaussées; Pououau, interprète.

vaisseaux de guerre français, six frégates *idem*, cinq vaisseaux de guerre vénitiens, trois frégates *idem*, deux cutters pris sur les Anglais.

Le chef de brigade Perrée est parti d'Ancône le 12, avec deux frégates françaises et deux vénitiennes.

Il est donc possible que, lorsque vous recevrez cette lettre, l'un et l'autre soient déjà arrivés, et j'espère que, moyennant votre activité et les mesures que vous avez prises avec l'ordonnateur Najac, ces vaisseaux pourront repartir quinze jours après leur arrivée. *Le Mercure* est le seul vaisseau, je crois, qui ait besoin de réparation.

Quant aux vaisseaux vénitiens, s'ils peuvent être armés en guerre tous les cinq, vous y ferez travailler de suite; et, s'il fallait trop de temps, vous n'en ferez armer qu'une partie : ainsi, vous n'auriez besoin d'aucun secours de bâtimens de transport pour porter les dix mille hommes que vous devez embarquer à Toulon, avec l'artillerie; et, je vous le répète, le 25 ou même le 20 germinal, tout doit être prêt à partir.

Plusieurs médecins et officiers généraux ont eu ordre de se rendre à Toulon : ils s'adresseront à vous, vous leur ferez fournir le logement et tout ce dont ils auront besoin, et vous leur direz d'attendre de nouveaux ordres.

La quatre-vingt-cinquième demi-brigade s'est embarquée le 3 à Lyon, pour se rendre à Marseille. Le deuxième bataillon du quatrième régiment d'artillerie s'est embarqué le 5 pour se rendre à Toulon.

Cinq demi-brigades doivent être, à l'heure qu'il est, embarquées à Lyon, pour aller par le Rhône jusqu'à Avignon, et de là se rendre à Toulon.

Conférez avec le commissaire ordonnateur et le général de division Dugua, pour vous assurer que les subsistances et les cantonnemens de ces troupes sont assurés.

Les dix-huitième et trente-deuxième demi-brigades, commandées par le général Rampon, seront cantonnées au fort Lamalgue, à Lavalette, à Solier, à Hières et autres villages dans ces environs.

Les vingt-cinquième et soixante-quinzième, commandées par le général Gardanne, seront cantonnées à Ollioules, au Bausset, Lascine, Saint-Lazaire et autres villages environnans.

La deuxième demi-brigade d'infanterie légère sera cantonnée dans Toulon. Le général Pigeon aura le commandement de la deuxième demi-brigade d'infanterie légère. Le général Gardanne commandera la vingt-cinquième et la soixante-quinzième. Vous placerez les troisième et quinzième régimens de dragons dans les endroits où il y aura le plus de fourrages.

Je vous recommande de veiller à ce que les troupes aient tous les jours du vin ou de l'eau-de-vie, et à ce que les subsistances leur soient assurées.

Il me tarde d'avoir un compte détaillé sur tous les ordres contenus dans les instructions que je vous ai données, ainsi que d'apprendre l'arrivée et l'état dans lequel se trouve le contre-amiral Brueys.

Pour n'être pas dans le cas de vous tromper dans vos calculs, vous devez compter, pour l'embarquement de Toulon, sur douze à treize mille hommes, compris l'artillerie, les charretiers et les domestiques, et cinq mille à Marseille.

Actuellement que le contre-amiral Brueys est arrivé, il sera bon que vous ménagiez à Toulon de quoi embarquer plutôt mille hommes de plus que de moins.

Je vous envoie :

1°. Des plans et des notes sur la construction d'un ponton qui ne doit pas peser plus de neuf cents livres; vous en ferez mettre sur-le-champ trente en construction, avec les poutrelles et ce qui est nécessaire pour établir le pont.

2°. L'esquisse d'un petit bateau portant une pièce de 12, et dont la simple carcasse ne doit pas peser plus de dix milliers : vous en ferez mettre sur-le-champ deux en construction.

3°. Le mémoire et le projet d'une petite corvette portant une pièce de 24 et plusieurs pièces de 6, laquelle doit se diviser en parties, pour pouvoir être transportées par terre sur huit diables. Vous en ferez mettre une sur-le-champ en construction.

Vous ferez en sorte que les pontons et les deux petits bateaux soient en état de partir le plus tôt possible. Il les faudrait avoir pour les premiers jours de floréal.

Quant à la petite corvette, mettez-la en construction ; lorsqu'elle sera finie, nous nous en servirons. Je sais bien que cela ne peut pas être avant le milieu de prairial : ce serait un grand bien, s'il était possible que cela fût plus tôt.

En vous envoyant ces plans et les mémoires qui les expliquent, je n'ai pas entendu vous prescrire de n'y faire aucun changement dans le détail. Le véritable point de vue est de tout sacrifier à la légèreté, afin de les rendre transportables par terre.

Je vous prie de remettre la lettre ci-jointe au contre-amiral Brueys, du moment qu'il arrivera. BONAPARTE.

Paris, le 10 germinal an 6 (30 mars 1798).

Au contre-amiral Brueys.

Je présume, citoyen général, que vous êtes arrivé à Toulon, puisque vos dernières dépêches m'apprennent que vous êtes parti de Corfou le 7 ventose.

L'on est ici extrêmement satisfait de votre conduite. Il faut que les bâtimens qui vous ont plusieurs fois porté les ordres du gouvernement aient été pris.

Maintenez une sévère quarantaine parmi vos équipages : c'est le plus sûr moyen d'empêcher la désertion. Tous les ordres ont été donnés pour que la solde et les vivres leur soient fournis.

Vous aurez sous vos ordres une des plus belles escadres qui soient sorties depuis long-temps de Toulon.

Je compte sur vos six vaisseaux. Vous vous dépêcherez de faire faire les réparations dont *le Mercure* pourrait avoir besoin; ce qui, joint aux six vaisseaux qui sont en ce moment en rade, aux treize frégates, au *Conquérant* armé en flûte, et au plus grand nombre des vaisseaux vénitiens qui seront susceptibles d'être promptement armés, vous mettra à même de remplir la mission brillante qui vous est destinée.

Je serai fort aise de vous revoir : j'espère que ce sera dans très-peu de temps.

Casabianca partira bientôt pour servir sous vos ordres. Il faut absolument que vous vous arrangiez de manière à ce que vous puissiez partir le premier floréal.

BONAPARTE.

Paris, le 10 germinal an 6 (30 mars 1798).

Au général Lannes.

Je reçois, citoyen général, votre dernière lettre de Lyon, du 3 du courant. J'aurais désiré que vous m'eussiez envoyé l'état de situation de la quatre-vingt-cinquième, celui des effets qui lui ont été délivrés, et des notes sur l'esprit qui anime les troupes.

Ne manquez pas de me l'envoyer le plus tôt possible, ainsi que celui des demi-brigades qui viennent de Suisse.

Prévenez le général Dugua à Marseille, et le commissaire ordonnateur Sucy à Toulon, des mouvemens des troupes, afin qu'ils fassent préparer tout ce qui leur est nécessaire sur les routes d'Avignon à Marseille et Toulon.

BONAPARTE.

Paris, le 10 germinal an 6 (30 mars 1798).

Au général Dugua.

Les neuvième et quatre-vingt-cinquième demi-brigades de ligne, ainsi que le vingt-deuxième de chasseurs et le deuxième escadron du dix-huitième régiment de dragons, se rendent à Marseille, où ils doivent s'embarquer. Je vous prie, mon cher général, de veiller à ce qu'ils ne manquent de rien. Le général Bon et le général Davoust sont partis pour commander, le premier l'infanterie, le second la cavalerie, et l'adjudant-général Jullien, pour faire les fonctions de chef de l'état-major de cette division.

La deuxième d'infanterie légère, les dix-huitième, vingt-cinquième, trente-deuxième et soixante-quinzième arriveront également sous peu de jours à Avignon par le Rhône.

Elles ont ordre de se rendre à Toulon.

Vous enverrez l'ordre au général Rampon avec les dix-huitième et trente-deuxième, de tenir garnison au fort Lamalgue, Solliers, Lavalette et Hières; à la vingt-cinquième et soixante-quinzième de tenir garnison à Ollioules, Saint-Lazaire, Laseine et autres villages environnans. Cette brigade sera commandée par le général Gardanne.

Vous enverrez l'ordre à la deuxième d'infanterie légère, qui sera commandée par le général Pigeon, de tenir garnison à Toulon.

Vous placerez le général Leclerc et deux régimens de dragons qu'il commande, dans l'endroit le plus favorable pour la subsistance de la cavalerie, mais de manière à ce qu'ils soient dans un cercle de trois ou quatre lieues de Toulon.

Donnez les ordres à votre commissaire-ordonnateur pour que ces troupes ne manquent de rien, et prévenez le payeur de votre division pour qu'elles aient leur prêt avec exactitude, qu'elles aient le vin ou l'eau-de-vie tous les jours. Voyez aussi l'ordonnateur Sucy, le général Dommartin, l'amiral Blanquet et le citoyen Leroy, qui forment la commission de la Méditerranée.

Prévenez vos étapiers d'Avignon à Toulon, afin que ces troupes aient leur subsistance assurée pendant la route.

BONAPARTE.

Paris, le 10 germinal an 6 (30 mars 1798).

Au citoyen Sucy.

Indépendamment, citoyen ordonnateur, de votre qualité de membre de la commission, vous remplissez plus spécialement les fonctions de l'ordonnateur en chef de l'armée qui va s'embarquer.

Je compte assez sur votre discrétion pour vous faire part de suite de la composition de toute l'armée dont vous êtes chargé, en vous enjoignant surtout de garder le plus profond silence.

L'armée sera composée de cinq divisions :

1°. Les trois demi-brigades qui s'embarquent à Civita-Vecchia, qui ont ordre d'embarquer avec elles deux commissaires des guerres, un chef de chaque administration, une ambulance et des vivres pour deux mois.

2°. La division qui s'embarque à Gênes, composée de trois demi-brigades, et qui a ordre d'embarquer deux commissaires des guerres, un chef de chaque administration, une ambulance et des vivres pour deux mois.

3° Une division qui s'embarque à Toulon, composée de la quatrième d'infanterie légère, de la dix-huitième et de la trente-deuxième de ligne ; vous y attacherez deux commissaires des guerres, un chef de chaque administration, une ambulance.

4°. Une division qui s'embarquera à Marseille, composée des neuvième et quatre-vingt-cinquième de ligne, à laquelle vous attacherez également un chef de chaque administration, deux commissaires des guerres et une ambulance.

Vous ferez bien attention surtout que la manière dont je viens de classer les divisions, n'est point par les numéros qu'elles doivent garder ; j'ai suivi leur position géographique ; ainsi vous désignerez les deux divisions qui sont à Toulon, l'une sous le nom de Solliers, l'autre sous celui de Laseine, sans leur donner aucun numéro.

Toutes ces troupes, avec un corps de cavalerie et d'artillerie à proportion, doivent être réunies sur un seul point pour concourir à une même opération. Il est donc nécessaire que vous ayez avec vous, pour les employer selon les circonstances, sept à huit bons commissaires des guerres, un chef d'attelage d'artillerie et huit ou dix hommes entendus, pour pouvoir, lorsque notre débarquement sera opéré, les charger des différens services de l'armée, sans cependant leur désigner encore aucune fonction.

Le général Dommartin commande l'artillerie de ladite armée ; vous vous entendrez avec lui pour tous les détails.

Le citoyen Desgenettes est médecin en chef ; le citoyen Larrey, chirurgien en chef. Dix-huit chirurgiens et médecins doivent être partis, et, à l'heure qu'il est, être rendus à Toulon. Indépendamment de cela, vous prendrez le plus de chirurgiens et de médecins que vous pourrez, soit en en faisant venir de l'armée d'Italie, soit en prenant ceux de quelque mérite, que vous pourriez trouver dans le pays où vous êtes : vous n'en aurez jamais de trop.

Vous organiserez aussi une pharmacie, que vous prendrez dans les hôpitaux de Marseille et de Toulon.

Chaque vaisseau de guerre ou vaisseau de transport doit avoir sa pharmacie pour les malades qui pourraient survenir pendant le passage, et vous devez aussi embarquer une quantité de médicamens proportionnée à la force de l'armée, qui se trouve être de trente mille hommes.

Procurez-vous deux ou trois cents infirmiers, huit ou dix bons directeurs d'hôpitaux, un bon architecte, douze ou quinze maçons, cinq ou six garde-magasins, et un agent en chef des hôpitaux. Vous avez là dessus liberté toute entière. Dans les instructions de la commission, j'ai demandé beaucoup de souliers; indépendamment des besoins qu'aura la troupe au moment de l'embarquement, il faudra encore y suppléer jusqu'à ce que nous ayons pu faire des établissemens dans le pays où nous allons.

Le payeur général sera le citoyen Estève. Il faut qu'il y ait autant de payeurs qu'il y a de divisions, indépendamment des bureaux et des payeurs qui peuvent lui devenir nécessaires.

N'oubliez pas de vous procurer quelques artistes vétérinaires.

Le général de division ne pourra embarquer que trois chevaux, le général de brigade deux, et tous les officiers qui ont le droit d'avoir des chevaux, un; le commissaire ordonnateur, trois, et les commissaires des guerres en chef, un: les administrateurs, aucun; mais tout le monde a la liberté d'embarquer le nombre de selles et de palfreniers que la loi lui accorde.

Faites-vous rendre compte s'il y a des tentes dans l'arrondissement où vous vous trouvez: s'il y en avait, il faudrait les faire mettre en état: je désirerais en avoir un millier.

Le deuxième bataillon du quatrième régiment s'est embarqué le 5 à Lyon, pour Avignon. Ainsi, il sera déjà rendu à Toulon quand vous recevrez cette lettre.

J'ai donné ordre que l'on embarque cinquante chevaux d'artillerie à Civita-Vecchia, cinquante à Gênes. Nous en embarquerons le plus que nous pourrons à Toulon et à Marseille. Dans les instructions que j'ai données à la commission, cet article de l'artillerie est spécialement détaillé.

BONAPARTE.

Paris, le 11 germinal an 6 (31 mars 1798).

Au ministre des finances.

Vous devez remettre, citoyen ministre, pour cette décade, 500,000 fr. à la disposition de la commission chargée de l'inspection des côtes de la Méditerranée. Je désirerais que la trésorerie pût faire partir demain des lettres de change pour 200,000 francs sur Gênes, et faire passer 300,000 francs à Toulon.

La solde des troupes qui s'embarquent à Gênes est arriérée. Il serait nécessaire que la trésorerie fît passer au payeur de la division du général Baraguey-d'Hilliers à Gênes 400,000 fr., pour payer cette division jusqu'au premier germinal.

J'ai un courrier tout prêt, qui porterait les lettres de change pour ces 600,000 fr. Il serait fort essentiel à nos opérations que cela pût partir demain.

Je vous prie aussi de donner des ordres pour qu'elle fasse passer de l'argent pour la solde des troupes qui sont en Corse. Il faudrait au moins 300,000 fr.

BONAPARTE.

Paris, le 13 germinal an 6 (2 avril 1798).

Au général Baraguey-d'Hilliers.

Le consul recevra, citoyen général, par un courrier que j'expédierai demain, 600,000 fr., ce qui, joint aux 200,000 fr. que j'ai déjà fait passer, fournira les sommes nécessaires à l'embarquement.

Faites-moi passer, par le retour de mon courrier :

1°. L'état de situation des bâtimens, le nombre des tonneaux et de l'équipage de chaque bâtiment, avec le nombre d'hommes et le nombre de chaque corps que chaque bâtiment transporte.

2°. L'état de situation de votre division, le nom de votre payeur, de vos deux commissaires des guerres, de vos deux adjudans généraux, et des officiers d'artillerie et de génie attachés à l'état-major de la division.

Tâchez d'embarquer avec vous le plus de chirurgiens et de médecins que vous pourrez, français ou italiens; quatre médecins, douze chirurgiens, indépendamment des chirurgiens des corps et de l'ambulance, ne seraient pas trop.

Embarquez huit ou dix armuriers avec leurs outils, français ou italiens, et des calfats, charrons, serruriers, le plus que vous pourrez vous en procurer.

J'écris au général Berthier de vous faire passer trois mille fusils, s'il peut se les procurer.

Ne partez pas sans de nouveaux ordres.

Faites en sorte d'avoir plutôt trois ou quatre jours de vivres de plus que de moins. Tenez la main à ce que l'on n'embarque rien d'inutile. Vous ne pouvez embarquer pour vous que trois chevaux, les généraux de brigade deux, et les autres officiers qui ont le droit d'avoir des chevaux, un ; mais chacun embarquera ses selles et ses palfreniers.

Laissez à Gênes un officier supérieur par corps composant votre division, afin de réunir dans cette ville tous vos hommes sortant des hôpitaux; et, toutes les fois qu'il y en aura cent, on leur donnera des ordres pour vous rejoindre. Les officiers peuvent également donner rendez-vous à Gênes à leurs domestiques, et gros bagages, qu'ils ne pourraient pas embarquer avec eux.

Embarquez tous les dépôts actuellement existans.

J'imagine que vous menez avec vous Parthouneaux. J'écris à Berthier de vous envoyer Almeyras, qui est un fort bon adjudant-général.

Faites-moi connaître, par le retour du courrier, l'état exact et par corps de tout ce qui serait dû aux soldats.

Ayez avec vous trois bons directeurs d'hôpitaux et une centaine de bons infirmiers. BONAPARTE.

Paris, le 13 germinal an 6 (2 avril 1798).

Au général Lannes.

Je vous envoie, citoyen général, des lettres pour le payeur de la division qui vient de Suisse, pour le payeur de Lyon et de deux autres départemens.

Vous ferez donner à Lyon la solde aux troupes jusqu'au 15 de ce mois. Si la division n'avait point à Lyon de payeur, vous chargeriez un des quartiers-maîtres d'en faire les fonctions et de recevoir l'argent que la trésorerie donne ordre de remettre entre ses mains pour subvenir aux dépenses ultérieures du prêt.

Ayez soin, en m'envoyant l'état de situation de chaque corps, de m'instruire jusqu'à quel jour les soldats ont été payés, ainsi que de la quantité d'effets qui a été distribuée à chaque corps et ce qui pourrait leur manquer encore. Surtout ayez bien soin de completter l'armement.

Voyez le commandant de l'artillerie à Lyon, pour vous informer quand partiront les différens objets que le général Dommartin doit lui avoir demandés, et pressez-le le plus que vous pourrez. Voyez les salles d'armes. Faites partir le plus tôt possible dix ou douze mille bons fusils avec autant de sabres, et deux mille selles et brides de hussards et même de dragons.

Il faut que tous ces différens objets soient à Avignon le 25 de ce mois. Vous préviendrez le général Dommartin de tout ce qui partira, afin qu'il prenne ses mesures pour que, d'Avignon, le tout se rende de suite à Toulon.

Instruisez moi de tout dans le plus grand détail.

Envoyez l'adjudant-général Lagrange à Grenoble, pour connaître le jour où les différens objets que le général Dommartin a dû demander, seront arrivés à Avignon, et pressez le départ du tout.
BONAPARTE.

Paris, le 13 germinal an 6 (2 avril 1798).

Au général Brune.

Je profite du départ de Suchet pour vous écrire deux mots. J'ai expédié à Rome un courrier extraordinaire il y a trois heures : il était chargé d'une lettre pour Berthier ou vous.

J'imagine que Berthier, en vous remettant le commandement de l'armée, vous communiquera les renseignemens sur les embarcations qui se font à Civita-Vecchia et à Gênes. Comme il est extrêmement essentiel que ces embarquemens n'éprouvent aucun retard, je vous les recommande spécialement. Il paraît que celui de Gênes va assez bien, mais celui de Civita-Vecchia est bien arriéré.

Aidez Desaix, à qui le directoire a confié le commandement des troupes qui s'embarquent à Civita-Vecchia.

Vous avez beaucoup à faire dans le pays où vous êtes. J'espère que ce sera le passage d'où vous viendrez me rejoindre pour donner le dernier coup de main à la plus grande entreprise qui ait encore été exécutée parmi les hommes.

Entourez-vous d'hommes à talens et forts.

Je vous recommande de protéger l'observatoire de Milan, et, entre autres, Oriani, qui se plaint de la conduite que l'on tient à son égard : c'est le meilleur géomètre qu'il y ait eu.

BONAPARTE.

Paris, le 13 germinal an 6 (2 avril 1798).

Au général Schawenbourg.

La trésorerie donne ordre, citoyen général, à son payeur à Berne, de faire passer 3,000,000 à Lyon. J'expédie l'ordre de la trésorerie par un courrier extraordinaire.

Comme ces 3,000,000 sont destinés à l'armée d'Angleterre, je vous serai obligé de me faire connaître le jour où ils pourront arriver à Lyon, et en quelle monnaie. Il serait nécessaire que, le plus possible, ce fût en monnaie de France.

La trésorerie donne ordre de les faire partir en toute diligence. Je vous prierai d'activer par tous les moyens possibles leur arrivée à Lyon avant le 20 de ce mois.

Je suis fort aise, citoyen général, que cette circonstance m'ait fourni l'occasion de correspondre avec vous et de vous témoigner l'estime et la considération distinguée avec laquelle je suis,

BONAPARTE.

Paris, le 13 germinal an 6 (2 avril 1798).

Au citoyen Belleville.

J'ai reçu, citoyen, vos dernières lettres. Je ferai partir, par un courrier extraordinaire, des lettres de change pour 600,000 fr. Elles ne sont payables que dans un mois; mais vous vous arrangerez pour avoir tout de suite de l'argent comptant.

Quatre cent mille fr. sont destinés pour la solde des troupes, et 200,000 pour l'extraordinaire de l'expédition. Le payeur de la division du général Baraguey-d'Hilliers rendra compte des 400,000 fr. à la trésorerie, et vous rendrez compte à la commission à Toulon des autres 200,000.

J'espère que, moyennant cet argent, vous pourrez subvenir à toutes les dépenses de l'opération, puisque vous ne paierez que quinze jours de nolis aux bâtimens. Vous savez qu'il est avantageux qu'il ne soit payé en définitif qu'à la fin de l'expédition. Vous avez parfaitement fait de noliser par mois.

J'ai trouvé que 16 fr. par tonneau était excessivement cher. Vous devez trouver quelques biscuits à Tortone ou à Milan : j'en ai fait faire une très-grande quantité; cela économiserait d'autant.

Sur les 400,000 fr. que j'envoie sur la solde, vous devez retenir une décade, laquelle ne doit être donnée que lorsqu'on sera embarqué.

J'écris à Berthier qu'il vous fasse remettre le présent que j'ai destiné au marquis de Gallo. Il doit valoir 100,000 fr.; vous le vendrez; mais faites en sorte que l'on ne sache pas que c'était ce que l'on destinait à M. de Gallo, afin que cela ne fasse pas un mauvais effet. L'argent provenant de ces diamans sera mis dans la caisse du payeur de cette division, pour les événemens extraordinaires, et on n'en disposera que pour subvenir aux dépenses que pourrait nécessiter un nouveau relâche dans quelque port, et sur mon ordre.

Le convoi ne partira que d'après de nouveaux ordres; mais je vous conjure de faire en sorte qu'il puisse partir dans les premiers jours de floréal, et que les deux mois de vivres soient bien complets, et qu'il y ait plutôt pour quatre ou cinq jours de plus que de moins.

Spécifiez qui doit nourrir les équipages, et que dans tous les cas leur subsistance soit assurée pour deux mois.

BONAPARTE.

Paris, le 13 germinal an 6 (2 avril 1798).

Au général Berthier.

Vous ferez remettre, mon cher général, à Belleville, le présent que j'avais destiné pour M. de Gallo. Il s'en servira pour faire de l'argent. Les circonstances présentes et le besoin que nous en avons pour l'expédition de la Méditerranée, sont d'une importance majeure. Gardez le plus profond secret, afin que cela ne produise pas un mauvais effet.

Je vous prie de donner l'ordre au citoyen Monge et à tous les ingénieurs des ponts et chaussées, ou géographes qui sont à l'armée, de se rendre à Gênes, pour y être embarqués sous les ordres du général Baraguey-d'Hilliers.

Faites-lui passer trois bons directeurs d'hôpital, une centaine d'infirmiers, et les médecins et chirurgiens qu'il vous demandera.

Voyez aussi, je vous prie, s'il ne serait pas possible de faire passer, de Milan ou de Tortone, 3,000 fusils, pour être embarqués à Gênes.

BONAPARTE.

Paris, le 13 germinal an 6 (2 avril 1798).

Au général Desaix.

Par la lettre que je reçois de Monge, citoyen général, du 30 ventôse, je vois qu'il sera impossible que vous soyez prêt pour le 30 germinal. Dans ce cas-là, continuez toujours vos préparatifs, et tâchez d'être prêt pour le 20 floréal, époque à laquelle je vous enverrai de nouveaux ordres.

Je préfère, si cela est possible, que vous vous embarquiez sur les plus gros bâtimens, ayant les vivres et tout ce qui vous est nécessaire, et retardiez d'une ou deux décades pour vous les procurer, à vous voir passer en Corse sur de petits bateaux.

Ou je viendrai vous prendre à Civita-Vecchia, ou je vous enverrai des frégates pour vous escorter et vous conduire à l'endroit où il sera nécessaire.

Tâchez de vous procurer à Rome deux ou trois mille fusils; faites-les transporter à Civita-Vecchia; embarquez-les sur votre convoi, ou, si cela vous encombre et exige de nouveaux moyens de transport, nous les ferons venir après.

Vous ne devez avancer aux patrons que tout juste ce qu'il leur faut pour commencer l'opération. On leur soldera tous les mois le nolis de leurs bâtimens.

Spécifiez qui doit nourrir les équipages, et que, dans tous les cas, leur subsistance leur soit assurée pour deux mois.

Le contre-amiral Brueys est arrivé à Toulon; là, à Marseille et à Gênes, les affaires vont parfaitement.

Je compte partir de Paris le 25 de ce mois.

Si vous envoyez des courriers, il sera nécessaire qu'ils s'adressent, à Lyon, au général Lannes, ou, dans le cas qu'il n'y soit plus, au général commandant, qui saura seul si je suis passé, afin de se diriger sur Toulon ou sur Paris.

BONAPARTE.

Paris, le 13 germinal an 6 (2 avril 1798).

Au citoyen Monge.

J'ai reçu, mon cher Monge, votre lettre du 30 ventose. Desaix doit être arrivé. Je vous prie de lui remettre la lettre ci-jointe. Je ne compte que sur vous et sur lui pour l'embarquement de Civita-Vecchia. J'ai envoyé d'ici de l'argent, afin de vous décharger entièrement de l'embarquement à Gênes.

Je compte sur l'imprimerie arabe de la Propagande et sur vous, dussé-je remonter le Tibre avec l'escadre pour vous prendre.

BONAPARTE.

Paris, le 16 germinal an 6 (5 avril 1798).

Au même.

J'apprends à l'instant qu'un courrier part pour Rome. Je vous écris deux mots : j'ai reçu votre lettre du 8. J'ai appris avec plaisir que l'embarquement de Civita-Vecchia avançait.

J'envoie l'ordre, par un courrier extraordinaire, à Toulon, à une frégate armée en flûte, de se rendre à Civita-Vecchia ; elle pourra embarquer quatre cents hommes et servira à embarquer Desaix, auquel vous direz de m'envoyer un courrier extraordinaire pour m'instruire de sa position au 1er. floréal.

Nous aurons avec nous un tiers de l'institut et des instrumens de toute espèce. Je vous recommande spécialement l'imprimerie arabe de la Propagande.

Si Faypoult voulait être des nôtres, il pourrait nous être bien utile là-bas. Les choses sont ici assez tranquilles.

BONAPARTE.

Paris, le 16 germinal an 6 (5 avril 1798).

A la commission chargée de l'inspection des côtes de la Méditerranée.

Je vous prie, citoyens, de m'envoyer par le retour du courrier, 1°. l'état des vaisseaux de guerre, de leurs vivres et de leurs équipages qui se trouvent en rade et prêts à partir au 1er. floréal, avec le nombre d'hommes que chacun peut porter ;

2°. Les bâtimens de guerre armés en flûte, le nombre d'hommes, d'équipages, et la quantité de monde que chacun peut embarquer ;

3°. L'état de l'artillerie, ou embarquée, ou qui pourra être embarquée pour le 1er. floréal ;

4°. La situation des vivres et des approvisionnemens pour la troupe de passage, pendant deux mois, qui se trouvera embarquée au 1er. floréal ;

5°. La quantité d'eau que chaque bâtiment aura à bord au 1er. floréal ;

6°. Le transport, avec le nombre d'équipages, le nombre d'hommes que chacun doit porter, qui seront prêts à partir au 1er. floréal, tant à Marseille qu'à Toulon, et la quantité de vivres et d'eau que chacun aura à bord ;

7°. Le nom des officiers de génie, d'artillerie, commissaires des guerres, généraux, troupes d'artillerie, demi-brigades qui seront arrivés à Marseille ou à Toulon, au jour où ledit état sera fait, ainsi que les sommes qui seront dues à ces différens corps.

Le courrier part aujourd'hui 16 à dix heures du soir ; il arrivera le 20, avant minuit, à Toulon. Je vous prie de le faire partir dans la journée du 21, afin qu'il soit de retour, au plus tard, le 25.

BONAPARTE.

Paris, le 16 germinal an 6 (5 avril 1798).

Au citoyen Belleville.

La division du général Baraguey-d'Hilliers, qui s'embarque à Gênes, ne se monte pas à plus de six mille hommes, et cependant le convoi composé de soixante-six bâtimens, dont vous m'avez envoyé l'état, porte de douze à treize mille tonneaux. Un bâtiment peut porter un homme par tonneau, sans aucune espèce d'inconvénient. Je vous prie de faire l'essai et de vous assurer du nombre d'hommes que chaque bâtiment peut porter : car si c'est un inconvénient de trop resserrer les hommes, c'en serait un aussi de trop les diviser et d'employer plus de transports qu'il ne faut. Je m'en rapporte là-dessus à votre expérience.

S'il arrivait que ces bâtimens ne pussent pas porter davantage d'hommes, mais pussent porter davantage d'artillerie, je vous prierais d'y faire embarquer, sans augmenter le convoi, un second million de cartouches, et jusqu'à la concurrence de dix mortiers de 12 pouces, dix *id.* de 8 pouces, dix pièces de 24, approvisionnés tous à cinq cents coups, avec double affût.

Vous ne manquez pas à Gênes de ces différens objets d'artillerie, qui, en tout cas, seraient bien vite arrivés de Tortone. Vous aurez soin de m'instruire de ce que vous pourrez faire là-dessus, et d'en envoyer l'état circonstancié au général Dommartin. Ce que vous embarquerez de ces objets diminuera d'autant l'embarquement que nous sommes obligés de faire de notre équipage de siége. BONAPARTE.

Paris, le 16 germinal an 6 (5 avril 1798).

A la commission chargée de l'inspection des côtes de la Méditerranée.

La trésorerie, citoyens, vous fait passer exactement l'argent qui vous est destiné : vous devez n'avoir aucune inquiétude sur cet objet, et pousser vos travaux avec la plus grande activité. Il est indispensable que l'escadre du contre-amiral Brueys et celle qui est en rade avec tous les transports soient prêtes à partir au 1er floréal.

La frégate armée en flûte reçoit l'ordre, par le courrier, de se rendre à Civita-Vecchia, pour embarquer du monde dans ce port. Il est urgent qu'elle parte le plus promptement possible.   BONAPARTE.

Paris, le 16 germinal an 6 (5 avril 1798).

Au général Dommartin.

Je vois avec peine, citoyen général, que tous les préparatifs que vous faites, pour vous procurer de l'artillerie, traîneront en longueur. Voyez à prendre à Toulon, Antibes, Marseille et Nice, ce qui vous serait nécessaire. Il y a, à Nice, toutes les pièces de 24 que vous pourrez désirer. Il y a sur la côte de la Méditerranée plus de soixante mortiers à la Gomère. Il faut être prêt à partir dans les premiers jours de floréal : vous sentez bien que les bombes que vous faites faire dans les foyers du Forez, ne peuvent être prêtes pour cette époque.

Faites-moi connaître par le retour de mon courrier, dans le plus grand détail, dans quelle situation vous vous trouverez au moment où vous m'écrirez, quelles sont les pièces ou autres effets qui sont embarqués, et où se trouvent les objets qui ne le sont pas.

J'ai écrit au général Lannes pour qu'il ait à activer, de Lyon et Grenoble, les demandes que vous avez faites.

BONAPARTE.

Paris, le 16 germinal an 6 (5 avril 1798).

Au ministre de la marine.

Vous avez ordonné, citoyen ministre, il y a un mois, à l'ordonnateur Najac d'armer en flûte une vieille frégate pour servir au transport des troupes : je vous prie de faire donner l'ordre à cette frégate de se rendre à Civita-Vecchia, où elle servira à embarquer une partie des troupes qui ont ordre de s'y embarquer. Elle servira en même temps pour l'escorte du convoi. Elle embarquera le général qui commande cette expédition, duquel elle recevra des ordres pour toute la destination du convoi. Il serait nécessaire que cette frégate partît le plus tôt possible.

BONAPARTE.

Paris, le 16 germinal an 6 (5 avril 1798).

Au ministre de la guerre.

Il serait nécessaire, citoyen ministre, d'avoir à Toulon vingt mille fusils pour l'opération qu'y a commandée le gouvernement. Comme il n'y en a pas dans cette place, ni à Marseille, je vous prie de les faire partir le plus tôt possible de Lyon ou de Saint-Etienne.

BONAPARTE.

Paris, le 16 germinal an 6 (5 avril 1798).

Au général Brune.

Je vous prie, général, de faire partir, par un courrier extraordinaire, la lettre ci-jointe pour le citoyen Belleville.

Je désirerais que le citoyen Belleville fît embarquer à Gênes dix pièces de 2, vingt mortiers, à cinq cents coups par pièce, si les bâtimens du convoi y peuvent suffire.

Je vous prie de lui fournir, soit de Tortone, ou même de Gênes, les effets d'artillerie dont il peut avoir besoin.

Je vous recommande, mon cher général, d'accélérer de tous vos moyens l'embarquement de Civita-Vecchia. Il ne faudrait pas que cet embarquement retardât nos opérations.

BONAPARTE.

Paris, le 18 germinal an 6 (7 avril 1798).

Au citoyen Belleville.

Je vous envoie, citoyen consul, la lettre que vous écrit la trésorerie, avec l'envoi de lettres de change pour quarante-huit mille piastres; sous trois jours je vous enverrai le reste, jusqu'au complément de 600,000 fr.

Je vous ai écrit tous ces jours-ci. Je vous prie, par le retour de mon courrier, de m'instruire dans le plus grand détail de la situation dans laquelle vous vous trouverez au 1er. floréal, et de me l'expédier de suite. Je lui donne l'ordre de ne pas rester plus de vingt-quatre heures à Gênes.

BONAPARTE.

Paris, le 20 germinal an 6 (9 avril 1798).

Au général Berthier.

Je n'ai pas encore reçu de vos nouvelles, mon cher général; mais les dernières nouvelles que j'ai reçues de Monge, le 8 germinal, étaient assez satisfaisantes.

Le général de division ne peut embarquer que trois chevaux, le général de brigade, deux, et les deux autres officiers qui ont droit à des chevaux, un. Il faut tenir la main à l'exécution dudit ordre.

Si vous pouvez faire embarquer cinquante chevaux d'artillerie et cent chevaux de cavalerie, vous ferez embarquer les cent meilleurs chevaux du septième régiment de hussards, ayant soin de les donner tous à un même escadron, et tenir la main à ce que, sous ce prétexte, les officiers de cavalerie ne fassent passer tous leurs chevaux, de sorte qu'au commencement du débarquement, vous ayez cent hommes de cavalerie à mettre à terre.

Les chevaux restans du septième régiment de hussards et du vingtième de dragons, seront donnés aux autres corps de cavalerie de l'armée; en embarquant le harnachement, vous aurez soin que, sous quelque prétexte que ce soit, il ne reste aucun homme du septième et du vingtième en Italie. Faites compléter la musique de vos différentes demi-brigades. Donnez-en une à la vingt-unième d'infanterie légère, s'il n'y en a pas.

Ayez soin qu'il ne manque point de tambours. Si cela était, vous pourriez vous en faire donner dans les corps qui restent à Rome.

Faites donner un drapeau à chaque bataillon de la vingt-unième d'infanterie légère. Ayez soin que les lieutenans et les sous-officiers d'infanterie légère soient armés de fusils, ainsi que les sous-officiers de ligne. Faites armer de fusils les canonniers.

J'avais ordonné, dans le temps, que chaque corps eût un certain nombre de sapeurs, avec des haches et des outils. Assurez-vous que cet ordre est exécuté.

La Courageuse, frégate armée en flûte, qui peut porter six cents hommes, doit être partie de Toulon, pour se rendre à Civita-Vecchia. Cela servira à vous embarquer.

Tout étant prêt à Toulon, Marseille et Gênes, je compte

partir dans six jours. J'y serai dans les premiers jours de floréal. Envoyez-moi un courrier pour Lyon. Il s'informera chez le général commandant où je suis.

Je désirerais aussi que vous m'en envoyassiez un en droite ligne à Toulon, qui me fît connaître la situation dans laquelle vous vous trouverez au 1ᵉʳ floréal, pour que je vous envoie des ordres en conséquence. BONAPARTE.

Paris, le 20 germinal an 6 (9 avril 1798).

Au général Brune.

Il était resté en Italie, citoyen général, vingt-cinq hommes de mes guides à cheval, soit aux hôpitaux, soit en détachement avec le général Berthier; je vous prie de leur donner l'ordre de se rendre à Gênes, où ils s'embarqueront avec le général Baraguey-d'Hilliers.

Je vous prie aussi de faire partir pour Gênes tous les hommes qui resteraient des demi-brigades suivantes : deuxième d'infanterie légère, vingt-deuxième *id.* ; dix-huitième, vingt-cinquième, trente-deuxième, soixante-quinzième, neuvième, quatre-vingt-cinquième, treizième, soixante-neuvième de ligne ; quatorzième, quinzième, dix-huitième régimens de dragons ; vingt-deuxième de chasseurs.

Et de faire rendre à Civita-Vecchia ceux des vingt-unième d'infanterie légère, soixante-unième, quatre-vingt-huitième de ligne; septième régiment de hussards, vingtième *idem* de dragons.

Ces hommes s'embarqueront à la suite des divisions qui s'embarquent à Gênes et à Civita-Vecchia; et quand même ces divisions seraient parties, leurs dépôts resteront à Gênes et à Civita-Vecchia, de manière que lorsqu'il y aura cent hommes réunis, on pourra les faire partir pour rejoindre au lieu où se rend ledit embarquement.

Les quatorzième et dix-huitième de dragons et le septième de hussards laissent leurs chevaux sans hommes à Gênes et à Civita-Vecchia. Envoyez des détachemens des différens corps de cavalerie qui ont le plus d'hommes à pied. Vous trouverez dans les régimens de dragons, des chevaux qui pourront remonter votre grosse cavalerie. BONAPARTE.

Paris, le 20 germinal an 6 (9 avril 1798).

Au général Baraguey-d'Hilliers.

J'imagine, citoyen général, qu'à l'heure qu'il est, l'embarquement de Gênes doit être prêt.

J'avais écrit au général Berthier, en date du 25 ventose, pour qu'il fît préparer des bâtimens capables de porter cent cinquante chevaux, indépendamment de ceux des états-majors.

Vous ferez choisir cinquante chevaux des plus forts d'artillerie et cent des meilleurs chevaux du quatorzième de dragons. Vous aurez surtout bien soin que ces chevaux montent les hommes d'un même escadron, et que les officiers de cavalerie n'en profitent point pour faire passer leurs chevaux, de manière qu'au moment du débarquement, vous ayez un escadron tout monté pour votre service.

Vous ferez préparer en outre des bâtimens pour porter les chevaux de l'état-major, si vous ne croyez pas plus convenable de les embarquer dans les mêmes bâtimens où s'embarquent les officiers. Au reste, ce ne doit pas être un objet, puisque je ne calcule pas que cela puisse passer vingt ou vingt-cinq chevaux.

Les chevaux restans des quatorzième et dix-huitième de dragons seront donnés à des détachemens de différens régimens qui sont en Italie, auxquels ils seront distribués; bien entendu que vous aurez soin de faire embarquer les selles et tout le harnachement.

Vous aurez soin que le quatorzième et le dix-huitième de dragons ne laissent aucun homme en Italie, et que tout soit embarqué. Faites completter la musique de vos différentes demi-brigades. Donnez-en une à la vingt-deuxième d'infanterie légère, si elle n'en a pas.

Donnez trois drapeaux à la vingt-deuxième d'infanterie légère. Ayez soin que les lieutenans et les sous-officiers d'infanterie légère aient des fusils, ainsi que les sous-officiers des demi-brigades de bataille. Faites donner à l'artillerie à pied des fusils.

BONAPARTE.

Paris, le 21 germinal an 6 (10 avril 1798).

Au général Regnier.

Le général de division Regnier se rendra à Lyon ; il y verra le général de brigade Lannes ; il s'informera si les objets d'artillerie, qui ont été demandés par le général Dommartin, sont partis de Lyon.

Il verra le commandant de l'artillerie et le directeur des transports, pour activer le départ des objets demandés.

Il m'écrira de Lyon pour me rendre compte de tout ce qu'il aura fait.

Il se rendra à Grenoble pour activer également le départ des objets d'artillerie qui auraient été demandés par le général Dommartin.

Arrivé à Avignon, il fera faire toutes les dispositions nécessaires pour que tous les objets d'artillerie qui arriveraient dans cette ville, soient sur-le-champ mis en route pour Toulon.

Avant de partir pour Paris, il verra le général Dufalga,

pour avoir de lui la note de tous les effets qui sont partis ou doivent partir de Paris, et le jour où ils passent à Lyon ou à Avignon.

Il préviendra les directeurs des transports de ces deux villes, afin que ces objets n'éprouvent aucun retard.

De là il se rendra à Marseille, où il attendra de nouveaux ordres. BONAPARTE.

Paris, le 22 germinal an 6 (11 avril 1798).

Au général Baraguey-d'Hilliers.

J'ai reçu, citoyen général, votre lettre du 11, avec les états qui y étaient joints. Le courrier porte au citoyen Belleville le restant des sommes pour completter 800,000 fr., y compris le premier envoi de 200,000 fr.

Je trouve que quatorze mille tonneaux pour sept mille hommes, c'est trop. Dans les embarquemens que nous faisons à Toulon et à Brest, l'on ne compte qu'un tonneau par homme; 16 fr. par tonneau, c'est encore trop cher : nous ne payons que la moitié sur l'Océan et à Marseille. Une décade d'avance pour les nolis suffit. Le reste sera payé lors de l'arrivée.

Six cent quatre-vingts francs par navire pour les arrangemens me paraissent aussi trop cher.

Pourvu que le prêt soit payé à jour, à l'instant qu'on s'embarque, l'on pourra se passer de deux mois d'avance.

Il résulte que les 800,000 fr. que Belleville a touchés doivent faire votre embarquement, puisque vous en portez la valeur à 1,500,000 fr., et que vous y comprenez 260,000 fr. pour deux mois de prêt d'avance, 400,000 fr. pour le nolis de deux mois; en tout 660,000 fr. d'economisés.

Il sera facile d'économiser 40 ou 60,000 fr. sur le reste. S'il vous est possible d'avoir deux décades de prêt au moment de votre embarquement, ce sera un grand bien. S'il reste une queue de 100,000 fr. à devoir aux fournisseurs, cela serait payé à Paris.

J'espère donc qu'au 1er. floréal vous serez prêt à partir. Dans quatre jours, je vous expédierai un courrier, avec l'ordre, qui devra être exécuté, quelle que soit la position où vous vous trouverez.   BONAPARTE.

Paris, le 22 germinal an 6 (11 avril 1798).

Au citoyen Belleville.

Je vous envoie, citoyen consul, une lettre de la trésorerie nationale avec des lettres de change pour 20,000 piastres. Ainsi, voilà 800,000 fr. que vous avez reçus pour l'embarquement. Cela doit vous suffire : d'ailleurs les diamans que vous vendez vous mettront peut-être à même de pouvoir prendre 200,000 fr., s'il est nécessaire, et enfin s'il y avait un reste de compte de 100,000 francs dû aux fournisseurs, cela serait payé à Paris.

Dans quatre jours, j'enverrai l'ordre pour le départ du convoi : il faut que tout soit prêt à partir le 1er. floréal.

BONAPARTE.

Paris, le 22 germinal an 6 (11 avril 1798).

Au général Lannes.

J'ai reçu, citoyen général, la lettre que m'a remise votre aide-de-camp. 3,000,000 sont partis en poste, le 18 de ce mois, de Berne pour Lyon. Vous trouverez ci-joint l'ordre de la trésorerie à son payeur de Lyon, de les faire passer sur-le-champ à Toulon.

Vous ferez embarquer ce convoi sur le Rhône ; vous vous rendrez avec lui à Avignon, d'où vous le ferez partir en toute diligence, de Lyon pour Toulon. Vous m'instruirez du jour de votre départ de Lyon, et des différentes espèces qui composent le convoi de 3,000,000.

Lorsque votre convoi sera parti d'Avignon, et que vous aurez pris toutes les mesures nécessaires pour la sûreté de son transport, vous vous rendrez à Marseille, où vous attendrez de nouveaux ordres.
BONAPARTE.

Paris, le 23 germinal an 6 (12 avril 1798).

Au ministre des finances.

Je vous prie, citoyen ministre, de faire nommer par la trésorerie nationale un contrôleur auprès du payeur de la commission de la Méditerranée. Je vous recommanderai, pour cette place, le citoyen Poussielgue, qui est actuellement à Paris, et qui a été long-temps employé dans votre ministère.

Je désirerais que sur les 600,000 fr. que vous devez mettre, cette décade, à la disposition de la commission de la Méditerranée, vous fissiez remettre, à Paris, au général Dufalga, commandant le génie de l'armement de la Méditerranée, 500,000 fr. pour dépenses de ce corps, instruments, etc.; et 100,000 fr. à ma disposition à toucher à Paris.
BONAPARTE.

Paris, le 23 germinal an 6 (12 avril 1798).

Au ministre des relations étrangères.

Je vous prie, citoyen ministre, de vouloir bien donner l'ordre au citoyen Magallon, consul de la république au Caire, de partir sur-le-champ pour se rendre le 3 floréal à Marseille, où il recevra de nouveaux ordres.

Ce consul réclame 30,000 fr. qui lui sont dus par votre département, dont les comptes ne sont pas encore apurés. Je désirerais que vous lui fissiez donner un à-compte de moitié.

Je vous prie de donner également l'ordre au citoyen Venture de partir sur-le-champ pour Toulon, où il recevra de nouveaux ordres. Je désirerais que vous lui fissiez donner les frais de poste, et que vous lui assurassiez la place qu'il a dans votre département, en faisant toucher à sa famille les appointemens qu'il a.

BONAPARTE.

Paris, le 23 germinal an 6 (12 avril 1798).

Au ministre de la marine.

Je désirerais, citoyen ministre, que vous ordonnassiez à une de nos bonnes frégates de partir de Toulon pour se rendre à Gênes, et prendre sous son escorte le convoi qui est prêt à partir de cette ville. Elle prendra à son bord le général de division qui commande le convoi, de qui elle recevra des ordres pour sa destination.

Je vous prie également de donner l'ordre pour qu'on fasse partir pour Ajaccio, en Corse, neuf des plus gros bâtimens de transport qui sont à Toulon, pour embarquer les troupes qui doivent partir d'Ajaccio. Ils y attendront de nouveaux ordres. Ils pourraient partir sous l'escorte d'une corvette.

BONAPARTE.

Paris, le 24 germinal an 6 (13 avril 1798).

Au vice-amiral Brueys.

Le directoire exécutif, citoyen général, voulant récompenser les services que vous lui avez rendus dans la Méditerranée, où vous naviguez depuis quinze mois, vous a nommé au grade de vice-amiral. Vous recevrez incessamment votre nomination ainsi que votre brevet.

Une frégate reçoit ordre de partir pour Gênes, pour escorter le convoi qui doit partir de cette ville; il est nécessaire qu'elle soit commandée par un homme de tête.

Les chefs de division Decrés et Thevenard doivent être arrivés. Le citoyen Ganteaume et deux autres officiers de marine partent après demain de Paris. Nous organiserons l'escadre avant de partir, de manière à ce qu'elle puisse être digne de la grande mission qu'elle va remplir.

Je ne doute pas que, grâce à votre activité, tout ne soit prêt à partir dans les premiers jours de floréal. J'imagine qu'à l'heure qu'il est vous avez l'artillerie, les vivres et l'eau à bord, et qu'il n'y a plus qu'à y mettre les hommes.

Il est indispensable d'avoir avec l'escadre le plus de corvettes et d'avisos qu'il sera possible. J'imagine que toutes les corvettes et tous les avisos qui étaient de l'armée d'Italie et sous vos ordres, sont dans ce moment à Livourne ou à Gênes. Envoyez par la frégate qui part l'ordre à tous ceux qui sont à Gênes, de partir pour escorter le convoi, à tous ceux qui sont à Livourne ou ailleurs, de se rendre à Civita-Vecchia, où ils seront sous les ordres de la frégate qui s'y rendra de Toulon, et serviront à escorter le convoi.

Faites rallier à Toulon toutes les corvettes qui seraient disséminées dans nos différens ports. BONAPARTE.

Paris, le 24 germinal an 6 (13 avril 1798).

Note remise au directoire.

Dans notre position, nous devons faire à l'Angleterre une guerre sûre, et nous le pouvons.

Que nous soyons en paix ou en guerre, il nous faut quarante ou cinquante millions pour réorganiser notre marine.

Notre armée de terre n'en sera ni plus ni moins forte, au lieu que la guerre oblige l'Angleterre à faire des préparatifs immenses qui ruinent ses finances, détruisent l'esprit de commerce et changent absolument la constitution et les mœurs de ce peuple.

Nous devons employer tout l'été à armer notre escadre de Brest, à faire exercer nos matelots dans la rade, à achever les vaisseaux qui sont en construction à Rochefort, à Lorient et à Brest.

Si l'on met quelque activité dans ces travaux, nous pouvons espérer d'avoir au mois de septembre, trente-cinq vaisseaux à Brest, y compris les quatre ou cinq nouveaux que l'on peut construire à Lorient et à Rochefort.

Nous aurons, vers la fin du mois, dans les différens ports de la Manche, près de deux cents chaloupes canonnières. Il faut les placer à Cherbourg, au Hâvre, à Boulogne, à Dunkerque et à Ostende, et employer tout l'été à emmariner nos soldats.

En continuant à donner à la commission des côtes de la Manche 300,000 fr. par décade, nous pouvons faire construire deux cents autres chaloupes d'une dimension plus forte et propre à transporter des chevaux.

Nous aurions donc, au mois de septembre, quatre cents chaloupes canonnières à Boulogne, et trente-cinq vaisseaux de guerre à Brest.

Les Hollandais peuvent également avoir dans cet intervalle douze vaisseaux de guerre au Texel.

Nous avons dans la Méditerranée deux espèces de vaisseaux :

Douze vaisseaux de construction française qui peuvent, d'ici au mois de septembre, être augmentés de deux nouveaux ;

Neuf vaisseaux de construction vénitienne.

Il serait possible, après l'expédition, que le gouvernement projetât dans la Méditerranée de faire passer les quatorze vaisseaux à Brest et de garder dans la Méditerranée, simplement les neuf vaisseaux vénitiens; ce qui nous ferait, dans le courant des mois d'octobre ou de novembre, cinquante vaisseaux de guerre français à Brest, et presque autant de frégates.

Il serait possible alors de transporter quarante mille hommes sur le point de l'Angleterre que l'on voudrait, en évitant même un combat naval, si l'ennemi était plus fort, dans le temps que quarante mille hommes menaceraient de partir sur les quatre cents chaloupes canonnières et autant de bateaux pêcheurs de Boulogne, et que l'escadre hollandaise et dix mille hommes de transport menaceraient de se porter en Ecosse.

L'invasion en Angleterre, exécutée de cette manière, et dans les mois de novembre et de décembre, serait presque certaine.

L'Angleterre s'épuiserait par un effort immense et qui ne la garantirait pas de notre invasion.

En effet, l'expédition dans l'Orient obligera l'ennemi à envoyer six vaisseaux de guerre de plus dans l'Inde et peut-être le double de frégates à l'embouchure de la mer Rouge. Elle serait obligée d'avoir de vingt-deux à vingt-cinq vaisseaux à l'embouchure de la Méditerranée, soixante vaisseaux devant Brest, et douze devant le Texel, ce qui ferait un total de trois cents vaisseaux de guerre, sans compter ceux qu'elle a aujourd'hui en Amérique et aux Indes, sans compter dix ou douze vaisseaux de cinquante canons, avec une vingtaine de frégates, qu'elle serait obligée d'avoir pour s'opposer à l'invasion de Boulogne.

Nous nous conserverions toujours maîtres de la Méditerranée, puisque nous y aurions neuf vaisseaux de construction vénitienne.

Il y aurait encore un moyen d'augmenter nos forces dans cette mer; ce serait de faire céder par l'Espagne trois vaisseaux de guerre et trois frégates à la république ligurienne : cette république ne peut plus être aujourd'hui qu'un département de la France. Elle a plus de vingt mille excellens marins.

Il est d'une très-bonne politique de la part de la France de favoriser et d'exiger même que la république ligurienne ait quelques vaisseaux de guerre.

Si l'on prévoit des difficultés à ce que l'Espagne cède à nous ou à la république ligurienne trois vaisseaux de guerre, je croirais utile que nous-mêmes nous rendissions à la république ligurienne trois des neuf vaisseaux que nous avons pris aux Vénitiens, et que nous exigeassions qu'ils en construisissent trois autres. C'est une bonne escadre, montée par de bons marins, que nous nous trouverons avoir gagnée. Avec l'argent que nous aurons des Liguriens, nous ferons faire à Toulon trois bons vaisseaux de notre construction, car les vaisseaux de construction vénitienne exigent autant de matelots qu'un bon vaisseau de 74; et des matelots, voilà notre partie faible.

Dans les événemens futurs qui peuvent arriver, il nous est extrêmement avantageux que les trois républiques d'Italie qui doivent balancer les forces du roi de Naples et du grand-duc de Toscane, aient une marine plus forte que celle du roi de Naples. BONAPARTE.

Paris, le 24 germinal an 6 (13 avril 1798).

Au directoire exécutif.

Je ne mène avec moi, citoyens directeurs, dans l'expédition de la Méditerranée, que deux mille cinq cents hommes de cavalerie sans chevaux. Cela fait donc deux mille cinq cents chevaux qui seront distribués aux autres régimens de cavalerie de la république.

Mais, dans le pays où nous allons, on peut compter facilement sur dix ou douze mille très-bons chevaux.

Je crois donc qu'il serait nécessaire de faire embarquer quatre ou cinq régimens de cavalerie sans chevaux, et remonter avec les chevaux desdits régimens les hommes que nous avons à pied dans les différens dépôts.

Je désirerais que le gouvernement ordonnât au premier régiment de cavalerie de se rendre à Gênes pour y être embarqué avec ses selles et sans chevaux; au vingt-quatrième régiment de chasseurs, de s'embarquer à Civita-Vecchia avec ses selles et sans chevaux; au onzième de hussards, de se rendre à Toulon, de s'y embarquer avec ses selles et sans chevaux; aux deux régimens de chasseurs qui ont le plus d'hommes à pied, de se rendre à Toulon pour s'y embarquer.

Faire distribuer les chevaux : 1°. du vingt-quatrième régiment de chasseurs, du neuvième d'hussards, du vingtième de dragons, qui s'embarquent à Civita-Vecchia; 2°. du quatorzième de dragons, du premier de cavalerie, de deux escadrons du dix-huitième de dragons qui s'embarquent à Gênes, ces six régimens faisant ensemble à peu près dix-huit cents chevaux; aux cinquième et onzième régimens de cavalerie, premier d'hussards, quinzième, dix-neuvième, vingt-cinquième régimens de chasseurs; et comme ces régimens n'ont pas plus de douze cents hommes à pied, il serait nécessaire d'envoyer en Italie des régimens de chasseurs et d'hussards de ceux qui ont le plus d'hommes à pied. Cela servirait d'ailleurs à renouveler les régimens qui sont en Italie depuis long-temps et qui s'ennuient d'y être.

Il faudrait distribuer les chevaux du vingt-deuxième régiment de chasseurs, des deux escadrons du dix-huitième de dragons, du troisième et quinzième de dragons, du onzième d'hussards, formant seize cents chevaux, et de deux régimens de chasseurs que je demande, aux régimens de la république qui en ont le plus besoin, et dès-lors envoyer dans la huitième division des détachemens d'hommes à pied des régimens auxquels on veut les donner, pour les prendre.

Je crois qu'il serait nécessaire d'envoyer en Italie un officier général inspecteur de cavalerie, uniquement chargé de la distribution desdits chevaux, afin qu'il n'y ait point de perte pour la république.

Je crois qu'il serait également nécessaire d'en envoyer un dans la huitième division, uniquement chargé de la même opération : sans quoi, je prévois que les trois quarts des chevaux seront dilapidés.

En prenant toutes ces précautions, nous nous trouverons avoir très-peu d'hommes à pied, à nos dépôts.

BONAPARTE.

Paris, le 25 germinal an 6 (14 avril 1798).

Au directoire exécutif.

J'ai reçu, citoyen président, le dernier arrêté que le directoire a pris, relatif à l'armement de la Méditerranée.

Je désirerais :

1°. Une lettre du directoire qui autorisât le citoyen Monge, commissaire du gouvernement à Rome, à s'embarquer avec le général Desaix, comme savant attaché à l'expédition.

2°. Avoir avec moi le citoyen Peyron, qui a été long-temps employé auprès de Tippoo Sultan, en qualité d'agent du roi. On essaierait de le faire passer aux Indes pour renouveler nos intelligences dans ce pays. BONAPARTE.

Paris, le 27 germinal an 6 (16 avril 1798).

Au directoire exécutif.

Le général d'artillerie Andréossi, citoyen président, qui était directeur de l'équipage des ponts de l'armée d'Italie, serait nécessaire à l'expédition de la Méditerranée. Il est, dans ce moment, employé dans la commission des côtes de l'Océan. Vous pourriez le remplacer dans cette commission par un autre général du génie ou d'artillerie, soit par le général Debelle, soit par le général Dulauloy, soit par les généraux Marescot ou Sorbier. BONAPARTE.

Paris, le 28 germinal an 6 (17 avril 1798).

Au général Lannes.

D'après les renseignemens que j'ai reçus de Berne, citoyen général, les 3,000,000 doivent arriver au plus tard le 30 de ce mois à Lyon. Il est indispensable qu'ils ne s'y arrêtent que douze heures, pour en faire la vérification, et que vous ne vous couchiez pas qu'ils ne soient partis.

Dès l'instant que les 3,000,000 seront arrivés, vous m'en expédierez la nouvelle par un courrier extraordinaire.

Comme j'ai des nouvelles que cet argent est parti de Berne en toute diligence, faites préparer des bateaux en toute diligence pour le transport. BONAPARTE.

Paris, le 28 germinal an 6 (17 avril 1798).

A la commission chargée de l'armement de la Méditerranée.

Les citoyens Sucy et Blanquet sont arrivés hier, et mon courrier, Lesimple, est arrivé ce matin.

Les différens états de situation que vous m'avez envoyés sont satisfaisans, et incessamment vous recevrez les ordres pour l'embarquement.

Vous ne devez avoir aucune inquiétude pour l'argent, les dispositions sont faites depuis long-temps pour qu'il arrive dix millions dans les caisses du payeur de la marine à Toulon : 2,500,000 fr. existans dans la caisse, du 20 ventose; 683,000 fr. qu'il a dû recevoir depuis, dont les ordres étaient envoyés par la trésorerie précédemment à cette époque; 655,000 fr. que la trésorerie a fait des dispositions, au 29 ventose, pour faire passer à Toulon.

Le 5 germinal, on a envoyé des ordres pour faire passer 941,525 fr.

Le 15 germinal, 670,000 fr.

Le 25 germinal, 1,050,000 fr.

La trésorerie a donné des ordres pour que 3,000,000 se rendissent à Toulon; ils doivent être arrivés dans cette ville à l'heure qu'il est.

Vous ne devez donc avoir aucune espèce d'inquiétude; vous voyez que les 200,000 fr. qui sont nécessaires à la solde de l'amiral Brueys;

Les 4,500,000 fr. que doit avoir la commission pour ventose, germinal et floréal;

Les 700,000 fr. pour le service des deux mois du port, et 1,500,000 fr. pour les dépenses extraordinaires de l'ordonnateur, et spécialement les deux mois d'avance aux matelots;

Les 600,000 fr. pour la solde des troupes de terre, et 600,000 pour la Corse, sont assurés.

Marchez hardiment, rassurez les fournisseurs, et n'ayez aucune inquiétude.

Je viens moi-même de me rendre à la trésorerie avec le ministre des finances, et j'ai vérifié que tous ces fonds sont en pleine marche pour Toulon.

Faites connaître la présente lettre à l'ordonnateur Najac, dont les services et le zèle sont appréciés par le gouvernement.

Les fonds qui existent dans ce moment-ci, soit dans la caisse d'Estève, soit dans celle du payeur de la marine, doivent être employés à lever tous les obstacles qui s'opposeraient à vos approvisionnemens.

Les matelots de l'escadre du vice-amiral Brueys seront soldés avant le départ et à l'instant où les trois millions de Berne seront arrivés; ce qui sera avant le 5 floréal.

Il faut que le général Dommartin fasse embarquer sur-le-champ son artillerie, de manière qu'au 5 floréal, il n'y ait plus aucun chariot à embarquer.

Il faut qu'il emporte le plus de charrettes qu'il pourra; qu'il fasse embarquer sur-le-champ toutes les cartouches, et les fasse distribuer par chaque vaisseau de guerre.

Le capitaine Perrin, qui est un excellent artificier, doit se tenir prêt à partir.

Il est impossible d'attendre le convoi de marine jusqu'au 15 floréal; qu'un membre de la commission s'y rende sur-le-champ, et que l'on prenne toutes les mesures pour qu'il soit prêt le 6.

Si l'on n'a pas tout le Biscuit nécessaire, et que l'on ne puisse pas se le procurer, l'on embarquera de la farine pour l'équivalent.

Si tous les bâtimens pour les chevaux ne sont pas prêts à

partir, il suffit d'en avoir pour cent cinquante, à Marseille, et l'on continuera toujours pour les autres qui viendront après.

Vous ferez prévenir les généraux commandans à Marseille et à Toulon de se tenir prêts à s'embarquer le 5 floréal.

Vous enverrez l'ordre par un courrier à Nice et à Antibes, pour que tous les bâtimens que vous y avez fait préparer se rendent sur-le-champ à Toulon, où il serait à désirer qu'ils fussent arrivés avant le 5 ou le 6 floréal.

Enfin, vous recevrez les ordres par le courrier prochain, de faire embarquer à Marseille et à Toulon, le 5 floréal, et de se trouver prêt à partir le 7 ou le 8, tel qu'on se trouvera. Tout ce qui ne sera pas prêt sera l'objet d'un second convoi.

Je vous promets qu'avant cette époque, tout l'argent ci-dessus désigné sera en caisse à Toulon. BONAPARTE.

Paris, le 28 germinal an 6 (17 avril 1798).

Au vice-amiral Brueys.

J'ai reçu, citoyen général, les différentes lettres que vous m'avez écrites.

Le gouvernement a une entière confiance en vous, et ce ne seront pas quelques têtes folles, payées peut-être par nos ennemis pour semer le trouble dans nos escadres et nos armées, qui pourront le faire changer d'opinion. Maintenez une sévère discipline.

Dans la première décade de floréal, je serai à votre bord. Faites-moi préparer un bon lit comme pour un homme qui sera malade pendant toute la traversée.

Le général Berthier, chef de l'état-major; le général Dufalga, commandant du génie; le général Dommartin, commandant l'artillerie; le commissaire ordonnateur Sucy; l'ordonnateur de la marine Leroy; le payeur général de l'armée (Estève); le médecin et le chirurgien en chef (Desgenettes et Larrey) seront à votre bord.

J'aurai avec moi huit ou dix aides-de-camp.

Berthier aura deux ou trois adjudans-généraux et cinq ou six adjoints à l'état-major.

Faites de bonnes provisions.

Faites mettre à l'ordre de l'escadre, de ma part, qu'avant de partir les matelots seront satisfaits.

Il faut que tout ce qui doit partir de Toulon soit prêt à lever l'ancre le 8 floréal.

J'imagine que vous avez des avisos au détroit de Gibraltar et aux îles Saint-Pierre. Si vous n'en avez pas, envoyez-en sur-le-champ, avec ordre de venir vous instruire de ce qu'il y aurait de nouveau aux îles Saint-Pierre, où ils apprendront si vous êtes passé, et dans le cas où vous ne le seriez pas encore, et qu'il y ait quelque chose d'important à vous faire connaître, ils se dirigeront sur Ajaccio, et dans le cas où vous ne seriez pas arrivé, ils feront route sur Toulon. Si vous étiez passé aux îles Saint-Pierre, ils trouveront là des nouvelles de la route qu'ils devront faire pour vous trouver.

Je vous recommande surtout d'avoir le plus d'avisos possible. Je crois qu'une douzaine ne serait pas trop.

Comme vous êtes le seul auquel j'ai écrit que je dois me rendre à Toulon, il est inutile de le dire.

Je crois indispensable que nous montions *l'Orient*, qui est le vaisseau à trois ponts. Vous donnerez vos ordres en conséquence.

J'écris à l'ordonnateur de faire entrer dans la grande rade les treize bâtimens de guerre, les frégates et les avisos, et de les mettre sous votre commandement immédiat.

Je lui donne l'ordre également de faire mettre le vaisseau *l'Orient* en quarantaine; afin que vous puissiez le monter, et d'y mettre pour garnison tous ceux des hommes de la sixième demi-brigade que vous avez amenés de Corfou.

Vous répartirez sur le vaisseau *l'Orient* une partie de l'équipage du *Guillaume Tell* ou des autres vaisseaux.

Vous sentez qu'il est essentiel que le vaisseau amiral ne soit pas le plus mal équipagé. BONAPARTE.

P. S. Je vous fais passer un arrêté du directoire, que vous ne devez communiquer à personne.

Je vous enverrai par un courrier qui partira dans vingt-quatre heures, différens ordres pour l'organisation de l'escadre. Je vous le répète, il faut que tout soit prêt à partir du 6 au 7 floréal.

Paris, le 28 germinal an 6 (17 avril 1798).

Au commissaire ordonnateur Najac.

Je vous envoie, citoyen ordonnateur, un arrêté du directoire exécutif; le général Brueys seul en a connaissance. Vous devez garder le plus grand secret. Répandez le bruit que le ministre de la marine va se rendre à Toulon, et faites en conséquence préparer un logement qui sera pour moi.

Donnez des ordres pour que les vaisseaux dont l'état est ci-joint, se rendent sur-le-champ dans la grande rade, où ils seront sous les ordres immédiats du général Brueys.

Mettez le vaisseau *l'Orient* en quarantaine, afin que le vice-amiral Brueys puisse le monter de suite.

Vous pourrez en retirer les garnisons, pour les répartir sur les autres bâtimens.

Prenez vos mesures pour que les vaisseaux *le Dubois* et *le Causse* soient armés en flûtes, et que les frégates *la Muiron*, *la Carrère*, *la Léoben*, *la Mantoue*, *la Montenotte*, *la Sensible* soient également armées en flûtes.

Faites embarquer, tant sur les vaisseaux de l'escadre que sur les vaisseaux armés en flûtes, les vivres, savoir :

Trois mois pour les équipages.

Deux mois pour les hommes de passage.

Deux mois d'eau pour tout le monde.

Un mois d'eau suffira pour les frégates armées en flûtes, s'il n'est pas possible de faire autrement.

Tâchez d'avoir des transports pour pouvoir embarquer, à Toulon, trois ou quatre cents chevaux.

Je vous recommande spécialement, citoyen ordonnateur, d'employer tous vos soins pour que l'escadre soit prête à partir et à lever l'ancre le 6 ou le 7 floréal.

La flotte qui va partir de Toulon est due au zèle que vous avez montré dans toutes les circonstances. Je renouvellerai votre connaissance avec un plaisir particulier, et je me ferai un devoir de faire connaître au gouvernement les obligations que l'on vous a.

Vous ne manquerez pas d'argent ; avant le 5 floréal vous aurez reçu cinq ou six millions. BONAPARTE.

Paris, le 28 germinal an 6 (17 avril 1798).

Au général Dufalga.

Vous voudrez bien, général, donner l'ordre à tous les savans, ouvriers, artistes, et officiers du génie, de partir le plus tôt possible pour se rendre à Lyon, où il est indispensable qu'ils soient arrivés le 4 floréal.

Vous vous adresserez au général Berthier, chef de l'étatmajor de l'armée d'Angleterre, qui vous donnera des passeports pour chacun d'eux. Vous partirez vous-même, de manière à être arrivé à Lyon avant cette époque.

Vous ferez partir sur-le-champ un officier de génie, qui

louera une diligence ou un coche, et, en cas qu'il n'y en ait pas, il louera un bateau, afin de faciliter l'arrivée de toutes ces personnes à Avignon.

Vous leur donnerez à Lyon un rendez-vous, soit chez vous, soit chez l'officier de génie que vous y enverrez, où ils trouveront leurs ordres pour se rendre à Toulon. Il est indispensable qu'ils soient arrivés le 8 au soir.

Vous pouvez leur dire dans la lettre que vous leur écrirez, qu'ils doivent se préparer à faire le voyage de Rome.

BONAPARTE.

Paris, le 29 germinal an 6 (18 avril 1798).

Aux commissaires de la trésorerie nationale.

Je vous prie, citoyens commissaires, de vous rappeler la promesse que vous m'avez faite de 500,000 fr. en lettres de change sur vous ou vos payeurs. J'aurai soin de les employer de manière à ce qu'elles nous valent de l'argent. Je charge le citoyen Poussielgue, votre contrôleur auprès de la commission de la Méditerranée, de prendre lesdites lettres de change que je désire avoir le 1er. floréal. BONAPARTE.

Paris, le 29 germinal an 6 (18 avril 1798).

Au général Brune.

Je vous fais passer, citoyen général, un arrêté du directoire exécutif.

J'envoie, par le même courrier, des ordres pour leur départ aux généraux de division Baraguey-d'Hilliers et Desaix.

Je vous recommande la formation des dépôts pour les hommes qui rentreront après notre départ, et de les faire rejoindre à mesure, dès l'instant qu'on connaîtra la destination.

Je vous prie de donner l'ordre au chef de brigade Hullin de rejoindre en poste la demi-brigade à Toulon, et au chef de bataillon Dupas de se rendre à Gênes, où il sera sous les ordres du général Baraguey-d'Hilliers.

Je compte partir sous peu de jours. Avant de m'embarquer, je vous enverrai un courrier extraordinaire. Je vous prie de faire en sorte qu'il y ait deux bons commissaires des guerres à la division du général Baraguey-d'Hilliers.

L'ordonnateur Sucy a demandé au citoyen Aubernon plusieurs objets qu'il lui a refusés. Je vous prie d'ordonner à cet ordonnateur d'accéder aux demandes du citoyen Sucy.

BONAPARTE.

Paris, le 29 germinal an 6 (18 avril 1798).

A la commission chargée de l'armement de la Méditerranée.

Je vous envoie, citoyens, par un courrier extraordinaire, l'état des fonds que la trésorerie a faits pour l'armement de Toulon.

Vous y verrez ce que je vous ai dit, par mon courrier d'hier, que vous ne devez avoir aucune inquiétude. Allez hardiment, l'argent ne manquera point.

Ce courrier-ci porte encore au citoyen Peyrusse, en sus de tous les calculs établis, des lettres de change à tirer sur les différens payeurs, pour la somme de 600,000 fr. Lorsque la trésorerie les a données, elle s'est assurée que les fonds existaient dans la caisse de ces différens payeurs. J'ai préféré ces lettres de change à des mandats ordinaires, parce que l'argent de ces payeurs n'aurait pu arriver à Toulon avant quinze jours.

Vos collègues sont partis, ils arriveront vingt-quatre

heures après ce courrier. Je ne doute pas que, le 7 ou le 8 floréal, tout ne soit prêt à mettre à la voile.

BONAPARTE.

Paris, le 29 germinal an 6 (18 avril 1798).

Au citoyen Peyrusse, payeur.

Je vous adresse, citoyen, des lettres de change pour 600,000 fr. tirées sur différens payeurs, que la trésorerie vous envoie.

J'ai préféré ces traites à la mesure ordinaire. Par ce moyen, vous pouvez utiliser de suite ces fonds et faire marcher le service. Ces traites ne doivent rien perdre. S'il était nécessaire, vous pouvez les garantir personnellement.

Comme ce qui se fait à Toulon exige la plus grande célérité, et que c'est une des opérations les plus importantes de l'armée d'Angleterre, je vous serai particulièrement obligé de ce que vous voudrez bien faire pour sa réussite.

BONAPARTE.

Paris, le 29 germinal an 6 (18 avril 1798).

Au même.

J'écris à l'ordonnateur Najac de faire partir sur-le-champ un aviso pour la Corse. Il est indispensable que vous fassiez passer 100,000 fr. des 600,000 que la trésorerie a destinés pour la Corse.

La célérité des opérations qui doivent s'exécuter dans cette île dépend du prompt envoi de cet argent. BONAPARTE.

Paris, le 29 germinal an 6 (18 avril 1798).

Au citoyen Najac.

J'écris à la commission, citoyen ordonnateur, d'envoyer 100,000 fr. à Ajaccio en Corse, à la disposition de l'ordonnateur de cette division pour le service de l'extraordinaire de l'expédition.

J'écris au payeur Peyrusse d'envoyer 100,000 fr. des 600,000 que la trésorerie a destinés pour la Corse.

Faites partir ces deux sommes par un aviso qui mouillera dans le port d'Ajaccio. Mettez-y deux officiers intelligens, un pour commander l'embarquement qui a lieu dans ce port, l'autre pour y prendre note de la situation positive où se trouve ledit embarquement, et venir m'en rendre compte à Toulon. Il serait nécessaire, si le temps le permet, que l'aviso ne restât pas plus de vingt-quatre heures mouillé à Ajaccio.

Si les neuf bâtimens de transport que le ministre de la marine vous a ordonnés par sa dépêche du 23, n'étaient pas encore partis, la corvette qui doit escorter ce convoi pourrait être chargée de cette mission.   BONAPARTE.

Paris, le 29 germinal an 6 (18 avril 1798.).

Au vice-amiral Brueys.

Le général Villeneuve part demain pour se rendre à Toulon, et servir sous vos ordres.

La frégate qui est à Cadix a reçu ordre, il y a un mois, de se rendre à Ajaccio en Corse, si elle peut le faire avec sûreté. Envoyez-lui, par le même aviso, l'ordre de completter son eau à Ajaccio, et de se tenir prête à partir avec tout le convoi qui est dans cette rade, pour joindre l'escadre, lorsque vous en ferez parvenir l'ordre.

Le citoyen Casabianca sera votre capitaine de pavillon.

BONAPARTE.

Paris, le 29 germinal an 6 (18 avril 1798).

Au général Vaubois.

Je vous ai mandé précédemment, citoyen général, de réunir à Ajaccio la quatrième légère et la dix-neuvième de ligne, avec les bateaux nécessaires pour les faire embarquer, de l'eau pour un mois et des vivres pour deux.

Craignant que vous ne fussiez embarrassé, je vous ai prévenu que j'avais donné l'ordre, à Toulon, à neuf bâtimens de transport, de se rendre à Ajaccio pour aider à l'embarquement desdites troupes.

Je vous prie aujourd'hui de réunir également à Ajaccio deux bataillons de la vingt-troisième d'infanterie légère. Toutes ces troupes seront commandées par le général de division Mesnard, et sous ses ordres, par le général de brigade Casalta et l'adjudant-général Brouard.

Vous y attacherez un officier de génie, et, comme je vous l'ai déjà prescrit, une compagnie d'artillerie et quatre pièces de 3, si vous en avez. Ce convoi doit être prêt à lever l'ancre au premier signal que lui donnera un aviso que lui enverra l'escadre, du 12 au 15 floréal.

Je donne l'ordre à la commission de vous faire passer 200,000 fr.; ces 400,000 doivent suffire pour les dépenses de l'embarquement. Indépendamment de cette somme, vous recevrez sous peu de l'argent pour completter la solde de vos troupes.

Je vous prie de me faire connaître, par le retour de l'aviso, la situation exacte dans laquelle vous vous trouverez du 12 au 15 floréal.
BONAPARTE.

Paris, le 30 germinal an 6 (19 avril 1798).

Au général Baraguey-d'Hilliers.

Il est ordonné au général Baraguey-d'Hilliers de lever l'ancre de Gênes, si le temps le permet, le 6 floréal, ou au plus tard le 7, et se diriger sur Toulon avec toute sa division.

Il m'expédiera, au moment de son départ, un courrier à Toulon avec l'état exact de sa situation.

Il m'expédiera un courrier extraordinaire de tous les endroits où il sera possible de relâcher.

Il est probable que, si les temps le permettent, l'escadre de Toulon mettra à la voile au plus tard le 10 floréal.

Il doit être accordé aux officiers un mois de gratification pour les mettre à même de faire leurs petites emplettes.
BONAPARTE.

Paris, le 30 germinal an 6 (19 avril 1798).

Au citoyen Belleville.

Je vous envoie, citoyen consul, l'ordre pour le départ du général Baraguey-d'Hilliers. Il est indispensable que le convoi mette à la voile au plus tard le 7 floréal.

Vous emploierez toute votre activité pour que cet ordre soit promptement exécuté, et si cela vous fait prendre de nouveaux engagemens de finance, j'y ferai faire honneur.

Les frégates, briks et galères de la république de Gênes doivent partir avec le convoi.

Il sera formé à Gênes un dépôt pour tous les hommes des

deuxième, vingt-deuxième d'infanterie légère; treizième, dix-huitième, vingt-cinquième, trente-deuxième, soixante-quinzième, soixante-neuvième, quatre-vingt-cinquième de bataille; troisième, quatorzième, quinzième et dix-huitième régimens de dragons.

Toutes les fois qu'il y aura cent cinquante hommes de ces différens corps à Gênes, vous les ferez partir pour une destination qui vous sera désignée.

Vous me renverrez le présent courrier en toute diligence à Toulon, où je serai le 6 floréal, et vous correspondrez avec moi dans cette ville, jusqu'à ce que je vous aie envoyé un courrier extraordinaire pour vous instruire de mon départ.

BONAPARTE.

Paris, le 30 germinal an 6 (19 avril 1798).

Au général Desaix.

Je n'ai point de vos nouvelles depuis le 15, mon cher général; je pars demain pour Toulon. L'escadre mettra à la voile le 10 floréal et se dirigera droit sur les îles Saint-Pierre. Le convoi qui est à Gênes part le 7 floréal pour se rendre dans les mers de Toulon.

Vous recevrez incessamment des ordres pour partir le 15. Cotoyez toutes les côtes de Naples; passez le phare de Messine et mouillez à Syracuse, ou dans toute autre rade, dans les environs.

Vous devez avoir une frégate, deux briks, deux avisos et deux galères du pape. Il serait à désirer que vous pussiez vous procurer deux autres avisos, bons voiliers, soit en arrêtant deux corsaires français et mettant des officiers et des hommes intelligens à bord, soit en se servant de deux bons voiliers du pays.

Notre point de réunion sera sur Malte.

Quoique nous n'ayons aucun indice que les Anglais aient passé ou veuillent passer le détroit, cependant la nécessité de ne pas vous aventurer, me fait préférer de vous faire filer côte à côte. Il sera cependant nécessaire que vous expédiiez un aviso aux îles Saint-Pierre, pour croiser entre la Sardaigne et l'Afrique, afin que, si les Anglais arrivaient aux îles Saint-Pierre avant nous, vous pussiez en être prévenu et régler vos mouvemens en conséquence. Soit que vous soyez dans un port du continent, soit dans un de ceux de la Sicile, vous n'avez rien à craindre des Anglais ; mais la prudence veut que vous préveniez ce cas, et vous ferez donc embarquer quatre pièces de 24, deux mortiers, deux grils à boulets rouges, deux ou trois cents coups par pièce, afin de pouvoir établir une bonne batterie. Ce seront d'ailleurs des pièces qui, arrivées dans l'endroit principal, nous serviront.

Vous devez organiser votre dépôt à Civita-Vecchia, afin que tous les hommes malades, ou en arrière des corps que vous commandez, puissent se réunir et filer à fur et mesure.

Je vous enverrai, d'ici à quatre jours, des ordres positifs pour votre départ. Ce que je vous en dis là, c'est pour vous préparer et que vous preniez d'avance, dans le secret, les renseignemens qui vous seront nécessaires.

Vous embarquerez avec vous le citoyen Mesnard et tous les hommes qui servent à l'organisation du port de Civita-Vecchia et dont vous pourrez avoir besoin ; on les remplacera de Toulon. BONAPARTE.

Paris, le 1er. floréal an 6 (20 avril 1798).

Aux commissaires de la trésorerie nationale.

Vous avez donné l'ordre, citoyens commissaires, au payeur de Lyon de ne faire passer à Toulon que la partie des trois millions qui serait en espèces françaises ou en piastres ; il serait cependant nécessaire d'être assuré d'avoir à Toulon ces trois millions. Je désirerais que vous m'envoyassiez l'ordre pour votre payeur à Lyon, de faire passer à Toulon ces trois millions, quelles que soient les espèces qui les composent ; on aura soin de se servir des monnaies étrangères, de manière à ce que la trésorerie n'y perde rien.

Je vous prie aussi d'expédier la commission que vous avez l'intention d'accorder au citoyen Poussielgue, de contrôleur près du payeur de la Méditerranée, désirant que ce citoyen parte de suite. Je vous prierais également de le faire porteur d'une commission de payeur pour le citoyen Estève, qui n'est que payeur de département, et de lui donner l'ordre de s'embarquer, et, dès l'instant que toutes les divisions seront réunies et formeront une armée, il jouira du traitement de payeur général d'armée. BONAPARTE.

Paris, le 1er floréal an 6 (20 avril 1798).

Au général Desaix.

Je vous ai écrit hier, citoyen général, par un courrier extraordinaire que j'ai expédié à Milan, en priant le général Brune de vous faire parvenir ma dépêche par un autre courrier.

Je reçois aujourd'hui votre courrier du 23, et je vois avec une vive satisfaction que vous serez prêt à partir le 15, comme je l'espérais hier.

La Courageuse, frégate armée en flûte, et capable de porter six cents hommes, doit être arrivée à Civita-Vecchia. Cela nous servira d'autant.

Je réunis à Toulon le convoi de Gênes, et si les vents contrariaient son arrivée à Toulon, l'escadre attendrait à la cape, entre Toulon et les îles Saint-Pierre, mais sans relâcher dans un port de Corse. J'ai considéré que tout relâche dans un port de la Corse nous donnerait des retards très-considérables. La saison est déjà avancée, puisque nous ne pouvons espérer d'être hors de Toulon que vers le 1er. de mai.

Vous recevrez l'ordre de vous rendre de Civita-Vecchia à Syracuse, et vous n'avez pas plus de chemin à faire que si vous vous rendiez à Toulon ; ainsi, en partant le 15, il y a possibilité à ce que vous soyez le 20 au point désigné, et il serait difficile, même favorisés autant qu'on peut l'être, que nous fussions à la même époque sur Malte.

Je préfère de vous voir aller à Syracuse plutôt qu'à Trepano, parce que je crois que vous côtoierez toujours l'Italie et profiterez du vent de terre.

Si, pendant votre navigation, les vents deviennent contraires et s'opposent à votre passage au détroit et vous permettent de vous rendre promptement à Trepano, je ne verrai aucun inconvénient à cela ; mais dans ce cas, il faudrait doubler le cap Trepano et vous mettre dans une rade d'où vous pussiez sortir avec le même vent qui nous est nécessaire pour nous rendre des îles Saint-Pierre à Malte.

Vous sentez que, dans ce dernier cas, plus encore que dans le premier, il serait nécessaire que vous fissiez croiser un aviso entre la Sardaigne et le Cap-Blanc, afin d'avoir à temps des nouvelles des Anglais, si jamais ils paraissaient.

Dans tous les cas, dès l'instant que nous aurons passé les îles Saint-Pierre, j'enverrai à Trepano un aviso, pour avoir de vos nouvelles. De votre côté, il sera bon que vous envoyiez dans la petite île de Pentellaria, où j'enverrai prendre de vos nouvelles.

Je vous ai déjà mandé d'embarquer six pièces de 3 autrichiennes. Ce sont les plus commodes dans le pays où nous allons, puisqu'une bête de somme peut en porter une.

BONAPARTE.

Paris, le 1er. floréal an 6 (20 avril 1798).

Au général Baraguey-d'Hilliers.

Par la lettre que je vous ai écrite le 22 germinal, citoyen général, je vous dis que, dans quatre jours, vous recevrez l'ordre de vous embarquer, et que cet ordre devra être exécuté de suite. Vous avez dû recevoir cette lettre le 28, vous aurez fait dès-lors toutes vos dispositions. Ainsi, j'espère que mon courrier, qui est parti d'ici le 30 germinal, avec l'ordre positif du départ pour le 7, arrivera à Gênes le 4, et que mon ordre pourra être ponctuellement exécuté.

BONAPARTE.

Paris, le 1er. floréal an 6 (20 avril 1798).

Au général Dufalga.

Le général Dufalga, commandant le génie de l'expédition de la Méditerranée, nommera deux officiers ou adjoints du génie par chacune des divisions, de Régnier, qui est réunie à Marseille, et qui est composée des neuvième et quatre-vingt-cinquième demi-brigades de ligne; de Kléber, qui est à la droite de Toulon, à Laseine et villages voisins, et qui est composée des vingt-cinquième et soixante-quinzième de ligne, de la deuxième d'infanterie légère; enfin la division Mesnard, qui est composée de la quatrième d'infanterie légère, la dix-huitième, la trente-deuxième de ligne.

Le général Dufalga ira droit à Marseille, et il verra l'ordonnateur de la marine dans ce port, les commissaires des guerres chargés du service de cette division, et le citoyen Perrier, commandant l'artillerie de Marseille.

Il se fera remettre les états de la situation et du nombre

d'hommes que peut porter chaque bâtiment de transport et de la distribution de l'embarquement.

Il chargera l'officier de génie commandant la division, de lui rendre compte, tous les jours, au quartier-général, de la situation dudit embarquement.

Il me transmettra les notes qu'il aura faites sur l'état de l'embarquement et la situation morale des individus qu'il aura vus.

Arrivé à Toulon, il fera prendre de suite connaissance, par les officiers du génie, du cantonnement des troupes, de la situation des vaisseaux de guerre, des approvisionnemens, et me tiendra également prêtes des notes sur la situation matérielle et personnelle.

Il aura soin de voir les membres de la commission, l'ordonnateur de la marine, auquel il aura soin de dire que je fais grand cas de lui; le vice-amiral Brueys et le contre-amiral Décrès.

Il cherchera à voir également le commandant de la place de Toulon, les généraux Gardanne et Rampon.

Il fera aussi tout ce qu'il pourra pour trouver des logemens pour les savans.

Dans l'organisation générale de l'armée, il restera chargé de transmettre à tous les savans et artistes des ordres pour l'embarquement. Il aura donc soin d'avoir, à son état-major, la note de leurs logemens et des détails de l'embarquement.

Il dira au vice-amiral Brueys et à l'ordonnateur qu'ils fassent faire sur le vaisseau *l'Orient* tous les préparatifs nécessaires pour qu'il y ait le plus de logemens possible, vu que tous les chefs de l'état-major seront sur ce vaisseau.

Il fera préparer à Avignon tous les transports nécessaires pour que tout ce qui y arrivera en parte pour Toulon sans éprouver de retard.   BONAPARTE.

Paris, le 3 floréal an 6 (22 avril 1798).

A la commission chargée de l'armement de la Méditerranée.

Le citoyen Poussielgue, contrôleur de la trésorerie nationale auprès de votre payeur, part cette nuit, portant avec lui 300,000 fr. en or, et 200,000 fr. en lettres de change sur Marseille. J'espère que le 9 ou le 10 tout sera prêt et qu'on pourra lever l'ancre.

Le citoyen Leroi doit se tenir prêt à s'embarquer. Le général Blanquet doit s'embarquer en sa qualité de contre-amiral sur l'escadre, et le général Dommartin, en qualité de commandant d'artillerie; le citoyen Sucy, commissaire ordonnateur, en qualité de commissaire ordonnateur en chef; et le citoyen Estève comme payeur général de l'armée.

BONAPARTE.

Paris, le 3 floréal an 6 (22 avril 1798).

Au citoyen Najac.

J'expédie l'ordre par le présent courrier, citoyen ordonnateur, au vice-amiral Brueys d'organiser l'escadre et de nommer le citoyen Ganteaume pour faire les fonctions de chef de l'état-major, et de distribuer les chefs de division et autres officiers sur les différens vaisseaux, afin qu'ils soient promptement prêts à mettre à la voile. Il faudrait que tout fût prêt à lever l'ancre sans aucune espèce de retard, le 9 ou le 10 au matin.

Je vous prie de tenir la main à ce que, pour cette époque, l'eau, les vivres et les autres approvisionnemens soient embarqués.

Je pars demain dans la nuit, et je compte être le 8 à Toulon.

BONAPARTE.

Paris, le 4 floréal an 6 (23 avril 1798).

Au général Baraguey-d'Hilliers.

Il est ordonné au général Baraguey-d'Hilliers de rester à Gênes jusqu'à nouvel ordre ; de débarquer ses troupes, si elles étaient embarquées ; de rentrer dans le port, s'il avait mis à la voile, de cantonner ses troupes tant à Gênes que dans les environs, de manière à pouvoir les rassembler en quarante-huit heures. Ces troupes seront à la disposition du général commandant en Italie. BONAPARTE.

Paris, le 4 floréal an 6 (23 avril 1798).

Au général Desaix.

Il est ordonné au général de division Desaix de débarquer ses troupes s'il les a embarquées, et de les cantonner tant à Civita-Vecchia que dans les environs, de manière à pouvoir les rassembler en quarante-huit heures. Ces troupes seront à la disposition du général commandant en Italie.
BONAPARTE.

Paris, le 4 floréal an 6 (23 avril 1798).

Au général Brune.

Je donne ordre, citoyen général, au général Baraguey-d'Hilliers de débarquer ses troupes, si elles sont embarquées, et de retourner, s'il est parti. Les troupes resteront cantonnées à Gênes et dans les environs, et seront à votre disposition, ainsi que celles qui sont à Civita-Vecchia, où j'ai donné le même ordre, si des indices vous font penser avoir besoin de ces troupes. Dans ces nouvelles mesures du gouvernement, vous voyez l'effet des événemens qui viennent d'arriver à Vienne, sur lesquels cependant le gouvernement n'a encore rien de positif.

Si jamais les affaires se brouillaient, je crois que les principaux efforts des Autrichiens seraient tournés de votre côté, et, dans ce cas, je sens bien que vous avez besoin de beaucoup de troupes, de beaucoup de moyens, et surtout de beaucoup d'argent.

BONAPARTE.

Paris, le 9 floréal an 6 (28 avril 1798).

Au général Dufalga.

Vous avez appris, citoyen général, l'événement arrivé à Vienne. Cela est arrivé au moment où j'allais partir, et a dû nécessairement occasioner un retard; j'espère cependant que cela ne dérangera rien. Peut-être serai-je obligé d'aller à Rastadt pour avoir une entrevue avec le comte de Cobentzel, et, si tout allait bien, je partirais de Rastadt pour Toulon.

Le 11 au soir, je ferai partir un courrier avec l'ordre à l'escadre de partir avec le convoi pour se rendre à Gênes, où je serai moi-même le 26 de ce mois.

Je donne, par le présent courrier, l'ordre au convoi de Marseille de se rendre à Toulon.

Ayez soin que tous les savans, et que tous les objets nécessaires à notre expédition soient embarqués comme il faut qu'ils le soient.

Le convoi de Gênes a reçu contre-ordre, puisque c'est nous, au contraire, qui allons à Gênes et à Civita-Vecchia.

BONAPARTE.

Paris, le 9 floréal an 6 (28 avril 1798).

Au général Kléber.

Il est ordonné au général Kléber de prendre le commandement des troupes de terre composant la division du général Reguier, la division du général Mesnard et celle du général Kléber; de transmettre au général Regnier l'ordre ci-joint, et de tout disposer pour l'embarquement des deux autres divisions sur l'escadre et sur les autres vaisseaux de guerre armés en flûtes, afin d'être prêt à partir au premier ordre qu'il recevra.

Il se concertera avec le général Dufalga, qui lui donnera tous les renseignemens relatifs au nombre des savans et des artistes qui doivent s'embarquer. BONAPARTE.

Paris, le 9 floréal an 6 (28 avril 1798).

Au vice-amiral Brueys.

Quelques troubles arrivés à Vienne, citoyen général, ont nécessité ma présence quelques jours à Paris : cela ne changera rien à l'expédition. Je donne l'ordre par le présent courrier aux troupes qui sont à Marseille de s'embarquer et de se rendre à Toulon.

Vous tiendrez ce convoi en grande rade et dans le meilleur ordre qu'il vous sera possible.

Je vous expédierai, le 11 au soir, par un courrier, l'ordre d'embarquer et de partir avec l'escadre et le convoi pour Gènes, où je vous rejoindrai.

Le retard que ce nouvel incident a apporté dans l'expédition aura été, j'imagine, nécessaire pour vous mettre plus en mesure. BONAPARTE.

Paris, le 9 floréal an 6 (28 avril 1798).

Au général Regnier.

Il est ordonné au général Regnier de faire embarquer ses troupes à Marseille, le 16 floréal, sur les bâtimens de transport qui sont préparés, et de partir le 17, si le temps le permet, pour se rendre à Toulon, où son convoi se rangera sous les ordres du vice-amiral Brueys. BONAPARTE.

Paris, le 9 floréal an 6 (28 avril 1798).

A l'ordonnateur Najac.

L'ordonnateur Najac donnera l'ordre au convoi de Marseille d'embarquer les troupes du général Regnier le 16 floréal, et de partir le 17 pour se rendre à Toulon. Il se concertera avec le vice-amiral Brueys, pour faire sortir, s'il est nécessaire, une frégate pour l'escorte dudit convoi.

BONAPARTE.

Paris, le 13 floréal an 6 (2 mai 1798).

Au général Baraguey-d'Hilliers.

Je vous ai donné l'ordre, citoyen général, par ma lettre du 30 germinal, de vous rendre à Toulon. Je vous ai donné l'ordre, par ma lettre du 4 floréal, de débarquer et de cantonner vos troupes aux environs de Gênes jusqu'à nouvel ordre. Je vous envoie l'ordre d'embarquement le plus tôt possible, et de vous diriger sur Toulon. BONAPARTE.

Paris, le 13 floréal an 6 (2 mai 1798).

Au même.

Il est ordonné au général Baraguey d'Hilliers d'embarquer sa division le 20, et de mettre à la voile le 21, pour se rendre à Toulon. S'il rencontrait sur sa route l'escadre française, composé de 14 vaisseaux de guerre et de douze ou quinze frégates, il enverrait un aviso à l'amiral pour prendre des ordres, et si ladite escadre n'est point encore partie de Toulon, il enverra prendre des ordres auprès du vice-amiral Brueys, pour la place qu'il doit occuper dans la rade. Il me préviendra par un courrier extraordinaire à Toulon, de son départ.   BONAPARTE.

Paris, le 13 floréal an 6 (2 mai 1798).

Au général Desaix.

Je vous avais donné l'ordre, citoyen général, par une lettre du 4 floréal, de cantonner vos troupes à Civita-Vecchia et aux environs, et d'attendre de nouveaux ordres. C'était l'effet des nouveaux événemens arrivés à Vienne.

Vous devez vous préparer à partir au premier ordre. Le même courrier porte ordre au général Baraguey-d'Hilliers de partir pour Toulon. Là je verrai si j'irai vous prendre à Civita-Vecchia, où je vous donnerai des ordres pour vous rendre sur les côtes de Syracuse, comme je vous en ai déjà entretenu. Ainsi, dans l'un et l'autre cas, il faut vous tenir prêt à lever l'ancre vingt-quatre heures après l'arrivée de mon courrier ou aviso.   BONAPARTE.

Paris, le 13 floréal an 6 (2 mai 1798).

Au vice-amiral Brueys.

J'espère, citoyen général, que le 20 vous pourrez embarquer les troupes, pour mettre à la voile incessamment après. Je compte être à bord le 19.

Je viens de faire partir un courrier pour Gênes, avec ordre au général Baraguey d'Hilliers de se rendre à Toulon. L'un et l'autre seront sous vos ordres, dès qu'ils seront arrivés. Vous les placerez convenablement dans la rade.

BONAPARTE.

Paris, le 13 floréal an 6 (2 mai 1798).

Au général Brune.

Par ma lettre du 4 floréal, je vous ai instruit, citoyen général, que les divisions Baraguey-d'Hilliers et Desaix étaient à votre disposition. Le premier bruit des événemens survenus à Vienne avait fait penser que cette mesure était nécessaire. Aujourd'hui le gouvernement a pris une autre détermination.

Je donne l'ordre aux généraux Baraguey-d'Hilliers et Desaix de s'embarquer sur-le-champ.

L'on vous fait passer par la Suisse, six autres demi-brigades, indépendamment des deux autres qui avaient déjà reçu les ordres antérieurement, et deux autres régimens de cavalerie.

Je vous prie, citoyen général, de surveiller autant qu'il vous sera possible, lesdits embarquemens.

J'ai reçu votre lettre de Gênes et j'ai vu le zèle et l'activité que vous y avez montrés.

BONAPARTE.

Paris, le 13 floréal an 6 (2 mai 1798).

A la commission chargée de l'armement de la Méditerranée.

Par ma dernière lettre datée du 9 floréal, j'ai envoyé l'ordre au convoi de Marseille de se rendre à Toulon, et de se tenir tout prêt à embarquer, au premier instant, à Toulon.

Je pars dans la journée de demain pour cette ville, et j'espère que tout sera prêt à mettre à la voile le 20. N'oubliez rien pour atteindre ce but. BONAPARTE.

Châlons, le 16 floréal an 6 (5 mai 1798).

A l'ordonnateur Najac.

Je reçois à Châlons votre courrier du 12, par lequel vous m'annoncez que le convoi de Gênes était sur le point d'arriver, lorsque vous lui avez expédié l'aviso, avec mon contre-ordre.

J'ai donné à ce convoi l'ordre de partir le 8 de Gênes pour Toulon.

Je lui ai expédié un contre-ordre le 4; cela était relatif aux événemens de Vienne.

Je lui ai expédié le 13, l'ordre de partir de Gênes au plus tard le 18.

Ainsi, s'il est dans vos parages, donnez-lui l'ordre de se rendre en grande rade ou tenez-le à Hyères, en lui faisant completter ses vivres et son eau.

Je serai, douze heures après mon courrier, à Toulon.
BONAPARTE.

Le 18 floréal an 6 (7 mai 1798).

A la commission chargée de l'armement de la Méditerranée.

Mon courrier, Lesimple, qui m'a rejoint sur le Rhône près Valence, m'a remis vos dernières dépêches. Vous devez exécuter l'ordre relatif à l'embarquement, tel que je l'ai donné, c'est-à-dire les généraux de division doivent embarquer trois chevaux ; les généraux de brigade, deux, les adjudans généraux, aides-de-camp et chefs de brigade des corps, un.

Chacun peut embarquer ses selles, ses brides et les palfreniers, conformément au nombre de chevaux que la loi lui accorde.

Vous ferez embarquer à Marseille cent chevaux d'artillerie et deux cents de cavalerie. Si vous pouvez en embarquer davantage, vous ferez toujours les embarquemens dans cette proportion.

Les corps embarqueront toutes leurs selles et leurs brides, et vous aurez soin que l'on embarque les meilleurs chevaux, en les faisant donner aux premier et deuxième escadrons, et en prenant de préférence les chevaux de chasseurs.

Le restant des chevaux sera donné aux détachemens de cavalerie des autres régimens qui se trouvent à Marseille.

Je vous prie de m'expédier un courrier extraordinaire, qui m'attendra à mon passage à Aix, qui ne sera pas plus de huit heures après celui de Lesimple, pour m'instruire si le convoi de Marseille est parti, afin que je me décide à aller à Marseille ou droit à Toulon. Je serais même fort aise, si cela ne dérangeait rien à vos opérations, qu'un de vous se transportât à Aix, car je ne compte pas m'y arrêter du tout, mon intention étant d'aller droit à Toulon. BONAPARTE.

Le 18 floréal an 6 (7 mai 1798).

Au général commandant à Lyon.

Le 19 ou le 20, doivent arriver 60 ou 80 de mes guides à cheval. Je vous envoie l'ordre pour qu'ils se rendent à Toulon. Je vous prie de les faire embarquer sur le Rhône. S'il passe par Lyon des courriers pour moi, je vous prie de les diriger sur Toulon. BONAPARTE.

Toulon, le 18 floréal an 6 (7 mai 1798).

Aux guides.

J'ordonne à la compagnie de mes guides qui arrive à Lyon le 20, de partir le 2, pour se rendre en toute diligence à Toulon. BONAPARTE.

Toulon, le 20 floréal an 6 (9 mai 1798).

Au général Mesnard.

Il est ordonné au général Mesnard de s'embarquer immédiatement après la réception du présent ordre, avec la quatrième d'infanterie légère, la dix-neuvième de bataille, et de partir au premier beau temps. Il se rendra dans les îles de la Madelaine, au nord de la Sardaigne, où il recevra des ordres nouveaux du vice-amiral Brueys. Il se conformera exactement aux ordres qu'il recevra dudit amiral, qui lui envoie un officier de marine intelligent pour diriger tous ses mouvemens. BONAPARTE.

Toulon, le 20 floréal an 6 (9 mai 1798).

Au général Vaubois.

Je vous fais passer, citoyen général, un ordre pour le général Mesnard. Si ce général n'y était pas, ou s'il était malade, vous feriez commander ledit convoi par l'officier le plus ancien.

Sur les représentations que vous m'avez faites du besoin que vous avez de garder la vingt-troisième d'infanterie légère, je renonce à l'idée que j'avais de la faire partir, et je la laisse en Corse jusqu'à ce que le gouvernement vous ait renvoyé son remplacement.

N'oubliez pas d'embarquer sur le convoi trois ou quatre pièces de canon de 3 ou 4, avec une bonne compagnie de canonniers. BONAPARTE.

Toulon, le 20 floréal an 6 (9 mai 1798).

Au commandant de la place.

Je vous prie, citoyen général, de faire embarquer tout ce qui reste de la sixième demi-brigade d'artillerie, sur les vaisseaux de l'escadre, pour suppléer au manque de matelots.

BONAPARTE.

Toulon, le 20 floréal an 6 (9 mai 1798).

Au commandant des armes.

Je vous prie, citoyen général, de faire armer dans la journée de demain, s'il est possible, les deux felouques nouvellement construites. BONAPARTE.

Toulon, le 20 floréal an 6 (9 mai 1798).

Au général Vaubois.

Les magasins pour vingt-cinq mille hommes, citoyen général, que vous aviez formés, deviennent à peu près inutiles. Vous pouvez donc prendre dans ces magasins tout ce qui sera nécessaire pour approvisionner le convoi qui va partir.

BONAPARTE.

Toulon, le 21 floréal an 6 (10 mai 1798).

Au général Dugua.

Je vous fais passer, citoyen général, l'ordre que vous enverrez au chef de brigade Lucotte, pour se rendre avec les troupes de la demi-brigade qui sont à Aix, à Toulon.

J'emmène avec moi les trois compagnies de carabiniers de la septième demi-brigade. Je ferai aussi venir le reste de la demi-brigade, lorsqu'elle sera remplacée ; j'écris à Paris pour cela.

Je vous prie de les faire rapprocher, en les tenant, soit à Toulon ou à Marseille, afin qu'elles soient à portée.

BONAPARTE.

Toulon, le 21 floréal an 6 (10 mai 1798).

Au même.

Je vous prie, mon cher général, de faire mettre l'embargo sur tous les bâtimens qui sont dans le port de Marseille. Aucun ne pourra sortir, à moins que ce ne soit un bâtiment pour l'expédition, que cinq jours après le départ de l'escadre.

Je vous prie aussi de faire ramasser à Marseille, à la petite pointe du soir, tous les matelots qui peuvent s'y trouver, et de les envoyer à Toulon.

BONAPARTE.

Toulon, le 21 floréal an 6 (10 mai 1798).

Au commandant des armes à Toulon.

Je vous prie, citoyen général, de donner les ordres pour qu'il ne sorte aucun bâtiment de Toulon, à dater d'aujourd'hui, jusqu'à dix jours après le départ de l'escadre.

BONAPARTE.

Toulon, le 21 floréal an 6 (10 mai 1798).

Au général Desaix.

Je suis à Toulon, mon cher général, depuis hier.

La division du général Regnier est partie hier au soir de Marseille, je l'attends à chaque instant de la rade de Toulon. Je partirai sur-le-champ pour aller à la rencontre du général Baraguey-d'Hilliers, et de là passer entre l'île d'Elbe et la Corse, faisant route vers la Sicile et la Sardaigne. Nous vous enverrons prévenir par un aviso, afin que vous veniez nous joindre.

Il faut donc que vous soyez en rade, embarqués, afin qu'au premier jour vous puissiez mettre à la voile. Si vous avez des avisos à votre disposition, vous pouvez envoyer reconnaître. Si le temps est bon, il est probable que le 28 ou le 29, nous passerons à votre hauteur. Vous ne recevrez cette lettre que le 27; ainsi vous n'aurez guère que vingt-quatre heures pour vous préparer.

Tout le monde est rendu ici, et votre colonie de savans est en très-bonnes dispositions.

BONAPARTE.

Toulon, le 21 floréal an 6 (10 mai 1798).

A l'ordonnateur Najac.

Je vous prie, citoyen ordonnateur, de vouloir bien faire solder aux officiers subalternes, tant de marine que de terre, embarqués sur l'escadre, ou sur le convoi à la suite de l'escadre, 3 fr. par jour, pour la table. Il suffira que vous fassiez les fonds pour quatre décades. BONAPARTE.

Toulon, le 22 floréal an 6 (11 mai 1798).

Au général Dugua.

Je vous prie, mon cher général, de faire partir dans la matinée de demain pour Toulon, si le vent est bon, cinq bâtimens neutres, soit danois, soit suédois, espagnols, etc. ; vous mettrez à bord de chaque bâtiment une garnison suffisante pour être sûr que ces bâtimens sortis de Marseille arrivent à Toulon, et si vous avez un aviso ou une chaloupe canonnière, vous les ferez escorter.

Vous prendrez les plus gros bâtimens possible; cela doit servir à embarquer des troupes.

Il y a à Marseille cinq ou six bâtimens que l'ordonnateur Leroy avait frétés. S'il y en avait un ou deux qui fussent prêts, faites-les partir de suite. BONAPARTE.

Toulon, le 23 floréal an 6 (12 mai 1798).

Ordre.

En vertu de l'autorisation qu'il a reçue du directoire exécutif, le général en chef ordonne :

ART. 1er. Les deux vaisseaux vénitiens qui sont en ce moment-ci dans le port de Toulon, seront armés en guerre et en état de partir au 20 prairial, avec deux mois de vivres.

2. Les deux vieilles frégates seront armées en flûte et prêtes à partir pour la même époque, ayant également pour deux mois de vivres. Sur les deux vaisseaux et sur les deux frégates, l'on embarquera les soldats qui seront rendus au dépôt le 20 prairial; on peut calculer sur un millier d'hommes. Il suffira de les approvisionner pour un mois de vivres et vingt jours d'eau.

3. Il sera armé extraordinairement douze avisos bons voiliers, portant au moins une pièce de 8, et commandés par de bons officiers, pour servir à la communication de l'expédition. Il devra en partir au moins deux fois par décade. On embarquera dessus, le courrier ordinaire de l'armée, et des officiers et soldats, autant que le bâtiment pourra en porter.

4. Les bâtimens frétés à Marseille recevront ordre de se rendre à Toulon. Ils seront approvisionnés pour vingt jours d'eau et trente jours de vivres. L'on embarquera dessus le restant de l'artillerie, les habillemens, le vin et les soldats qui pourraient arriver. On doit calculer sur un millier d'hommes, indépendamment de mille autres qui se trouveront au dépôt pour le 20 prairial. Les troupes de passage seront également approvisionnées pour un mois de vivres et vingt jours d'eau.

5. La frégate *la Badine* va recevoir ordre de se rendre à Toulon, et escortera ce convoi, qui devra être prêt à partir du 10 au 15 prairial. Je remettrai une instruction particulière au commandant de *la Badine*, pour la route qu'elle devra tenir et le lieu où il devra se rendre avec ledit convoi.

6. Il y aura à Toulon un commissaire des guerres qui aura les ordres de l'ordonnateur Sucy, pour tous les objets qui devront être embarqués, un officier d'artillerie qui aura les ordres du général Dommartin, et enfin un général ou un of-

ficier supérieur commandant les dépôts, qui aura les ordres de l'état-major. Ces trois personnes ont ordre de voir souvent l'ordonnateur de la marine, et de prendre ses ordres pour tous les objets qui doivent être embarqués.

7. En partant, je laisserai deux avisos. Le premier partira quarante-huit heures après l'escadre; il portera le courrier de l'armée, s'il est arrivé, les officiers ou les savans qui sont en retard; et le second partira soixante-douze heures après le premier. Il escortera un bâtiment portant soixante guides, s'ils sont arrivés le 29. Il est donc indispensable que l'ordonnateur se procure un bâtiment pour porter ces soixante guides.

BONAPARTE.

Toulon, le 23 floréal an 6 (12 mai 1798).

Au citoyen Najac.

Le départ de l'escadre est invariablement fixé dans la nuit du 24 au 25.

Il est indispensable que le convoi soit en grande rade dans la matinée de demain. J'ai, en partant, trois choses à vous recommander :

1°. De me faire passer, avec la plus grande célérité, les courriers qui m'arrivent de Paris;

2°. De faire exécuter avec la plus grande exactitude l'ordre ci-joint;

3°. De faire terminer de suite la corvette et de me l'envoyer; nous en aurons le plus grand besoin.

BONAPARTE.

Toulon, le 24 floréal an 6 (13 mai 1798).

Promotion.

En conséquence de l'autorisation spéciale que j'en ai reçue du directoire exécutif, et voulant reconnaître les services que les citoyens Jean Villeneuve, capitaine de vaisseau; Guillaume-François Bourdé, capitaine de frégate; Pierre-Philippe Altimont, lieutenant de vaisseau; Serval, aspirant de première classe, ont rendus depuis quinze mois sur l'escadre qui était attachée à l'armée d'Italie, dans le golfe Adriatique : je nomme le citoyen Villeneuve, chef de division; les citoyens Bourdé, capitaine de vaisseau; Altimont, capitaine de frégate; et Serval, enseigne de vaisseau.   BONAPARTE.

Toulon, le 24 floréal an 6 (13 mai 1798).

A l'administration municipale de Toulon.

Je donne les ordres, citoyens administrateurs, pour que la partie de la garde nationale qui sera requise pour faire le service, soit payée conformément aux lois. J'ai cependant pourvu à une augmentation de garnison. Dans tous les cas, la république ne doit avoir aucune sollicitude, les habitans de Toulon ayant toujours donné des preuves de leur attachement à la liberté.   BONAPARTE.

Toulon, le 24 floréal an 6 (13 mai 1798).

A l'administration centrale du Var.

Je vous remercie, citoyens administrateurs, de la députation que vous m'avez envoyée, et des choses extrêmement flatteuses qu'elle m'a dites de votre part.

L'opération que nous allons entreprendre, sera spécialement avantageuse à votre département et à celui des Bouches-du-Rhône. Il y aura une grande activité sur les routes et dans les postes, qui sont absolument désorganisées. Je vous prie de prendre des mesures pour réorganiser ce service essentiel, afin que les courriers et autres officiers portant des ordres, puissent aller à Paris et en revenir facilement.

Croyez au désir que j'aurai toujours de mériter l'estime de mes concitoyens. BONAPARTE.

Toulon, le 24 floréal an 6 (13 mai 1798).

Ordre.

Ordonne que tous les maîtres, contre-maîtres, matelots, novices, ouvriers de l'arsenal qui ont été mis en surveillance par ordre du gouvernement, seront embarqués et répartis sur l'escadre. BONAPARTE.

Toulon, le 27 floréal an 6 (16 mai 1798).

Au vice-roi de Sardaigne.

J'envoie, monsieur, à Cagliari, pour y résider en qualité de consul, le citoyen Augier, officier de marine.

Je vous prie de le reconnaître en cette qualité, et d'agréer les sentimens d'estime et de considération que j'ai pour vous.
BONAPARTE.

Toulon, le 27 floréal an 6 (16 mai 1798).

Au citoyen Augier, consul à Cagliari.

Vous vous rendrez, citoyen, à Cagliari, en qualité de consul; vous remettrez la lettre ci-jointe au vice-roi de Sardaigne ou à celui qui en fait les fonctions.

Vous interrogerez tous les bâtimens pour avoir des nouvelles des Anglais, et si vous appreniez qu'ils ont mouillé dans la Méditerranée, vous expédieriez un bâtiment que vous fréteriez, à la suite de l'amiral Brueys, pour l'en informer.

Vous dirigerez ce bâtiment du côté de Malte.

BONAPARTE.

Toulon, le 29 floréal an 6 (18 mai 1798).

A l'ordonnateur Najac.

Le service de l'expédition qui va avoir lieu a exigé, de la part des principaux employés de l'administration, des efforts où ils ont été à même de faire connaître leur zèle pour la prospérité des armes de la république.

Je vous prie de témoigner aux directeurs des constructions, de l'artillerie du port, au citoyen Cuviller, commissaire des approvisionnemens, et en général à tous les contrôleurs, commissaires et sous-commissaires, une satisfaction particulière sur leurs services dans cette circonstance essentielle.

Je vous autorise à nommer à la place de chef des mouvemens les citoyens Aycard et Giroudreux; à la place de commissaire de première classe, les citoyens Bugerin, Pigeon et Gobert; à celle de deuxième classe, le citoyen Desauit; à élever au grade de commissaires de la marine les citoyens Gasquet, Giraud, Franqueville, Galopin et Bellanger; à la place de sous-commissaires, les citoyens Nicolas et Rey qui remplissent les fonctions de sous-commissaires à la Ciotat; à la place de commis principal, le citoyen Cappel, et de commis en deuxième, le citoyen Ollivault. BONAPARTE.

Toulon, le 29 floréal an 6 (18 mai 1798).

Bonaparte, général en chef, ordonne :

ART. 1ᵉʳ. Tout marin qui, étant embarqué, aura resté à terre après le départ de l'armée navale, sera traduit en prison jusqu'au départ d'un bâtiment de guerre quelconque, à l'effet de rejoindre celui dont il a déserté.

2. Tout maître chargé qui aura manqué le départ, sera cassé et réduit à la basse paie de deuxième maître.

3. Les maîtres non chargés subiront la même punition.

4. Les deuxièmes maîtres de toutes classes et les contre-maîtres de la manœuvre, restés à terre, seront mis à la basse paie de quartier-maître ou d'aide de leur profession respective.

5. Les aides de toute classe et les quartiers-maîtres déserteurs seront réduits à la paie des matelots à vingt-sept sous.

6. Les matelots de première et deuxième classe, également déserteurs, descendront à la paie de 12 sous, ceux de troisième et quatrième classe seront réduits à celle de novice, à huit sous.

7. Dans aucun cas, les officiers, mariniers et matelots, qui auront subi les réductions prescrites par les articles précédens, ne pourront être réintégrés dans leurs grades primitifs que par un avancement progressif d'une paie à l'autre et de six mois en six mois sur la demande motivée des commandans de leurs vaisseaux, qui certifieront leur exactitude et leur bonne conduite.

8. Les attestations de maladie n'auront de valeur que sur la signature de la majorité des membres composant le conseil de salubrité navale. Il est défendu formellement aux commissaires de marine préposés aux détails des armemens, d'en admettre d'autres, sous leur responsabilité personnelle.

9. Il sera établi garnison chez toutes les familles des marins embarqués qui seront restés à terre après le départ de l'armée; et les garnisaires n'en seront retirés que lorsque ces déserteurs se seront présentés au bureau des armemens pour y recevoir une nouvelle destination.

10. Dans le temps que l'armée navale de la république, de concert avec l'armée de terre, se prépare à relever la gloire de la marine française, les marins, dans le cas de servir et qui restent chez eux, méritent d'être traités sans aucun ménagement. Avant de sévir contre eux, le général en chef leur ordonne de se rendre à bord de la deuxième flotille qui est en armement. Ceux qui, quinze jours après la publication du présent ordre, ne se seront pas fait inscrire pour faire partie dudit armement, seront regardés comme des lâches. En conséquence l'ordonnateur de la marine leur fera signifier individuellement l'ordre de se rendre au port de Toulon, et si, cinq jours après, ils n'ont point comparu, ils seront traités come des déserteurs.

L'ordonnateur de la marine tiendra la main à l'exécution du présent réglement.   BONAPARTE.

Toulon, le 29 floréal an 6 (18 mai 1798).

Réglement pour la répression des délits commis à bord de l'armée navale.

Vu que les lois existantes sur la manière de procéder aux jugemens des délits militaires n'ont pas prévu le cas où se trouve l'armée par sa composition actuelle; qu'il est juste et urgent que les troupes de terre et de mer, les soldats, matelots et autres employés à la suite de l'armée, réunis sur les vaisseaux, ne soient pas, pour le même délit, soumis à des lois différentes, soit pour la procédure, soit pour la forme des jugemens, ordonne :

Art. 1ᵉʳ. La loi du 13 brumaire an 5, qui règle la manière de procéder aux jugemens militaires, sera ponctuellement et exclusivement suivie à bord des vaisseaux composant l'armée navale.

2. Chaque vaisseau ou frégate sera considéré comme une division militaire.

3. Il y aura en conséquence, par chaque vaisseau ou frégate, un conseil de guerre composé de sept membres, pris dans les grades désignés par l'article 2 de la loi du 13 brumaire, ou dans les grades correspondans de l'armée de mer.

4. Les membres du conseil de guerre, le rapporteur et l'officier chargé des fonctions de commissaire du pouvoir exécutif, seront nommés par le contre-amiral, dans chaque division de l'armée navale; en cas d'empêchement légitime de quelqu'un de ces membres, il sera pourvu à son remplacement par le commandant du vaisseau.

5. A défaut d'officier dans quelqu'un des grades désignés par l'art. 2 de la loi du 13 brumaire, ou des grades correspondans dans la marine, il y sera suppléé par des officiers du rang immédiatement inférieur.

6. Les jugemens prononcés par le conseil de guerre seront sujets à révision.

7. Il sera établi à cet effet, à bord de chaque vaisseau ou frégate de l'armée navale, un conseil permanent de révision, dans la forme indiquée par la loi du 18 vendémiaire an 6.

8. Ce conseil sera composé de cinq membres du grade désigné en l'article 21 de ladite loi, ou du grade correspondant dans la marine; et à défaut d'officiers supérieurs, il y sera suppléé, ainsi qu'il est dit à l'article 5, pour la formation du conseil de guerre.

9. En cas d'annulation du jugement par le conseil de révision, celui-ci renverra le fond du procès, pour être jugé de nouveau par-devant le conseil de guerre de tel

autre vaisseau qu'il désignera. Ce conseil de guerre remplira dès lors les fonctions et aura toutes les attributions du deuxième conseil de guerre établi par l'article 9 de la loi du 18 vendémiaire an 6.

10. Les fonctions du commissaire du pouvoir exécutif seront remplies par un commissaire d'escadre ou par un commissaire ordonnateur des guerres, et à leur défaut, par un sous-commissaire de marine ou commissaire ordinaire des guerres.

11. Le commandant de l'armée navale nommera les membres du conseil permanent de révision. En cas d'empêchement d'aucun de ses membres, il sera pourvu à son remplacement par le commandant du vaisseau à bord duquel le conseil devra se tenir.

12. Les délits commis sur les bâtimens de transport et autres, faisant partie du convoi, seront jugés par le conseil de guerre du vaisseau ou frégate sous le commandement desquels ils se trouveront naviguer. En cas d'empêchement, les prévenus seront mis aux fers, si le cas l'exige, pour être jugés au premier mouillage ou à la première occasion favorable.

13. Les peines portées par la loi du 21 brumaire an 5, notamment celles contre la désertion, sont applicables aux marins, et réciproquement celles portées par la loi du 22 août 1790 sont déclarées communes aux troupes de terre et à tous individus embarqués, dans les cas non prévus par la loi du 21 brumaire.

14. Seront justiciables desdits conseils de guerre et de révision, le cas échéant, tous individus faisant partie de l'armée de terre et de mer, et autres embarqués sur les vaisseaux. BONAPARTE.

Toulon, le 30 floréal an 6 (19 mai 1798).

PROCLAMATION.

Aux soldats de terre et de mer de l'armée de la Méditerranée.

Soldats,

Vous êtes une des ailes de l'armée d'Angleterre.

Vous avez fait la guerre de montagnes, de plaines, de siéges; il vous reste à faire la guerre maritime.

Les légions romaines, que vous avez quelquefois imitées, mais pas encore égalées, combattaient Carthage tour-à-tour sur cette même mer, et aux plaines de Zama. La victoire ne les abandonna jamais, parce que constamment elles furent braves, patientes à supporter la fatigue, disciplinées et unies entre elles.

Soldats, l'Europe a les yeux sur vous ! vous avez de grandes destinées à remplir, des batailles à livrer, des dangers, des fatigues à vaincre; vous ferez plus que vous n'avez fait pour la prospérité de la patrie, le bonheur des hommes et votre propre gloire.

Soldats, matelots, fantassins, canonniers, cavaliers, soyez unis; souvenez-vous que, le jour d'une bataille, vous avez besoin les uns des autres.

Soldats, matelots, vous avez été jusqu'ici négligés; aujourd'hui la plus grande sollicitude de la république est pour vous : vous serez dignes de l'armée dont vous faites partie.

Le génie de la liberté, qui a rendu, dès sa naissance, la république l'arbitre de l'Europe, veut qu'elle le soit des mers et des nations les plus lointaines. BONAPARTE.

A bord de *l'Orient*, le 24 prairial an 6 (12 juin 1798).

Convention arrêtée entre la république française et l'ordre des chevaliers de Saint-Jean de Jérusalem, sous la médiation de Sa Majesté Catholique le roi d'Espagne.

Art. 1ᵉʳ. les chevaliers de l'ordre de Saint-Jean de Jérusalem remettront à l'armée française la ville et les forts de Malte. Ils renoncent, en faveur de la république française, aux droits de souveraineté et de propriété qu'ils ont tant sur cette ville que sur les îles de Malte, du Gozo et de Cumino.

2. La république française emploiera son influence au congrès de Rastadt pour faire avoir au grand-maître, sa vie durant, une principauté équivalente à celle qu'il perd, et, en attendant, elle s'engage à lui faire une pension annuelle de 300,000 fr. Il lui sera donné en outre la valeur de deux années de ladite pension, à titre d'indemnité, pour son mobilier. Il conservera, pendant le temps qu'il restera à Malte, les honneurs militaires dont il jouissait.

3. Les chevaliers de l'ordre de Saint-Jean de Jérusalem qui sont Français, actuellement à Malte, et dont l'état sera arrêté par le général en chef, pourront rentrer dans leur patrie; et leur résidence à Malte leur sera comptée comme une résidence en France.

La république française emploiera ses bons offices auprès des républiques cisalpine, ligurienne, romaine et helvétique, pour que le présent article soit déclaré commun aux chevaliers de ces différentes nations.

4. La république française fera une pension de 700 fr. aux chevaliers français actuellement à Malte, leur vie du- Cette pension sera de 1,000 fr. pour les chevaliers sexagénaires et au-dessus.

La république française emploiera ses bons offices auprès

des républiques cisalpine, ligurienne, romaine et helvétique, pour qu'elles accordent la même pension aux chevaliers de ces différentes nations.

5. La république française emploiera ses bons offices auprès des autres puissances de l'Europe, pour qu'elles conservent aux chevaliers de leur nation l'exercice de leurs droits sur les biens de l'ordre de Malte situés dans leurs états.

6. Les chevaliers conserveront les propriétés qu'ils possèdent dans les îles de Malte et du Gozo, à titre de propriété particulière.

7. Les habitans des îles de Malte et du Gozo continueront à jouir, comme par le passé, du libre exercice de la religion catholique, apostolique et romaine. Ils conserveront les privilèges qu'ils possèdent : il ne sera mis aucune contribution extraordinaie.

8. Tous les actes civils, passés sous le gouvernement de lordre, seront valables, et auront leur exécution.

Fait double, à bord du vaisseau l'*Orient*, devant Malte, le 24 prairial an 6 de la république française (12 juin 1798.)

BONAPARTE, etc.

En exécution des articles conclus le 24 prairial, entre la république française et l'ordre de Malte, ont été arrêtées les dispositions suivantes :

ART. 1er. Aujourd'hui, 24 prairial, le fort Manoël, le fort Timer, le château Saint-Ange, les ouvrages de la Bormola, de la Cottonnère, et de la Cité Victorieuse, seront remis, à midi, aux troupes françaises.

2. Demain, 25 prairial, le fort de Riccazoli, le château Saint-Elme, les ouvrages de la Cité Valette, ceux de la Florianne, et tous les autres, seront remis, à midi, aux troupes françaises.

3. Des officiers français se rendront aujourd'hui, à dix

heures du matin, chez le grand-maître, pour y prendre les ordres pour les gouverneurs qui commandent dans les différens ports et ouvrages qui doivent être mis au pouvoir des Français. Ils seront accompagnés d'un officier maltais. Il y aura autant d'officiers qu'il sera remis de forts.

4. Il sera fait les mêmes dispositions que ci-dessus pour les forts et ouvrages qui doivent être mis au pouvoir des Français, demain 25 prairial.

5. En même temps que l'on consignera les ouvrages de fortifications, l'on consignera l'artillerie, les magasins, et papiers du génie.

6. Les troupes de l'ordre de Malte pourront rester dans les casernes qu'elles occupent jusqu'à ce qu'il y soit autrement pourvu.

7. L'amiral commandant la flotte française nommera un officier pour prendre possession aujourd'hui des vaisseaux, galères, bâtimens, magasins, et autres effets de marine appartenans à l'ordre de Malte. BONAPARTE.

A bord de *l'Orient*, le 24 prairial an 6 (12 juin 1798).

A l'évêque de Malte.

J'ai appris avec un véritable plaisir, monsieur l'évêque, la bonne conduite que vous avez eue, et l'accueil que vous avez fait aux troupes françaises.

Vous pouvez assurer vos diocésains que la religion catholique, apostolique et romaine, sera non-seulement respectée, mais ses ministres spécialement protégés.

Je ne connais pas de caractère plus respectable et plus digne de la vénération des hommes, qu'un prêtre qui, plein du véritable esprit de l'évangile, est persuadé que ses devoirs lui ordonnent de prêter obéissance au pouvoir temporel, et de maintenir la paix, la tranquillité et l'union au milieu d'un diocèse.

Je désire, monsieur l'évêque, que vous vous rendiez sur-le-champ dans la ville de Malte, et que, par votre influence, vous mainteniez le calme et la tranquillité parmi le peuple. Je m'y rendrai moi-même ce soir. Je désire que, dès mon arrivée, vous me présentiez tous les curés et autres chefs d'ordre de Malte et villages environnans.

Soyez persuadé, monsieur l'évêque, du désir que j'ai de vous donner des preuves de l'estime et de la considération que j'ai pour votre personne. BONAPARTE.

Malte, le 25 prairial an 6 (13 juin 1798).

Bonaparte, général en chef, ordonne :

ART. 1er. Les citoyens Berthollet, le contrôleur de l'armée, et un commis du payeur, enlèveront l'or, l'argent et les pierres précieuses qui se trouvent dans l'église de St.-Jean, et autres endroits dépendans de l'ordre de Malte, l'argenterie des auberges et celle du grand-maître.

2. Ils feront fondre dans la journée de demain tout l'or en lingots, pour être transporté dans la caisse du payeur à la suite de l'armée.

3. Ils feront un inventaire de toutes les pierres précieuses qui seront mises sous le scellé dans la caisse de l'armée.

4. Ils vendront pour 250 à 300,000 fr. d'argenterie à des négocians du pays pour de la monnaie d'or et d'argent, qui sera également remise dans la caisse de l'armée.

5. Le reste de l'argenterie sera remis dans la caisse du payeur, qui la laissera à la monnaie de Malte, pour être fabriquée, et l'argent remis au payeur de la division, pour la subsistance de cette division. On spécifiera ce que cela

doit produire, afin que le payeur puisse en être comptable.

6. Ils laisseront, tant à l'église St.-Jean qu'aux autres églises, ce qui sera nécessaire pour l'exercice du culte.

BONAPARTE.

Malte, le 25 prairial an 6 (13 juin 1798).

Au citoyen Garat, ministre à Naples.

Je vous envoie, citoyen ministre, un courrier que j'expédie à Paris. Je vous prie de lui fournir les passe-ports nécessaires, et de l'expédier en toute diligence.

Je vous prie de donner à la cour de Naples une connaissance pure et simple de l'occupation de Malte par les troupes françaises, et de la souveraineté et propriété que nous venons d'y acquérir. Vous devez en même temps faire connaître à S. M. le roi des Deux-Siciles, que nous comptons conserver les même relations que par le passé pour notre approvisionnement, et que si elle en agissait avec nous autrement qu'elle en agissait avec Malte, cela ne serait rien moins qu'amical.

Quant à la suzeraineté que le royaume de Sicile a sur Malte, nous ne devons pas nous y refuser, toutes les fois que Naples reconnaîtra la suzeraineté de la république romaine.

Je m'arrête ici deux jours pour faire de l'eau, après lesquels je pars pour l'Orient.

Je ne sais pas si vous resterez encore long-temps à Naples ; je vous prie de me faire connaître ce que vous comptez faire, et de me donner, le plus souvent que vous pourrez, des nouvelles de l'Europe.

Vous connaissez l'estime et la considération particulière que j'ai pour vous.

BONAPARTE.

P. S. Pour épargner le temps, je mets ma lettre au directoire, sous cachet volant; vous pourrez en prendre connaissance.

Malte, le 25 prairial an 6 (13 juin 1798).

Bonaparte, général en chef, ordonne :

Art. 1ᵉʳ. Les chevaliers qui n'étaient pas profès et qui se seraient mariés à Malte;

2. Les chevaliers qui auraient des possessions particulières dans l'île de Malte;

3. Ceux qui auraient établi des manufactures ou des maisons de commerce;

4. Enfin, ceux compris dans la liste que je vous envoie, connus par les sentimens qu'ils ont pour la république, seront regardés comme citoyens de Malte et pourront y rester tant qu'ils désireront. Ils seront exceptés de l'ordre donné aujourd'hui.

BONAPARTE.

Malte, le 25 prairial an 6 (13 juin 1798).

Bonaparte, général en chef, ordonne :

Art. 1ᵉʳ. Les îles de Malte et du Gozo seront administrées par une commission de gouvernement composée de neuf personnes, qui seront à la nomination du général en chef.

2. Chaque membre de la commission la présidera à son tour pendant six mois. Elle choisira un secrétaire et un trésorier hors de son sein.

3. Il y aura, près de la commission, un commissaire français.

4. Cette commission sera spécialement chargée de toute l'administration des îles de Malte et du Gozo, et de la surveillance de la perception des contributions directes et indi-

rectes. Elle prendra des mesures relatives à l'approvisionnement de l'île. L'administration de santé sera spécialement sous ses ordres.

5. Le commissaire ordonnateur en chef fera un abonnement avec la commission pour établir ce qu'elle doit donner par mois à la caisse de l'armée.

6. La commission de gouvernement s'occupera incessamment de l'organisation des tribunaux pour la justice civile et criminelle, en le rapprochant le plus possible de l'organisation qui existe actuellement en France. La nomination des membres aura besoin de l'approbation du général de division commandant à Malte. En attendant que ces tribunaux soient organisés, la justice continuera d'être administrée comme par le passé.

7. Les îles de Malte et du Gozo seront divisées en cantons dont le moindre aura trois mille âmes de population. Il y aura à Malte deux municipalités.

8. Chaque canton sera administré par un corps municipal de cinq membres.

9. Il y aura dans chaque canton un juge de paix.

10. Les juges de paix, les différentes magistratures seront nommés par la commission de gouvernement, avec l'approbation du général de division commandant à Malte.

11. Tous les biens du grand-maître de l'ordre de Malte et des différens couvens des chevaliers appartiennent à la république française.

12. Il y aura une commission, composée de trois membres, chargée de faire l'inventaire desdits biens et de les administrer; elle correspondra avec l'ordonnateur en chef.

13. La police sera toute entière sous les ordres du général de division commandant et des différens officiers sous ses ordres. BONAPARTE.

Malte, le 25 prairial an 6 (13 juin 1798).

Bonaparte, général en chef, ordonne :

Art. 1ᵉʳ. Il y aura, dans chaque municipalité de la ville de Malte, un bataillon de garde nationale composé de neuf cents hommes, qui portera l'uniforme habit vert, paremens et collet rouges, et passe-poil blanc. Cette garde nationale sera choisie parmi les hommes les plus riches, les marchands, et ceux qui sont intéressés à la tranquillité publique.

2. Elle fournira tous les jours toutes les gardes et patrouilles nécessaires pour la police. Elle ne sera jamais de garde aux forts.

3. L'institution du corps des chasseurs sera conservée.

4. Le général de division fera un réglement tant pour l'organisation et le service de la garde nationale que pour l'organisation et le service des chasseurs. On donnera aux uns et aux autres la quantité d'armes nécessaire pour le service.

5. On formera quatre compagnies de vétérans de tous les vieux soldats qui auraient été au service de l'ordre de Malte, et qui sont incapables d'un service actif.

Les deux premières, dès l'instant qu'elles seront organisées, seront envoyées pour tenir garnison dans le fort de Corfou. On exécutera le présent article, quelques difficultés que l'on puisse rencontrer, mon intention n'étant pas que cette grande quantité d'hommes, habitués à l'ordre de Malte, continue à y rester.

6. On formera quatre compagnies de canonniers, à peu près sur le même pied que celles qui existaient ci-devant, qui seront employées dans les batteries de la côte. Il y aura, dans chacune de ces compagnies de canonniers, un officier et un sous-officier français.

7. Tous les individus qui voudront former une compagnie de cent chasseurs seront maîtres de la former. Eux et les of-

ficiers de ces compagnies seront conservés, et, dès l'instant qu'elles seront organisées, le général de division les fera partir pour rejoindre l'armée. BONAPARTE.

Malte, le 27 prairial an 6 (15 juin 1798).

Aux commissaires du gouvernement à Corcyre, Ithaque, et près le département de la mer Egée.

Je vous préviens, citoyens, que le pavillon de la république flotte sur tous les forts de Malte, et que l'ordre de Saint-Jean de Jérusalem est détruit.

Je vous instruirai incessamment de la direction que prendra l'armée.

Apprenez aux habitans de votre département ce que nous faisons dans ce moment-ci ; ils en tireront tout l'avantage.

N'oubliez aussi aucun moyen de le faire connaître à tous les Grecs de la Morée et des autres pays. BONAPARTE.

Malte, le 27 prairial an 6 (15 juin 1798).

Aux consuls de Tunis, Tripoli et Alger.

Je vous préviens, citoyens, que l'armée de la république est en possession depuis deux jours de la ville et des deux îles de Malte et du Gozo. Le pavillon tricolore flotte sur tous les forts.

Vous voudrez bien, citoyen, faire part de la destruction de l'ordre de Malte et de cette nouvelle possession de la république au bey, près duquel vous vous trouvez, et lui faire connaître que, désormais, il doit respecter les Maltais, puisqu'ils se trouvent sujets de la France.

Je vous prie aussi de lui demander qu'il mette en liberté les différens esclaves maltais qu'il avait ; j'ai donné l'ordre pour que l'on mît en liberté plus de deux mille esclaves barbaresques et turcs, que l'ordre de Saint-Jean de Jérusalem tenait aux galères.

Laissez entrevoir au bey que la puissance qui a pris Malte en deux ou trois jours, serait dans le cas de le punir, s'il s'écartait un moment des égards qu'il doit à la république.

BONAPARTE.

Malte, le 27 prairial an 6 (15 juin 1798).

Au général Chabot.

Nous sommes entrés, citoyen général, depuis trois jours dans Malte. La république vient, par-là, d'acquérir une place aussi forte que favorablement située pour le commerce.

Les habitans des trois départemens qui composent votre division, doivent en tirer un avantage tout particulier. Annoncez-leur cette bonne nouvelle.

Je laisse le général Vaubois pour commander ici. Vous pourrez correspondre avec lui pour tous les objets dont vous pourriez avoir besoin.

Votre division fait partie de l'armée que je commande. Je vous prie de m'envoyer par le brick l'état de situation exacte de vos troupes, de votre marine, de vos magasins, soit d'artillerie, soit de vivres.

Faites-moi connaître aussi ce qui est dû à la troupe, et s'il vous serait possible de pouvoir vous procurer des matelots, d'armer en flûte le vaisseau et la frégate qui sont à Corfou, et de me les envoyer dans l'endroit que je vous désignerai.

Je vous prie d'expédier à notre ministre à Constantinople, la nouvelle de l'occupation de Malte par l'armée française, et de la destruction de l'ordre de Saint-Jean de Jérusalem.

Annoncez également cette nouvelle à Ali-Pacha, au pacha de Scutari et au pacha de la Morée.

Je désire que vous n'envoyiez à Constantinople qu'un bateau de commerce. Le chebeck *le Fortunatus* a ordre de venir joindre l'armée : faites-le accompagner par un de vos meilleurs bricks, afin que je puisse vous le renvoyer avec de nouveaux ordres.

Mettez-vous en mesure contre l'attaque des Turcs. Il est inutile que vous fassiez connaître la destination que prend l'armée. BONAPARTE.

Malte, le 28 prairial an 6 (16 juin 1798).

Bonaparte, général en chef, ordonne :

Art. 1er. Tous les habitans des îles de Malte et du Gozo sont tenus de porter la cocarde tricolore. Aucun habitant de Malte ne pourra porter l'habit national français, à moins qu'il n'en ait obtenu la permission spéciale du général en chef. Le général en chef accordera la qualité de citoyen français et la permission de porter l'habit national aux habitans de Malte et du Gozo qui se distingueront par leur attachement à la république, par quelque action d'éclat, trait de bienfaisance ou de bravoure.

2. Tous les habitans de Malte sont désormais égaux en droits. Leurs talens, leur mérite, leur patriotisme, et leur attachement à la république française, établissent seuls la différence entre eux.

3. L'esclavage est aboli : tous les esclaves connus sous le nom de *bonnivagli* seront mis en liberté, et le contrat déshonorant pour l'espèce humaine qu'ils ont fait est détruit.

4. En conséquence de l'article précédent, tous les Turcs qui sont esclaves de quelque particulier seront remis entre les mains du général commandant, pour être traités comme prisonniers de guerre ; et, vu l'amitié qui existe entre la ré-

publique française et la Porte ottomane, ils seront envoyés chez eux lorsque le général en chef l'ordonnera, et lorsqu'il aura connaissance que les beys consentent à renvoyer à Malte tous les esclaves français ou maltais qu'ils auraient.

5. Dix jours après la publication du présent ordre, il est défendu d'avoir des armoiries soit à l'intérieur, soit à l'extérieur des maisons, de cacheter des lettres avec des armoiries, ni de prendre des titres féodaux.

6. L'ordre de Malte étant dissous, il est expressément défendu à qui que ce soit de prendre des titres de baillis, commandeurs, ou chevaliers.

7. On mettra dans chaque église, à la place où étaient les armes du grand-maître, celles de la république.

8. Dix jours après la publication du présent ordre, il est défendu, sous quelque prétexte que ce soit, de porter des uniformes des corps de l'ancien ordre de Malte.

9. L'île de Malte appartenant à la république française, la mission des différens ministres plénipotentiaires a cessé.

10. Tous les consuls étrangers cesseront leurs fonctions, et ôteront les armes qui sont sur leurs portes, jusqu'à ce qu'ils aient reçu des lettres de créance de leur gouvernement pour continuer leurs fonctions dans la ville de Malte, devenue port de la république française.

11. Tous les étrangers venant et vivant à Malte seront obligés de se conformer au présent ordre, quels que soient leur grade et le rang qu'ils auraient chez eux.

12. Tous les contrevenans aux articles ci-dessus seront condamnés, pour la première fois, à une amende du tiers de leurs revenus; la seconde, à trois mois de prison; la troisième, à un an de prison; la quatrième, à la déportation de l'île de Malte, et à la confiscation de la moitié de leurs biens.

BONAPARTE.

Malte, le 28 prairial an 6 (16 juin 1798).

Bonaparte, général en chef, ordonne :

Art. 1ᵉʳ. Il sera fait un désarmement général de tous les habitans des îles de Malte et du Gozo. Il ne sera accordé des armes que par une permission du général commandant, et à des hommes dont le patriotisme sera reconnu.

2. L'organisation des chasseurs volontaires dans les îles de Malte et du Gozo sera continuée ; mais ce corps ne sera composé que d'hommes sur les services desquels on peut compter. On aura soin surtout d'avoir des officiers patriotes.

3. Les signaux seront rétablis depuis la pointe du Gozo à Malte.

4. Les lois de la santé à Malte ne seront ni plus ni moins rigoureuses que les lois de la santé à Marseille.

5. Il sera formé une compagnie de trente volontaires, composée de jeunes gens de quinze à trente ans, et pris dans les familles les plus riches.

6. Le général de division désignera, dans l'espace de dix jours, à la commission de gouvernement les hommes qui doivent composer ladite compagnie. La commission de gouvernement le leur fera signifier ; et, vingt jours après, ils seront obligés d'être armés d'un sabre. Ils auront le même uniforme que les guides de l'armée, à l'exception qu'ils porteront l'aiguillette et le bouton blanc.

7. Ceux qui ne se trouveraient pas à la revue que passera le général de division dix jours après seront condamnés, les jeunes gens à un an de prison, et les parens, jouissant du bien de la famille, à mille écus d'amende.

8. La commission de gouvernement désignera les jeunes gens de neuf à quatorze ans, appartenans aux plus riches familles, lesquels seront envoyés à Paris pour être élevés dans

les écoles de la république. Les parens seront tenus de leur faire 800 fr. de pension, et de leur donner 600 fr. pour leur voyage. Le passage leur sera accordé sur les vaisseaux de guerre.

9. La commission de gouvernement enverra la liste de ces jeunes gens, au plus tard dans vingt jours, au général en chef, et ils partiront au plus tard dans un mois.

10. Ils devront avoir pantalon et gilet bleus, paremens et revers rouges, liseré blanc. Ils seront débarqués à Marseille, où le ministre de l'intérieur donnera des ordres pour les faire passer dans les écoles nationales.

11. Le commissaire-ordonnateur de la marine désignera à la commission de gouvernement les jeunes gens maltais appartenans aux familles les plus riches, pour pouvoir être placés comme aspirans, et pouvoir s'instruire et parvenir à tous les grades.

12. Comme l'éducation intéresse principalement la prospérité et la sûreté publiques, les parens dont les enfans seront désignés, et qui s'y refuseraient, seront condamnés à payer mille écus d'amende.

13. Les classes pour les matelots seront rétablies comme dans les ports de France. Lorsque l'escadre aura besoin de matelots, et qu'il n'y aura pas assez de gens de bonne volonté, on prendra de préférence les jeunes gens de quinze à vingt-cinq ans. Si cela ne suffit pas, on prendra ceux de vingt-cinq à trente-cinq, et enfin ceux de trente-cinq à quarante-cinq.

BONAPARTE.

Malte, le 28 prairial an 6 (16 juin 1798).

Bonaparte, général en chef, ordonne :

ART. 1er. Tous les prêtres, religieux et religieuses, de quelque ordre que ce soit, qui ne sont pas natifs des îles de

Malte et du Gozo, seront tenus d'évacuer l'île au plus tard dix jours après la publication du présent ordre : l'évêque, vu ses qualités pastorales, sera seul excepté du présent ordre.

2. Toutes les cures, bénéfices, qui, en vertu du présent ordre, seraient vacans, seront donnés à des naturels des îles de Malte et du Gozo, n'étant point juste que des étrangers jouissent des avantages du pays.

3. On ne pourra pas désormais faire de vœux religieux avant l'âge de trente ans. Il est défendu de faire de nouveaux prêtres, jusqu'à ce que les prêtres actuellement existans soient tous employés.

4. Il ne pourra pas y avoir à Malte et au Gozo plus d'un couvent de chaque ordre.

5. La commission de gouvernement, de concert avec l'évêque, désignera les maisons où les individus d'un même ordre doivent se réunir. Tous les biens qui deviendraient inutiles à la subsistance desdits couvens seront employés à soulager les pauvres.

6. Toutes les fondations particulières, tous les couvens d'ordre séculier et corporations de pénitens, toutes les collégiales, sont supprimés. La cathédrale seule aura quinze chanoines résidans à Malte, et cinq résidans à Civita-Vecchia.

7. Il est expressément défendu à tout séculier, qui n'est pas au moins sous-diacre, de porter le collet ou la soutane.

8. L'évêque sera tenu de remettre, dix jours après la publication du présent ordre, l'état des prêtres et le certificat qu'ils sont naturels des îles de Malte et du Gozo, et l'état de ceux qui, en vertu du présent ordre, doivent évacuer le territoire.

Chaque chef d'ordre sera tenu de remettre un pareil état au commissaire du gouvernement.

Tout individu qui n'aurait pas obtempéré au présent ordre sera condamné à six mois de prison.

9. La commission de gouvernement, le commissaire près elle, le général de division, sont chargés, chacun en ce qui le concerne, de l'exécution du présent ordre.

BONAPARTE.

Malte, le 28 prairial an 6 (16 juin 1798).

À l'ordonnateur Najac.

Il y a déjà long-temps que vous n'avez reçu de nos nouvelles. Vous devez cependant avoir reçu deux avisos que je vous ai envoyés. Je n'ai reçu de Toulon, depuis mon départ, que le brick qui est parti quarante-huit heures après nous.

Après deux jours de fusillade et de canonnade, nous avons obtenu la ville de Malte et tous ses forts : nous y avons trouvé deux vaisseaux de guerre, une frégate, quatre galères, quinze à dix-huit cents pièces de canon, et quarante mille fusils.

Du reste, l'arsenal est fort peu approvisionné.

La Sensible que je vous expédie, conduira l'ambassadeur de la république à Constantinople.

J'espère que les trois vaisseaux vénitiens, grâce à vos soins, seront à présent en état, et que toutes les troupes restées en arrière, pourront partir sous leur escorte.

Adressez tout ce qui nous serait destiné, à Malte qui nécessairement doit être notre première échelle.

Je désirerais que ces vaisseaux prissent sous leur escorte toutes les troupes que le consul de Gênes a à nous envoyer.

Je vous prie d'expédier, deux fois par décade, un aviso pour Malte, d'où il retournera à Toulon : le commissaire de la marine, qui est à Malte, nous expédiera nos courriers là où nous serons.

BONAPARTE.

Malte, le 29 prairial an 6 (17 juin 1798).

Au citoyen Lavalette.

L'*Arthémise*, citoyen, a ordre de vous faire mouiller sur la côte d'Albanie, pour vous mettre à même de conférer avec Ali-Pacha. La lettre ci-jointe que vous devrez lui remettre, ne contient rien autre chose que d'ajouter foi à ce que vous lui direz, et de l'inviter à vous donner un truchement sûr pour vous entretenir seul avec lui. Vous lui remettrez vous-même ladite lettre, afin d'être assuré qu'il en prenne lui-même lecture.

Après quoi, vous lui direz que, venant de m'emparer de Malte, et me trouvant dans ces mers avec trente vaisseaux et cinquante mille hommes, j'aurai des relations avec lui, et que je désire savoir si je peux compter sur lui ; que je désirerais aussi qu'il envoyât près de moi, en l'embarquant sur la frégate, un homme de marque et qui eût sa confiance ; que sur les services qu'il a rendus aux Français, et sur sa bravoure et son courage, s'il me montre de la confiance et qu'il veuille me seconder, je peux accroître de beaucoup sa gloire et sa destinée.

Vous prendrez en général note de tout ce que vous dira Ali-Pacha, et vous vous rembarquerez sur la frégate pour venir me joindre et me rendre compte de tout ce que vous aurez fait.

En passant à Corfou, vous direz au général Chabot, qu'il nous envoie des bâtimens chargés de bois, et qu'il fasse une proclamation aux habitans des différentes îles pour qu'ils envoient à l'escadre, du vin, des raisins secs, et qu'ils en seront bien payés.

BONAPARTE.

Malte, le 29 prairial an 6 (17 juin 1798).

A Ali-Pacha.

Mon très-respectable ami, après vous avoir offert les vœux que je fais pour votre prospérité et la conservation de vos jours, j'ai l'honneur de vous informer que depuis long-temps je connais l'attachement que vous avez pour la république française, ce qui me ferait désirer de trouver le moyen de vous donner des preuves de l'estime que je vous porte. L'occasion me paraissant aujourd'hui favorable, je me suis empressé de vous écrire cette lettre amicale, et j'ai chargé un de mes aides-de-champ de vous la porter, pour vous la remettre en mains propres. Je l'ai chargé aussi de vous faire certaines ouvertures de ma part, et comme il ne sait point votre langue, veuillez bien faire choix d'un interprète fidèle et sûr pour les entretiens qu'il aura avec vous. Je vous prie d'ajouter foi à tout ce qu'il vous dira de ma part, et de me le renvoyer promptement avec une réponse écrite en turc de votre propre main. Veuillez-bien agréer mes vœux et l'assurance de mon sincère dévouement. BONAPARTE.

Malte, le 29 prairial an 6 (17 juin 1798).

Au roi d'Espagne.

La république française a accepté la médiation de V. M. pour la capitulation de la ville de Malte.

M. le chevalier d'Amatti, votre résident dans cette ville, a su être à la fois agréable à la république française et au grand-maître. Mais par l'occupation du port de Malte par la république, la place de M. d'Amatti se trouve supprimée. Je le recommande à Votre Majesté, pour qu'elle veuille bien ne pas l'oublier dans la distribution de ses grâces.

Je prie Votre Majesté de croire aux sentimens d'estime et à la très-haute considération que j'ai pour elle.

BONAPARTE.

Malte, le 29 prairial an 6 (17 juin 1798).

Bonaparte, général en chef, ordonne :

Art. 1er. Les prêtres latins ne pourront pas officier dans l'église qui appartient aux Grecs.

2. Les messes que les prêtres latins ont coutume de dire dans les églises grecques seront dites dans les autres églises de la place.

3. Il sera accordé protection aux Juifs qui voudront établir une synagogue.

4. Le général commandant remerciera les Grecs établis à Malte de la bonne conduite qu'ils ont tenue pendant le siège.

5. Tous les Grecs des îles de Malte et du Gozo, et des départemens d'Ithaque, de Corcyre, et de la mer Egée, qui conserveront des relations quelconques avec les Russes, seront condamnés à mort.

6. Tous les bâtimens grecs qui naviguent sous pavillon russe, s'ils sont pris par des bâtimens français, seront coulés bas.

Ordre du 29 prairial (17 juin 1798).

Art. 1er. Les femmes et les enfans des grenadiers de la garde du grand-maître et du régiment de Malte, qui partent avec la flotte française, recevront :

Les femmes, vingt sous par décade; les enfans audessous de dix ans, dix sous par décade.

2. Tous les garçons audessus de dix ans seront embarqués sur les bâtimens de la république, comme mousses.

3. Il sera fait, par le payeur, une retenue d'un centime

sur la paie de chaque grenadier ou soldat, du régiment de Malte, qui a des enfans.

4. Les femmes des sous-officiers auront trente sous par décade, et les enfans audessous de dix ans, quinze sous.

5. La retenue en sera faite sur les appointemens de leur mois.

6. La commission du gouvernement de Malte est chargée de l'exécution du présent ordre.

Ordre du 29 prairial (17 juin 1798).

ART. 1er. La commission du gouvernement se divisera en bureau et en conseil.

2. Le bureau sera composé de trois membres, y compris le président.

3. Le conseil nommera tous les six mois un des deux membres qui doivent composer le bureau.

4. Le bureau sera en activité constante de service ; chacun des membres aura 4,000 fr. d'appointemens.

5. Le conseil ne se réunira qu'une fois par décade, pour prendre connaissance de ce qu'aura fait le bureau.

6. Il leur sera accordé à chacun un traitement de 1,000 fr. par an.

7. Les membres du bureau seront, pour cette fois, le citoyen N..... pour six mois, et le citoyen N..... pour un an.

8. Le commissaire de gouvernement aura 6,000 fr. d'appointemens : outre ses frais de bureau, il lui sera accordé, sur l'extraordinaire, une gratification pour son établissement.

Ordre du 29 prairial (17 juin 1798).

ART. 1ᵉʳ. Le général de division commandant a la police générale de l'île et du port; aucun bâtiment ne peut ni entrer ni sortir qu'en conséquence de son réglement.

2. La commission du gouvernement est chargée de l'organisation civile, judiciaire et administrative.

3. Elle ne peut rien faire que sur la demande du commissaire, ou après avoir ouï son rapport; les conclusions du commissaire devront être mises dans toutes les délibérations de la commission.

4. Tout ce qui est réglement ne peut être publié, ni avoir son effet, que visé par le commandant et le général de division.

5. La commission des domaines est chargée de faire l'inventaire de tous les meubles et immeubles appartenans à la république; ainsi que de l'administration de tous les biens nationaux.

6. Elle enverra tous les mois les inventaires qu'elle aura faits et le bordereau de ce qu'elle aura reçu au commissaire du gouvernement.

7. Elle ne pourra faire aucune vente qu'en conséquence d'un ordre du général en chef, et, s'il survenait des circonstances extraordinaires qui exigeassent des fonds, le général de division, le commissaire du gouvernement, le commissaire des guerres, et la commission, se réuniraient et prendraient un arrêté, en conséquence duquel on serait autorisé à vendre jusqu'à la concurrence de 150,000 fr. Le commissaire du gouvernement serait alors chargé de faire un réglement, et d'en suivre tous les détails.

8. La commission des domaines n'aura pas d'autre payeur

que celui de la division militaire, qui aura un registre et une caisse particulière pour les objets y relatifs.

10. Le général commandant l'île aura seul le droit de contrôler et de se mêler de l'administration du pays. Les généraux commandant sous lui, les commandans de place, et autres agens militaires, ne se mêleront en aucune manière des objets administratifs. Le général-commandant ne pourra jamais être représenté par un de ses subordonnés.

Ordre du 29 prairial (17 juin 1798).

Art. 1er. Les impôts établis seront provisoirement maintenus. Le commissaire du gouvernement et la commission administrative en assureront la perception.

2. Dans le plus court délai, il sera établi un système d'impositions nouvelles, de manière que le produit total, pris sur les douanes, le vin, l'enregistrement, le timbre, le tabac, le sel, les loyers de maisons et les domestiques, s'élève à 720,000 fr.

3. De cette somme, il sera versé chaque mois 50,000 fr. dans la caisse du payeur de l'armée. Ce versement n'aura lieu cependant que dans trois mois, et jusque-là la caisse des domaines nationaux y suppléera.

4. Les 120,000 fr. restans seront laissés pour fournir aux frais d'administration, justice, etc., selon l'état par aperçu ci-joint.

5. Cet état sera arrêté définitivement par la commission du gouvernement avec le commissaire de la république française, lors de l'organisation des tribunaux, et des diverses parties du service administratif.

6. Le pavé des villes, et l'entretien pour la propreté et les lumières, sera payé par les habitans.

7. L'entretien des fontaines, par un droit qui sera établi

sur les bâtimens qui font de l'eau, ainsi que les gages des employés attachés à ce service.

8. Il sera établi un droit de passe pour l'entretien des routes.

9. L'instruction publique sera payée avec les biens qui y sont déjà affectés; et, en cas d'insuffisance, avec ceux des fondations et couvens supprimés, suivant l'ordre précédent du général en chef.

10. Les gages des magistrats de santé et frais y relatifs seront payés par un droit sur les vaisseaux et sur les voyageurs.

11. Le mont-de-piété sera maintenu, et le commissaire du gouvernement pourvoira à son organisation nouvelle.

12. L'établissement dit de l'Université, pour l'approvisionnement en grains de l'île, sera maintenu, en séparant l'administration ancienne à compter du premier messidor; et le commissaire du gouvernement sera tenu de l'organiser de manière à ne laisser aucune inquiétude à la république sur l'approvisionnement de l'île.

13. Les hôpitaux seront organisés sur des bases nouvelles, et il sera pourvu à leurs besoins par des biens des couvens ou fondations supprimés; ceux qui y sont déjà affectés leur seront conservés.

14. La poste aux lettres sera organisée de manière à couvrir, par la taxe des lettres, la dépense qu'elle occasionera.

15. Les dépenses relatives au passage de l'armée, aux fournitures faites pour elle, à l'état du nouveau gouvernement, seront prises sur les fonds qui resteront disponibles pendant les trois mois où le gouvernement ne paiera rien à l'armée.

16. Le commissaire du gouvernement est autorisé à régler, provisoirement, les cas non prévus, en rendant compte de la détermination au général en chef.

Ordre du 29 prairial (17 juin 1798.)

ÉCOLES PRIMAIRES.

Art. 1ᵉʳ. Il sera établi dans les îles de Malte et du Gozo quinze écoles primaires.

2. Les instituteurs des écoles enseigneront aux élèves à lire et écrire en français, les élémens de calcul et du pilotage, et les principes de la morale et de la constitution française.

3. Les instituteurs seront nommés par le commissaire du gouvernement.

4. Ils seront logés dans une maison nationale à laquelle sera attaché un jardin.

5. Leur salaire en argent sera de mille francs dans les villes et de 800 fr. dans les casals.

6. Il sera affecté au paiement de chaque instituteur une portion suffisante des biens des couvens supprimés.

7. La distribution des écoles et les réglemens sur leurs administration et régime seront confiés à la commission de gouvernement.

ÉCOLE CENTRALE.

Art. 1ᵉʳ. Il sera établi à Malte une école centrale qui remplacera l'université et les autres chaires.

2. Elle sera composé :

1°. D'un professeur d'arithmétique, et de stéréotomie, aux appointemens de 1,800 f.; 2°. d'un professeur d'algèbre et de stéréotomie, aux appointemens de 2,000 fr.; 3°. d'un professeur de géométrie et d'astronomie, aux appointemens de 2,400 fr.; 4°. d'un professeur de mécanique et de physique, aux appointemens de 3,000 fr.; 5°. d'un professeur de navigation, aux appointemens de 2,400 fr.; 6°. d'un professeur de chimie, aux appointemens de 1,800 fr.; 7°. d'un professeur de langues orientales, aux appointemens de 1,200 francs; 8°. d'un bibliothécaire, chargé des cours de géographie, aux appointemens de 1,000 fr.

3. A l'école centrale seront attachés :

1°. La bibliothèque et le cabinet d'antiquités; 2°. un muséum d'histoire naturelle; 3°. un jardin de botanique; 4°. l'observatoire.

Une somme de 3,000 fr. sera affectée à l'entretien du matériel de l'école centrale.

5. On vendra pour 300,000 fr. de biens nationaux pour la fondation de l'approvisionnement.

6. Le commissaire du gouvernement se concertera avec le commissaire des domaines pour la vente desdits biens.

Ordre du 29 prairial (17 juin 1798.)

Le commissaire-ordonnateur ouvrira un crédit sur le payeur de la place, de 3,000 fr. par mois pour le commandant de l'artillerie; 4,000 fr. par mois pour le commandant du génie; 25,000 fr. par mois pour la marine; 3,000 fr. par mois pour l'extraordinaire, à la disposition du général-commandant.

Ordre du 29 prairial (17 juin 1798.)

ART. 1er. Les commissaires des domaines nationaux auront chacun 4,000 fr. d'appointemens par an.

2. Ceux qui ne sont pas établis dans le pays auront six mois d'appointemens en forme de gratification pour leur établissement.

3. Sur les fonds provenant des domaines, il sera accordé également une somme de 6,000 fr. au commissaire de gou-

vernement pour son établissement, dont 3,000 fr. seront payés sur les premiers fonds, et 3,00 fr. dans six mois.

4. les frais de logement et de bureau de la commission ne pourront pas excéder la somme de 12 à 1,500 fr. par an.

5. Les professeurs formeront ensemble un conseil qui s'occupera des moyens de perfectionner l'instruction, et proposera à la commission de gouvernement les mesures d'administration qu'il jugera nécessaires.

6. Les appointemens des professeurs, le salaire des employés, dont l'état aura été arrêté par la commission de gouvernement, et les dépenses nécessaires pour l'entretien des divers établissemens, seront payés sur les fonds ci-devant affectés à l'entretien de l'université et de la chaire des langues orientales.

7. Il sera affecté au jardin de botanique un terrain de trente arpens, que la commission de gouvernement désignera sans délai parmi les terrains les plus fertiles et les plus près de la ville.

8. Il sera fait à l'hôpital de la ville de Malte des leçons d'anatomie, de médecine et d'accouchement, par les officiers qui y sont attachés.

Ordre du 29 prairial (17 juin 1798.)

ART. 1er. On affectera pour l'hôpital, des fonds des couvens ou dotations supprimées, jusqu'à la concurrence de 40,000 fr. de rentes. On prendra de préférence toutes les dotations qui existent déjà affectées aux hospices, quelques dénominations qu'elles aient.

2. On affectera des biens nationaux pour 300,000 fr., pour les créanciers du grand-maître.

3. On vendra pour 300,000 fr. de biens nationaux pour subvenir aux besoins de la garnison et de la marine.

Ordre du 29 prairial (17 juin 1798.)

ART. 1er. L'évêque n'exercera d'autre justice qu'une police sur les ecclésiastiques ; toutes procédures relatives au mariages seront du ressort de la justice civile et criminelle.

Il est expressément défendu à l'évêque, aux ecclésiastiques et aux habitans de l'île, de rien recevoir pour l'administration des sacremens, le devoir de leur état étant de les administrer *gratis*. Ainsi les droits d'étole, et autres pareils, restent abolis.

3. Aucun prince étranger ne pourra avoir d'influence ni dans l'administration de la religion, ni dans celle de la justice. Ainsi aucun ecclésiastique ni habitant ne pourra avoir recours au pape ni à aucun métropolitain.   BONAPARTE.

Le 30 prairial (18 juin 1798). [1]

Au directoire exécutif.

Je vous envoie, citoyens directeurs,

1°. Un réglement pour la répression des délits à bord de l'escadre.

2°. Copie d'une lettre écrite au citoyen Najac, pour les différens avancemens dans l'arsenal.

Le citoyen Najac a mis autant d'activité que de zèle dans l'exécution de vos ordres pour l'expédition ; c'est un homme de mérite, qui entend parfaitement sa besogne.

3°. Un ordre pour la punition des matelots qui se seraient débarqués de dessus l'escadre.

---

[1] Cette lettre a été écrite à différentes reprises, tant à bord de la flotte qu'à Malte. Nous la classons à sa dernière date.

Le 8 *prairial* (27 *mai* 1798).

Nous sommes depuis deux jours en calme, à dix lieues au large du détroit de Bonifaccio.

Le convoi de Corse vient de se réunir à nous; les troupes de ce convoi sont commandées par le général Vaubois. J'attends à chaque instant le convoi de Civita-Vecchia.

Un brick anglais a été poursuivi par l'aviso *le Corcyre*, commandé par le citoyen Renould, et obligé de se jeter sur les côtes de Sardaigne, où il s'est brûlé. L'équipage de ce bâtiment nous parle toujours d'une escadre anglaise.

Le convoi de l'escadre n'a encore eu aucune espèce d'avaries ni de maladies; tout continue à fort bien aller. Nos soldats travaillent nuit et jour, soit pour apprendre à grimper sur les mâtures, soit à l'exercice du canon.

Le 9, *à huit heures du soir*.

Le troisième bataillon de la soixante-dix-neuvième, auquel vous aviez depuis long-temps donné l'ordre de passer à Corfou, est encore à Ancône. J'écris à Brune pour qu'il ne perde pas un instant pour l'y faire passer. Il est bien essentiel que nos îles soient suffisamment gardées, surtout dans le premier moment.

Malte, le 25 *prairial an* 6 (13 *juin* 1798).

Nous sommes arrivés le 21, à la pointe du jour, à la vue de l'île de Gozo. Le convoi de Civita-Vecchia y était arrivé depuis trois jours.

Le 21 au soir, j'ai envoyé un de mes aides-de-camp pour demander au grand-maître la faculté de faire de l'eau dans différens mouillages de l'île. Le consul de la république à

Malte vint me porter sa réponse, qui était un refus absolu, ne pouvant, disait-il, laisser entrer plus de deux bâtimens de transport à la fois : ce qui, calcul fait, aurait exigé plus de trois cents jours pour faire de l'eau.

Le besoin de l'armée était urgent et me faisait un devoir d'employer la force pour m'en procurer.

J'ordonnai à l'amiral Brueys de faire des préparatifs pour la descente. Il envoya le contre-amiral Blanquet avec son escadre et le convoi de Civita-Vecchia, pour l'effectuer dans la calle de Marsa-Siroco. Le convoi de Gênes débarqua à la calle Saint-Paul, celui de Marseille à l'île de Gozo.

Le général de brigade Lannes, le chef de brigade Marmont, descendirent à la portée du canon de la place. Le général Desaix fit débarquer le général Belliard avec la vingt-unième. Il s'empara de toutes les batteries et de tous les forts qui défendaient la rade et le mouillage de Marsa-Siroco.

Le 22, à la pointe du jour, nos troupes étaient à terre sur tous les points, malgré l'obstacle d'une canonnade vive, mais extrêmement mal exécutée.

Le 22 au soir, la place était investie de tous les côtés, et le reste de l'île était soumis.

Le général Reynier venait de s'emparer de l'île de Gozo ; le général Baraguey-d'Hilliers de tout le midi de l'île de Malte, après avoir fait plusieurs chevaliers et deux cents hommes prisonniers. Le général Desaix était à une portée de pistolet du glacis de la Cottonère et du fort Riccazoli : il avait aussi fait plusieurs chevaliers prisonniers.

Les malheureux habitans, effrayés au-delà de ce qu'on peut imaginer, s'étaient réfugiés dans la ville de Malte, qui se trouva par ce moyen suffisamment garnie de monde.

Pendant toute la soirée du 22, la ville canonna avec la plus grande activité. Les assiégés voulurent faire une sortie ; mais le chef de brigade Marmont, à la tête de la dix-neuvième, leur enleva le drapeau de l'ordre.

Le 22, je commençai à faire débarquer l'artillerie. Nous avons peu de places en Europe aussi fortes et aussi soignées que celle de Malte. Je ne m'en tins pas aux seuls moyens militaires, et j'entamai différentes négociations : le résultat en a été heureux.

Le grand-maître m'envoya demander, le 22 au matin, une suspension d'armes.

J'ai envoyé mon aide-de-camp chef de brigade Junot au grand-maître, avec la faculté de signer une suspension d'armes, s'il consentait, pour préliminaires, à négocier de la reddition de la place.

J'envoyai les citoyens Poussielgue et Dolomieu pour sonder les intentions du grand-maître.

Le 22 à minuit, les chargés de pouvoir du grand-maître vinrent à bord de *l'Orient*, où ils conclurent dans la nuit la convention dont je vous envoie les articles.

A la tête de la députation du grand-maître était le commandeur Bosredon-Ransigeat, chevalier de la ci-devant langue d'Auvergne, qui, du moment où il vit que l'on prenait les armes contre nous, a sur-le-champ écrit au grand-maître que son devoir, comme chevalier de Malte, était de faire la guerre aux Turcs, et non à sa patrie; qu'en conséquence il déclarait ne vouloir prendre aucune part à la mauvaise conduite de l'Ordre dans cette circonstance. Il fut sur-le-champ mis en prison, et il n'en sortit que pour être chargé de venir négocier.

Hier, 24, nous sommes entrés dans la place, et nous avons pris possession de tous les forts. Aujourd'hui, à midi, l'escadre y est venue mouiller.

Je suis extrêmement satisfait de la conduite de l'amiral Brueys, de l'harmonie et de l'ensemble qui règnent dans toute l'escadre. J'ai beaucoup à me louer du zèle et de l'activité du citoyen Gantheaume, chef de division de l'état-major de l'escadre.

Le citoyen Motard, capitaine de frégate, a commandé les chaloupes de débarquement. C'est un jeune officier d'espérance.

Nous avons trouvé à Malte deux vaisseaux de guerre, une frégate, quatre galères, douze cents pièces de canon, quinze cents milliers de poudre, quarante mille fusils, etc. On vous en enverra incessamment l'état.

Je vous envoie copie des différens ordres que j'ai donnés pour l'établissement du gouvernement dans cette île.

Je vous envoie la liste des Français résidant à Malte, dont la plupart chevaliers, qui, un mois avant notre arrivée, ont fait des dons pour la descente en Angleterre.

Je vous prie d'accorder le grade de général de brigade au citoyen Marmont.

Malte, le 28 prairial an 6 (16 juin 1798).

L'escadre commence à sortir du port; et, le 30, nous comptons être tous à la voile pour suivre notre destination.

J'ai laissé, pour commander l'île, le général de division Vaubois; c'est lui qui a commandé le débarquement, et il s'est concilié les habitans de l'île par sa sagesse et sa douceur.

Le grand-maître part demain pour se rendre à Trieste. Sur les six cent mille francs que nous lui avons accordés, il laisse ici trois cent mille francs pour payer ses dettes. Je ferai prévaloir ces trois cent mille francs sur les terres que nous avons appartenant à l'Ordre.

Je lui ai donné cent mille francs comptant, et le payeur lui a remis quatre traites sur celui de Strasbourg, de cinquante mille francs chacune, faisant les deux cent mille francs. Je vous prie d'ordonner qu'elles soient acquittées.

Toute l'argenterie d'ici, y compris le trésor de Saint-Jean, ne nous donnera pas un million. Je laisse cet argent pour subvenir aux dépenses de la garnison et à l'achèvement du vaisseau *le Saint-Jean*.

Vous trouverez ci-joint les noms que j'ai donnés aux deux vaisseaux, à la frégate et aux galères que nous avons trouvés ici.

Je vous envoie copie de plusieurs ordres que j'ai donnés. Je n'ai rien oublié de ce qui pouvait nous assurer cette île.

Je vous prie d'y envoyer le reste de la septième demi-brigade d'infanterie légère, de la quatre-vingtième et de la vingt-troisième. Cette dernière est en Corse.

Nous avons besoin ici d'un bon corps de troupes. Rien n'égale l'importance de cette place. Elle est soignée et dans le meilleur état; mais les fortifications sont très-étendues.

Je vous prie de faire rejoindre tous les hommes de nos demi-brigades qui sont restés en arrière : cela se monte à plusieurs milliers. Malte aurait besoin aussi de quatre compagnies d'artillerie à pied.

J'ai fait embarquer comme matelots tous les esclaves turcs qui étaient ici : ils nous seront utiles.

Le nombre des chevaliers de Malte français se monte à trois cents. Une partie ayant plus de soixante ans pourra rester ici. J'emmène avec moi tout ce qui avait moins de trente ans. Le reste se rend à Antibes, afin que ceux qui n'ont pas porté les armes contre la France puissent rentrer, conformément à l'article 3 de la capitulation.

Malte, le 29 prairial an 6 (17 juin 1798).

Du moment que le convoi de Civita-Vecchia nous a joints, j'ai été instruit que les ordres que vous aviez donnés pour arrêter les instigateurs des troubles de Rome n'avaient pas été exécutés, et que tous les officiers avaient donné leur parole d'honneur de ne pas souffrir leur arrestation ; ce qui avait obligé le général Saint-Cyr à se relâcher de l'exécution de vos ordres. J'ai sur-le-champ fait arrêter quatre officiers du septième de hussards, et quatre de la soixante-unième, qui sont désignés par les chefs comme les principaux meneurs. Je les ai destitués et renvoyés en France, comme indignes de servir dans les troupes de la république. N'ayant pas le temps de faire faire leur procès, j'ordonne qu'on les tienne au fort Lamalgue, jusqu'à ce qu'on ait reçu vos ordres.

Malte, le 29 prairial an 6 (17 juin 1798).

Je vous envoie l'original du traité que venait de conclure l'ordre de Malte avec la Russie. Il n'y avait que cinq jours qu'il était ratifié, et le courrier, qui est le même que celui que j'ai arrêté, il y a deux ans, à Ancône, n'était pas encore parti. Ainsi, sa majesté l'empereur de Russie nous doit des remercîmens, puisque l'occupation de Malte épargne à son trésor quatre cent mille roubles. Nous avons mieux entendu que lui-même les intérêts de sa nation.

Cependant, si son but avait été de préparer les voies pour s'établir dans le port de Malte, sa majesté aurait dû, ce me semble, faire les choses un peu plus en secret, et ne pas mettre ses projets tant à découvert. Mais enfin, quoi qu'il en soit, nous avons, dans le centre de la Méditerranée, la place la plus forte de l'Europe, et il en coûtera cher à ceux qui nous en délogeront.

Malte, le 30 prairial an 6 (18 juin 1798).

Le général Baraguey-d'Hilliers vous porte le grand drapeau de l'Ordre et ceux de plusieurs des régimens de Malte.

La santé de cet officier l'obligeait de retourner à Paris.

Le général Baraguey-d'Hilliers s'est conduit toujours avec distinction à l'armée d'Italie, et s'est fort bien acquitté des différentes missions que je lui ai confiées.

Malte, le 30 prairial an 6 (18 juin 1798).

Je vous envoie copie de nouveaux ordres pour l'organisation de l'île. Vous en trouverez, entre autres, un pour l'instruction publique.

Je vous prie d'envoyer ici trois élèves de l'école polytechnique, qui pourront vous être désignés par le citoyen Guyton.

Le premier montrera l'arithmétique et la géométrie descriptive ; le second l'algèbre ; le troisième la mécanique et la physique. Ils seront logés et bien payés.

Vous trouverez aussi ci-joint plusieurs des meilleures vues de l'île de Malte.

Je vous envoie une galère en argent. C'est le modèle de la première galère qu'a eue l'ordre de Rhodes : ainsi cela est curieux par son ancienneté.

Je vous envoie un surtout de table venant de Chine. Il servait au grand-maître dans les grandes cérémonies ; il est assez bien travaillé.

Malte, le 30 prairial an 6 (18 juin 1798).

Bonaparte, général en chef, ordonne :

Art. 1er. Le général Vaubois fera déporter à Rome, sous quarante-huit heures, les consuls d'Angleterre et de Russie.

2. Si ces deux consuls sont naturels du pays, la déporta-

tion sera d'une année, au bout de laquelle ils pourront rentrer, si la république française n'a pas à se plaindre d'eux.

BONAPARTE.

A bord de *l'Orient*, le 3 messidor an 6 (21 juin 1798).

Bonaparte, général en chef, ordonne :

ART. 1er. Tout individu de l'armée qui aura pillé ou violé, sera fusillé.

2. Tout individu de l'armée qui, de son chef, mettra des contributions sur les villes, villages, sur les individus, ou commettra des extorsions de quelque genre que ce soit, sera fusillé.

3. Lorsque des individus d'une division auront commis du désordre dans une contrée, la division entière en sera responsable; si les coupables sont connus, le général de divison les fera fusiller; s'ils sont inconnus, le général de division préviendra à l'ordre que l'on ait à lui faire connaître les coupables, et, s'ils restent inconnus, il sera retenu, sur le prêt de la division, la somme nécessaire pour indemniser les habitans de la perte qu'ils auront soufferte.

4. Lorsque des individus d'un corps auront commis du désordre dans une contrée, le corps entier en sera responsable; si le chef a connaissance des coupables, il les dénoncera au général de division qui les fera fusiller; s'ils sont inconnus, le chef fera battre à l'ordre pour qu'on les lui fasse connaître; et s'ils continuent à être inconnus, il sera retenu sur le prêt du corps, la somme nécessaire pour indemniser les habitans de la perte qu'ils auront soufferte.

5. Aucun individu de l'armée n'est autorisé à faire des réquisitions ni lever des contributions, que muni d'une instruction du commissaire ordonateur en chef, en conséquence d'un ordre du général en chef.

6. Dans le cas d'urgence, comme il arrive souvent à la guerre, si le général en chef et le commissaire ordonnateur en chef se trouvaient éloignés d'une division, le général de division enverra sur-le-champ copie au général en chef de l'autorisation qu'il aura donnée, et le commissaire des guerres enverra une copie au commissaire ordonnateur en chef des objets qu'il aura requis.

7. Il ne pourra être requis que des choses nécessaires aux soldats, aux hôpitaux, aux transports et à l'artillerie.

8. Une fois la réquisition frappée, les objets requis doivent être remis aux agens des différentes administrations qui doivent en donner des reçus, et en recevoir de ceux à qui ils les distribueront, afin d'avoir leur comptabilité en matière, en règle. Ainsi, dans aucun cas, les officiers et soldats ne doivent recevoir directement des objets requis.

9. Tout l'argent et matières d'or et d'argent provenant des réquisitions, des contributions et de tout autre événement, doit, sous douze heures, se trouver dans la caisse du payeur de la division, et dans le cas que celui-ci soit éloigné, il sera versé dans la caisse du quartier-maître du corps.

10. Dans les places où il y aura un commandant, aucune réquisition ne pourra être faite sans qu'auparavant, le commissaire des guerres n'ait fait connaître au commandant de la place, en vertu de quel ordre cette réquisition est frappée; le commandant de la place devra sur-le-champ en instruire l'état-major général.

11. Ceux qui contreviendraient aux articles 5, 6, 7, 8, 9 et 10, seront destitués et condamnés à deux années de fers.

12. Le général en chef ordonne au général chef de l'état-major, aux généraux, au commissaire-ordonnateur en chef, de tenir la main à l'exécution du présent ordre, son intention n'étant pas que les fonds de l'armée deviennent le profit de quelques individus; ils doivent tourner à l'avantage de tous.

BONAPARTE.

A bord de *l'Orient*, le 10 messidor an 6 (28 juin 1798).

Bonaparte, général en chef, ordonne :

ART. 1er. L'amiral aura la partie des ports et côtes des pays occupés par l'armée. Tous les réglemens qu'il fera, et ordres qu'il donnera, auront leur exécution.

2. Les ports de Malte et d'Alexandrie seront organisés conformément aux réglemens que fera l'amiral, ainsi que ceux de Corfou et de Damiette.

3. Le citoyen Leroy remplira les fonctions d'ordonnateur à Alexandrie; le citoyen Vavasseur, celles de directeur de l'artillerie.

4. Les agens de l'administration des ports et rades des pays occupés par l'armée, correspondront avec l'ordonnateur Leroy de qui ils recevront directement des ordres.

5. Toutes les munitions navales qui seront trouvées dans les pays conquis par l'armée, seront mises dans les magasins des ports.

6. Les classes pour les matelots seront établies à Malte, en Egypte et dans les îles de la mer Ionienne.

Tous les matelots ayant moins de trente ans, seront requis pour l'escadre.

7. La marine n'aura aucun hôpital particulier; elle se servira des hôpitaux de l'armée de terre. BONAPARTE.

A bord de *l'Orient*, le 10 messidor an 6 (28 juin 1798).

Bonaparte, général en chef, ordonne :

ART. 1er. Il ne sera rien débarqué des bâtimens de transports et des convois que sur l'ordre de l'amiral, et en conséquence des réglemens qu'il fera.

2. Les bâtimens seront réduits au frêt de 18 fr. le tonneau

par mois, pour ceux de cent tonneaux, et de 16 f. pour ceux au-dessus.

3. Les bâtimens hors de service, et qui ne seront pas jugés capables de retourner en Europe, seront évalués et dépecés pour le service de l'escadre.

4. Il sera fait trois états des bâtimens du convoi.

1°. De ceux au-dessus de cent tonneaux.

2°. De ceux au-dessus de deux cents.

3°. De ceux au-dessus.

On spécifiera la nation dont ils sont.

5. Tous les matelots français qui sont à bord des bâtimens du convoi, seront pris pour la flotte.

Il sera pris des matelots égyptiens pour les convois.

6. Tout bâtiment qui s'en retournera en Europe, ne pourra avoir que le nombre de matelots qui lui est nécessaire, de quelque nation qu'il soit. Le surplus sera mis à bord de l'escadre.

7. Les bâtimens du convoi, les équipages sont sous les ordres de l'amiral. Il fera tous les réglemens qu'il jugera nécessaires pour le bien de l'armée.   BONAPARTE.

A bord de *l'Orient*, le 11 messidor an 6 (29 juin 1798).

Bonaparte, général en chef.

En conséquence de l'autorisation spéciale du Directoire exécutif, et voulant reconnaître les services du citoyen Mesnard, commissaire de la marine :

Le nomme contrôleur de la marine pour prendre rang avec ceux des grands ports.   BONAPARTE.

A bord de *l'Orient*, le 12 messidor an 6 (30 juin 1798).

PROCLAMATION.

Soldats !

Vous allez entreprendre une conquête dont les effets sur la civilisation et le commerce du monde sont incalculables. Vous porterez à l'Angleterre le coup le plus sûr et le plus sensible, en attendant que vous puissiez lui donner le coup de mort.

Nous ferons quelques marches fatigantes; nous livrerons plusieurs combats; nous réussirons dans toutes nos entreprises; les destins sont pour nous. Les beys mameloucks, qui favorisent exclusivement le commerce anglais, qui ont couvert d'avanies nos négocians, et qui tyrannisent les malheureux habitans des bords du Nil, quelques jours après notre arrivée, n'existeront plus.

Les peuples avec lesquels nous allons vivre sont mahométans; leur premier article de foi est celui-ci : « il n'y a pas d'autre Dieu que Dieu, et Mahomet est son prophète ». Ne les contredisez pas; agissez avec eux comme nous avons agi avec les juifs, avec les Italiens ; ayez les égards pour leurs muphtis et leurs imans, comme vous en avez eu pour les rabbins et les évêques; ayez pour les cérémonies que prescrit l'alcoran, pour les mosquées, la même tolérance que vous avez eue pour les couvens, pour les synagogues, pour la religion de Moïse et celle de Jésus-Christ.

Les légions romaines protégeaient toutes les religions. Vous trouverez ici des usages différens de ceux de l'Europe : il faut vous y accoutumer.

Les peuples chez lesquels nous allons entrer traitent les femmes différemment que nous ; mais, dans tous les pays, celui qui viole est un monstre.

Le pillage n'enrichit qu'un petit nombre d'hommes; il nous

déshonore; il détruit nos ressources; il nous rend ennemis des peuples qu'il est de notre intérêt d'avoir pour amis.

La première ville que nous allons rencontrer a été bâtie par Alexandre : nous trouverons à chaque pas de grands souvenirs, dignes d'exciter l'émulation des Français.

BONAPARTE.

A bord de *l'Orient*, le 12 messidor an 6 (30 juin 1798).

Au pacha d'Egypte.

Le directoire exécutif de la république française s'est adressé plusieurs fois à la sublime Porte pour demander le châtiment des beys d'Egypte, qui accablaient d'avanies les commerçans français.

Mais la sublime Porte a déclaré que les beys, gens capricieux et avides, n'écoutaient pas les principes de la justice, et que non-seulement elle n'autorisait pas les outrages qu'ils faisaient à ses bons et anciens amis les Français, mais que même elle leur ôtait sa protection.

La république française s'est décidée à envoyer une puissante armée pour mettre fin aux brigandages des beys d'Egypte, ainsi qu'elle a été obligée de le faire plusieurs fois dans ce siècle, contre les beys de Tunis et d'Alger.

Toi qui devrais être le maître des beys, et que cependant ils tiennent au Caire sans autorité et sans pouvoir, tu dois voir mon arrivée avec plaisir.

Tu es sans doute déjà instruit que je ne viens point pour rien faire contre l'Alcoran, ni le sultan. Tu sais que la nation française est la seule et unique alliée que le sultan ait en Europe.

Viens donc à ma rencontre, et maudis avec moi la race impie des beys.

BONAPARTE.

A bord de *l'Orient*, le 12 messidor an 6 (30 juin 1798).

Au commandant de la Caravelle.

Les beys ont couvert nos commerçans d'avanies ; je viens en demander réparation.

Je serai demain dans Alexandrie; vous ne devez avoir aucune inquiétude; vous appartenez à notre grand ami le sultan : conduisez-vous en conséquence ; mais si vous commettez la moindre hostilité contre l'armée française, je vous traiterai en ennemi, et vous en serez cause, car cela est loin de mon intention et de mon cœur. BONAPARTE.

Alexandrie, le 13 messidor an 6 (1er. juillet 1798).

PROCLAMATION.

Depuis trop long-temps les beys qui gouvernent l'Egypte insultent à la nation française, et couvrent ses négocians d'avanies : l'heure de leur châtiment est arrivée.

Depuis trop long-temps ce ramassis d'esclaves achetés dans le Caucase et la Géorgie tyrannisent la plus belle partie du monde ; mais Dieu, de qui dépend tout, a ordonné que leur empire finît.

Peuples de l'Egypte, on vous dira que je viens pour détruire votre religion ; ne le croyez pas : répondez que je viens vous restituer vos droits, punir les usurpateurs, et que je respecte, plus que les mameloucks, Dieu, son prophète, et le Koran.

Dites-leur que tous les hommes sont égaux devant Dieu : la sagesse, les talens et les vertus mettent seuls de la différence entre eux.

Or, quelle sagesse, quels talens, quelles vertus distinguent les mameloucks, pour qu'ils aient exclusivement tout ce qui rend la vie aimable et douce?

Y a-t-il une belle terre? elle appartient aux mameloucks. Y a-t-il une belle esclave, un beau cheval, une belle maison? cela appartient aux mameloucks.

Si l'Egypte est leur ferme, qu'ils montrent le bail que Dieu leur en a fait. Mais Dieu est juste et miséricordieux pour le peuple; tous les Egyptiens sont appelés à gérer toutes les places: que les plus sages, les plus instruits, les plus vertueux gouvernent; et le peuple sera heureux.

Il y avait jadis parmi vous de grandes villes, de grands canaux, un grand commerce: qui a tout détruit, si ce n'est l'avarice, les injustices et la tyrannie des mameloucks?

Qadhys, cheykhs, Imâms, thcorbâdjys, dites au peuple que nous sommes aussi de vrais Musulmans. N'est-ce pas nous qui avons détruit le pape, qui disait qu'il fallait faire la guerre aux Musulmans? N'est-ce pas nous qui avons détruit les chevaliers de Malte, parce que ces insensés croyaient que Dieu voulait qu'ils fissent la guerre aux Musulmans? N'est-ce pas nous qui avons été dans tous les temps les amis du grand-seigneur (que Dieu accomplisse ses desseins), et l'ennemi de ses ennemis? Les mameloucks au contraire ne sont-ils pas toujours révoltés contre l'autorité du grand-seigneur, qu'ils méconnaissent encore? Ils ne font que leurs caprices.

Trois fois heureux ceux qui seront avec nous! Ils prospéreront dans leur fortune et leur rang. Heureux ceux qui seront neutres! Ils auront le temps de nous connaître, et ils se rangeront avec nous.

Mais malheur, trois fois malheur, à ceux qui s'armeront pour les mameloucks, et combattront contre nous: il n'y aura pas d'espérance pour eux; ils périront.

Art. 1er. Tous les villages, situés dans un rayon de trois lieues des endroits où passera l'armée, enverront une députation au général commandant les troupes, pour le prévenir qu'ils sont dans l'obéissance, et qu'ils ont arboré le drapeau de l'armée (blanc, bleu et rouge.)

2. Tous les villages qui prendraient les armes contre l'armée seront brûlés.

3. Tous les villages qui se seront soumis à l'armée mettront, avec le pavillon du grand-seigneur notre ami, celui de l'armé.

4. Les cheykhs feront mettre les scellés sur les biens, maisons, propriétés qui appartiennent aux mameloucks, et auront soin que rien ne soit détourné.

5. Les cheykhs, les qadhys et les Imams, conserveront les fonctions de leurs places; chaque habitant restera chez lui et les prières continueront comme à l'ordinaire. Chacun remerciera Dieu de la destruction des mameloucks, et criera : gloire au sultan, gloire à l'armée française, son amie! malédiction aux mameloucks et bonheur au peuple d'Egypte!

BONAPARTE.

Alexandrie, le 25 messidor an 6 (3 juillet 1798).

Dans la circonstance où se trouve l'armée, il est indispensable de prendre des dispositions telles que l'escadre puisse manœuvrer selon les événemens qui peuvent survenir, et se trouver à l'abri des forces supérieures que pourraient avoir les Anglais dans ces mers; le général en chef ordonne, en conséquence, les dispositions suivantes :

ART. 1er. L'amiral Brueys fera entrer, dans la journée de demain, son escadre dans le port vieux d'Alexandrie, si le temps le permet et s'il y a le fond nécessaire.

2. S'il n'y avait pas dans ce port le fond nécessaire pour mouiller, il prendra des mesures telles, que dans la journée de demain, il ait débarqué l'artillerie et autres effets de terre,

ainsi que tous les individus composant l'armée de terre, en gardant seulement cent hommes par vaisseau de guerre et quarante par frégate, ayant soin qu'il ne se trouve parmi les troupes ni grenadiers ni carabiniers.

3. Il enverra à terre le citoyen Ganteaume, chef de l'état-major de l'escadre, pour présider et vérifier lui-même l'opération de la sonde du port, et, dans le cas où il n'y aurait pas le fond nécessaire pour que l'escadre puisse mouiller, pour accélérer le débarquement des individus et objets qui sont à bord de l'escadre. Mais, vu le peu de ressource qu'il y a dans ce port, l'amiral ne peut compter que sur les embarcations.

4. *Le Dubois* et *le Causse* entreront dans le port.

5. Le citoyen Perrée, chef de division, avec les deux galères, les bombardes et les différentes chaloupes canonnières et avisos se rendra dans le port d'Alexandrie ; le général en chef lui fera passer des instructions pour seconder avec ses forces, les opérations de l'armée de terre.

6. Le citoyen Leroy et le citoyen Vavasseur, avec les employés, officiers de la marine et tous les ouvriers que l'escadre pourra fournir, se rendront également à Alexandrie pour y former un établissement maritime.

7. L'amiral fera, dans la journée de demain, connaître au général en chef, par un rapport, si l'escadre peut entrer dans le port d'Alexandrie, ou si elle peut se défendre, embossée dans la rade d'Aboukir, contre une escadre ennemie supérieure ; et dans le cas où ni l'un ni l'autre ne pourraient s'exécuter, il devra partir pour Corfou, l'artillerie débarquée, laissant à Alexandrie *le Dubois*, *le Causse*, tous les effets nécessaires pour les armer en guerre ; *la Diane*, *la Junon*, *l'Alceste*, *l'Arthémise*, toute la flotille légère, et toutes les frégates armées en flûte, avec ce qui est nécessaire pour leur armement.

8. Si l'ennemi paraissait avec des forces très-supérieures, dans le cas où l'amiral ne pût entrer, ni à Alexandrie, ni au Beckier, la flotte se retirerait également à Corfou où l'amiral prendrait toutes les mesures pour exécuter les dispositions de l'article septième. BONAPARTE.

Alexandrie, le 15 messidor an 6 (3 juillet 1798).

Bonaparte, général en chef, ordonne :

ART. 1ᵉʳ. Tous les blés et autres comestibles et bois nécessaires à l'armée, qui se trouvent sur les bâtimens qui sont dans l'un ou l'autre port, seront sur-le-champ débarqués. L'inventaire en sera fait, et lesdits vivres seront achetés à des particuliers des nations qui ne seront pas ennemies de la France.

2. Tous les bâtimens de guerre qui appartiendraient aux mameloucks ou à des nations ennemies de la France, seront confisqués.

3. Le scellé sera mis sur toutes les maisons et autres propriétés des mameloucks.

4. Toutes les marchandises qui sont à la Douane, appartenant aux mameloucks ou à des sujets des nations ennemies de la France, qui sont la Russie, l'Angleterre et le Portugal, seront confisquées.

L'ordonnateur en chef nommera une commission de trois personnes spécialement chargées de faire les recherches, les inventaires, et même les évaluations. Elle remettra aux commissaires des guerres les différens objets à la disposition des diverses administrations. BONAPARTE.

Alexandrie, le 15 messidor an 6 (3 juillet 1798).

Bonaparte, général en chef, ordonne :

Art. 1er. Demain à midi, il se tiendra un conseil chez le général du génie, composé du commissaire-ordonnateur en chef, du général d'artillerie, du commandant de la place, du citoyen Dumanoir, commandant du port, et de l'ordonnateur Leroy : l'officier du génie, chargé du casernement, fera les fonctions de secrétaire.

2. On établira dans ce conseil les emplacemens qui doivent être donnés pour les différens services.

3. Pour l'artillerie : l'arsenal de construction, les magasins à poudre, le parc, le logement du personnel. Il faudrait que tout cela fût à peu près réuni dans un même endroit.

4. Le logement du personnel : un petit atelier de construction et quelques magasins pour les outils.

5. Pour le service de l'ordonnateur : différens magasins pour les vivres et autres parties de l'administration, au moins douze fours, des hôpitaux.

6. Pour la place et le service des troupes : le logement des officiers de l'état-major, un cachot, deux prisons, une pour les gens du pays, une pour les militaires.

Pour la marine : les lazarets, l'arsenal, le logement du personnel.

8. On fera une organisation particulière pour les différentes parties.

Pour le fort du Phare, pour le grand fort, pour le pharillon, pour le fort d'Aboukir, pour le Marabou.

BONAPARTE.

Alexandrie, le 15 messidor an 6 (3 juillet 1798).

Bonaparte, général en chef, ordonne :

ART. 1er. Tous les matelots turcs qui étaient esclaves à Malte et qui ont été mis en liberté, et qui sont de Syrie, des îles de l'Archipel ou du Bey de Tripoli, seront sur-le-champ mis en liberté.

2. L'amiral les fera débarquer demain à Alexandrie, d'où l'état-major leur donnera des passeports pour se rendre chez eux, et des proclamations en arabe. BONAPARTE.

Alexandrie, le 15 messidor an 6 (3 juillet 1798).

A l'ordonnateur Najac.

Nous sommes arrivés, citoyen ordonnateur, à Alexandrie, après différentes opérations militaires. Nous avons déjà fait divers établissemens militaires. Nous sommes maîtres d'Alexandrie, de Rosette et de Damanhour, qui sont trois grandes villes éloignées de douze lieues.

Nous avons bien besoin que le second convoi que vous préparez nous arrive promptement. Faites, je vous prie, imprimer un écrit dans nos différens ports de la Provence et du Languedoc, et même au consul de Gênes, pour engager tous les négocians à nous envoyer à Alexandrie des chargemens de vin et d'eau-de-vie qui seront payés, soit en marchés d'échange, soit en argent comptant. Les négocians ne doivent avoir désormais aucune inquiétude, puisque le port de Malte leur offre une retraite aussi sûre que commode.

Notre premier soin a été d'établir ici un lazaret auquel nous avons donné la même organisation qu'a celui de Marseille. Ainsi, dès ce moment, il n'y a plus rien à craindre de la peste qui, heureusement dans ce moment-ci, n'existe plus

ni à Alexandrie, ni à Rosette, ni dans aucun endroit de l'É-
gypte.

Je vous recommande de nouveau de nous envoyer promptement tout ce qui est de la suite de l'armée.

BONAPARTE.

Alexandrie, le 17 messidor an 6 (5 juillet 1798).

Bonaparte, général en chef, ordonne :

Art. 1ᵉʳ. Les noms de tous les hommes de l'armée française qui ont été tués à la prise d'Alexandrie, seront gravés
sur la colonne de Pompée.

2. Ils seront enterrés au pied de la colonne. Les citoyens
Costas et Dutertre feront un plan qu'ils me présenteront pour
l'exécution du présent ordre.

3. Cela sera mis à l'ordre de l'armée.

4. L'état-major remettra à cette commission l'état des
noms des hommes tués à la prise d'Alexandrie.

BONAPARTE.

Alexandrie, le 17 messidor an 6 (5 juillet 1798).

Au citoyen Perrée.

Vous ferez partir de suite tous les bâtimens de votre flottille qui ne tirent que quatre ou cinq pieds d'eau. Vous en
donnerez le commandement à l'officier qui aura votre confiance. Il se rendra à Aboukir ; il mettra embargo sur tous
les bâtimens qui pourraient s'y trouver. Il correspondra avec
le commandant du fort, pour savoir si la division Dugua est
passée, et se mettra sur-le-champ en marche pour arriver au
bord du Nil par la Barre, et se portera à Rosette.

Un de ces bâtimens fera sonder l'embouchure, et y restera
pour la désigner aux bâtimens qui arriveront après.

Les bâtimens arrivés de Rosette seront à la disposition du général Dugua.

Vous partirez le plus tôt possible avec le reste de votre flottille. Vous laisserez deux avisos ici, à la disposition du général Dumanoir.

Quand vous serez à l'embouchure du Nil, vous ferez entrer tous les bâtimens que vous pourrez, en vous servant de tous les moyens que vous suggéreront vos connaissances et votre expérience.

Vous laisserez cependant deux de vos plus grands bâtimens en dehors, que vous enverrez croiser au canal de Damiette, avec ordre d'amener à l'escadre, mouillée au Beckier, tous les bâtimens qui voudraient sortir du Nil. Vous leur recommanderez de respecter les pêcheurs et les djermes, de leur faire beaucoup d'honnêtetés, et leur donner des proclamations dont je vous envoie ci-joint une trentaine d'exemplaires.

BONAPARTE.

Alexandrie, le 18 messidor an 6 (6 juillet 1798).

Au directoire exécutif.

L'armée est partie de Malte le 1er. messidor, et est arrivée le 13, à la pointe du jour devant Alexandrie. Une escadre anglaise que l'on dit être très-forte, s'y était présentée trois jours avant et avait remis un paquet pour les Indes.

Le vent était grand frais, et la mer très-houleuse. Cependant je crus devoir débarquer de suite ; la journée se passa à faire les préparatifs du débarquement. Le général Menou, à la tête de sa division, débarqua le premier près du Marabou, à une lieue et demie d'Alexandrie.

Je débarquai avec le général Kléber, et une autre partie des troupes, à onze heures du soir. Nous nous mîmes sur-le-champ en marche pour nous porter sur Alexandrie ; nous aperçûmes à la pointe du jour la colonne de Pompée. Un corps de mameloucks et arabes commençait à escarmoucher avec nos avant-postes ; mais nous nous portâmes rapidement, la division du général Bon à la droite, celle du général Kléber au centre, et celle du général Menou à la gauche, sur les différens points d'Alexandrie. L'enceinte de la ville des Arabes était garnie de monde ; le général Kléber partit de la colonne de Pompée, pour escalader la muraille ; dans le temps que le général Bon forçait la porte de Rosette, le général Menou bloquait le château triangulaire avec une partie de sa division, se portait avec le reste sur une autre partie de l'enceinte, et la forçait. Il entra le premier dans la place ; il y reçut six blessures dont heureusement aucune n'est dangereuse.

Le général Kléber, au pied de la muraille, désignait l'endroit où il voulait que ses grenadiers montassent ; mais il reçut une balle au front qui le jeta par terre ; sa blessure, quoique très-grave, n'est pas mortelle ; les grenadiers de sa division en doublèrent de courage et entrèrent dans la place. La quatrième demi-brigade, commandée par le général Marmont, enfonça à coups de hache la porte de Rosette, et toute la division du général Bon entra dans l'enceinte des Arabes.

Le citoyen Mars, chef de brigade en second de la trente-deuxième, a été tué, et l'adjudant général l'Escalle dangereusement blessé.

Maîtres de l'enceinte des Arabes, les ennemis se réfugièrent dans le fort triangulaire, dans le Phare et dans la nouvelle ville. Chaque maison était pour eux une citadelle ; mais avant la fin de la journée la ville fut calme, les deux châteaux capitulèrent, et nous nous trouvâmes entièrement maîtres de la ville, des forts et des deux ports d'Alexandrie.

Pendant ce temps-là les Arabes du désert étant accourus par pelotons de 30 à 50 hommes, inondaient nos derrières et tombaient sur nos traînards. Ils n'ont cessé de nous harceler pendant deux jours ; mais hier je suis parvenu à conclure avec eux un traité, non-seulement d'amitié, mais même d'alliance : treize des principaux chefs sont venus hier chez moi ; je m'assis au milieu d'eux et nous eûmes une très-longue conversation. Après être convenus de nos articles, nous nous sommes réunis autour d'une table et nous avons voué au feu de l'enfer celui de moi ou d'eux qui violerait nos conventions, consistantes :

Eux à ne plus harceler nos derrières, à me donner tous les secours qui dépendraient d'eux, et à me fournir le nombre d'hommes que je leur demanderais pour marcher contre les mamelroucks.

Moi à leur restituer, quand je serai maître de l'Égypte, les terres qui leur avaient appartenu jadis.

Les prières se font, dans les Mosquées, comme à l'ordinaire, et ma maison est toujours pleine des imans ou cadis, des scheicks, des principaux du pays, des muphtis ou chefs de la religion.

Cette nation-ci n'est rien moins que ce que l'ont peinte les voyageurs et les faiseurs de relations ; elle est calme, fière et brave.

Le port vieux d'Alexandrie peut contenir une escadre aussi nombreuse qu'elle soit ; mais il y a un point de la passe où il n'y a que cinq brasses d'eau, ce qui fait penser aux marins qu'il n'est pas possible que les vaisseaux de 74 y entrent.

Cette circonstance contrarie singulièrement mes projets ; les vaisseaux de construction vénitienne pourront y entrer, et déjà *le Dubois* et *le Causse* y sont.

L'escadre sera aujourd'hui à Aboukir, pour achever de débarquer l'artillerie qu'elle a à nous.

La division du général Desaix est arrivée à Damanhour après avoir traversé quatorze lieues dans un désert aride, où elle a été bien fatiguée ; celle du général Reynier doit y arriver ce soir.

La division du général Dugua est à Rosette ; le chef de division Perrée commande notre flottille légère, et va chercher à faire remonter le Nil par une partie de ses bâtimens.

Je vous demande le grade de contre-amiral pour le citoyen Gantheaume, chef de l'état-major de l'escadre, officier du plus grand mérite, aussi distingué par son zèle que par son expérience et ses connaissances.

J'ai nommé le citoyen Leroi, ordonnateur de la marine à Alexandrie.

J'ai fait dans l'armée différens avancemens dont je vous enverrai l'état dès que l'armée aura pris un peu d'assiette.

Nous avons eu à la prise d'Alexandrie trente ou quarante hommes tués, et quatre-vingts à cent blessés.

Je vous demande le grade de chef d'escadron pour le citoyen Sulkowski, qui est un officier du plus grand mérite, et qui a été deux fois culbuté de la brèche. BONAPARTE.

Alexandrie, le 18 messidor an 6 (8 juillet 1798).

Au chargé d'affaires à Constantinople.

Je vous envoie une dépêche que je vous ai écrite à bord de *l'Orient*.

L'armée est arrivée : elle a débarqué près d'Alexandrie et s'est emparée de cette ville après quelques fusillades.

Nous sommes en pleine marche sur le Caire.

Vous devez convaincre la Porte de notre ferme résolution de continuer à vivre en bonne intelligence avec elle.

Un ambassadeur vient d'être nommé pour s'y rendre, et il ne tardera pas à y arriver.

Je désire que vous répondiez le plus tôt possible à ces différentes lettres et que vous m'en accusiez la réception.

BONAPARTE.

Giza, le 4 thermidor an 6 (22 juillet 1798).

Au pacha d'Egypte.

Je suis très-fâché de la violence que vous a faite Ibrahim, en vous forçant à quitter le Caire pour le suivre. Si vous en êtes le maître, revenez dans cette ville; vous y jouirez de la considération et du rang dus au représentant de notre ami le sultan.

Je vous ai écrit d'Alexandrie la lettre ci-jointe (en date du.....), et j'ai chargé le commandant de la caravelle de vous la faire remettre, et je suis assuré que vous ne l'avez pas reçue. Par la Grâce de Dieu, de qui tout dépend, les mameloucks ont été détruits. Soyez assuré que les mêmes armes que nous avons rendues victorieuses, seront toujours à la disposition du sultan. Que le ciel comble ses désirs contre ses ennemis!

BONAPARTE.

Giza, le 4 thermidor an 6 (22 juillet 1798).

Aux scheicks et notables du Caire.

Vous verrez, par la proclamation ci-jointe, les sentimens qui m'animent.

Hier, les mameloucks ont été pour la plupart tués ou faits prisonniers, et je suis à la poursuite du peu qui reste encore.

Faites passer de mon côté les bateaux qui sont sur votre rive, envoyez-moi une députation pour faire connaître votre soumission.

Faites préparer du pain, de la viande, de la paille et de

l'orge pour mon armée, et soyez sans inquiétude, car personne ne désire plus contribuer à votre bonheur que moi.

BONAPARTE.

Giza, le 4 thermidor an 6 (22 juillet 1798).

Proclamation jointe à la précédente.

Peuple du Caire, je suis content de votre conduite : vous avez bien fait de ne pas prendre parti contre moi; je suis venu pour détruire la race des mameloucks, protéger le commerce et les naturels du pays. Que tous ceux qui ont peur se tranquillisent; que ceux qui se sont éloignés rentrent dans leurs maisons; que la prière ait lieu comme à l'ordinaire, comme je veux qu'elle continue toujours. Ne craignez rien pour vos familles, vos maisons, vos propriétés, et surtout pour la religion du prophète, que j'aime. Comme il est urgent qu'il y ait des hommes chargés de la police, afin que la tranquillité ne soit pas troublée, il y aura un divan composé de sept personnes qui se réuniront à la mosquée de Ver. Il y en aura toujours deux près du commandant de la place, et quatre seront occupées à maintenir la tranquillité publique et à veiller à la police.

BONAPARTE.

Giza, le 4 thermidor an 6 (22 juillet 1798).

Au général Desaix.

L'état-major a dû vous donner l'ordre, citoyen général, de vous porter avec votre division à deux lieues en avant de Giza, en suivant les bords du Nil. Vous emploierez la journée de demain, 6 thermidor, à choisir un emplacement qui ne soit pas, lors de la crue du Nil, inondé, et qui, cependant, soit près du Nil.

Mon intention est que ce point soit retranché par trois redoutes formant le triangle, et se flanquant entre elles.

Chacune de ces redoutes devra pouvoir être défendue par quatre-vingt-dix hommes, deux canonniers, et deux petites pièces de canon.

Lorsque ces redoutes seront achevées, elles seront réunies entre elles par trois bons fossés, qui formeront les courtines, et de manière à ce que ce triangle puisse contenir toute votre division et lui servir de camp retranché.

Le général du génie a ordre d'envoyer un officier supérieur du génie pour tracer ces ouvrages, et vous laisserez un officier du génie de votre division et tous vos sapeurs, et vous prendrez même à la journée le plus de paysans que vous pourrez pour pousser vivement la confection desdits travaux.

Le général d'artillerie a ordre d'y envoyer six pièces de canon pour les trois redoutes, et deux pièces de 24 pour faire une batterie qui domine la navigation du Nil.

Vous donnerez l'ordre au général Belliard d'envoyer des espions, et de pousser souvent des reconnaissances au loin pour connaître ce que font les mameloucks, et d'envoyer des lettres jusqu'à cinq et six lieues en remontant le Nil, en répandant des proclamations, et en exigeant que les villages envoient des députés pour prêter le serment d'obéissance.

Le 8 à la pointe du jour, si toutes ces opérations sont finies, vous vous en retournerez avec le reste de votre division à Giza, où vous recevrez de nouveaux ordres.

Vous ferez connaître au général Belliard que, dès l'instant que les trois redoutes seront susceptibles de quelque défense, et qu'il croira suffisant d'y laisser un bataillon, il vous en fera part et je lui enverrai l'ordre de rejoindre sa division.

Vous ordonnerez à l'autre officier du génie de votre division de faire un croquis à la main de tout le pays, depuis

Giza jusqu'à la position que vous choisirez, et aux Pyramides, où est l'avant-garde du général Dugua. Il aura soin de bien placer les villages, et de spécifier particulièrement ceux qui sont habités par les Arabes. BONAPARTE.

Giza, le 5 thermidor an 6 (23 juillet 1798).

Au pacha du Caire.

L'intention de la république française en occupant l'Egypte a été d'en chasser les mameloucks, qui étaient à la fois rebelles à la Porte et ennemis du gouvernement français.

Aujourd'hui qu'elle s'en trouve maîtresse par la victoire signalée que son armée a remportée, son intention est de conserver au pacha du grand-seigneur ses revenus et son existence.

Je vous prie donc d'assurer la Porte qu'elle n'éprouvera aucune espèce de perte, et que je veillerai à ce qu'elle continue à percevoir le même tribut qui lui était ci-devant payé.

BONAPARTE.

Giza, le 5 thermidor an 6 (23 juillet 1798).

Au général du génie.

Vous voudrez bien, citoyen général, envoyer un officier supérieur du génie avec l'avant-garde de la division du général Dugua, qui part demain pour se rendre aux Pyramides, et un autre avec la division du général Desaix, qui part ce soir pour prendre position à deux lieues, en remontant le Nil.

Ils seront chargés de tracer des ouvrages dans la position qu'occupe le général Desaix, trois redoutes ou bastions retranchés se flanquant entre eux, et capables d'être défendus chacun par quatre-vingt-dix hommes, deux pièces de canon et dix canonniers.

Ces trois redoutes se lieront par un grand fossé, ce qui formera un retranchement, dans lequel la division du général Desaix devra pouvoir se camper.

Le profil de ces redoutes doit être respectable, elles doivent surtout avoir un fossé très-profond, et sur toutes les parties les plus faibles, vous pouvez ordonner que l'on fasse une grande quantité de trous de loup.

L'officier du génie qui ira aux Pyramides devra tracer un fort à étoile, ou redoute brisée, capable de contenir deux cent cinquante à trois cents hommes, et pouvant être défendue par cent hommes et deux pièces de canon : le but de cette redoute est de contenir les Arabes.

L'un et l'autre de ces deux ouvrages doivent être à l'abri de l'inondation du Nil. Celui que vous ferez établir à la position du général Desaix, aura une batterie de deux pièces de 24, qui doivent être placées de manière à être maître de la navigation du Nil.   BONAPARTE.

Giza, le 5 thermidor an 6 (23 juillet 1798).

Au général Dugua.

Vous voudrez bien, général, faire partir demain, à la pointe du jour, votre avant-garde avec une pièce de 3 et trente hommes à cheval, le tout commandé par le général Verdier; elle se rendra aux Pyramides. Il fera connaître par une circulaire à tous les Arabes qui sont établis dans les environs, qu'ils seront responsables si les Arabes continuent à assassiner les Français et à nous faire la guerre; que je leur donne quarante-huit heures pour prévenir leurs compatriotes desdites dispositions : après quoi, si l'on continue, je sévirai contre eux.

Vous enverrez également avec cette avant-garde tous vos sapeurs et un officier du génie.

Le général du génie a ordre d'y envoyer un officier supérieur de cette arme, lequel se concertera avec le général Verdier pour y tracer une redoute à étoile capable de contenir cent hommes et deux pièces de canon, et de la mettre à l'abri de toute attaque de la part des Arabes. Vous ordonnerez au général Verdier de fournir des sapeurs travailleurs de la demi-brigade pour aider les sapeurs, et de prendre des paysans pour travailler.

Dès l'instant que cette redoute sera achevée, le général Verdier m'en préviendra, et je lui donnerai l'ordre de rejoindre sa division.

Le général d'artillerie a ordre de fournir deux pièces de canon pour ladite redoute.

Vous ordonnerez à cette division de nétoyer demain ses armes, pour pouvoir après demain occuper la position qui lui sera désignée de l'autre côté du Nil.

Cherchez à vous procurer le plus de bateaux que vous pourrez, afin de passer promptement. J'ai ordonné qu'on vous en envoyât du Caire le plus que l'on pourra.

BONAPARTE.

Au Caire, le 6 thermidor an 6 (24 juillet 1798).

Au directoire exécutif.

Le 19 messidor, l'armée partit d'Alexandrie. Elle arriva à Damanhour le 20, souffrant beaucoup à travers ce désert de l'excessive chaleur et du manque d'eau.

Combat de Rahmanieh.

Le 22 nous rencontrâmes le Nil à Rahmanieh, et nous nous rejoignîmes avec la division du général Dugua, qui était venue par Rosette en faisant plusieurs marches forcées.

La division du général Desaix fut attaquée par un corps de sept à huit cents mameloucks, qui après une canonnade assez vive, et la perte de quelques hommes, se retirèrent.

Bataille de Chebrheis.

Cependant j'appris que Mourad-Bey, à la tête de son armée composée d'une grande quantité de cavalerie, ayant huit ou dix grosses chaloupes canonnières, et plusieurs batteries sur le Nil, nous attendait au village de Chebrheis. Le 24 au soir, nous nous mîmes en marche pour nous en approcher. Le 25, à la pointe du jour, nous nous trouvâmes en présence.

Nous n'avions que deux cents hommes de cavalerie éclopés et harassés encore de la traversée; les mameloucks avaient un magnifique corps de cavalerie, couvert d'or et d'argent, armés des meilleures carabines et pistolets de Londres, des meilleurs sabres de l'Orient, et montés peut-être sur les meilleurs chevaux du continent.

L'armée était rangée, chaque division formant un bataillon carré, ayant les bagages au centre et l'artillerie dans les intervalles des bataillons. Les bataillons rangés, les deuxième et quatrième divisions derrière les première et troisième. Les cinq divisions de l'armée étaient placées en échelons, se flanquant entre elles, et flanquées par deux villages que nous occupions.

Le citoyen Perrée, chef de division de la marine, avec trois chaloupes canonnières, un chébec et une demi-galère, se porta pour attaquer la flotille ennemie. Le combat fut extrêmement opiniâtre. Il se tira de part et d'autre plus de quinze cents coups de canon. Le chef de division Perrée a été blessé au bras d'un coup de canon, et, par ses bonnes dispositions et son intrépidité, est parvenu à reprendre trois chaloupes canonnières, et la demi-galère, que les mamelucks avaient prises, et à mettre le feu à leur amiral. Les citoyens Monge et Berthollet, qui étaient sur le chébec, ont montré dans des momens difficiles beaucoup de courage. Le général Andréossy, qui commandait les troupes de débarquement, s'est parfaitement conduit.

La cavalerie des mamelucks inonda bientôt toute la plaine, déborda toutes nos ailes, et chercha de tous côtés sur nos flancs et nos derrières le point faible pour pénétrer ; mais partout elle trouva que la ligne était également formidable, et lui opposait un double feu de flanc et de front. Ils essayèrent plusieurs fois de charger, mais sans s'y déterminer. Quelques braves vinrent escarmoucher ; ils furent reçus par des feux de pelotons de carabiniers placés en avant des intervalles des bataillons. Enfin, après être restés une partie de la journée à demi-portée de canon, ils opérèrent leur retraite, et disparurent. On peut évaluer leur perte à trois cents hommes tués ou blessés.

Nous avons marché pendant huit jours, privés de tout, et dans un des climats les plus brûlans du monde.

Le 2 thermidor au matin, nous aperçûmes les pyramides.

Le 2 au soir, nous nous trouvions à six lieues du Caire ; et j'appris que les vingt-trois beys, avec toutes leurs forces, s'étaient retranchés à Embabeh, qu'ils avaient garni leurs retranchemens de plus de soixante pièces de canon.

Bataille des Pyramides.

Le 3, à la pointe du jour, nous rencontrâmes les avant-gardes, que nous repoussâmes de village en village.

A deux heures après midi, nous nous trouvâmes en présence des retranchemens et de l'armée ennemie.

J'ordonnai aux divisions des généraux Desaix et Reynier de prendre position sur la droite entre Djyzeh et Embabeh, de manière à couper à l'ennemi la communication de la Haute-Egypte, qui était sa retraite naturelle. L'armée était rangée de la même manière qu'à la bataille de Chebrheis.

Dès l'instant que Mourad bey s'aperçut du mouvement du général Desaix, il se résolut à le charger, et il envoya un de ses beys les plus braves avec un corps d'élite qui, avec la rapidité de l'éclair, chargea les deux divisions. On le laissa approcher jusqu'à cinquante pas, et on l'accueillit par une grêle de balles et de mitraille, qui en fit tomber un grand nombre sur le champ de bataille. Ils se jetèrent dans l'intervalle que formaient les deux divisions, où ils furent reçus par un double feu qui acheva leur défaite.

Je saisis l'instant, et j'ordonnai à la division du général Bon, qui était sur le Nil, de se porter à l'attaque des retranchemens, et au général Vial, qui commande la division du général Menou, de se porter entre le corps qui venait de le charger et les retranchemens, de manière à remplir le triple but,

D'empêcher le corps d'y rentrer;

De couper la retraite à celui qui les occupait;

Et enfin, s'il était nécessaire, d'attaquer ces retranchemens par la gauche.

Dès l'instant que les généraux Vial et Bon furent à portée, ils ordonnèrent aux premières et troisièmes divisions de chaque bataillon de se ranger en colonnes d'attaque, tandis que les deuxièmes et quatrièmes conservaient leur même position, formant toujours le bataillon carré, qui ne se trouvait plus que sur trois de hauteur, et s'avançait pour soutenir les colonnes d'attaque.

Les colonnes d'attaque du général Bon, commandées par le brave général Rampon, se jetèrent sur les retranchemens avec leur impétuosité ordinaire, malgré le feu d'une assez grande quantité d'artillerie, lorsque les mameloucks firent une charge. Ils sortirent des retranchemens au grand galop. Nos colonnes eurent le temps de faire halte, de faire front de tous côtés, et de les recevoir la baïonette au bout du fusil, et par une grêle de balles. A l'instant même le champ de bataille en fut jonché. Nos troupes eurent bientôt enlevé les retranchemens. Les mameloucks en fuite se précipitèrent aussitôt en foule sur leur gauche. Mais un bataillon de carabiniers, sous le feu duquel ils furent obligés de passer à cinq pas, en fit une boucherie effroyable. Un très-grand nombre se jeta dans le Nil, et s'y noya.

Plus de quatre cents chameaux chargés de bagages, cinquante pièces d'artillerie, sont tombés en notre pouvoir. J'évalue la perte des mameloucks à deux mille hommes de cavalerie d'élite. Une grande partie des beys a été blessée ou tuée. Mourad Bey a été blessé à la joue. Notre perte se monte à vingt ou trente hommes tués et à cent vingt blessés. Dans la nuit même, la ville du Caire a été évacuée. Toutes leurs chaloupes canonnières, corvettes, bricks, et même une frégate, ont été brûlées, et le 4, nos troupes sont entrées au Caire. Pendant la nuit, la populace a brûlé les maisons des beys, et commis plusieurs excès. Le Caire, qui a plus de trois cent mille habitans, a la plus vilaine populace du monde.

Après le grand nombre de combats et de batailles que les

troupes que je commande ont livrés contre des forces supérieures, je ne m'aviserais point de louer leur contenance et leur sang-froid dans cette occasion, si véritablement ce genre tout nouveau n'avait exigé de leur part une patience qui contraste avec l'impétuosité française. S'ils se fussent livrés à leur ardeur, ils n'auraient point eu la victoire, qui ne pouvait s'obtenir que par un grand sang-froid et une grande patience.

La cavalerie des mameloucks a montré une grande bravoure. Ils défendaient leur fortune, et il n'y a pas un d'eux sur lequel nos soldats n'aient trouvé trois, quatre, et cinq cents louis d'or.

Tout le luxe de ces gens-ci était dans leurs chevaux et leur armement. Leurs maisons sont pitoyables. Il est difficile de voir une terre plus fertile et un peuple plus misérable, plus ignorant et plus abruti. Ils préfèrent un bouton de nos soldats à un écu de six francs; dans les villages ils ne connaissent pas même une paire de ciseaux. Leurs maisons sont d'un peu de boue. Ils n'ont pour tout meuble qu'une natte de paille et deux ou trois pots de terre. Ils mangent et consomment en général fort peu de chose. Ils ne connaissent point l'usage des moulins, de sorte que nous avons bivouaqué sur des tas immenses de blé, sans pouvoir avoir de farine. Nous ne nous nourrissions que de légumes et de bestiaux. Le peu de grains qu'ils convertissent en farine, ils le font avec des pierres; et, dans quelques gros villages, il y a des moulins que font tourner des bœufs.

Nous avons été continuellement harcelés par des nuées d'Arabes, qui sont les plus grands voleurs et les plus grands scélérats de la terre, assassinant les Turcs comme les Français, tout ce qui leur tombe dans les mains. Le général de brigade Muireur et plusieurs autres aides-de-camp et officiers de l'état-major ont été assassinés par ces misérables. Embusqués derrière des digues et dans des fossés, sur leurs excellens petits chevaux, malheur à celui qui s'éloigne à cent pas des colonnes. Le général Muireur, malgré les représentations de la grande garde, seul, par une fatalité que j'ai souvent remarqué accompagner ceux qui sont arrivés à leur dernière heure, a voulu se porter sur un monticule à deux cents pas du camp ; derrière étaient trois bédouins qui l'ont assassiné. La république fait une perte réelle : c'était un des généraux les plus braves que je connusse.

La république ne peut pas avoir une colonie plus à sa portée et d'un sol plus riche que l'Egypte. Le climat est très-sain, parce que les nuits sont fraîches. Malgré quinze jours de marche, de fatigues de toute espèce, la privation du vin, et même de tout ce qui peut alléger la fatigue, nous n'avons point de malades. Le soldat a trouvé une grande ressource dans les pastèques, espèce de melons d'eau qui sont en très-grande quantité.

L'artillerie s'est spécialement distinguée. Je vous demande le grade de général de division pour le général de brigade Dommartin. J'ai promu au grade de général de brigade le chef de brigade Destaing, commandant la quatrième demi-brigade ; le général Zayonschek s'est fort bien conduit dans plusieurs missions importantes que je lui ai confiées.

L'ordonnateur Sucy s'était embarqué sur notre flotille du Nil, pour être plus à portée de nous faire passer des vivres du Delta. Voyant que je redoublais de marche, et désirant être à mes côtés lors de la bataille, il se jeta dans une chaloupe canonnière, et, malgré les périls qu'il avait à courir, il se sépara de la flottille. Sa chaloupe échoua ; il fut assailli par une grande quantité d'ennemis. Il montra le plus grand courage ; blessé très-dangereusement au bras, il parvint, par son exemple, à ranimer l'équipage, et à tirer la chaloupe du mauvais pas où elle s'était engagée.

Nous sommes sans aucune nouvelle de France depuis notre départ.

Je vous enverrai incessamment un officier avec tous les renseignemens sur la situation économique, morale et politique de ce pays-ci.

Je vous ferai connaître également, dans le plus grand détail, tous ceux qui se sont distingués, et les avancemens que j'ai faits.

Je vous prie d'accorder le grade de contre-amiral au citoyen Perrée, chef de division, un des officiers de marine les plus distingués par son intrépidité.

Je vous prie de faire payer une gratification de 1,200 fr. à la femme du citoyen Larrey, chirurgien en chef de l'armée. Il nous a rendu, au milieu du désert, les plus grands services par son activité et son zèle. C'est l'officier de santé que je connaisse le plus fait pour être à la tête des ambulances d'une armée. BONAPARTE.

Au Caire, le 7 thermidor an 6 (25 juillet 1798).

Bonaparte, général en chef, ordonne :

ART. 1ᵉʳ. Le Caire sera gouverné par un divan composé de neuf personnes, savoir : le scheick El-Sadat, le scheick El-Cherkaouï, le scheick El-Sahouï, le scheik El-Bekri, le scheick El-Fayoumiy, le scheick Chiarichi, le scheick Mussa-Lirssi, le scheick Nakib-el-Aschraf Seid-Omar, le scheick Mohamed-el-Emir. Ils se rendront ce soir à cinq heures dans la maison de....; ils composeront le divan, et nommeront un d'entre eux pour président; ils choisiront un secrétaire pris hors de leur sein, et deux secrétaires interprètes, sachant le français et l'arabe.

Ils nommeront deux agas pour la police, une commission de trois pour surveiller les marchés et la propreté de la ville.

et une autre également de trois, qui sera chargée de faire enterrer les morts qui se trouveraient au Caire, ou à deux lieues aux environs.

2. Le divan sera assemblé tous les jours à midi, et il y aura perpétuellement trois membres qui seront en permanence.

3. Il y aura à la porte du divan une garde française et une garde turque.

4. Le général Berthier et le commandant de la place se rendront le soir au divan, à cinq heures, pour les installer et leur faire prêter le serment de ne rien faire contre les intérêts de l'armée. BONAPARTE.

Noms des familles les plus anciennes.

La maison des Beckris, la maison El-Sadat, la maison du nakib El-Aschraf, la maison du scheick Ynani.

Au Caire, le 8 thermidor an 6 (26 juillet 1798).

Au général Vial.

Vous devez avoir reçu, citoyen général, l'ordre de l'état-major pour votre départ à Damiette.

Le général Zayonscheck est à Menouf.

Je vous envoie une trentaine de proclamations que vous répandrez sur la route; vous vous arrêterez dans les plus grands endroits pour faire prêter le serment aux scheicks et rassurer les habitans; vous ferez mettre, par les scheicks, les scellés sur les biens des mameloucks, et vous veillerez à ce que rien ne soit volé.

Arrivé à Damiette, vous préviendrez le citoyen Blanc, directeur général de la santé à Alexandrie, pour qu'il y fasse établir sur-le-champ un lazaret. Vous ne laisserez rien sortir du port.

Vous ordonnerez que les douanes et toutes les impositions directes et indirectes soient prises comme à l'ordinaire. Vous ferez faire l'inventaire de tous les effets appartenans aux mamelroucks.

Vous ferez réparer les forts situés à l'embouchure du Nil, de manière à les mettre à l'abri d'un coup de main.

Vous ferez désarmer tout le pays.

Vous aurez soin de vous faire instruire de ce qui se passe à Acre et en Syrie et de m'en prévenir.

Vous vous mettrez en correspondance avec la frégate qui croise à l'embouchure du Nil, ainsi qu'avec les bombardes, afin de vous en servir et de les faire avancer jusqu'au Caire, à mesure que le Nil s'accroîtra.

Votre commandement s'étendra non-seulement dans toute la province de Damiette, mais encore dans celle de Mansoura.

Je vous envoie l'organisation donnée à ce pays.

Vous nommerez un divan pour la province de Damiette, et un pour celle de Mansoura, ainsi qu'un aga des janissaires.

Vous vous empresserez également de nommer les deux compagnies.

Je fais nommer l'intendant de chacune des provinces, et l'administration des finances nommera l'agent français.

Pour faire l'inventaire des magasins, meubles et maisons des mamelroucks, vous nommerez une commission de trois personnes; vous pouvez les prendre parmi les négocians français établis à Damiette, tant pour la province de Damiette, que pour celle de Mansoura.

Votre premier soin sera de prendre toutes les mesures, et de requérir des chevaux pour monter cent hommes de cavalerie. Vous pouvez demander à Rosette deux pièces de canon de campagne, et vous trouverez dans le pays les moyens de les atteler.

BONAPARTE.

Au Caire, le 9 thermidor an 6 (27 juillet 1798).

Le général en chef Bonaparte, considérant que les femmes des beys et des mameloucks, errantes aux environs de la ville, deviennent la proie des Arabes, et mu par la compassion, premier sentiment qui doit animer l'homme, autorise toutes les femmes des beys et des mameloucks à rentrer en ville dans les maisons qui sont leur propriété, et leur promet sûreté.

Elles seront tenues dans les vingt-quatre heures de leur arrivée, de se faire connaître au citoyen Magallon, et de déclarer leur demeure.   BONAPARTE.

Au Caire, le 9 thermidor an 6 (27 juillet 1798).

A l'amiral Brueys.

Après des marches fatigantes et quelques combats, nous sommes enfin arrivés au Caire.

J'ai été spécialement content du chef de division Perrée, et je l'ai nommé contre-amiral.

Je suis instruit d'Alexandrie qu'enfin vous avez trouvé une passe telle qu'on pouvait la désirer, et qu'à l'heure qu'il est vous êtes dans le port avec votre escadre.

Vous ne devez avoir aucune inquiétude sur les vivres nécessaires à votre armée.

J'imagine que demain, ou après, je recevrai de vos nouvelles et des nouvelles de France; je n'en ai point reçu depuis mon départ.

Dès que j'aurai reçu une lettre de vous, qui me fasse connaître ce que vous aurez fait et la position où vous êtes, je vous ferai passer des ordres sur ce que nous aurons encore à faire. L'état-major vous aura sans doute envoyé le détail de notre affaire des Pyramides.

Je pense que vous avez une frégate sur Damiette : comme j'envoie prendre possession de cette ville, je vous prie de dire à l'officier qui commande cette frégate de s'approcher le plus possible et d'entrer en communication avec nos troupes qui y seront lorsque vous aurez reçu cette lettre.

Faites partir le courrier que je vous envoie pour prendre terre à l'endroit qui vous paraîtra le plus convenable, selon les nouvelles que vous avez des ennemis et selon les vents qui règnent dans cette saison.

Je désire que vous puissiez envoyer une frégate qui aurait ordre de partir quarante-huit heures après son arrivée, dans les ports, soit de Malte, soit d'Ancône, en lui recommandant de nous apporter les gazettes et nouvelles qu'elle recevrait des agens français.

J'ai fait filer sur Alexandrie une grande quantité de denrées, pour solder le nolis des bâtimens de transport.

Mille choses à Ganteaume et à Casa-Bianca.

Faites bien garder Coraïm ; c'est un coquin qui nous a trompés : s'il ne nous donne pas les cent mille écus que je lui ai demandés, je lui ferai couper la tête.

BONAPARTE.

Au Caire, le 12 thermidor an 6 (30 juillet 1798).

Au commissaire ordonnateur.

Je vous fais passer, citoyen ordonnateur, différentes impositions que je viens de frapper sur Rosette, Alexandrie et Damiette. Le tiers de ces impositions sera affecté au service de ces places ; donnez vos ordres aux commissaires des guerres pour leur répartition ; le deuxième tiers sera affecté à la solde des troupes, et enfin l'autre tiers à l'ordonnateur Leroi.

BONAPARTE.

Au Caire, le 12 thermidor an 6 (30 juillet 1798).

Au citoyen Leroi.

Je donne l'ordre au général Kléber de percevoir différentes contributions à Alexandrie, montant à 600,000 fr.

Le tiers sera à votre disposition pour le service de la marine, le deuxième tiers est destiné à la solde de l'armée, et le troisième tiers est à la disposition de l'ordonnateur en chef pour les frais d'administration d'armée.

Je donne ordre au général Vial de percevoir à Damiette une contribution de 150,000 fr., dont le tiers sera également à votre disposition. BONAPARTE.

Au Caire, le 12 thermidor an 6 (30 juillet 1798).

A l'amiral Brueys.

D'après tous les relevés, il me paraît que l'escadre anglaise a passé le détroit le 12 prairial, est arrivée devant Toulon le 23, devant Naples le 29, devant Alexandrie le 9 messidor. BONAPARTE.

Au Caire, le 12 thermidor an 6 (30 juillet 1798).

Au général Kléber.

Je vous prie, citoyen général, d'organiser la place d'Alexandrie : dès l'instant que tous les officiers seront organisés et que vos blessures seront cicatrisées, vous pourrez rejoindre l'armée.

Vous sentez que votre présence est encore nécessaire dans cette place une quinzaine de jours. BONAPARTE.

Au Caire, le 12 thermidor an 6 (30 juillet 1798).

Au même.

Je viens de recevoir tout à la fois vos lettres depuis le 22 messidor jusqu'au 3 thermidor. La conduite que vous avez tenue est celle qu'il fallait tenir.

Je vous ai envoyé, avant-hier, l'ordre pour l'organisation de la province d'Alexandrie : ainsi nommez pour composer le divan, l'aga et les commissaires, les hommes les plus attachés aux Français et les plus ennemis des beys. Non-seulement j'approuve l'arrestation de Coraïm, mais vous verrez par l'ordre ci-joint que j'ordonne encore celle de plusieurs autres individus.

La chose que nous avions le plus à craindre, c'était d'être précédés par la terreur qui n'existait déjà que trop et qui nous aurait exposés dans chaque bicoque, à des scènes pareilles à celles d'Alexandrie. Tous ces gens-ci pouvaient penser que nous venions dans le même esprit que Saint-Louis, et qu'ils portent eux-mêmes lorsqu'il entrent dans les états chrétiens ; mais aujourd'hui les circonstances sont tout opposées. Ce n'est plus ce que nous ferons à Alexandrie qui fixera notre réputation, mais ce que nous ferons au Caire : d'ailleurs répandus sur tous les points, nous sommes parfaitement connus.

Il paraît que vous êtes peu satisfait de la soixante-neuvième demi-brigade : faites connaître au chef que si sa demi-brigade ne va pas mieux, on le destituera.

Vous trouverez ci-joint différens ordres ; vous les ferez publier l'un après l'autre, et vous veillerez surtout à leur exécution. Ce n'est que par ces moyens-là que nous avons pu trouver quelque chose au Caire. BONAPARTE.

Au Caire, le 12 thermidor an 6 (30 juillet 1798).

A l'amiral Brueys.

Je reçois à l'instant et tout à la fois vos lettres depuis le 25 messidor jusqu'au 8 thermidor. Les nouvelles que je reçois d'Alexandrie sur le succès des sondes, me font espérer qu'à l'heure qu'il est, vous serez entré dans le port. Je pense aussi que *le Causse* et *le Dubois* sont armés en guerre de manière à pouvoir se trouver en ligne, si vous étiez attaqué; car enfin deux vaisseaux de plus ne sont point à négliger.

Le contre-amiral Perrée sera pour long-temps nécessaire sur le Nil, qu'il commence à connaître. Je ne vois pas d'inconvénient à ce que vous donniez le commandement de son vaisseau au citoyen...... Faites là-dessus ce qu'il convient.

Je vous ai écrit le 9, je vous ai envoyé copie de tous les ordres que j'ai donnés pour l'approvisionnement de l'escadre; j'imagine qu'à l'heure qu'il est, les cinquante bateaux chargés de vivres sont arrivés. Nous avons ici une besogne immense; c'est un chaos à débrouiller et à organiser qui n'eut jamais d'égal. Nous avons du blé, du riz, des légumes en abondance. Nous cherchons et nous commençons à trouver de l'argent; mais tout cela est environné de travail, de peines et de difficultés.

Vous trouverez ci-joint un ordre pour Damiette, envoyez-le par un aviso, qui, avant d'entrer, s'informera si nos troupes y sont. Elles sont parties pour s'y rendre il y a trois jours, en barques sur le Nil : ainsi elles seront arrivées lorsque vous recevrez cette lettre; envoyez-y un des sous-commissaires de l'escadre pour surveiller l'exécution de l'ordre.

Je vais encore faire partir une trentaine de bâtimens chargés de blé pour votre escadre.

Toute la conduite des Anglais porte à croire qu'ils sont inférieurs en nombre, et qu'ils se contentent de bloquer Malte et d'empêcher les subsistances d'y arriver. Quoi qu'il en soit il faut bien vite entrer dans le port d'Alexandrie, ou vous approvisionner promptement de riz, de blé, que je vous envoie, et vous transporter dans le port de Corfou; car il est indispensable que jusqu'à ce que tout ceci se décide, vous vous trouviez dans une position à portée d'en imposer à la Porte. Dans le second cas, vous aurez soin que tous les vaisseaux, frégates vénitiennes et françaises qui peuvent nous servir, restent à Alexandrie. BONAPARTE.

Au Caire, le 12 thermidor an 6 (30 juillet 1798).

Au commissaire ordonnateur en chef.

Les pailles arrivent continuellement au Caire lors de l'inondation du Nil, parce qu'alors le transport devient très-facile.

Les provinces les plus riches de l'Égypte sont dans ce moment occupées par nos troupes; je crois que vous avez un commissaire dans la province de Menoufié où commande le général Zayonscheck. Envoyez-en un dans la province de Kélioubeh où commande le général Murat, un dans la province de Giza où commande le général Belliard, et un dans la province de Mansoura et Damiette, où commande le général Vial, et un dans la province de Bahhiré, où commande le général Dumuy.

Dans chacune de ces provinces, il y a un commandant français, une commission administrative du pays ou divan, un intendant cophte, un agent français près l'intendant; et enfin une commission, pour faire dans chaque province l'inventaire des biens des mameloucks. En envoyant des commissaires de guerre dans ces différentes provinces, il vous sera facile de faire venir au Caire les approvisionnemens du pays.

Je vous envoie copie des ordres que j'ai donnés, soit pour les approvisionnemens, soit pour l'organisation du pays. J'ai aussi ordonné à l'état-major général de vous envoyer une carte avec les divisions des différentes provinces.

BONAPARTE.

Au Caire, le 12 thermidor an 6 (30 juillet 1798).

Bonaparte, général en chef, ayant des preuves de trahison de Sidi Mohamed-el-Coraïm qu'il avait comblé de bienfaits, ordonne :

ART. 1er. Sidi Mohamed-el-Coraïm paiera une contribution de 300,000 fr.

2. A défaut par lui d'acquitter ladite contribution cinq jours après la publication du présent ordre, il aura la tête tranchée.

BONAPARTE.

Au Caire, le 12 thermidor an 6 (30 juillet 1798).

Au général Menou.

Je vous fais passer, citoyen général, un ordre pour lever une contribution de 100,000 fr. sur les habitans de Rosette. Le tiers de cette contribution sera destiné à l'ordonnateur en chef, pour les dépenses de l'administration, et les deux autres tiers à la solde des troupes.

BONAPARTE.

Au Caire, le 12 thermidor an 6 (30 juillet 1798).

Au général Zayonscheck.

Je donne ordre, citoyen général, pour qu'on établisse à Menouf un hôpital de cinquante lits, et qu'on y construise deux fours. Voyez à faire tout ce qui sera possible pour activer cette opération.

Vous avez dû recevoir hier les ordres pour l'organisation de votre province. Il faut que vous traitiez les Turcs avec la plus grande sévérité; tous les jours ici je fais couper trois têtes et les promener dans le Caire : c'est le seul moyen de venir à bout de ces gens-ci.

Veillez surtout à l'entier désarmement du pays.

Faites-moi faire, par un officier du génie ou de l'état-major, un croquis de toutes les provinces, avec la situation de tous les villages, et des renseignemens généraux sur leur population, et ce que produisaient le miri, le seddan et autres impositions.

Prenez tous les moyens pour monter votre cavalerie ; avec les chevaux, prenez les selles, et faites faire par vos commissions un inventaire exact et prompt de tous les biens appartenans aux mameloucks.

Faites-moi connaître quelles sont les ressources pécuniaires que nous offre votre province.

Je vous envoie une grande quantité de proclamations que vous répandrez dans la province ; je désire que vous vous mettiez en correspondance avec le général Murat, qui commande la province de Kelioubeh.

Il me serait facile de vous procurer deux pièces de canon, si vous trouviez dans le pays des moyens de les atteler. Je vous les enverrais sur des bateaux jusqu'au point de débarquement où vous les feriez prendre. BONAPARTE.

Au Caire, le 13 thermidor an 6 (31 juillet 1798).

Bonaparte, général en chef, ordonne :

ART. 1ᵉʳ. Tous les propriétaires de l'Egypte sont confirmés dans leurs propriétés.

2. Les fondations pieuses affectées aux mosquées, et spécialement à celle de Médine et de la Mecque, sont confirmées comme par le passé.

3. Toutes les transactions civiles continueront à avoir lieu comme par le passé.

4. La justice civile sera administrée comme par le passé.

BONAPARTE.

Au Caire, le 13 thermidor an 6 (31 juillet 1798).

Au général Menou.

Votre présence est encore nécessaire, citoyen général, à Rosette pendant quelques jours, pour l'organisation de cette province ; les Turcs ne peuvent se conduire que par la plus grande sévérité ; tous les jours je fais couper cinq ou six têtes dans les rues du Caire. Nous avons dû les ménager jusqu'à présent pour détruire cette réputation de terreur qui nous précédait : aujourd'hui, au contraire, il faut prendre le ton qui convient pour que ces peuples obéissent ; et obéir, pour eux, c'est craindre.

Je vous ai envoyé, par mon dernier courrier, des ordres pour l'organisation du divan, de l'aga d'une compagnie de soixante hommes turcs pour la police.

Il serait nécessaire que la commission chargée de faire l'inventaire des biens des mameloucks envoyât ses états à l'ordonnateur.

Faites-nous passer avec la plus grande promptitude des nouvelles de l'amiral et de l'escadre.

Ordonnez au commandant d'artillerie d'envoyer prendre à Alexandrie deux ou trois grosses pièces d'artillerie, pour les placer à l'embouchure du Nil, et empêcher les chaloupes anglaises de nous insulter. BONAPARTE.

Au Caire, le 14 thermidor an 6 (1er. août 1798).

Bonaparte, général en chef, ordonne :

ART 1er. Tous les effets et esclaves appartenans à la femme de Mourad-Bey et aux femmes des mameloucks qui composaient sa maison, leur seront laissés en pleine propriété.

2. La femme de Mourad-Bey versera dans la caisse du payeur de l'armée 600,000 fr., dont 100,000 fr. demain, et le restant 50,000 fr. par jour.

3. A défaut d'effectuer lesdits paiemens, tous les esclaves et biens appartenans aux femmes des mameloucks de la maison de Mourad-Bey, seront regardés comme propriétés nationales ; il sera seulement laissé à la femme de Mourad-Bey les meubles de l'appartement qu'elle occupe et six esclaves pour la servir. BONAPARTE.

Au Caire, le 14 thermidor an 6 (1er. août 1798).

Au citoyen Rosetti.

Vous vous rendrez secrètement, citoyen, auprès de Mourad-Bey : vous lui direz que vous m'avez présenté l'homme qu'il avait envoyé ; que cet homme, par des paroles indiscrètes, des discours verbeux et faux, n'était parvenu qu'à m'indisposer davantage contre lui : mais que j'ai compris que le moment pouvait venir où il fût de mon intérêt de me servir de Mourad-Bey comme de mon bras droit, et que je consentais à ce qu'il conservât la province de Girgé, dans laquelle il devrait se retirer dans l'espace de cinq jours, et que, de mon côté, je n'y ferais point entrer de troupes ; vous lui direz que, ce premier arrangement fait, il sera possible, en le connaissant mieux, que je lui fasse de plus grands avantages, et vous signerez de suite un traité en français et en arabe, conçu à peu près en ces termes :

ART. 1ᵉʳ. Mourad-Bey conservera avec lui cinq ou six cents hommes à cheval, avec lesquels il gouvernera la province de Girgé, depuis les cataractes jusqu'à une demi-lieue plus bas que Girgé, et la maintiendra à l'abri des Arabes.

2. Il se reconnaîtra dans le gouvernement de ladite province, dépendant de la France. Il paiera à l'administration de l'armée le miri que cette province payait.

3. Le général s'engage de son côté à ne faire entrer aucune troupe dans la province de Girgé, et à en laisser le gouvernement à Mourad-Bey.

4. Mourad-Bey sera rendu au-delà de Girgé, dans l'espace de cinq jours. Aucun de ses gens n'en pourra sortir pour entrer dans les limites d'une autre province sans une permission du général.
BONAPARTE.

Au Caire, le 14 thermidor an 6 (1ᵉʳ août 1798).

Pouvoirs au citoyen Rosetti.

Le général en chef, mu par les sentimens d'humanité qui l'ont toujours animé, donne au citoyen Rosetti les pleins pouvoirs pour négocier avec Mourad-Bey, conclure et signer avec lui une convention qui mette fin aux hostilités.
BONAPARTE.

Au Caire, le 14 thermidor an 6 (1er. août 1798).

Au général Kléber.

Ceux qui m'ont donné des preuves de la trahison de Coraïm, m'ont assuré que son argent est dans une citerne ; qu'il a un registre particulier où est le détail de toutes ses affaires ; qu'il y a plusieurs de ses domestiques qui sont au fait de tout.

J'ordonne en conséquence à l'amiral Brueys de faire arrêter tous les domestiques qu'il a avec lui et de vous les envoyer ; faites également arrêter tous ceux qu'il a dans sa maison, et faites-y mettre les scellés par la commission, ainsi que sur tous ses biens.

Faites interroger séparément avec de fortes menaces ses domestiques.

S'il paie dans les huit jours les 300,000 fr., mon intention est qu'on le retienne comme prisonnier à bord d'un des bâtimens de l'escadre, de manière qu'il ne puisse s'échapper, désirant le faire passer en France par une occasion sûre. S'il n'a pas, dans les cinq jours, payé au moins le tiers de la contribution à laquelle il est imposé, vous donnerez l'ordre qu'on le fasse fusiller.

Je vous envoie copie de la lettre que j'écris à l'amiral Brueys. BONAPARTE.

Au Caire, le 14 thermidor an 6 (1er. août 1798).

A l'amiral Brueys.

Depuis que je vous ai écrit, j'ai acquis de nouvelles preuves de la trahison de Coraïm : vous voudrez bien le faire mettre aux fers et prendre toutes les précautions pour qu'il ne vous échappe pas.

Vous ferez arrêter tous les domestiques et autres individus

qu'il aurait avec lui, que vous enverrez sous bonne escorte à Alexandrie, à la disposition du général Kléber.

BONAPARTE.

Au Caire, le 14 thermidor an 6 (1er. août 1798).

Bonaparte, général en chef,

Voyant avec déplaisir que le versement d'argent que doivent faire les Cophtes et les négocians de café et de Damas ne s'effectue qu'avec la plus grande lenteur, charge le citoyen Magallon de leur déclarer que les 60,000 talaris que doivent payer les Cophtes, seront livrés dans six jours, à raison de 10,000 talaris par jour.

Les 130,000 mille talaris que doivent les négocians de café, seront payés à raison de 22,000 par jour ; les 35,275 que doivent les négocians de Damas, seront également payés en six jours, à raison de 5,878 par jour. BONAPARTE.

Au Caire, le 15 thermidor an 6 (2 août 1798).

A l'ordonnateur en chef.

Je vous envoie, citoyen ordonnateur, un ordre pour la poste.

Les individus de l'armée paieront leurs ports de lettres conformément à l'usage établi en France ; mais le directeur de la poste versera, toutes les décades, l'état des sommes qu'il aura reçues ; nous en serons responsables, s'il est nécessaire, à l'administration des postes, et cela sera un revenu pour l'armée.

Vous aurez soin, pour ce moment, de commencer par organiser les bureaux du Caire, d'Alexandrie, de Rosette et de Damiette.

Dès que ceux-là seront établis, vous formerez les quatre

autres. Cependant, comme il est indispensable que nous communiquions avec Menouf, lorsque le bateau qui va à Rosette sera arrivé au village de Genid, il remettra le paquet qui sera pour Menouf. Il y aura à ce village un détachement qui sera chargé de le porter à Menouf. BONAPARTE.

Au Caire, le 15 thermidor an 6 (2 août 1798).

Bonaparte, général en chef, ordonne :

ART. 1er. Les citoyens Berthollet, Monge et le général du génie se concerteront pour choisir une maison dans laquelle on puisse établir une imprimerie française et arabe, un laboratoire de chimie, un cabinet de physique, et, s'il est possible, un observatoire.

Il y aura une salle pour l'Institut.

2. Ils me présenteront un projet pour l'organisation de ladite maison avec un état de dépenses.

3. Je désirerais que cette maison fût située sur la place El-bekieh ou le plus près possible. BONAPARTE.

Au Caire, le 16 thermidor an 6 (3 août 1798).

Au général Chabot, gouverneur de Corfou et des îles de la mer Ionienne.

C'est avec le plus grand plaisir, citoyen général, que j'ai appris de vos nouvelles ; on nous avait beaucoup alarmés sur votre sûreté.

L'état-major vous aura fait part des événemens militaires qui ont eu lieu ici. Nous sommes enfin au grand Caire et maîtres de toute l'Egypte.

Il est indispensable que vous nous fassiez passer, par tous les moyens possibles, la plus grande quantité de vins, eau-de-vie, raisins secs et bois. Ce sont des objets dont vous savez que l'Egypte manque entièrement ; les négocians porteront en retour, du café, du sucre, de l'indigo, du blé, du riz et toute espèce de marchandises des Indes.

Tenez-moi instruit de toutes les nouvelles que vous avez des affaires des Turcs, et surtout de Passwan-Oglou.

Le premier bataillon de la soixante-neuvième demi-brigade a reçu un ordre positif de partir lorsque je quittai Toulon ; je ne doute donc pas qu'en ce moment il ne soit arrivé.

Dès l'instant que ce pays sera organisé et les impositions assises, je vous enverrai 300,000 fr. qui paraissent nécessaires pour votre solde ; mais comme il me sera beaucoup plus facile de vous envoyer des blés, du riz, etc., je vous prie de former une compagnie de dix ou douze négocians des plus riches ; qu'ils chargent plusieurs bâtimens, qu'ils m'expédient des bois, du vin, des eaux-de-vie, etc., ils seront payés en échange avec des marchandises du pays. Ils enverront un commissaire avec une lettre de vous, et je leur donnerai en surplus pour 3 ou 400,000 fr. de marchandises qu'il vous solderont.

Je vous envoie un ordre qu'il est bien nécessaire d'exécuter ponctuellement pour l'approvisionnement de l'escadre. Comme ici nous manquons de bois, je désire que vous fassiez beaucoup de biscuit à Corfou, afin que nous ayons toujours un point où nous puissions puiser et ravitailler notre escadre toutes les fois que nous en aurons besoin : je compte sur votre zèle. Vous pouvez tirer, pour la confection, pour 50,000 fr. de lettres de change sur le payeur au Caire. Elles seront soldées soit en marchandises, soit en argent, comme le négociant le désirera. Incessamment je vous enverrai, par la première occasion, du blé et du riz pour votre approvisionnement.

BONAPARTE.

Au Caire, le 16 thermidor an 6 (3 août 1798).

Au citoyen Rhullières, commissaire du directoire exécutif français à Corfou et dans les îles Ioniennes.

J'ai reçu à Paris les différentes lettres que vous m'avez écrites à votre arrivée à Zante. Je viens d'en recevoir une, en date du 13 messidor, de Corfou. L'état-major vous aura instruit des différentes batailles que nous avons livrées aux mameloucks et des succès complets qu'a obtenus l'armée de la république. A la bataille des Pyramides, nous leurs avons pris soixante ou quatre-vingt pièces de canon, et tué plus de dix mille hommes de cavalerie d'élite; nous sommes au Caire depuis une douzaine de jours et en possession de presque toute l'Egypte. Il nous manque ici trois choses, le vin, l'eau-de-vie et le bois à brûler. Faites faire, avec la plus grande quantité que vous aurez de raisins secs, de l'eau-de-vie; les négocians porteront en retour le blé, le sucre, l'indigo, le riz, les marchandises des Indes et le café. C'est un vrai service à rendre à la république, que d'employer l'influence que vous avez par votre place, à activer le commerce de Zante avec l'Égypte. Continuez à bien mériter de ces peuples par votre conduite sage et philantrophique, et croyez au désir vrai que j'ai de vous donner des preuves de l'estime et de l'amitié que vous savez que je vous porte. Soit en Égypte, soit en France, soit ailleurs, vous pouvez compter sur moi.

BONAPARTE.

Au Caire, le 16 thermidor an 6 (3 août 1798).

A l'amiral Brueys.

Je vous envoie, citoyen amiral, la lettre que je reçois de Corfou; je vous prie de me faire connaître quand le bâtiment chargé de bois sera arrivé.

Peut-être jugez-vous également nécessaire d'envoyer deux ou trois bâtimens de transport pour continuer lesdits chargemens de bois, tant pour la flotte que pour Alexandrie.

Le général Chabot me mande que *le Fortunatus* escorte plusieurs bâtimens chargés de bois ; moyennant cela, vous serez dans le cas de ne pas prendre les quinze cents quintaux de bois que je vous ai accordés à Rosette et dont nous avons plus grand besoin au Caire.

Je vous fais passer un nouvel ordre pour l'approvisionnement de l'escadre.
BONAPARTE.

Au Caire, le 16 thermidor an 6 (3 août 1798).

A l'administration centrale de Corcyre (Corfou.)

Tous les renseignemens qui me sont donnés sur la conduite de votre département, font l'éloge de ses administrateurs.

Les nouveaux établissemens de la France doivent d'autant plus accroître votre commerce, et vous ouvrir une nouvelle source de richesse et de prospérité.

Faites connaître aux négocians qu'ils trouveront ici des blés, du riz, du café, des marchandises des Indes, du sucre en abondance, et que je désire qu'en échange, ils portent à Alexandrie du bois à brûler, des bois de construction, des vins, des eaux-de-vie : ce sont les principales choses qui manquent à ce beau pays.

Croyez au désir que j'ai de vous donner des preuves du vif intérêt que je prends à votre tranquillité.
BONAPARTE.

Au Caire, le 16 thermidor an 6 (3 août 1798).

A Georgio Gioari, intendant général de l'Égypte.

Vos fonctions doivent se borner à l'organisation des revenus de l'Égypte, à une correspondance suivie avec les intendans particuliers des provinces, avec le général en chef et l'ordonnateur en chef de l'armée. Vous vous ferez aider dans ces travaux par le moalleim Fretaou. Ainsi donc, vous chargerez, de ma part, les moalleims Malati, Anfourni, Hanin et Faudus, de la recette de la somme que j'ai demandée à la nation cophte. Je vois avec déplaisir qu'il reste encore en arrière 50,000 talaris, je veux qu'ils soient rentrés, dans cinq jours, dans la caisse du payeur de l'armée. Vous pouvez assurer les Cophtes que je les placerai d'une manière convenable lorsque les circonstances le permettront. BONAPARTE.

Au Caire, le 16 thermidor an 6 (3 août 1798).

Bonaparte, général en chef, ordonne :

ART. 1ᵉʳ. L'or ou l'argent monnoyé, tous les objets d'or et d'argent, tous les lingots, les schals de valeur, les tapis brodés en or qui se trouvent dans les magasins généraux, seront enfermés dans des caisses sur lesquelles seront apposés les scellés du payeur de l'armée, de l'état-major général et de la commission chargée de l'inventaire. Lesdites caisses seront transportées dans le logement du payeur de l'armée; l'inventaire sera remis à l'ordonnateur en chef et à l'administrateur des finances.

2. Tous les objets nécessaires à la subsistance de l'armée seront remis de suite à la disposition de l'ordonnateur en chef; la commission tirera un reçu du garde-magasin auquel elle remettra lesdites denrées.

3. Tous les cinq jours, l'ordonnateur en chef, assisté d'un

officier de l'état-major, de l'administrateur des finances ou d'un membre de la commission provisoire, et des agens en chef de chaque service, feront une tournée dans les magasins généraux et affecteront aux hôpitaux, aux transports, à l'habillement, tout ce qui peut leur être utile ; mais les garde-magasins des magasins généraux ne livreront rien qu'après avoir dressé un inventaire circonstancié, et tiré un reçu des garde-magasins d'administration auxquels ils livreront lesdits objets.

4. Il sera formé une compagnie de commerce, à laquelle seront vendus tous les effets qui se trouveraient dans les magasins généraux, et qui ne seraient pas essentiels au service de l'armée.

L'ordonnateur en chef me remettra un réglement sur la manière de former cette compagnie et de procéder avec elle.

BONAPARTE.

Au Caire, le 16 thermidor an 6 (3 août 1798).

Au commandant de la place du Caire.

Vous requerrez, citoyen général, deux moines de Terre-Sainte pour être toujours de planton à l'hôpital, afin de servir d'interprètes et de soigner les malades. BONAPARTE.

Au Caire, le 16 thermidor an 6 (3 août 1798).

Aux généraux de l'artillerie et du génie.

Je vous prie, citoyen général, de vouloir bien me faire connaître combien de temps il vous faudrait pour faire abattre toutes les portes qui barricadent les différens quartiers de la ville et en faire transporter le bois pour le service de votre arme ; vous pourriez partager la besogne avec le génie, l'artillerie; je désirerais qu'on pût commencer dès demain : j'en donnerai l'ordre aussitôt que j'aurai reçu votre réponse.

BONAPARTE.

Au Caire, le 16 thermidor an 6 (3 août 1798).

A l'ordonnateur en chef.

L'hôpital du grand Caire manque d'eau, d'eau-de-vie, et de toute espèce de médicamens. Je vous prie de vouloir bien me rendre compte si le pharmacien en chef a trouvé au Caire de quoi l'approvisionner.

Je vous prie d'ordonner que les officiers soient mis dans des chambres séparées, et qu'il leur soit fourni tout ce qui leur est nécessaire. Vous sentez que cela est d'autant plus essentiel dans un pays où tout homme malade est obligé d'aller à l'hôpital.

BONAPARTE.

Au Caire, le 16 thermidor an 6 (3 août 1798).

Au général Berthier.

Je vous prie, citoyen général, de vouloir bien faire vérifier en présence d'un officier de l'état-major, combien un chameau porte d'eau dans les outres ordinaires.

BONAPARTE.

Au Caire, le 17 thermidor an 6 (4 août 1798).

Au consul de la république à Tripoli.

Je profite du passage de la caravane pour vous faire part du succès de la république à la bataille des Pyramides, où nous avons tué plus de deux mille mameloucks. Je désire que vous fassiez connaître au bey de cette régence, que la république française continuera à vivre en bonne intelligence avec lui, comme elle l'a fait par le passé. Tous les sujets du bey seront également protégés en Egypte; j'espère que de son côté, il se comportera envers la république avec tous les égards qui lui sont dus. Faites-moi part de toutes les nouvelles que vous pourriez avoir dans la Méditerranée.

BONAPARTE.

Au Caire, le 17 thermidor an 6 (4 août 1798).

Au général Zaionscheck.

Vous avez bien fait, citoyen général, de faire fusiller cinq hommes des villages qui s'étaient révoltés : je désire fort apprendre que vous avez monté notre cavalerie. Le moyen le plus court, je crois, est celui-ci : ordonnez que chaque village vous fournisse deux bons chevaux. Il ne faut pas en recevoir de mauvais, et les villages qui, cinq jours après la proclamation de votre ordre, ne les auront pas fournis, seront condamnés à payer mille talaris d'amende. C'est un moyen infaillible, expéditif, d'avoir les six cents chevaux qui vous seront nécessaires. En requérant les chevaux, requérez les brides et selles, afin d'avoir tout de suite un corps de cavalerie à votre disposition : c'est le seul moyen d'être maître de ce pays.

Vous pouvez garder sans inconvéniens le chef de bataillon du génie Lazowski, qui vous est nécessaire.

Le général Fugières, avec un bataillon de la dix-huitième, part demain ou ce soir pour Mehal-el-Kebir; il passe par Kélioubé, et il se rendra à Menouf, où il arrivera probablement le 21 : j'ai donné l'ordre qu'on embarquât sur une djerme, du pain pour ce bataillon, pour quatre ou cinq jours; il se rendra jusqu'à......, d'où l'officier qui escorte ces djermes fera partir ce pain à Menouf. Cependant, si vos fours sont achevés, il serait essentiel que vous fissiez préparer du pain pour ce bataillon. J'ai donné ordre à ce bataillon de séjourner deux jours à Menouf. Vous en profiterez pour opérer le désarmement et tous les actes difficiles.

A mesure que vous aurez des chevaux, donnez-les aux différens détachemens de dragons qui sont sous vos ordres, en tirant des reçus des officiers.   BONAPARTE.

Au Caire, le 17 thermidor an 6 (4 août 1798).

Au général Dupuis.

Je viens d'écrire au divan pour qu'il fasse faire une distribution de blé pour les pauvres de la grande mosquée.

Il faudra se servir des magasins qui sont à Boulac et à Gizeh, appartenans à......, attendu qu'un seul magasin ne suffirait pas pour contenir tous les effets provenant des maisons des mameloucks. J'ai ordonné qu'un magasin servirait à deux commissions, tout comme une commission doit faire la visite dans deux arrondissemens.

Une grande vigilance est plus nécessaire pour la tranquillité de la place, qu'une grande dissémination de troupes : quelques officiers de service qui courent la ville, quelques sergens de planton qui se croisent sur des ânes, quelques adjudans-majors qui visitent les endroits les plus essentiels, quelques Francs qui se faufilent dans les marchés et les différens quartiers, et quelques compagnies de réserve pour pouvoir envoyer dans les endroits où il y aurait quelque trouble, sont plus utiles et fatiguent moins que des gardes fixées sur des places et dans les carrefours. Si ce n'était la surveillance à exercer sur les maisons de mameloucks, quatre cents hommes d'infanterie et cinquante de cavalerie suffiraient pour le service de la place : en mettant trois cents hommes pour le service des mameloucks, cela exige quinze cents hommes. Je pense que deux mille hommes de garnison sont suffisans ici ; faites-moi remettre l'état des postes que vous occupez, et de tout le service en détail. BONAPARTE.

Au Caire, le 17 thermidor an 6 (4 août 1798).

Au commissaire ordonnateur en chef.

Il m'a été présenté plusieurs états signés par des commissaires des guerres, où ils paraissent légaliser des abus évidens et des prétentions peu fondées.

Je vous prie de leur écrire pour leur faire sentir combien ils sont coupables, lorsqu'ils s'éloignent de ce que la loi prescrit. J'ai vu un état où le commissaire des guerres demande une indemnité pour non fourniture de vin.

Je vous prie de faire un réglement pour ce qui est accordé par mois aux demi-brigades et aux régimens, pour leur entretien.

Les corps doivent toucher les sommes qui leur reviennent pour l'entretien pendant le temps qu'ils ont été embarqués.

Les corps de cavalerie qui n'ont qu'un cinquième des hommes montés, doivent-ils toucher une somme qui est jugée nécessaire pour un régiment de huit cents chevaux ?

BONAPARTE.

Au Caire, le 18 thermidor an 6 (5 août 1798).

Au général Reynier.

Vous partirez, citoyen général, avec le restant de votre division pour vous rendre au village de El-Hanka, où se trouve déjà le général Leclerc.

L'état-major a dû vous donner l'ordre de partir avec six jours de vivres, mais ils ne seront probablement pas prêts, et, si vous les attendez, ils retarderaient considérablement votre marche. Laissez votre commissaire des guerres et le troisième bataillon de la neuvième, afin qu'ils vous conduisent des vivres dès l'instant qu'ils seront livrés. Ne partez pas au moins avant que la division n'ait son pain pour la journée de demain.

Le général Leclerc a déjà fait construire un four, faites-en construire deux autres.

Les villages environnans, qui sont extrêmement riches, vous fourniront de la farine, de la viande et des legumes pour votre division; indépendamment de cela, j'ordonne qu'on vous complette vos six jours de vivres et qu'on vous en fasse passer une plus grande quantité.

Plusieurs scheicks sont réunis à Belbeis, avec Ibrahim-Bey, et l'on pense que demain la caravane y sera arrivée; c'est ce qui m'a fait juger votre présence nécessaire à El-Hanka, où, selon le rapport que l'on m'a fait, vous vous trouverez juste à un jour de chemin du Caire à Belbeis.

Le général Leclerc a mené avec lui une certaine quantité de chameaux pour porter des vivres. Il est indispensable qu'il les renvoie, ainsi que tous ceux qui vous porteront des vivres, afin de pouvoir continuer.

Vous vous trouverez à El-Hanka au milieu de plusieurs tribus d'Arabes. Faites ce qu'il vous sera possible pour leur faire entendre qu'ils n'ont rien à gagner à nous faire la guerre, pour qu'ils nous envoient des députations, et pour qu'ils vivent tranquilles sans nous attaquer; vous leur enverrez de mes proclamations.

Vous vous tiendrez en garde contre les attaques que vous pourrait faire Ibrahim-Bey. Vous vous retrancherez dans le village de manière à être à l'abri de toute insulte, et une heure avant le jour, vous ferez faire des reconnaissances, afin d'être prévenu et de pouvoir me prévenir aussi avant que la cavalerie ne soit sur vous.

Vous interrogerez en detail tous les hommes qui viendraient de Belbeis ou de Syrie, et vous m'enverrez leurs rapports. Si la caravane se présentait pour venir, vous l'accueillerez de votre mieux ; mais vous ne dissimulerez pas au bey qui l'escorte, s'il y était encore, que mon intention est, comme je le lui ai fait écrire, qu'arrivés à la Coubé, les mameloucks livrent leurs armes et leurs chevaux, excepté lui et les siens.

Je n'attends, pour me mettre en marche et me porter à Belbeis, que la construction de vos trois fours, et l'établissement d'une boulangerie à El-Hanka ; je vous recommande de veiller spécialement à la formation de vos magasins de subsistances à El-Hanka, d'y faire réunir le plus de légumes, blé et riz, qu'il vous sera possible.

Je désire aussi que vous employiez les deux ou trois jours que vous resterez à El-Hanka, à vous retrancher en crénelant quelques maisons, en creusant quelques fossés. Mon intention est de faire occuper toujours ce village par un bataillon. BONAPARTE.

Au Caire, le 18 thermidor an 6 (5 août 1798).

Au général Dugua.

Le général Murat me mande de Médié, qu'il a entendu quelque canonnade à une lieue en avant de lui, et qu'il est parti avec le bataillon qu'il commande pour connaître ce que c'était.

Je désire que vous me fassiez partir un bataillon de la soixante-quinzième, qui se rendra avec une pièce de canon jusqu'à Kélioubeh, où est le général Murat. Si, en route, il apprenait que le général Murat est rentré à son poste, et qu'il n'y a rien de nouveau, il rentrera au camp; s'il n'apprend rien en route, il se rendra à Kélioubeh, où il restera pendant la journée, et reviendra le lendemain matin, à moins que le général Murat ne croie avoir des raisons pour le retenir.

Si le bataillon apprenait en route que le général Murat est aux mains avec l'ennemi, il me renverrait l'officier des guides porteur de la présente, pour me faire part des renseignemens qu'il aurait recueillis.

Faites commander cette reconnaissance par un homme intelligent. En partant exactement à deux heures après minuit, elle arrivera à cinq heures à Kélioubeh. BONAPARTE.

Au Caire, le 20 thermidor an 6 (7 août 1798).

Au général Kléber.

Le kyaya du pacha d'Egypte expédie à Constantinople un exprès : je vous prie, citoyen général, de lui donner toutes les facilités nécessaires pour son passage. BONAPARTE.

Au Caire, le 20 thermidor an 6 (7 août 1798).

A l'ordonnateur en chef.

Je vais partir, citoyen ordonnateur, pour me porter à vingt-cinq lieues d'ici vers la Syrie.

Moyennant les différens envois de farine que je vous ai demandés, et ceux que l'état-major ordonne, nous serons en mesure pour les subsistances; mais je vous prie de veiller à ce qu'on nous fasse les envois demain, comme je le demande, de cinquante quintaux de riz, et autant après-demain, ainsi que de dix-huit cents rations de pain.

La police de la ville exigerait que le blé y fût maintenu à un bon prix. Un moyen nécessaire serait que vous fissiez vendre tous les jours une certaine quantité de blé au tarif. Cela nous procurerait de l'argent et ferait un grand bien à la ville.

Je vous recommande, pendant mon absence, d'avoir en magasin la plus grande quantité de farine que vous pourrez, et de faire faire, tant à Boulac qu'au Caire et au vieux Caire, la plus grande quantité possible de biscuit : les mameloucks en faisaient faire dans la ville de fort beau. Je désirerais que vous pussiez passer un marché avec les boulangers de la ville, car il serait essentiel que vous eussiez, d'ici à dix jours, trois cent mille rations de biscuit. C'est le seul moyen d'assurer les subsistances dans nos routes et de ne pas mourir de faim dans nos opérations. BONAPARTE.

Au Caire, le 20 thermidor an 6 (7 août 1798).

Au général Desaix.

Je vais m'absenter, citoyen général, pour quelques jours de la ville du Caire.

Je donne ordre au général commandant de vous instruire de tous les mouvemens qui provoqueraient des mesures extraordinaires. Votre division, dans la position où elle se trouve, a le double but : 1°. de garantir la province de Gizeh; 2°. de former une réserve pour le Caire.

La commission provisoire, composée des citoyens Monge, Berthollet et Magallon, s'adressera à vous pour avoir tous les sauf-conduits qu'elle jugera à propos d'accorder aux femmes des mameloucks, et moyennant les traités particuliers qu'elle conclura avec elles.

Vous nommerez quatre officiers pour suivre les quatre commissions chargées de faire les inventaires et de dépouiller les maisons des beys. Ces officiers me rendront compte tous les jours de la manière dont s'est faite l'opération ; ils doivent d'ailleurs laisser faire entièrement les commissaires. S'ils apercevaient des abus, ils vous les dénonceraient et vous y apporteriez remède.

Le citoyen Beauvoisin a ordre de vous rendre compte tous les jours de la séance du divan.

Je donne ordre au commandant de la place de faire partir tous les jours cinquante ou soixante hommes avec un officier pour me porter de vos dépêches, les siennes, celles de la commission, de l'ordonnateur, et de l'adjudant-général qui reste à l'état-major.

Par ce moyen, vous vous trouverez instruit de la position des esprits au Caire, et vous ferez faire à votre division et à la garnison tous les mouvemens que les circonstances exigeront.

Si un courrier de France arrivait, il faudrait avoir soin de ne me l'expédier que fortement escorté. BONAPARTE.

Au Caire, le 24 thermidor an 6 (11 août 1798).

A Ibrahim-Bey.

La supériorité des forces que je commande ne peut plus être contestée : vous voilà hors de l'Egypte et obligé de passer le désert.

Vous pouvez trouver dans ma générosité la fortune et le bonheur que le sort vient de vous ôter.

Faites-moi de suite connaître votre intention.

Le pacha du grand-seigneur est avec vous, envoyez-le moi porteur de votre réponse ; je l'accepte volontiers comme médiateur. BONAPARTE.

Le 25 thermidor an 6 (12 août 1798).

[1] *Entrevue de Bonaparte, membre de l'Institut national, général en chef de l'armée d'Orient, et de plusieurs muphtis et imans, dans l'intérieur de la grande pyramide, dite pyramide de Chéaps.*

Cejourd'hui, 25 thermidor de l'an 6 de la république française, une et indivisible, répondant au 28 de la lune de Mucharem, l'an de l'hégire 1213, le général en chef, accompagné de plusieurs officiers de l'état-major de l'armée et de plusieurs membres de l'Institut national, s'est transporté à la grande pyramide, dite de Chéaps, dans l'intérieur de laquelle il était attendu par plusieurs muphtis et imans, chargés de lui en montrer la construction interieure. A neuf heures du matin, il est arrivé avec sa suite, sur la croupe des montagnes de Gizeh, au nord-ouest de Memphis. Après avoir visité les cinq pyramides inférieures, il s'est arrêté avec une attention particulière à la pyramide de Chéaps, dont les membres de l'Institut ont à l'instant déterminé, par des figures trigonométriques, la hauteur perpendiculaire.

Cette hauteur s'est trouvée être d'environ cent cinquante-cinq mètres (près de quatre cent soixante cinq pieds), ce qui est près du double de celle des monumens les plus élevés de l'Europe [2].

---

[1] Ce morceau a été publié dans le n°. LXVII du Moniteur, le 7 frimaire an VII (27 novembre 1798). Quoique son authenticité ait été discutée, nous n'avons pas cru devoir omettre une pièce aussi curieuse et qui donne une si juste idée du caractère de Bonaparte et des moyens qu'il employait avec tant d'habileté pour frapper l'imagination déjà si irritable des habitans de l'Égypte.

[2] Cette assertion n'est pas exacte. La flèche de Strasbourg, qui est le monument le plus élevé de l'Europe, a quatre cent vingt-huit pieds quatre pouces, ou à peu près cent trente-huit mètres de hauteur, y compris la croix. Saint-Pierre

Le général et sa suite ayant pénétré dans l'intérieur de la pyramide, ont trouvé d'abord un canal de cent pieds de long et de trois pieds de large, qui les a conduits, par une pente rapide, vers les vallées qui servaient de tombeau au Pharaon qui érigea ce monument. Un second canal fort dégradé, et remontant vers le sommet de la pyramide, les a menés successivement sur deux plates-formes, et de là, à une galerie voûtée, de la longueur de cent dix-huit pieds, aboutissant au vestibule du tombeau. C'est une vallée voûtée, d'environ dix-sept pieds de long sur quinze de large, dans un des murs de laquelle on remarque la place d'une momie que l'on croit avoir été l'épouse du Pharaon.

On voit dans cette vallée la trace des fouilles faites avec violence par les ordres d'un calife arabe, qui fit ouvrir la pyramide, et qui croyait que ces lieux recelaient un trésor. L'effet des mêmes tentatives se remarqua dans une seconde salle, perpendiculaire à la première, et plus haute de cent pieds, où l'on croit qu'était le corps du Pharaon.

Cette dernière salle, à laquelle le général en chef est enfin parvenu, est à voûte plate, et longue de trente-deux pieds sur seize de large et dix-neuf de haut. On ignore ce que les Arabes spoliateurs découvrirent dans ce sanctuaire de la pyramide ; le général n'y a trouvé qu'une caisse de granit, d'environ huit pieds de long sur quatre d'épaisseur, qui renfermait sans doute la momie d'un Pharaon. Il s'est assis sur le bloc de granit, a fait asseoir à ses côtés les muphtis et imans, Suleiman, Ibrahim et Muhamed, et il a eu avec eux, en présence de sa suite, la conversation suivante :

---

de Rome, au-dessus de la croix, a quatre cent vingt-un pieds d'élévation, ou à peu près cent trente-six mètres. On voit donc qu'il n'y a que dix-sept mètres de différence entre la pyramide de Chéops et la flèche de Strasbourg. Voyez à ce sujet les mesures des principaux édifices de l'Europe, consignées dans le *Voyage d'Italie*, par Lalande; édition de 1769, tome IV, pages 60 et suivantes.

Bonaparte. Dieu est grand et ses œuvres sont merveilleuses. Voici un grand ouvrage de main d'hommes ! Quel était le but de celui qui fit construire cette pyramide ?

Suleiman. C'était un puissant roi d'Egypte, dont on croit que le nom était Chéaps. Il voulait empêcher que des sacriléges ne vinssent troubler le repos de sa cendre.

B. Le grand Cyrus se fit enterrer en plein air, pour que son corps retournât aux élémens. Penses-tu qu'il ne fit pas mieux ? le penses-tu ?

S. (s'inclinant): Gloire à Dieu, à qui toute gloire est due.

B. Honneur à Alloh ! Quel est le calife qui a fait ouvrir cette pyramide et troubler la cendre des morts ?

Muhamed. On croit que c'est le commandeur des croyans Mahmoud, qui régnait il y a plusieurs siècles à Bagdad ; d'autres disent le renommé Aaroun-Al-Raschid (Dieu lui fasse paix !) qui croyait y trouver des trésors ; mais quand on fut entré par ses ordres dans cette salle, la tradition porte qu'on n'y trouva que des momies, et sur le mur cette inscription en lettres d'or : *l'impie commettra l'iniquité sans fruit, mais non sans remords.*

B. Le pain dérobé par le méchant remplit sa bouche de gravier.

M. (s'inclinant): C'est le propos de la sagesse.

B. Gloire à Allah. Il n'y a point d'autre Dieu que Dieu ; Mohamed est son prophète, et je suis de ses amis.

S. Salut de paix sur l'envoyé de Dieu. Salut aussi sur toi, invincible général, favori de Mohamed.

B. Muphti, je te remercie. Le divin Coran fait les délices de mon esprit et l'attention de mes yeux. J'aime le Prophète et je compte, avant qu'il soit peu, aller voir et honorer son tombeau dans la ville sacrée ; mais ma mission est auparavant d'exterminer les mameloucks.

Ibrahim. Que les anges de la victoire balayent la poussière sur ton chemin et te couvrent de leurs ailes. Le mamelouck a mérité la mort.

B. Il a été frappé et livré aux anges noirs Moukir et Quarkir. Dieu, de qui tout dépend, a ordonné que sa domination fût détruite.

S. Il étendit la main de la rapine sur les terres, les moissons, les chevaux de l'Egypte.

B. Et sur les esclaves les plus belles, très-saint muphti. Allah a desséché sa main. Si l'Egypte est sa ferme, qu'il montre le bail que Dieu lui a fait ; mais Dieu est juste et miséricordieux pour le peuple.

Ib. O le plus vaillant entre les serviteurs d'Issa [1], Allah t'a fait suivre de l'ange exterminateur pour délivrer sa terre d'Egypte.

B. Cette terre était livrée à vingt-quatre oppresseurs rebelles au grand sultan notre allié (que Dieu l'entoure de gloire), et à dix mille esclaves venus du Caucase et de la Géorgie. Adriel, ange de la mort, a soufflé sur eux ; nous sommes venus, et ils ont disparu.

M. Noble successeur de Scander [2], honneur à tes armes invincibles et à la foudre inattendue qui sort du milieu de tes guerriers à cheval [3].

B. Crois-tu que cette foudre soit une œuvre des enfans des hommes ? le crois-tu ? Allah l'a fait mettre en mes mains par le génie de la guerre.

Ib. Nous reconnaissons à tes œuvres, Allah qui t'envoie. Serais-tu vainqueur si Allah ne l'avait permis ? Le Delta et tous les pays voisins retentissent de tes miracles.

B. Un char céleste montera par mes ordres jusqu'au séjour

---

[1] Jésus-Christ.
[2] Alexandre.
[3] L'artillerie volante, qui a beaucoup étonné les mameloucks.

des nuées [1] et la foudre descendra vers la terre le long d'un fil de métal [2] dès que je l'aurai commandé.

S. Et le grand serpent sorti du pied de la colonne de Pompée, le jour de ton entrée triomphale à Scanderieh [3], et qui est resté desséché sur le socle de la colonne, n'est-ce pas encore un prodige opéré par ta main ?

B. Lumière des fidèles, vous êtes destinés à voir encore de plus grandes merveilles ; car les jours de la régénération sont venus.

Ib. La divine unité te regarde d'un œil de prédilection, adorateur d'Issa, et te rend le soutien des enfans du prophète.

B. Mohamed n'a-t-il pas dit : tout homme qui adore Dieu et qui fait de bonnes œuvres, quelle que soit sa religion, sera sauvé ?

Suleiman, Muhamed, Ibrahim (ensemble en s'inclinant): Il l'a dit.

B. Et si j'ai tempéré par ordre d'en haut l'orgueil du vicaire d'Issa, en diminuant ses possessions terrestres pour lui amasser des trésors célestes, dites, n'était-ce pas pour rendre gloire à Dieu, dont la miséricorde est infinie ?

M. (d'un air interdit): Le muphti de Rome était riche et puissant ; mais nous ne sommes que de pauvres muphtis.

B. Je le sais : soyez sans crainte ; vous avez été pesés dans la balance de Balthazar et vous avez été trouvés légers. Cette pyramide ne renfermait donc aucun trésor qui vous fût connu ?

S. (ses mains sur l'estomac): Aucun, seigneur ; nous le jurons par la cité sainte de la Mecque.

B. Malheur, et trois fois malheur à ceux qui recherchent

---

[1] Les aérostats, inconnus en Egypte.
[2] Les phénomènes de l'électricité, les paratonnerres.
[3] Alexandrie.

les richesses périssables, et qui convoitent l'or et l'argent, semblables à la boue!

S. Tu as épargné le vicaire d'Issa et tu l'as traité avec clémence et bonté.

B. C'est un vieillard que j'honore (que Dieu accomplisse ses désirs quand ils seront réglés par la raison et la vérité); mais il a tort de condamner au feu éternel tous les Musulmans, et Allah défend à tous l'intolérance.

Ib. Gloire à Allah et à son prophète qui t'a envoyé au milieu de nous pour réchauffer la foi des faibles et rouvrir aux fidèles les portes du septième ciel.

B. Vous l'avez dit, très-zélés muphtis, soyez fidèles à Allah, le souverain maître des sept cieux merveilleux, à Mohamed son vizir, qui parcourut tous ces cieux dans une nuit. Soyez amis des Francs, et Allah, Mohamed et les Francs vous récompenseront.

Ib. Que le prophète lui-même te fasse asseoir à sa gauche le jour de la résurrection, après le troisième son de la trompette.

B. Que celui-là écoute, qui a des oreilles pour entendre. L'heure de la résurrection politique est arrivée pour tous les peuples qui gémissaient dans l'oppression. Muphtis, imans, mullahs, derviches, kalenders, instruisez le peuple d'Egypte. Encouragez-le à se joindre à nous pour achever d'anéantir les beys et les mameloucks. Favorisez le commerce des Francs dans vos contrées, et leurs entreprises pour parvenir d'ici à l'ancien pays de Brama. Offrez-leur des entrepôts dans vos ports, et éloignez de vous les insulaires d'Albion, maudite entre les enfans d'Issa; telle est la volonté de Mohamed. Les trésors, l'industrie et l'amitié des Francs seront votre partage, en attendant que vous montiez au septième ciel, et qu'assis aux côtés des houris aux yeux noirs, toujours jeunes et toujours pucelles, vous vous reposiez à l'ombre du laba, dont les branches offriront d'elles-mêmes aux vrais Musulmans tout ce qu'ils pourront désirer.

S. (s'inclinant): Tu as parlé comme le plus docte des mullahs. Nous ajoutons foi à tes paroles, nous servirons ta cause, et Dieu nous entend.

B. Dieu est grand et ses œuvres sont merveilleuses. Salut de paix sur vous, très-saints muphtis !

Le général est alors ressorti, avec sa suite, de la pyramide de Chéops, et il est retourné au Caire, laissant les autres membres de l'institut national occupés à terminer leurs observations.

Le 25 thermidor an 6 (12 août 1798).

Au général Leclerc.

Je vous prie, citoyen général, de vouloir bien témoigner aux septième de hussards, vingt-deuxième de chasseurs, troisième et cinquième de dragons ma satisfaction de la conduite qu'ils ont tenue dans la charge glorieuse qu'ils ont faite sur l'arrière-garde des mameloucks [1], auxquels ils ont tué et blessé beaucoup de monde, entre autres le chef Aly-Bey, et pris deux pièces de canon.

Je donne l'ordre à l'état-major pour qu'on fasse reconnaître comme chef de brigade le citoyen d'Estrées, comme chef d'escadron le capitaine Renaud, comme capitaine le citoyen Leclerc, lieutenant du septième de hussards, et comme lieutenant le sous-lieutenant des guides, Dallemagne.

Je vous prie de me faire passer dans la journée la liste des officiers et des soldats des quatre corps qui se sont distingués et qui méritent un avancement particulier.

BONAPARTE.

[1] Il est question du combat de Salchich.

Le 25 thermidor an 6 (12 août 1798).

Au citoyen Leturq.

Le général Leclerc m'a rendu compte, citoyen, de la bravoure que vous avez montrée et de la conduite que vous avez tenue dans la journée d'hier. Vous vous êtes souvent distingué dans la campagne d'Italie, et je vous donnerai incessamment l'avancement que vous méritez. BONAPARTE.

Le 25 thermidor an 6 (12 août 1798).

A la commision de commerce.

Je vous autorise, citoyens, à conclure définitivement et à signer les arrangemens que vous ferez avec les différentes femmes des beys et des autres mameloucks pour le rachat de leurs effets : vous délivrerez des sauf-conduits à celles qui consentiront à un accommodement. BONAPARTE.

Le 26 thermidor an 6 (13 août 1798).

Au général du génie.

Mon intention est, citoyen général, de réunir à Salehieh des magasins de bouche et de guerre suffisans pour pourvoir aux besoins d'une armée de trois cent mille hommes pendant un mois.

Vous sentez qu'il est indispensable que des magasins aussi précieux soient contenus dans une forteresse qui les mette à l'abri d'être enlevés par une attaque de vive force, et qui fasse que les sept ou huits cents hommes de garnison obligent l'ennemi à un siége d'autant plus pénible, qu'il ne peut charrier son artillerie qu'après un passage de neuf jours dans le désert.

Une fois cette forteresse construite, on pourra, si on le juge nécessaire, y appuyer un camp retranché, soit pour tenir pendant long-temps les corps de l'ennemi éloignés, soit pour pouvoir protéger un corps d'armée inférieur, mais trop considérable pour y tenir garnison.

Il serait essentiel que vous dirigeassiez vos travaux de manière à ce que, d'ici à quatre ou cinq décades, cette forteresse eût déjà l'avantage d'un fort poste de campagne, et qu'avec une garnison plus nombreuse que celle que l'on sera obligé d'y tenir, lorsqu'elle sera achevée, les magasins pussent déjà être à l'abri d'une attaque de vive force.

Vous laisserez à Salehieh assez d'ingénieurs pour confectionner lesdits travaux avec promptitude, et pour pouvoir suffire aux reconnaissances qui serviront à déterminer la position précise de Salehieh par rapport à la mer, à Mansoura, à Damiette, à l'inondation du Nil, et aux canaux du Nil qui peuvent porter bateau.

Vous trouverez l'ordre que j'envoie au payeur du quartier-général qui est à Salehieh, de verser 10,000 fr. à la disposition de l'officier supérieur du génie que vous laisserez à Salehieh pour le commencement desdits travaux.

BONAPARTE.

Le 26 thermidor an 6 (13 août 1798).

Au général de l'artillerie.

Mon intention, citoyen général, est d'établir une forteresse à Salehieh qui puisse mettre à l'abri de toute insulte les magasins de bouche et de guerre que j'ai l'intention d'y réunir : vous vous concerterez avec le général du génie pour tous les établissemens d'artillerie, indépendamment des magasins nécessaires à l'approvisionnement pour trois ou quatre pièces de campagne et cinq ou six cent mille cartouches.

Je vous envoie une ordonnance de 2,000 fr. que vous laisserez à la disposition de l'officier d'artillerie que vous chargerez dudit établissement, pour commencer à travailler de suite.

BONAPARTE.

Le 26 thermidor an 6 (13 août 1798).

Au général Reynier.

Mon intention est, citoyen général, que le génie et l'artillerie travaillent à la construction d'une forteresse qui mette les magasins que j'ai l'intention de réunir à Salehieh à l'abri d'une attaque de vive force, et dans le cas d'être gardés par moins de mille hommes.

Jusqu'alors vous sentez qu'il est indispensable que vous occupiez en force le point désigné, et que vous envoyiez des espions en Syrie pour vous tenir au fait de tous les mouvemens que l'on pourrait faire de ce côté-là.

Vous vous mettrez en correspondance suivie avec Damiette, qui est plus à même d'en recevoir par mer, et vous reconnaîtrez bien la position de Salehieh par rapport à la mer et aux différens canaux du Nil.

Le général Dugua, avec sa division, va à Mansoura, et le général Vial va à Damiette. Quand vous aurez reconnu la route qui de la mer conduit à Salehieh, on pourra ordonner à une frégate et à un ou plusieurs avisos de se tenir toujours à portée de ce point, et l'on pourra par là vous faire passer du vin, du canon, des outils, que nous avons à Alexandrie, ainsi que les bagages de votre division.

Vous répandrez, soit dans votre province, soit en Syrie, le plus de mes proclamations que vous pourrez, et vous prendrez des mesures pour que tous les voyageurs qui arrivent de Syrie vous soient amenés, afin que vous puissiez les interroger.

Indépendamment de ces fonctions militaires, vous en aurez encore d'administratives à remplir, en organisant la province de Salehieh dont le chef-lieu est à Belbeis.

Il faut commencer par vous mettre en correspondance avec toutes les tribus arabes, afin de connaître les camps qu'ils occupent, les champs qu'ils cultivent, et dès lors le mal que vous pourrez leur faire lorsqu'ils désobéiront à vos ordres.

Cela fait, il faudra remplir deux buts : le premier de leur ôter le plus de chevaux possible; le second de les désarmer.

Vous ne leur laisserez entrevoir l'intention de leur ôter leurs chevaux que peu à peu, en en demandant d'abord une certaine quantité pour remonter notre cavalerie, et, cela obtenu, il sera possible de prendre d'autres mesures ; mais auparavant il faut que vous vous occupiez de connaître les intérêts qui les lient à nous; ce qui seul vous fera connaître les menaces et le mal que vous pouvez leur faire.

Je vous envoie une ordonnance de 2,000 fr. pour pouvoir subvenir aux dépenses extraordinaires d'espions à envoyer en Syrie.   BONAPARTE.

Le 28 thermidor an 6 (15 août 1798).

Au général Dupuy.

Vous voudrez bien, citoyen général, prendre de nouvelles précautions pour vous assurer que Coraïm ne vous échappera pas : après quoi vous lui ferez subir un interrogatoire, dans lequel vous lui demanderez qu'il réponde positivement : 1°. a-t-il écrit à Mourad-Bey depuis qu'il nous a juré fidélité? 2°. à quels mamelroucks a-t-il écrit depuis qu'il nous a juré fidélité? 3°. quelle espèce de correspondance a-t-il eue avec les Arabes de Bahiré ?   BONAPARTE.

Le 28 thermidor an 6 (15 août 1798).

Au général Dupuy.

Je vous prie, citoyen général, de me faire connaître ce qu'a produit le désarmement.

Je désirerais également connaître les mesures efficaces que vous pensez qu'on pourrait prendre pour se procurer des chevaux : vous pourrez faire prendre tous les chevaux, armes et chameaux qui pourraient se trouver dans les maisons des femmes avec lesquelles nous avons traité. Ces trois objets sont objets de guerre. BONAPARTE.

Le 28 thermidor an 6 (15 août 1798);

Au général Ganteaume.

Le tableau de la situation dans laquelle vous vous êtes trouvé, citoyen général, est horrible. Quand vous n'avez point péri dans cette circonstance, c'est que le sort vous destine à venger un jour notre marine et nos amis ; recevez-en mes félicitations : c'est le seul sentiment agréable que j'aie éprouvé depuis avant-hier. J'ai reçu, à mon avant-garde, à trente lieues du Caire, votre rapport, qui m'a été apporté par l'aide-de-camp du général Kléber. BONAPARTE.

Le 28 thermidor an 6 (15 août 1798).

Au contre-amiral Ganteaume.

Vous prendrez, citoyen général, le commandement de tout ce qui reste de notre marine, et vous vous concerterez avec l'ordonnateur Leroy pour l'armement et l'approvisionnement des frégates *l'Alceste*, *la Junon*, *la Carrère*, *la Muiron*, les vaisseaux *le Dubois* et *le Causse*, et toutes les autres frégates, bricks ou avisos qui nous restent.

Vous nommerez tous les commandans ; vous ferez tout ce qu'il vous sera possible pour retirer de la rade d'Aboukir les débris qui peuvent y rester.

Vous ferez partir de suite sur un aviso, pour Corfou et de là pour Ancône, les dépêches que porte le courrier que j'ai expédié il y a quinze jours du Caire, et que l'on m'assure être encore à Rosette. Vous adresserez au ministre de la marine une relation de l'affaire, telle qu'elle a eu lieu.

Je brûle du désir de conférer avec vous ; mais, avant de vous donner l'ordre de venir au Caire, j'attendrai quelques jours, mon intention étant, s'il est possible, de me porter moi-même à Alexandrie.

Envoyez-moi l'état des officiers, des matelots et des bâtimens qui nous restent.

Vous sentez qu'il est essentiel que vous fassiez prévenir de suite Malte et Corfou de ce qu'aura fait le général Villeneuve, afin que ces îles se tiennent en surveillance et à l'abri d'une surprise.

Je pense bien qu'à l'heure qu'il est, les Anglais se seront retirés avec leur proie.   BONAPARTE.

Le 28 thermidor an 6 (15 août 1798).

Au citoyen Leroy.

Je vous envoie par une chaloupe canonnière 100,000 fr. pour servir aux travaux les plus pressans de la marine. Il est indispensable que vous vous concertiez avec le contre-amiral Ganteaume pour armer en guerre *le Dubois*, *le Causse*, *la Carrère*, *la Muiron*; il faudra doubler en cuivre les deux dernières, qui doivent avoir le doublage. Le contre-amiral Ganteaume nommera au commandement de ces différens bâtimens. Vous ne devez pas être embarrassé d'en organiser les équipages avec les débris de l'escadre.

J'imagine que *l'Alceste* n'a besoin de rien. Vous aurez déjà sans doute fait travailler à *la Junon*. Dès l'instant que vous aurez des nouvelles de la route qu'aura tenue le contre-amiral Villeneuve, vous me la ferez connaître. Envoyez-moi aussi l'état de tous les bâtimens et de tous les matelots échappés, soit de l'escadre, soit des convois qui se trouvent à Rosette.

Indépendamment des sommes que le général Kléber vous fera remettre des contributions d'Alexandrie et de celles qui nous reviendront de la contribution frappée à Damiette, je vous ferai toucher toutes les décades 100,000 fr. Il est arrivé à Rosette cinquante djermes chargées de blés et de légumes, que, dès mon arrivée au Caire, j'avais envoyées à l'amiral Brueys pour approvisionner l'escadre ; je donne ordre au général Menou de les tenir à votre disposition, et de faire tout ce qu'il pourra pour les faire passer à Alexandrie. Faites de votre côté tout ce qui sera possible pour favoriser ce passage, afin que vous ayez à Alexandrie les approvisionnemens nécessaires pour cette grande quantité d'hommes.

BONAPARTE.

Le 18 thermidor an 6 (15 août 1798).

Au général Kléber.

Vous devez sans doute, à l'heure qu'il est, avoir reçu la réponse à toutes vos lettres, et vous aurez vu mon aide-de-camp Julien, qui est parti d'ici, il y a douze jours.

J'ai appris la journée du 14, avant-hier 26, par votre aide-de-camp, qui m'a trouvé à Salehieh, à trente-trois lieues du Caire. Je n'ai pas perdu un instant à m'y rendre.

Je vous ai écrit souvent, et comme la plupart de vos lettres me sont parvenues toutes à la fois, j'espère qu'il en aura été de même des miennes.

J'ai envoyé l'adjudant-général Brives à Rahmanieh avec un bataillon.

Vous devez avoir reçu une grande quantité de monde aujourd'hui à Alexandrie.

J'envoie 100,000 fr. à l'ordonnateur Leroy pour les premiers besoins de l'armement.

J'ordonne que l'on vous fasse passer de Rosette tous les vivres que l'on y avait envoyés pour l'approvisionnement de l'escadre.

Après cinq ou six marches, nous avons poussé Ibrahim-Bey dans les déserts de Syrie; nous avons dégagé une partie de la caravane qu'il avait retenue, et lui-même avec tous ses trésors et ses femmes a failli tomber en notre pouvoir.

Il nous reste encore à détruire Mourad-Bey, qui occupe la Haute-Égypte, et à soumettre l'intérieur du Delta, où plusieurs partisans des beys se trouvent encore les armes à la main.

L'argent est extrêmement rare dans ce pays, et j'ai ordonné à l'ordonnateur Leroy et au contre-amiral Ganteaume de pousser le plus vivement qu'ils pourront l'armement des vaisseaux *le Dubois* et *le Causse*, et celui des avisos, bricks ou frégates qui nous restent encore.

L'adjudant-général Brives et sa colonne sont à vos ordres : si les Anglais laissent des forces dans ces parages et interceptent nos communications avec Rosette, il devient indispensable d'occuper les villages d'Aboukir en force, afin que vous puissiez communiquer avec Rosette par terre.

Le général Manscourt se rend à Alexandrie : c'est un général d'artillerie qui pourra vous servir pour l'armement de la côte; il pourra d'ailleurs prendre des renseignemens sur le pays, pour vous remplacer lorsque les circonstances permettront que vous nous rejoigniez.

Je ferai filer des troupes dès l'instant que cela sera possible, du côté de Rosette, pour pouvoir vous seconder ; mais vous devez, d'ici à plusieurs jours, ne pas y compter : ainsi tirez parti de vos propres forces.

Je n'ai point reçu de vos lettres depuis celles que m'a remises votre aide-de-camp : ainsi j'ignore jusqu'à quel point les Anglais ont été maltraités, et quelle est la quantité de troupes et d'équipages qui s'est réfugiée à Alexandrie.

J'ai écrit à Ganteaume d'instruire Malte et Corfou de tous les détails de cette affaire, afin que ces îles restent en surveillance. L'on m'apprend que le courrier que j'ai expédié d'ici, il y a quinze jours, est encore à Rosette. J'ai écrit au contre-amiral de l'expédier le plus tôt possible pour Corfou, d'où il passera en Italie. Coraïm est arrivé ici ; je l'ai fait enfermer. Vous ne devez pas avoir eu de difficulté à avoir les 300,000 fr. auxquels j'ai imposé Alexandrie ; il faudra cependant soustraire de cette somme 100,000 fr. que vous avez déjà touchés.

Les choses dans ce pays ne sont pas encore assises, et chaque jour y porte une amélioration considérable. Je suis fondé à penser que, quelques jours encore, nous commencerons à être maîtres du pays.

L'expédition que nous avons entreprise exige du courage de plus d'un genre. Le général de brigade Vial occupe Damiette.   BONAPARTE.

Au Caire, le 28 thermidor an 6 (15 août 1798).

Au général Menou.

Vous ferez partir, citoyen général, pour Alexandrie tous les blés et autres approvisionnemens qui étaient chargés sur les djermes, et qui étaient destinés pour l'escadre.

Vous devez avoir reçu plusieurs de mes lettres par mon aide-de-camp Jullien, qui est parti d'ici il y a quinze jours.

Dans une, je vous disais de percevoir une contribution de 100,000 fr. sur le commerce de Rosette, pour subvenir à nos besoins.

La djerme de poste vient d'arriver et ne porte aucune de vos lettres : veillez, je vous prie, à ce qu'aucun courrier ne parte de Rosette sans aller vous demander vos ordres, et qu'il y ait toujours un billet de vous ou d'un officier de votre état-major.

L'aide-de-camp du général Kléber ne m'a appris que le 26, à Salehieh, où je me trouvais, la nouvelle de la journée du 14.

Je ne fais que d'arriver au Caire ; j'espère cette nuit recevoir de vos lettres qui m'instruisent de la perte réelle des Anglais. BONAPARTE.

Au Caire, le 28 thermidor an 6 (15 août 1798).

Au contre-amiral Ganteaume.

Je vous préviens, citoyen général, que j'ai donné ordre de vous envoyer 15,000 fr., qui sont partis aujourd'hui dans la même caisse que les 100,000 fr. de l'ordonnateur Leroy.

Vous vous servirez de ces 15,000 fr. pour distribuer aux officiers de l'armée navale qui auraient le plus de besoins. Vous garderez 3,000 fr. pour vos besoins particuliers.

BONAPARTE.

Au Caire, le 28 thermidor an 6 (15 août 1798).

Au général Menou.

Je donne ordre au payeur de vous envoyer 15,000 fr. pour distribuer aux individus de l'escadre qui auraient le plus de besoins et qui se seraient réfugiés à Rosettte, et pour activer l'arrivée au Caire de tous les objets nécessaires à l'armée, et à Alexandrie, de tous les objets nécessaires à son approvisionnement.

BONAPARTE.

Au Caire, le 29 thermidor an 6 (16 août 1798).

Au général Zayonscheck.

J'ai reçu, citoyen général, à mon retour de Salehieh, votre lettre. J'espère qu'après les avantages que nous avons remportés sur Ibrahim-Bey, que nous avons poussé à plus de quarante lieues, et obligé de passer le désert de Syrie, après l'avoir blessé et après avoir tué Aly-Bey, les habitans de votre province deviendront plus traitables.

Le général Dugua, qui doit être arrivé à Mansoura, se rendra lui-même à Mehal-el-Kebir, pour soumettre la province de Garbié. Le général Fugières s'y rendra dès l'instant qu'il saura que le général Dugua est en marche; cela nécessitera quelques jours encore sa présence à Menouf.

Je n'ai pas vu avec plaisir la manière avec laquelle vous vous êtes conduit envers le Cophte : mon intention est qu'on ménage ces gens-là et qu'on ait des égards pour eux. Prononcez les sujets de plainte que vous avez contre lui, je le ferai remplacer.

Je n'approuve pas non plus que vous ayez fait arrêter le divan sans avoir approfondi s'il était coupable ou non ; il a fallu le relâcher douze heures après : ce n'est pas le moyen de se concilier un parti. Etudiez les peuples chez lesquels vous êtes, distinguez ceux qui sont les plus susceptibles d'être employés ; faites quelquefois des exemples justes et sévères, mais jamais rien qui approche du caprice et de la légèreté. Je sens que votre position est souvent embarrassante, et je suis plein de confiance dans votre bonne volonté et votre connaissance du cœur humain ; croyez que je vous rends la justice qui vous est due. BONAPARTE.

Au Caire, le 29 thermidor an 6 (16 août 1798).

Au général Rampon.

Je vous envoie, citoyen général, des souliers et du biscuit; on vous a envoyé des cartouches.

Le général Desaix, avec sa division, s'embarque dans la nuit de demain pour se rendre à Benecouef : par-là vous vous trouverez couvert, et reprendrez sans inconvénient la position d'Alfieli, et punirez le scheick de la conduite perfide qu'il a tenue.

Je connais trop l'esprit qui anime les trois bataillons que vous commandez, pour douter qu'ils ne fussent fâchés que je donnasse à d'autres le soin de les venger de la trahison infâme des habitans d'Alfieli. BONAPARTE.

Au Caire, le 30 thermidor an 6 (17 août 1798).

Au général Chabot.

Je reçois, citoyen général, votre lettre du 25 messidor : j'y vois que *le Fortunatus* est arrivé avec deux bâtimens chargés de bois ; je vous prie de continuer à nous en envoyer.

Le contre-amiral Villeneuve, avec une partie de l'escadre, est arrivé à Corfou.

Je ne doute pas que vous ne lui accordiez tous les secours et approvisionnemens qu'il doit attendre. Dans ce cas, félicitez-le, de ma part, sur le service qu'il a rendu dans cette circonstance, en conservant à la république un aussi bon officier et d'aussi bons bâtimens.

Vous lui direz que je désire qu'il fasse armer le plus tôt possible le bâtiment de guerre qui est à Corfou, et qu'il envoie l'ordre à Ancône pour que les trois bâtimens de guerre et les frégates qui y sont, se rendent également à Corfou, afin de pouvoir ainsi commencer à réorganiser une escadre.

Nous faisons armer les vaisseaux et les frégates qui se trouvent dans le port d'Alexandrie. Plusieurs vaisseaux de guerre et frégates, partis de Toulon, vont arriver à Malte, où il y a également quelques vaisseaux de guerre et frégates : mon intention est de réunir tous ces vaisseaux à Corfou.

Écrivez de ma part au général Brune, pour qu'il fasse mettre, sur nos vaisseaux d'Ancône, de bonnes garnisons de troupes, et mettez en vous-même sur ceux qu'a amenés le contre-amiral Villeneuve. Je ne lui écris pas à lui-même, parce que je ne suis pas assuré qu'il se trouve à Corfou ; mais s'il s'y trouve, cette lettre lui sera commune. Tout ici va parfaitement bien, et commence même à s'organiser : notre conquête se consolide tous les jours.

Faites-moi connaître, le plus souvent que vous pourrez, ce qui se passe en Turquie, et surtout du côté de Passwan-Oglou. En général, quand vous m'écrirez, envoyez-moi les journaux que vous aurez, et une note de ce que vous aurez appris, car ici nous sommes très-souvent sans nouvelles de France.

J'ai vu avec plaisir que les choses vont bien dans votre

division. Les troupes qui vous sont arrivées, sont un renfort bien précieux dans ce moment-ci.

Faites faire la plus grande quantité de biscuit que vous pourrez; je vous enverrai des blés le plus tôt qu'il me sera possible; d'ailleurs, je vois par votre état de situation, que vous en avez sept cents quintaux, en approvisionnement de siége. BONAPARTE.

Au Caire, le 1er. fructidor an 6 (18 août 1798).

Au général Marmont.

Vous vous rendrez, citoyen général, le plus tôt possible à Rosette.

En passant à Rahmanieh, vous vous aboucherez avec l'adjudant-général Brives, afin d'avoir des nouvelles, soit d'Alexandrie, soit de la province de Damanhour.

Si l'expédition que j'ai ordonnée sur le Damanhour n'avait pas réussi, vous débarqueriez à Rahmanieh, et vous prendriez le commandement de toutes les colonnes mobiles; vous dissiperiez les attroupemens de toute la province de Damanhour, et puniriez les habitans de cette ville pour la manière dont ils se sont conduits avec le général Dumuy.

Si, comme je dois le présumer, il n'y a rien de nouveau à Rahmanieh, et que l'adjudant-général Brives soit à Damanhour ou à Rahmanieh, vous lui donnerez de vos nouvelles en l'instruisant que le but de votre mission est d'entretenir la communication du canal de Rahmanieh à Alexandrie, afin que les eaux y coulent; ainsi que la communication de Rosette à Alexandrie.

Arrivé à Rosette, votre premier soin sera de visiter la barre du Nil, et de vous assurer si l'on y a placé les batteries et chaloupes nécessaires pour le mettre à l'abri des corsaires et chaloupes anglaises.

Vous vous trouverez sous les ordres du général Menou pour les opérations qu'il jugera à propos de faire, soit pour la sûreté de la ville, soit pour celle des villages environnans : de là vous vous rendrez à Aboukir ; vous verrez s'il y a quelque chose à faire pour perfectionner les retranchemens du fort, et rendre plus commode la rade d'Aboukir à Rosette.

De là vous vous rendrez à Alexandrie ; vous vous trouverez sous les ordres du général Kléber, pendant votre séjour dans cette ville, soit pour les mesures qu'il voudrait prendre dans la ville, soit pour quelque opération contre les Arabes, soit pour quelque opération le long du canal qui va à Rahmanieh. Mon intention est que, de retour à Aboukir et à Rosette, vous restiez dans cette dernière ville, jusqu'à ce que l'escadre anglaise ait disparu, et que la communication par mer soit à peu près rétablie.

Ainsi, le but de votre opération est de former une colonne mobile propre à observer les mouvemens de l'escadre anglaise, et à assurer la bouche du Nil de la branche de Rosette, d'empêcher toute communication entre les Anglais et les Arabes par Aboukir, de rendre facile la communication de Rosette à Aboukir, d'offrir une réserve pour dissiper les rassemblemens qui se formeraient dans la province de Bahireh, de punir la ville de Damanhour, et enfin de protéger l'écoulement des eaux le long du canal, le seul qui procure de l'eau à Alexandrie.

Vous m'enverrez, de Rahmanieh, un mémoire sur le temps où les eaux entrent dans ce canal, sur les obstacles que les Arabes pourraient mettre à l'écoulement des eaux, et sur la situation de la province de Rahmanieh.

J'ai déjà ordonné plusieurs fois que tous les magasins qui se trouvent à Rahmanieh filassent sur Rosette et sur Alexandrie. Vous me ferez connaître spécialement si le canal qui va de Rahmanieh à Alexandrie peut porter des djermes.

Je vous ordonne, à votre retour à Alexandrie, de rester à Rosette de préférence, afin que, si cela était nécessaire, vous puissiez vous porter entre les deux branches du Nil, et vous opposer aux incursions que pourraient faire les Anglais pour tenter de s'approvisionner de Rosette, d'Aboukir et d'Alexandrie.

Vous m'écrirez, dans le plus grand détail, pour me faire connaître la situation des Anglais, et la manière dont notre escadre s'est comportée dans le combat.

En parlant, soit aux généraux, soit aux marins, soit aux soldats, vous aurez soin de dire et de faire tout ce qui peut encourager.

Ayez soin surtout de voir et de conférer avec le contre-amiral Ganteaume, et vous me ferez connaître ce qu'il pense que feront les Anglais, ce qu'il pense qu'a fait Villeneuve, ce qu'il pense de la conduite de notre escadre et de celle des Anglais. Témoignez-lui l'estime que j'ai pour lui et le plaisir que j'ai eu à apprendre qu'il était sauvé.

Vous direz à Brives de faire entrer le plus de vivres qu'il pourra à Damanhour et à Rosette, en y envoyant soit du blé, soit de la viande.

Je m'en rapporte à votre zèle et à vos talens pour la conduite que vous tiendrez.   BONAPARTE.

Au Caire, le 1er. fructidor an 6 (18 août 1798).

Au général Perrée.

Vous partirez, citoyen général, cette nuit, avec deux bâtimens armés, et la quantité de djermes nécessaires pour porter la colonne du général Marmont.

Arrivé à Rosette, vous me rendrez compte si les batteries que l'on y a établies, sont suffisantes pour empêcher les avisos et chaloupes anglaises de venir nous troubler.

Vous prendrez, des officiers et matelots qui sont à Rosette, tous les détails sur le combat de l'escadre, et vous me les ferez connaître; vous irez à Aboukir avec le général Marmont, afin de prendre une connaissance exacte sur la position qu'occupe l'escadre anglaise, des vaisseaux qui sont brûlés, de ceux qui restent, et enfin de tout ce qu'ils ont fait ou de ce qu'ils ont l'air de faire.

Vous ferez partir de Rosette *la Cisalpine*, que vous enverrez en Italie porter un de mes courriers. Vous direz au capitaine, que s'il me rapporte la réponse de Paris à ce courrier, je lui donnerai mille louis.

Vous lui tracerez une instruction sur le chemin qu'il doit tenir.

Vous resterez, jusqu'à nouvel ordre, à Rosette, afin de faciliter autant qu'il sera possible la communication par mer d'Alexandrie à Rosette, celle de Rosette au Caire, et de me faire parvenir promptement les nouvelles intéressantes qu'il pourrait y avoir.   BONAPARTE.

Au Caire, le 1er. fructidor an 6 (18 août 1798).

Au général Menou.

Ce soir, le général de brigade Marmont, avec la quatrième demi-brigade, part pour se rendre à Rosette et y observer les mouvemens des Anglais.

Le contre-amiral Perrée se rend à Rosette avec deux avisos; j'espère que dès l'instant que le général Marmont sera arrivé à Rosette, on pourra empêcher les Anglais d'avoir aucune communication avec les Arabes.

J'ai appris, par voie indirecte, qu'un de mes derniers courriers avait été arrêté par les Anglais, et qu'il n'avait pas eu l'esprit de jeter ses paquets à la mer. J'ai appris également indirectement que deux cents hommes étaient arrivés d'Alexandrie à Rosette. Je vous veux un peu de mal de ce que ce n'est pas vous ou votre état-major qui m'ayez fait part de ces nouvelles. Vous sentez combien, dans ces circonstances, les moindres choses sont essentielles.

L'adjudant-général Jullien et l'aide-de-camp du général Kléber, avec une caisse de 130,000 fr., dont la majeure partie est destinée pour le citoyen Leroy, ordonnateur de la marine, sont partis avant-hier, sur un aviso; ils doivent être arrivés à l'heure qu'il est.

Ecrivez-moi, je vous prie, citoyen général, souvent et longuement; faites passer à Alexandrie la plus grande quantité de riz qu'il vous sera possible.

Je n'ai pas encore reçu le plan que j'avais tant recommandé que l'on m'envoyât promptement, de Rosette à la mer.

Tout ici va parfaitement bien. La fête que l'on y a célébrée pour l'ouverture du canal du Nil, a paru faire plaisir aux habitans.

BONAPARTE.

Au Caire, le 1er. fructidor an 6 (18 août 1798).

Au général Reynier.

Je reçois votre lettre du 26, par laquelle vous m'annoncez qu'Ibrahim-Bey était, le 27, à plusieurs journées de Salehieh.

Je vous ai envoyé du riz, de la farine et quatre mille rations de bon biscuit; j'imagine qu'à l'heure qu'il est, vos fours sont faits, et que vous ne manquez point de pain.

Le parti que vous avez pris de retrancher la mosquée est extrêmement sage; vous avez dû recevoir six pièces de canon turques qui vous serviront à cet objet.

Ne gardez pas de chameaux qui vous soient inutiles, parce que cela vous priverait des moyens de vous approvisionner.

BONAPARTE.

Au Caire, le 1er. fructidor an 6 (18 août 1798).

Au consul français à Tripoli.

J'ai reçu, citoyen consul, votre lettre du 13 messidor : depuis la prise de Malte, nous avons pris Alexandrie, battu les mameloucks, pris le Caire, et nous nous sommes emparés de toute l'Egypte.

Les Anglais ayant battu notre escadre, ont dans ce moment la supériorité dans ces mers, ce qui m'engage à vous prier d'expédier un courrier pour se rendre, soit à Malte, soit à Civita-Vecchia, soit à Cagliari, d'où il regagnera facilement Toulon.

Je vous envoie une copie de la lettre à faire partir; vous direz que l'armée de terre est victorieuse et bien établie en Egypte, sans maladies et sans perte de monde, que je me porte bien, et qu'on n'ajoute pas foi en France aux bruits que l'on fait courir. Expédiez-moi de Tripoli un courrier pour me faire parvenir les nouvelles que vous aurez de France, et écrivez à Malte pour qu'on envoie toutes les gazettes que l'on y reçoit et que vous me ferez parvenir.

Il est indispensable que vous nous expédiiez, au moins une fois toutes les décades, un courrier qui ira par mer jusqu'à Derne, et de là traversera le désert. Je vous ferai rembourser tous les frais que cela vous occasionera. Je n'ose aventurer de l'argent au travers du désert ; mais si vous trouvez un négociant de Tripoli qui ait besoin d'avoir 6,000 fr. au Caire, vous pouvez les prendre et tirer une lettre de change sur moi. D'ailleurs, je paierai bien tous les courriers qui m'apporteront des nouvelles intéressantes.

Faites connaître au bey que demain nous célébrons la fête du prophète avec la plus grande pompe. La caravane de Tripoli part également demain ; je l'ai protégée, et elle a eu à se louer de nous.

Engagez le bey à envoyer beaucoup de vivres à Malte, des moutons à Alexandrie, et à faire savoir aux fidèles que les caravanes sont protégées par nous, et que l'émir-aga est nommé. BONAPARTE.

Au Caire, le 2 fructidor an 6 (19 août 1798).

Au directoire exécutif.

Le 18 thermidor, j'ordonnai à la division du général Reynier de se porter à Elkhankah, pour soutenir le général de cavalerie Leclerc, qui se battait avec une nuée d'Arabes à cheval, et de paysans du pays qu'Ibrahim-Bey était parvenu à soulever. Il tua une cinquantaine de paysans, quelques Arabes, et prit position au village d'Elkhankah. Je fis partir également la division commmandée par le général Lannes et celle du général Dugua.

Nous marchâmes à grandes journées sur la Syrie, poussant toujours devant nous Ibrahim-Bey et l'armée qu'il commandait.

Avant d'arriver à Belbeis, nous délivrâmes une partie de la caravane de la Mecque, que les Arabes avaient enlevée et conduisaient dans le désert, où ils étaient déjà enfoncés de deux lieues. Je l'ai fait conduire au Caire sous bonne escorte. Nous trouvâmes à Quoréyn une autre partie de la caravane, toute composée de marchands qui avaient été arrêtés d'abord par Ibrahim-Bey, ensuite relâchés et pillés par les Arabes. J'en fis réunir les débris et je la fis également conduire au Caire. Le pillage des Arabes a dû être considérable ; un seul négociant m'assura qu'il perdait en schalls et autres marchandises des Indes, pour deux cent mille écus. Le négociant avait avec lui, suivant l'usage du pays, toutes ses femmes. Je leur donnai à souper, et leur procurai les chameaux nécessaires pour leur voyage au Caire. Plusieurs paraissaient avoir une assez bonne tournure ; mais le visage était couvert, selon l'usage du pays, usage auquel l'armée s'accoutume le plus difficilement.

Nous arrivâmes à Ssalehhyeh, qui est le dernier endroit habité de l'Egypte où il y ait de bonne eau. Là commence le désert qui sépare la Syrie de l'Egypte.

Ibrahim-Bey, avec son armée, ses trésors et ses femmes, venait de partir de Ssalehhyeh. Je le poursuivis avec le peu de cavalerie que j'avais. Nous vîmes défiler devant nous ses immenses bagages. Un parti d'Arabes de cent cinquante hommes, qui étaient avec eux, nous proposa de charger avec nous pour partager le butin. La nuit approchait, nos chevaux étaient éreintés, l'infanterie très-éloignée ; nous leur enlevâmes les deux pièces de canon qu'ils avaient, et une cinquantaine de chameaux chargés de tentes et de différens effets. Les mameloucks soutinrent la charge avec le plus grand courage. Le chef d'escadron d'Estrée, du septième régiment de hussards, a été mortellement blessé ; mon aide-de-camp Shulkouski a été blessé de sept à huit coups de sabre et de plusieurs coups de feu. L'escadron monté du septième de hussards et du vingt-deuxième de chasseurs, ceux des troisième et quinzième de dragons, se sont parfaitement conduits. Les mameloucks sont extrêmement braves et formeraient un excellent corps de cavalerie légère ; ils sont richement habillés, armés avec le plus grand soin, et montés sur des chevaux de la meilleure qualité. Chaque officier d'état-major, chaque hussard a soutenu un combat particulier. Lasalle, chef de brigade du vingt-deuxième, laissa tomber son sabre au milieu de la charge ; il fut assez adroit et assez heureux pour mettre pied à terre et se trouver à cheval pour se défendre et attaquer un des mameloucks les plus intrépides. Le général Murat, le chef de bataillon, mon aide-de-camp Duroc, le citoyen Leturcq, le citoyen Colbert, l'adjudant Arrighi, engagés trop avant par leur ardeur dans le plus fort de la mêlée, ont couru les plus grands dangers.

Ibrahim-Bey traverse dans ce moment-ci le désert de Syrie; il a été blessé dans ce combat.

Je laissai à Salehieh la division du général Reynier et des officiers du génie, pour y construire une forteresse, et je partis le 26 thermidor pour revenir au Caire. Je n'étais pas éloigné de deux lieues de Salehieh, que l'aide-de-camp du général Kléber arriva et m'apporta la nouvelle de la bataille qu'avait soutenue notre escadre, le 14 thermidor. Les communications sont si difficiles, qu'il avait mis onze jours pour venir.

Je vous envoie le rapport que m'en fait le contre-amiral Ganteaume. Je lui écris, par le même courrier, à Alexandrie, de vous en faire un plus détaillé.

Le 18 messidor, je suis parti d'Alexandrie. J'écrivis à l'amiral d'entrer sous les vingt-quatre heures, dans le port d'Alexandrie, et, si son escadre ne pouvait pas y entrer, de décharger promptement toute l'artillerie et tous les effets appartenans à l'armée de terre, et de se rendre à Corfou.

L'amiral ne crut pas pouvoir achever le débarquement dans la position où il était, étant mouillé dans le port d'Alexandrie sur des rochers, et plusieurs vaisseaux ayant déjà perdu leurs ancres; il alla mouiller à Aboukir, qui offrait un bon mouillage. J'envoyai des officiers du génie et d'artillerie qui convinrent avec l'amiral que la terre ne pouvait lui donner aucune protection, et que, si les Anglais paraissaient pendant les deux ou trois jours qu'il fallait qu'il restât à Aboukir, soit pour décharger notre artillerie, soit pour sonder et marquer la passe d'Alexandrie, il n'y avait pas d'autre parti à prendre que de couper ses cables, et qu'il était urgent de séjourner le moins possible à Aboukir.

Je suis parti d'Alexandrie dans la ferme croyance que, sous trois jours, l'escadre serait entrée dans le port d'Alexandrie, ou aurait appareillé pour Corfou. Depuis le 18 messidor jusqu'au 6 thermidor, je n'ai reçu aucune nouvelle ni de Rosette, ni d'Alexandrie, ni de l'escadre. Une nuée d'Arabes, accourus de tous les points du désert, étaient constamment à cinq cents toises du camp. Le 9 thermidor, le bruit de nos victoires et différentes dispositions rouvrirent nos communications. Je reçus plusieurs lettres de l'amiral, où je vis avec étonnement qu'il se trouvait encore à Aboukir. Je lui écrivis sur-le-champ pour lui faire sentir qu'il ne devait pas perdre une heure à entrer à Alexandrie, ou à se rendre à Corfou.

L'amiral m'instruisit, par une lettre du 2 thermidor, que plusieurs vaisseaux anglais étaient venus le reconnaître, et qu'il se fortifiait pour attendre l'ennemi, embossé à Aboukir. Cette étrange résolution me remplit des plus vives alarmes; mais déjà il n'était plus temps, car la lettre que l'amiral écrivait le 2 thermidor ne m'arriva que le 12. Je lui expédiai le citoyen Jullien, mon aide-de-camp, avec ordre de ne pas partir d'Aboukir qu'il n'eût vu l'escadre à la voile. Parti le 12 il n'aurait jamais pu arriver à temps ; cet aide-de-camp a été tué en chemin par un parti arabe qui a arrêté sa barque sur le Nil, et l'a égorgé avec son escorte.

Le 8 thermidor, l'amiral m'écrivit que les Anglais s'étaient éloignés; ce qu'il attribuait au défaut de vivres. Je reçus cette lettre par le même courrier, le 12.

Le 11, il m'écrivait qu'il venait enfin d'apprendre la victoire des Pyramides et la prise du Caire, et que l'on avait trouvé une passe pour entrer dans le port d'Alexandrie ; je reçus cette lettre le 18.

Le 14, au soir, les Anglais l'attaquèrent ; il m'expédia, au moment où il aperçut l'escadre anglaise, un officier pour me faire part de ses dispositions et de ses projets : cet officier a péri en route.

Il me paraît que l'amiral Brueys n'a pas voulu se rendre à Corfou, avant qu'il eût été certain de ne pouvoir entrer dans le port d'Alexandrie, et que l'armée dont il n'avait pas de nouvelles depuis long-temps, fût dans une position à ne pas avoir besoin de retraite. Si dans ce funeste événement il a fait des fautes, il les a expiées par une mort glorieuse.

Les destins ont voulu dans cette circonstance, comme dans tant d'autres, prouver que, s'ils nous accordent une grande prépondérance sur le continent, ils ont donné l'empire des mers à nos rivaux. Mais ce revers ne peut être attribué à l'inconstance de notre fortune ; elle ne nous abandonne pas encore : loin de là, elle nous a servis dans toute cette opération au-delà de tout ce qu'elle a jamais fait. Quand j'arrivai devant Alexandrie avec l'escadre, et que j'appris que les Anglais y étaient passés en force supérieure quelques jours avant ; malgré la tempête affreuse qui régnait, au risque de me naufrager, je me jetai à terre. Je me souvins qu'à l'instant où les préparatifs du débarquement se faisaient, on signala dans l'éloignement, au vent, une voile de guerre : c'était *la Justice*. Je m'écriai : « Fortune, m'abandonneras-tu ? quoi, seulement cinq jours ! » Je débarquai dans la journée ; je marchai toute la nuit ; j'attaquai Alexandrie à la pointe du jour avec trois mille hommes harrassés, sans canons et presque pas de cartouches ; et, dans les cinq jours, j'étais maître de Rosette, de Damanhour, c'est-à-dire déjà établi en Egypte. Dans ces cinq jours, l'escadre devait se trouver à l'abri des forces des Anglais, quel que fût leur nombre. Bien loin de là elle reste exposée pendant tout le reste de messidor. Elle reçoit de Rosette, dans les premiers jours de thermidor, un approvisionnement de riz pour deux mois. Les Anglais se laissent voir en nombre supérieur pendant dix jours dans ces parages. Le 11 thermidor, elle apprend la nouvelle de l'entière possession de l'Egypte et de notre entrée au Caire ; et ce n'est que lorsque la fortune voit que toutes ses faveurs sont inutiles qu'elle abandonne notre flotte à son destin.

BONAPARTE.

Au Caire, le 2 fructidor an 6 (19 août 1798).

A la citoyenne Brueys.

Votre mari a été tué d'un coup de canon, en combattant à son bord. Il est mort sans souffrir, et de la mort la plus douce, la plus enviée par les militaires.

Je sens vivement votre douleur. Le moment qui nous sépare de l'objet que nous aimons est terrible ; il nous isole de la terre ; il fait éprouver au corps les convulsions de l'agonie. Les facultés de l'ame sont anéanties, elle ne conserve de relation avec l'univers, qu'au travers d'un cauchemar qui altère tout. Les hommes paraissent plus froids, plus égoïstes qu'ils ne le sont réellement. L'on sent dans cette situation que si rien ne nous obligeait à la vie, il vaudrait beaucoup mieux mourir ; mais, lorsqu'après cette première pensée, l'on presse ses enfans sur son cœur, des larmes, des sentimens tendres raniment la nature, et l'on vit pour ses enfans : oui, madame, voyez dès ce premier moment qu'ils ouvrent votre cœur à la mélancolie : vous pleurerez avec eux, vous éleverez leur enfance, cultiverez leur jeunesse ; vous leur parlerez de leur père, de votre douleur, de la perte qu'eux et la république ont faite. Après avoir rattaché votre ame au monde par l'amour filial et l'amour maternel, appréciez pour quelque chose l'amitié et le vif intérêt que je prendrai toujours à la femme de mon ami. Persuadez-vous qu'il est des hommes, en petit nombre, qui méritent d'être l'espoir de la douleur, parce qu'ils sentent avec chaleur les peines de l'ame.

BONAPARTE.

Au Caire, le 3 fructidor an 6 (20 août 1798).

Au général Vial.

Vous avez mal fait de laisser cent hommes à Mansoura, c'était évidemment les compromettre.

La division du général Dugua aura sans doute dissipé les attroupemens et puni sévèrement les chefs d'attroupemens.

Je donne ordre à l'artillerie de vous faire passer six pièces de gros calibre et deux mortiers pour placer à l'embouchure du Nil. Organisez votre province le plus tôt possible; tenez toujours vos troupes réunies; vous pouvez laisser libre le commerce de Damiette à la Syrie, mais ayant soin qu'on n'y transporte pas les riz qui sont nécessaires à l'armée. Ecrivez à Djezzar-Pacha et au pacha de Tripoli, que je vous ai chargé de leur annoncer que nous ne leur en voulons pas, encore moins aux musulmans et vrais croyans; qu'ils peuvent se tranquilliser et vivre en repos, et que j'espère qu'ils protégeront le commerce d'Egypte en Syrie, comme mon intention est de le protéger de mon côté : envoyez-leur ces lettres par des occasions sûres.

J'imagine que vous aurez eu soin que l'on célèbre avec plus de pompe encore la fête du prophète, qui est dans quatre ou cinq jours. La fête du Nil a été très-belle ici, celle du prophète le sera encore davantage. BONAPARTE.

Au Caire, le 3 fructidor an 6 (20 août 1798).

Bonaparte, général en chef, ordonne :

Les citoyens Monge, Berthollet, Caffarelli et Geoffroy sont membres de l'institut national, ainsi que les citoyens Desgenettes et Andréossi. Ils se réuniront demain dans la salle de l'institut pour arrêter un réglement pour l'organisation de l'institut du Caire et désigner les personnes qui doivent le composer. BONAPARTE.

Au Caire, le 4 fructidor an 6 (21 août 1798)

Au contre-amiral Villeneuve à Malte.

J'ai reçu, citoyen général, la lettre que vous m'avez écrite en mer, à .... lieues du cap de Celidonia. Si l'on pouvait vous faire un reproche, ce serait de n'avoir pas mis à la voile immédiatement après que *l'Orient* a sauté, puisque, depuis trois heures, la position que l'amiral avait prise, avait été forcée et entourée de tous côtés par l'ennemi.

Vous avez rendu dans cette circonstance, comme dans tant d'autres, un service essentiel à la république en suivant une partie de l'escadre.

Les contre-amiraux Ganteaume et Duchayla sont à Alexandrie, ainsi que tous les matelots, canonniers, soldats de l'escadre, soit blessés, soit bien portans, tous les prisonniers ayant été rendus.

Les deux vaisseaux *le Causse* et *le Dubois* sont armés, ainsi que les frégates *l'Alceste*, *la Junon*, *la Muiron*, *la Carrère*, et les autes frégates vénitiennes.

Vous trouverez à Malte deux vaisseaux et une frégate; vous y attendrez l'arrivée de trois bâtimens de guerre vénitiens et de deux frégates, qui doivent venir de Toulon avec le convoi; vous ferez tous vos efforts et tout ce que vous croyez nécessaire pour nous le faire passer.

Mon projet est de réunir trois vaisseaux neufs que nous avons à Ancône, celui que nous avons à Corfou, et les deux que nous avons à Alexandrie dans le port, afin de pouvoir contenir, à tout événement, l'escadre turque, de chercher ensuite à les joindre avec les sept vaisseaux que vous vous trouverez avoir alors sous vos ordres, et dont la principale destination est dans ce moment de favoriser le passage des convois qui nous arrivent de France.

Je donne ordre au général Vaubois de vous fournir cent Français par vaisseau de guerre de plus, afin de pouvoir avec ce renfort mieux contenir votre équipage, que vous completterez de tous les matelots maltais que vous trouverez.

BONAPARTE.

Au Caire, le 4 fructidor an 6 (21 août 1798).

Au général Vaubois.

Il est indispensable, citoyen général, que vous fournissiez à l'amiral Villeneuve tout ce qui lui sera nécessaire, soit en approvisionnemens, soit en garnison, soit en matelots pour pouvoir ravitailler sa division.

Les communications sont extrêmement difficiles. Je n'ai point reçu de lettres de vous et fort peu de France ; mais je compte assez sur votre zèle, pour ne pas douter que la place de Malte se trouve dans le meilleur état, et que vous employez tous vos moyens à captiver le peuple et à nous faire passer toutes les nouvelles qui pourront vous arriver de France. BONAPARTE.

Au Caire, le 4 fructidor an 6 (21 août 1798).

Au général Ganteaume.

Je vous envoie, citoyen général, une lettre pour le contre-amiral Villeneuve, qui m'a écrit, à la hauteur du cap de Celidonia, qu'il se rendait à Malte. Je vous prie de la lui faire passer. Je vous prie de me faire connaître dans quel port *la Marguerite* a eu ordre de relâcher, et si vous pensez qu'elle soit arrivée.

Le citoyen Leroy ne m'envoie aucun état, de sorte que j'ignore absolument le nombre des matelots qui se trouvent dans le port d'Alexandrie. Les uns disent que les Anglais ont rendu tous les prisonniers de guerre : dès-lors, il devrait y avoir cinq ou six mille personnes de l'escadre à Alexandrie ; je vous prie de me rendre un compte très-détaillé de l'événement qui a eu lieu, afin que je puisse en instruire le gouvernement. De tout ce que j'ai reçu jusqu'à présent, je n'ai pas de quoi faire la moindre relation. Quelle était la force des Anglais ? avaient-ils des vaisseaux à trois ponts ? combien de quatre-vingt ? combien de soixante-quatorze ? A l'heure qu'il est, j'imagine qu'ils sont partis. Combien et quels sont les vaisseaux qui ont été emmenés ou brûlés ? qui sont ceux de nos principaux officiers qui se sont sauvés, qui sont tués ou qui sont prisonniers ? Pourquoi *le Franklin* s'est-il rendu presque sans se battre ?

Le Généreux, que le contre-amiral a emmené avec lui, est-il un bon vaisseau ? Un vaisseau de quatre-vingts peut-il décidément entrer dans le port d'Alexandrie ? L'amiral m'écrivait, le 11, qu'il croyait qu'il pouvait y entrer.

J'ai envoyé le citoyen Perrée à Rosette pour observer la position des Anglais et me rendre compte de son côté de ce qu'il verra.

Lorsque les Anglais auront quitté ces parages, s'ils n'y laissent pas une forte croisière, comme je pense qu'ils ne pourront le faire, ayant besoin de leur monde pour emmener tous nos vaisseaux, j'enverrai trois à quatre cents matelots à Ancône pour augmenter l'équipage des trois vaisseaux vénitiens qui s'y trouvent, et les conduire à Corfou et ensuite à Alexandrie. Vous les ferez accompagner d'un officier intelligent, et vous lui donnerez une instruction sur la route qu'il devra suivre.

Nous avons un vaisseau à Corfou, envoyez-y une trentaine

de matelots pour augmenter les équipages, et donnez-lui des ordres pour, s'il y a possibilité, le faire réunir aux trois autres et le faire venir ici.

J'ai écrit au général Villeneuve de tâcher de réunir à Malte les trois vaisseaux vénitiens et les deux frégates que nous avons à Toulon, ce qui, joint aux deux vaisseaux, à la frégate maltaise, et à ce qu'il a avec lui, fera cinq vaisseaux de guerre et cinq frégates. Nos forces de la Méditerranée étant dans ces deux masses, nous verrons, dans le courant de l'hiver, ce qu'il nous sera possible de faire pour leur réunion et pour seconder l'opération ultérieure de l'armée.

BONAPARTE.

Au Caire, le 4 fructidor an 6 (21 août 1798).

A l'ordonnateur Leroy.

Je suis extrêmement mécontent, citoyen ordonnateur, de votre correspondance ; deux ou trois lettres que je reçois de vous ne m'apprennent rien. Vous ne m'envoyez ni l'état approximatif des blessés, des morts, ni celui des prisonniers que nous ont rendus les Anglais ; j'ignore absolument le nombre d'hommes réfugiés de notre escadre qui se trouvent dans ce moment à Alexandrie.

J'ignore également ce qui a été fait pour l'armement des deux bâtimens vénitiens, pour l'armement des deux frégates, et dans quelle situation se trouve le convoi.

Je vous prie de vouloir bien m'envoyer tous ces états dans le plus court délai.

BONAPARTE.

Au Caire, le 4 fructidor an 6 (21 août 1798).

Au contre-amiral Ganteaume.

Dès l'instant que vous aurez, citoyen général, expédié les ordres pour Corfou, et que vous aurez pris les états de situation du personnel et du matériel dans les ports d'Alexandrie, vous vous rendrez au Caire : avant de partir, conférez avec le citoyen Dumanoir.

Vous aurez soin d'écrire par toutes les occasions en France, et de rendre compte au directoire du combat naval qui a eu lieu. Notre position au Caire est extrêmement satisfaisante puisque nous avons perdu peu de monde, et que nos prisonniers nous sont tous rendus. Cet échec, si considérable qu'il soit, se réparera. Croyez à l'estime et à l'amitié que j'ai pour vous.

BONAPARTE.

Au Caire, le 4 fructidor an 6 (21 août 1798).

Au même.

Vous ferez partir, citoyen, aussitôt que cela sera possible, d'Alexandrie, sept ou huit avisos dans le genre du *Cerf*, du *Pluvier*, pour remonter le Nil à Rosette, et se rendre au Caire; vous y ferez embarquer deux cents matelots de surplus, pour pouvoir armer quelques bricks qui se trouvent ici.

BONAPARTE.

Au Caire, le 4 fructidor an 6 (21 août 1798).

Au général Menou.

Ni moi ni l'état-major, nous ne recevons aucun compte de vous; vous ne dites rien de ce qui se passe à Aboukir et à

Rosette : cela en mérite pourtant bien la peine; et je ne suis instruit que par les oui-dire.

Je vous prie de vouloir bien envoyer à l'état-major un état de situation des corps qui composent la garnison, les hôpitaux; de m'instruire des mouvemens que feraient l'escadre à Aboukir ou les bâtimens anglais au Bogaz. Je n'ai aucun détail sur la communication de Rosette à Aboukir, quoique je sache d'un autre côté qu'elle est ouverte.

Je vous prie également de me faire connaître ce que sont devenues les lettres à l'amiral Brueys, que vous avez dû avoir dans les mains, et qui ne sont arrivées à Rosette que lorsque l'amiral n'y était plus.

Le citoyen Croizier a porté des lettres pour le général Kléber : ont-elles été remises au courrier ? ce courrier avait aussi des lettres à l'amiral Brueys, les a-t-il emportées avec lui?

J'aurais dû être instruit dans le plus grand détail de tout ce qui se disait et se faisait d'essentiel. Dès l'instant que les Anglais seront partis d'Aboukir, ce qui ne peut tarder, si cela n'est pas déjà fait, favorisez autant qu'il vous sera possible l'arrivée de quelques pièces de 24 pour les mettre au Bogaz. Rosette est le seul point de l'armée sur lequel je n'aie aucune espèce de détails.

Vous pouvez faire partir pour le Caire tous les meubles de la commission des arts. Je ne vous enverrai des ordres pour quitter Rosette, que lorsque la province sera organisée et que l'embouchure du Nil pourra ne pas craindre d'insulte de quelque corsaire. BONAPARTE.

Au Caire, le 4 fructidor an 6 (21 août 1798).

Au général Dommartin.

Je crois nécessaire, citoyen général, que vous partiez ce soir pour vous rendre à Rosette et de là à Alexandrie. Vous profiterez du moment où les Anglais laisseront libre la communication de Rosette à Alexandrie, pour faire passer une pièce de gros calibre et quatre mortiers à établir à l'embouchure de cette rivière, et enfin faire passer, indépendamment de ce que vous avez, du Caire à Damiette, huit autres pièces de gros calibre et quatre mortiers ; pour faire également armer le fort d'Aboukir avec une très-bonne batterie de côte, et enfin augmenter et inspecter les fortifications et batteries d'Alexandrie, en ayant soin qu'on occupe le poste de l'île du Marabou. Votre présence sera d'ailleurs utile pour détruire beaucoup de faux bruits que l'on fait courir sur l'armée et sa position, et pour ranimer autant qu'il vous sera possible, les espérances et le courage de ceux qui en auront besoin.

BONAPARTE.

Au Caire, le 4 fructidor an 6 (21 août 1798).

A l'ordonnateur de la marine à Toulon.

L'amiral Ganteaume vous aura sans doute instruit, citoyen ordonnateur, de l'événement arrivé à l'escadre. Le général Villeneuve est allé, avec tout ce qu'il a sauvé, à Malte. L'ordonnateur Leroy vous rendra sans doute un compte détaillé du nombre des blessés et morts, et vous enverra l'état des marins qui sont à Alexandrie.

Je vous envoie une lettre pour madame Brueys : je vous prie de la lui remettre avec tous les ménagemens possibles. L'armée de terre est dans la plus brillante position, nous sommes maîtres de toute l'Egypte, et dès l'instant que nous aurons reçu le convoi que vous devez nous envoyer, il ne nous restera plus rien à désirer. J'ordonne au général Villeneuve de réunir dans le port de Malte et sous son commandement les deux vaisseaux maltais, les trois vaisseaux vénitiens et les frégates que nous avons à Toulon.

Je réunirai les vaisseaux vénitiens que nous avons à Ancône et celui que nous avons à Corfou, ainsi que les deux vaisseaux et les six frégates qui sont dans le port d'Alexandrie. Il n'y a eu que fort peu de blessés : ceux-ci ne montent qu'à huit cents. Tous les équipages qui ont été pris par les Anglais, sont presque tous rendus et existans à Alexandrie. Les trente ou quarante ouvriers que vous avez envoyés sont arrivés également.

Soyez assez aimable, je vous prie, pour faire connaître à ma femme, dans quelque lieu qu'elle se trouve, et à ma mère en Corse, que je me porte fort bien. J'imagine bien que l'on m'aura dit, en Europe, tué une douzaine de fois.

BONAPARTE.

Au Caire, le 4 fructidor an 6 (21 août 1798).

Au citoyen Menars, commissaire de la marine à Malte.

Je vois avec plaisir, citoyen commissaire, par votre lettre du 5 thermidor, que *le Dego* et *la Carthaginoise* sont prêts à partir. A l'heure qu'il est, le contre-amiral Villeneuve aura mouillé dans le port de Malte avec son escadre. J'espère aussi que vous travaillerez avec la plus grande activité à l'armement du troisième vaisseau, et qu'avant un mois il pourra augmenter l'escadre de l'amiral Villeneuve. Je vous prie de mettre dans cette circonstance plus de zèle et d'activité que dans toutes les autres. J'ai écrit en France pour qu'on vous fît passer 600,000 fr. et j'écris au général Vaubois pour qu'il vous aide de tous ses moyens. J'espère que vous serez bientôt joint par le reste de nos vaisseaux qui sont à Toulon.

Faites-nous parvenir par toutes les occasions des nouvelles de France; les petits bateaux qui côtoient la côte d'Afrique doivent pouvoir arriver sans difficultés. BONAPARTE.

Au Caire, le 4 fructidor an 6 (21 août 1798).

Au général Kléber.

Je vous remercie, citoyen général, de votre sollicitude sur ma santé : elle n'a jamais, je vous assure, été meilleure. Les affaires ici vont parfaitement bien, et le pays commence à se soumettre.

J'ai appris la nouvelle de l'escadre onze jours après l'événement, et dès-lors ma présence n'y pouvait plus rien. Quant à Alexandrie, je n'ai jamais eu la moindre inquiétude ; il n'y aurait personne que les Anglais n'y entreraient pas. Ils ont bien assez à faire de garder leurs vaisseaux, et sont trop empressés à profiter de la bonne saison pour regagner Gibraltar.

J'ai reçu des lettres du contre-amiral Villeneuve à six lieues du cap de Celidonia : il va à Malte. J'ai reçu des lettres de cette île. Les deux bâtimens et la frégate sont prêts ; les trois bâtimens sont aussi prêts à Toulon : ainsi j'espère que, dans le courant de septembre, nous aurons sept bâtimens de guerre et cinq frégates équipés à Malte, tout comme nous aurons six, sept à huit frégates à Alexandrie. J'espère que les quatre d'Ancône nous y joindront.

Je n'ai pas encore reçu la revue, au moins approximative, des matelots qui se trouvent à Alexandrie. Je voudrais qu'au lieu de trois, vous y gardassiez pour six mois de riz. Ne vous sachant pas si bien pourvu, j'avais ordonné que l'on en achetât cinq mille quintaux à Damiette et cinq mille à Rosette, pour faire passer à Alexandrie.

J'ai envoyé le général Marmont avec la quatrième demi-brigade d'infanterie légère et deux pièces de canon pour soumettre la province de Bahiré, maintenir libre la communication de Rosette à Alexandrie, et rester sur la côte pour empêcher la communication de l'escadre avec la terre.

Je ferai partir cette nuit le général Dommartin pour profiter du moment favorable et accélérer le départ de l'artillerie de campagne pour l'armée : avec six pièces de 24 à boulets rouges et deux mortiers, toutes les escadres de la terre n'approcheraient pas. Il faut, dans ce cas, recommander qu'on tire lentement et très-peu ; il faut avoir quelques gargousses de parchemin bien faites. Il faut le plus promptement possible mettre en état le fort d'Aboukir et occuper la tour du Marabou, où nous avons descendu : occupez-la avec un poste et quelques pièces de canon.

Le turc Passwan-Oglou est plus fort que jamais, et les Turcs y penseront à deux fois avant de faire un mouvement contre nous : au reste ils trouveront à s'en repentir. Tous les mois, tous les jours, notre position s'améliore par les établissemens propres à nourrir l'armée, par les fortifications que nous établissons sur différens points ; et dès l'instant que nos approvisionnemens de campagne qui sont à Alexandrie, seront en état d'être transportés au Caire, je vous assure que je ne crains pas cent mille Turcs.

Si les Anglais relèvent cette escadre-ci par une autre et continuent à inonder la Méditerranée, ils nous obligeront peut-être à faire de plus grandes choses que nous n'en voulions faire. Au milieu de ce tracas, je vois avec plaisir que votre santé se rétablit, que votre blessure est guérie. Vous sentez que votre présence est encore nécessaire dans le poste où vous êtes ; vous voyez que la blessure que vous avez reçue a tourné à bien pour l'armée. Faites-moi passer de suite tous les hommes qui viendraient de Malte ou de France, quand même ils n'auraient pas de dépêches. Vous me ferez connaître quels sont les bâtimens que vous m'envoyez. Je vous fais passer l'ordre pour le commerce ; il faut cependant prendre garde qu'aucun négociant d'Alexandrie ne profite de cette liberté de commerce pour faire transporter ses richesses, et de ne le mettre à exécution que lorsque la plus grande partie de l'escadre anglaise sera partie.

Encouragez, autant qu'il vous sera possible, les barques de Tripoli qui transportent des moutons à Alexandrie. J'ai écrit à ce bey et au consul français, par le désert; écrivez-lui de votre côté par mer, et surtout au bey de Bengazé. Quant aux bâtimens de guerre turcs, il faut nous tenir dans la position où nous sommes jusqu'aux nouvelles de Constantinople, afin qu'aux premières hostilités du capitan pacha, nous puissions nous en emparer; ils équivaudront toujours dans nos mains à une de leurs caravelles.

J'imagine qu'à l'heure qu'il est la masse de l'escadre anglaise sera partie. Aujourd'hui que les chemins sont ouverts, écrivez-moi souvent et faites-moi envoyer exactement les états de situation. J'espère que l'arrêté du conseil pour couler les soixante bâtimens de transport n'aura pas eu lieu. Avec six pièces de 24, deux grils à boulets rouges et quarante canonniers, j'ai lutté pendant quatre jours contre l'escadre anglaise et espagnole au siége de Toulon, et après lui avoir brûlé une frégate et plusieurs bombardes, je l'ai forcée à prendre le large. Si le génie de l'armée voulait qu'ils tentassent de se frotter contre notre port, ils pourraient, par ce qui leur arriverait, nous consoler un peu de l'événement arrivé à notre flotte. Le parti que vous avez pris de renforcer la batterie des Figuiers et du fort triangulaire est extrêmement sage.

J'ai envoyé, par votre aide-de-camp, une assez forte somme à l'ordonnateur Leroy. Faites-moi connaître ce que l'opinion dit sur la conduite *du Francklin* : il paraît qu'il ne s'est pas battu.

Faites-moi connaître la date de toutes les lettres que vous avez reçues de moi, afin que je vous envoie copie de toutes celles qui ne vous seraient point parvenues.

BONAPARTE.

Au Caire, le 5 fructidor an 6 (22 août 1798).

Instructions remises au citoyen Beauvoisin, chef de bataillon d'état-major, commissaire près le divan du Caire.

Le citoyen Beauvoisin se rendra à Damiette ; de là il s'embarquera sur un vaisseau turc ou grec ; il se rendra à Jaffa ; il portera la lettre que je vous envoie à Achmet-Pacha ; il demandera à se présenter devant lui, et il réitérera de vive voix que les musulmans n'ont pas de plus vrais amis en Europe que nous ; que j'ai entendu avec peine que l'on croyait en Syrie que j'avais dessein de prendre Jérusalem et de détruire la religion mahométane ; que ce projet est aussi loin de notre cœur que de notre esprit ; qu'il peut vivre en toute sûreté, que je le connais de réputation comme un homme de mérite ; qu'il peut être assuré que, s'il veut se comporter comme il le doit envers les hommes qui ne lui font rien, je serai son ami, et bien loin que notre arrivée en Egypte soit contraire à sa puissance, elle ne fera que l'augmenter ; que je sais que les mameloucks que j'ai détruits étaient ses ennemis, et qu'il ne doit pas nous confondre avec le reste des Européens, puisque, au lieu de rendre les musulmans esclaves, nous les délivrons ; et enfin il lui racontera ce qui s'est passé en Egypte et ce qui peut être propre à lui ôter l'envie d'armer et de se mêler de cette querelle. Si Achmet-Pacha n'est pas à Jaffa, le citoyen Beauvoisin se rendra à Saint-Jean d'Acre ; mais il aura soin auparavant de voir les familles européennes, et principalement le vice-consul français, pour se procurer des renseignemens sur ce qui se passe à Constantinople et sur ce qui se fait en Syrie.   BONAPARTE.

Au Caire, le 5 fructidor an 6 (22 août 1798).

A Achmet-Pacha [1] *, gouverneur de Séid et d'Acra (Saint-Jean-d'Acre.)*

En venant en Egypte faire la guerre aux beys, j'ai fait une chose juste et conforme à tes intérêts, puisqu'ils étaient tes ennemis ; je ne suis point venu faire la guerre aux musulmans. Tu dois savoir que mon premier soin, en entrant à Malte, a été de faire mettre en liberté deux mille Turcs, qui, depuis plusieurs années, gémissaient dans l'esclavage. En arrivant en Egypte, j'ai rassuré le peuple, protégé les muphtis, les imans et les mosquées; les pélerins de la Mecque n'ont jamais été accueillis avec plus de soin et d'amitié que je ne l'ai fait, et la fête du prophète vient d'être célébrée avec plus de splendeur que jamais.

Je t'envoie cette lettre par un officier qui te fera connaître de vive voix mon intention de vivre en bonne intelligence avec toi, en nous rendant réciproquement tous les services que peuvent exiger le commerce et le bien des états : car les musulmans n'ont pas de plus grands amis que les Français.

BONAPARTE.

Au Caire, le 5 fructidor an 6 (22 août 1798).

Au grand-visir.

L'armée française que j'ai l'honneur de commander est entrée en Egypte pour punir les beys mameloucks des insultes qu'ils n'ont cessé de faire au commerce français.

Le citoyen Talleyrand-Périgord, ministre des relations extérieures à Paris, a été nommé, de la part de la France, am-

---

[1] Le même que le célèbre Djezzar pacha.

bassadeur à Constantinople, pour remplacer le citoyen Aubert Dubayet, et il est muni des pouvoirs et instructions nécessaires de la part du directoire exécutif pour négocier, conclure et signer tout ce qui est nécessaire pour lever les difficultés provenant de l'occupation de l'Egypte par l'armée française, et consolider l'ancienne et nécessaire amitié qui doit exister entre les deux puissances. Cependant, comme il pourrait se faire qu'il ne fût pas encore arrivé a Constantinople, je m'empresse de faire connaître à votre excellence l'intention où est la république française, non-seulement de continuer l'ancienne bonne intelligence, mais encore de procurer à la Porte l'appui dont elle pourrait avoir besoin contre ses ennemis naturels, qui, dans ce moment, viennent de se liguer contre elle.

L'ambassadeur Talleyrand-Périgord doit être arrivé. Si, par quelque accident, il ne l'était pas, je prie votre excellence d'envoyer ici (au Caire), quelqu'un qui ait votre confiance et qui soit muni de vos instructions et pleins-pouvoirs, ou de m'envoyer un firman, afin que je puisse envoyer moi-même un agent, pour fixer invariablement le sort de ce pays, et arranger le tout à la plus grande gloire du sultan et de la république française, son alliée la plus fidèle, et à l'éternelle confusion des beys et mameloucks, nos ennemis communs.

Je prie votre excellence de croire aux sentimens d'amitié et de haute considération, etc.   BONAPARTE.

Au Caire, le 8 fructidor an 6 (25 août 1798).

Au schérif de la Mecque.

En vous faisant connaître l'entrée de l'armée française en Egypte, je crois devoir vous assurer de la ferme intention où je suis de protéger de tous mes moyens le voyage des pélerins de la Mecque : les mosquées et toutes les fondations que la Mecque et Médine possèdent en Egypte, continueront à leur appartenir comme par le passé. Nous sommes amis des musulmans et de la religion du prophète; nous désirons faire tout ce qui pourra vous plaire et être favorable à la religion.

Je désire que vous fassiez connaître partout que la caravane des pélerins ne souffrira aucune interruption, qu'elle n'aura rien à craindre des Arabes. BONAPARTE.

Au Caire, le 10 fructidor an 6 (27 août 1798).

Au même.

Je m'empresse de vous faire connaître mon arrivée, à la tête de l'armée française, au Caire, ainsi que les mesures que j'ai prises pour conserver aux saintes mosquées de la Mecque et de Médine les revenus qui leur étaient affectés. Par les lettres que vous écriront le divan et les différens négocians de ce pays, vous verrez avec quel soin je protége les imans, les schérifs et tous les hommes de loi ; vous y verrez également que j'ai nommé pour emir-adji Mustapha-Bey, kiaya de Seid-Aboukekir, pacha gouverneur du Caire, et qu'il escortera la caravane avec des forces qui la mettront à l'abri des incursions des Arabes.

Je désire beaucoup que, par votre réponse, vous me fassiez connaître si vous souhaitez que je fasse escorter la caravane par mes troupes, ou seulement par un corps de cavalerie de gens du pays; mais, dans tous les cas, faites connaître à tous les négocians et fidèles que les musulmans n'ont pas de meilleurs amis que nous, de même que les schérifs et tous les hommes qui emploient leur temps et leurs moyens à instruire les peuples n'ont pas de plus zélés protecteurs, et que le commerce non-seulement n'a rien à craindre, mais sera spécialement protégé.

J'attends votre réponse par le retour de ce courrier.

Vous me ferez connaître également les besoins que vous pourriez avoir, soit en blé, soit en riz, et je veillerai à ce que tout vous soit envoyé. BONAPARTE.

Au Caire, le 10 fructidor an 6 (27 août 1798).

Aux négocians français à Jaffa.

Je n'ai reçu, citoyens, qu'aujourd'hui votre lettre du 7 thermidor. Je vois avec peine la position dans laquelle vous vous trouvez; mais les nouvelles ultérieures que l'on aura eues de nos principes, auront, j'en suis persuadé, dissipé toutes les alarmes qui vous entouraient.

Je suis fort aise de la bonne conduite de l'aga, gouverneur de la ville : les bonnes actions trouvent leur récompense, et celle-là aura la sienne.

Malheur, au reste, à qui se conduira mal envers vous ! Conformément à vos désirs, le divan, composé des principaux schérifs du Caire, le kiaya du pacha, le mollah d'Egypte, et celui de Damas, qui se trouvent ici, écrivent en Syrie pour dissiper toutes les alarmes. Les vrais musulmans n'ont pas de meilleurs amis que nous. BONAPARTE.

Au Caire, le 11 fructidor an 6 (28 août 1798).

Au général Menou.

J'ai reçu, citoyen général, votre lettre du 6 fructidor. Il sera fait incessamment un règlement général pour le traitement à accorder au divan et à la compagnie des janissaires, ainsi qu'à l'aga dans chaque province.

Faites arrêter tous les Français arrivant du Caire, qui n'auraient pas de passeports de l'état-major.

Diminuez votre service. Comment est-il possible que vous ayez trois cents hommes de garde à Rosette, lorsque nous n'en avons que quatre-vingts au Caire?

Une garde chez vous, une de police, quelques factionnaires aux principaux magasins, et tout le reste en réserve, cela ne fait que vingt-cinq ou trente hommes de service.

L'officier du génie et l'ingénieur des ponts et chaussées doivent travailler sans instrumens : on ne demande que des croquis. Si vous pouviez nous envoyer un croquis de votre province, fait à la main, avec tous les noms des villages, cela nous serait fort utile.

Je ne puis trop vous louer d'avoir donné à dîner aux scheiks du pays. Nous avons célébré ici la fête du Prophète avec une pompe et une ferveur qui m'ont presque mérité le titre de saint. Je n'approuve pas la mesure de donner du blé aux pauvres ; nous ne sommes pas encore assez riches, et il faut nous garder de les gâter.

J'imagine que vous avez opéré le désarmement de la ville, et que vous avez profité des sabres pour armer votre cavalerie. Vous aurez vu, dans l'ordre du jour, que vous devez lever dans votre province trois cents chevaux.

BONAPARTE.

Au Caire, le 11 fructidor an 6 (28 août 1798).

Au général Kléber.

Vous avez très-bien fait, citoyen général, de faire arrêter le négociant Abdel-Bachi, puisque vous avez eu des preuves qu'il était avec les mamelucks. En général, confisquez les propriétés et les biens de tous ceux qui se trouvent avec eux. Je vous envoie un ordre pour un autre habitant d'Alexandrie, qui est un des *factotum* de Mourad-Bey, et qui, dans ce moment-ci, est avec lui.

J'ai lu les lettres que les pilotes barbaresques, qu'avaient pris les Anglais, ont écrites à El-Messiri. C'est une plate bêtise ; cependant j'aurais assez aimé que vous eussiez fait couper le cou au reis de la djerme.

Il va incessamment y avoir un réglement à l'ordre pour la solde du divan, de l'aga et de la compagnie des janissaires ; employez surtout cette compagnie à protéger l'arrivage des eaux. Ménagez bien vos armes, nous en avons grand besoin ; nous devons peu compter sur le second convoi : vous savez combien nos troupes en dépendent.

J'ai envoyé, par votre aide-de-camp, 100,000 fr. à l'ordonnateur Leroy ; j'en fais partir demain 50,000 autres. Nous ne sommes pas ici, comme vous pourriez vous l'imaginer, au milieu des trésors, et, jusqu'à la perception, nous éprouverons toujours une certaine pénurie.

Les ressources que vous trouverez chez les différentes personnes arrêtées ; la contribution que vous devez percevoir, à titre de prêt, sur les négocians ; les fonds que les généraux d'artillerie et du génie envoient pour leurs services, ceux que j'envoie pour la marine, vous mettront, j'espère, à même d'aller, et vous éviteront le grand inconvénient de vendre du riz, que nous aurions tant de peine à transporter à Alexandrie, et où la prudence veut que nous en ayons pour toute l'armée pendant un an ou deux. Le général du génie a envoyé de l'argent à Rahmanieh, pour les travaux du canal.

Vous devez déclarer positivement au commandant de la caravelle, qu'il ait à vous remettre tout l'argent, tous les effets qui n'appartiennent ni à lui, ni à son équipage, sous peine d'être puni exemplairement.

J'espère que si le citoyen Delisle est à Alexandrie, vous aurez fait mettre la main dessus, et surtout que vous aurez fait prendre sa vaisselle. Je suis ici dans l'embarras de trouver de l'argent, et dans un bois de fripons.

Quant à l'administration de la justice, c'est une affaire très-embrouillée chez les musulmans; il faut encore attendre que nous soyons un peu plus mêlés avec eux. Laissez faire le divan à peu près ce qu'il veut.

J'espère que vous aurez fait célébrer la fête du Prophète avec le même éclat que nous l'avons fait au Caire.

BONAPARTE.

Au Caire, le 11 fructidor an 6 (28 août 1798).

Au scheick El-Messiri [1].

Le général Kléber me rend compte de votre conduite, et j'en suis satisfait.

Vous savez l'estime particulière que j'ai conçue pour vous au premier moment que je vous ai connu. J'espère que le moment ne tardera pas où je pourrai réunir tous les hommes sages et instruits du pays, et établir un régime uniforme, fondé sur les principes de l'Alcoran, qui sont les seuls vrais, et qui peuvent seuls faire le bonheur des hommes.

Comptez en tout temps sur mon estime et mon apui.

BONAPARTE.

Au Caire, le 11 fructidor an 6 (28 août 1798).

Ordre du jour.

Le général en chef ordonne que le 1er. vendémiaire, époque de la fondation de la république, sera célébré dans tous les différens points où se trouve l'armée, par une fête civique.

La garnison d'Alexandrie célébrera sa fête autour de la colonne de Pompée.

---

[1] Un des notables de la ville d'Alexandrie.

Les noms de tous les hommes de l'armée française qui ont été tués à la prise d'Alexandrie, seront en conséquence gravés sur cette même colonne.

L'on plantera le pavillon tricolore au haut de la colonne.

L'aiguille de Cléopâtre sera illuminée.

L'on dressera au Caire, au milieu de la place d'Esbeckieh, une pyramide de sept faces dont chacune sera destinée à contenir les noms des hommes des cinq divisions qui sont morts à la conquête de l'Egypte;

La sixième sera pour la marine;

La septième pour l'état-major, la cavalerie, l'artillerie et le génie.

La partie de l'armée qui se trouvera au Caire s'y réunira à sept heures du matin, et après différentes manœuvres et avoir chanté des couplets patriotiques, une députation de chaque bataillon partira pour aller planter au haut de la plus grande pyramide le drapeau tricolore.

La place d'Esbeckieh sera disposée de manière à ce que le soir, à quatre heures, il puisse y avoir course de chevaux autour de la place, et course à pied.

A ces courses seront admis ceux des habitans du pays qui voudront s'y présenter; il y aura des prix assignés pour le vainqueur.

Le soir, la pyramide sera toute illuminée; il y aura un feu d'artifice.

Les troupes qui sont dans la Haute-Egypte célébreront leur fête sur les ruines de Thèbes.

Le général du génie, le général d'artillerie et le commandant de la place du Caire se réuniront chez le général en chef de l'état-major général pour se concerter et faire un programme plus détaillé de la fête, chacun en ce qui concerne son arme.

Le général en chef ordonne qu'il ne sera fait dans l'armée

qu'un seul pain ; toutes les rations, soit à l'état-major, soit aux administrations, seront de pain de munition.

Il sera fait un pain plus soigné pour les hôpitaux ; mais il est défendu, sous quelque prétexte que ce soit, aux administrateurs et aux garde-magasins, de donner de ce pain au général en chef, ni à aucun général, ni au munitionnaire général; à la visite que l'officier de service fait tous les jours des hôpitaux, le directeur fera connaître la quantité de pain d'hôpitaux qu'il aura reçue. Il lui est défendu, sous les peines les plus sévères, de donner de ce pain à tout autre.

Le général en chef est instruit que des employés et administrateurs s'embarquent sur les diligences du Caire à Rosette et Damiette, sans être munis d'ordres, ainsi qu'il a été ordonné. Le général en chef défend expressément de laisser embarquer aucun Français, soit à Boulac, soit au Vieux-Caire, ou dans tout autre endroit, s'il n'est muni d'un passeport, soit du général chef de l'état-major général, soit de l'ordonnateur en chef Sucy. Des postes seront placés de manière à s'assurer, soit au départ, soit à l'arrivée des bateaux, de l'exécution du présent ordre. Tous les Français trouvés sur des barques sans être munis de passeports ou d'ordres, seront arrêtés.

Le conseil militaire de la division du général Bon a condamné à cinq années de fers le citoyen Vaultre, domestique du citoyen Thieriot, adjudant sous-lieutenant au vingt-deuxième de chasseurs à cheval, convaincu de vol.

BONAPARTE.

Au Caire, le 13 fructidor an 6 (30 août 1798).

Au général Zayonscheck.

Je suis fort aise d'apprendre, par votre lettre, que la dénonciation que l'on m'avait faite sur la contribution que vous aviez imposée, est fausse. Vous devez m'envoyer les noms des villages qui ont tiré sur nos troupes lors de notre marche au Caire ; vous ne devez leur accorder le pardon qu'à condition :

1°. De vous rendre les armes ;

2° De vous donner le nombre des chevaux et mulets qu'ils peuvent fournir ;

3°. De vous remettre chacun deux ôtages pour garantir leur conduite à l'avenir. Vous m'enverrez un ôtage au Caire. Conformément à la demande que vous avez faite de revenir au Caire, j'ai nommé le général Lanusse pour vous remplacer ; vous menerez avec vous la plus grande partie de vos troupes, conformément à l'ordre que vous aura donné l'état-major.

Avant de partir, faites un croquis de tous les canaux et de tous les villages qui composent la province de Menoufié.

BONAPARTE.

Au Caire, le 13 fructidor an 6 (30 août 1798).

Au général Kléber.

Je n'approuve pas, citoyen général, la mesure que vous avez prise de retenir les 15,000 fr. que j'avais destinés au contre-amiral Ganteaume. Je vous prie, s'il est à Alexandrie, de les lui remettre : beaucoup d'officiers de marine sont dangereusement blessés, et doivent nécessairement avoir des besoins. Les officiers qui faisaient partie des garnisons, qui doivent être peu nombreux, se trouvent naturellement compris dans cette répartition. Vous devez avoir reçu l'ordre de faire partir tous les détachemens qui faisaient partie des garnisons des vaisseaux, et j'aurai soin, à leur arrivée au Caire, de les indemniser autant qu'il me sera possible.

Il est indispensable de vous procurer, sur la ville d'Alexandrie, les 185,000 fr., pour compléter la contribution de 300,000 fr. Il n'y a pas d'autre moyen de subvenir à nos besoins. Le général Menou, qui croyait trouver de grands obstacles à lever sa contribution de 100,000 fr., me mande, par le dernier courrier, qu'elle est déjà levée.

Il faut construire une batterie à Aboukir; il faudrait également défendre par deux redoutes et quelques pièces d'artillerie, l'entrée du lac, afin que les chaloupes anglaises ne viennent pas vous y inquiéter. Je crois très-nécessaire d'y travailler, ainsi que de compléter la batterie d'Aboukir, et la mettre dans une situation respectable. BONAPARTE.

Au Caire, le 13 fructidor an 6 (30 août 1798).

Au général Menou.

J'ai reçu, citoyen général, par toutes les diligences, toutes vos lettres, que je lis avec d'autant plus d'intérêt, que j'approuve davantage vos vues et vos manières de voir. Je vous remercie des honneurs que vous avez rendus à notre prophète.

Vous devez, à l'heure qu'il est, avoir reçu l'ordre pour les limites de la province de Rosette. BONAPARTE.

Au Caire, le 13 fructidor an 6 (30 août 1798).

Au citoyen Leroi, ordonnateur de la marine.

Il y a à Damiette, citoyen, une corvette portant vingt pièces de canon, laquelle n'est pas encore achevée. Il est indispensable que vous y envoyiez un ingénieur constructeur pour la faire terminer. Cela est extrêmement essentiel. Envoyez également reconnaître les ressources que pourra vous fournir cette place. On m'assure qu'elle renferme beaucoup de fer, de bois, tous objets qui vous sont essentiels. BONAPARTE.

Au Caire, le 13 fructidor an 6 (30 août 1798).

Au général Kléber.

J'ai déjà répondu, citoyen général, à toutes les questions contenues dans votre lettre du 8 fructidor; mais, pour me résumer, je réponds ici à vos sept questions.

1°. Oui, vous pouvez faire lever l'embargo mis sur les bâtimens neutres, et les laisser sortir malgré la présence de l'ennemi, pourvu qu'ils ne portent aucuns vivres, et spécialement du riz.

2°. Même réponse pour les bâtimens de commerce turcs.

3°. Cela ne s'étend pas jusqu'à la caravelle et aux bâtimens de guerre turcs, auxquels il faut donner de belles paroles, et attendre, pour prendre une décision, que nous ayons des renseignemens ultérieurs.

4°. Les bâtimens auxquels on a fait des réquisitions, si les denrées qu'ils avaient appartenaient à des particuliers, doivent être soldés. Envoyez-moi l'état de tous ces bâtimens, ainsi que la valeur de leurs chargemens. Que les patrons fassent une assemblée, et qu'ils envoient ici des fondés de procuration; je leur ferai donner de l'argent pour la valeur de leurs marchandises. Ceux qui, après cette opération faite, voudraient s'en aller, en seront les maîtres. Vous leur ferez connaître qu'à leur retour, cette commission aura obtenu de moi cette demande; et qu'ils seront soldés. Vous les engagerez à nous apporter du bois et du vin.

5°. Les bâtimens neutres attachés à notre convoi ne pourront pas sortir jusqu'à nouvel ordre : j'attends un état sur leur nombre et sur ce qui leur est dû, pour prendre un parti à leur égard.

6°. Les esclaves mameloucks seront regardés comme marchandise ordinaire; vous exigerez seulement qu'ils évacuent

Alexandrie, et se rendent au Caire. Cependant il faut, avant, vérifier si les beys ne les avaient pas déjà payés. L'artillerie fera des reçus des armes, estimera leur valeur, et les marchands viendront au Caire, où je les ferai solder. Si les armes sont ordinaires, elles resteront à la disposition de l'artillerie ; si ce sont des armes qui passent le prix des armes ordinaires, l'artillerie m'en enverra l'inventaire, et on n'en disposera pas jusqu'à nouvel ordre.

7°. Tous les officiers de marine rendus sur parole, pourront partir, dès l'instant qu'ils ont juré de ne pas servir de cette guerre ; vous excepterez du nombre quatre ou cinq, qui, par leur activité, pourraient nous être utiles sur le Nil.

BONAPARTE.

Au Caire, le 13 fructidor an 6 (30 août 1798).

Au citoyen Dubois [1].

Je reçois votre lettre, citoyen, en date du 6 fructidor. Par le même courrier, le général Kléber m'apprend qu'il n'a plus besoin de pansemens. Vos talens nous sont utiles ici, et je vous prie de partir le plus tôt possible pour vous y rendre : l'air du Nil vous sera favorable. Les circonstances, d'ailleurs, ne rendent pas le passage assez sûr pour que j'expose un homme aussi utile. Vous serez content de voir de près cette grande ville du Caire ; vous trouverez à l'Institut un logement passable et une société d'amis. [2].

BONAPARTE.

---

[1] C'est le célèbre Antoine Dubois, l'un des chirurgiens les plus habiles de l'Europe.

[2] La santé du docteur Dubois ne lui permit pas de rester en Egypte.

Au Caire, le 14 fructidor an 6 (31 août 1798).

Au général Dugua.

J'ai reçu votre lettre, citoyen général, du 11 fructidor. Je savais bien que ce n'était pas à Mehal-el-Kebir que l'on s'était battu; mais l'on m'avait supposé que c'était le chef-lieu de tous les rassemblemens. Je désire que vous y envoyiez un bataillon, afin d'assister le général Fugières dans ses opérations, et spécialement dans le désarmement.

Il serait extrêmement dangereux de lever des contributions par village : cela serait capable dans ce moment-ci de décider les paysans à abandonner la culture; j'ai cependant ordonné la levée de quelques contributions sur quelques villages ; je les ai mises à la disposition de l'ordonnateur en chef. Je vous vous envoie ci-joint, copie de mon ordre. Vous recevrez incessamment les instructions pour les contributions à lever dans votre province. L'intendant cophte a dû recevoir des ordres de son intendant général pour la manière dont elles doivent être soldées. D'ici à quelque temps, il ne sera pas possible au général Dommartin de vous procurer l'artillerie qu'il vous avait promise; l'événement arrivé à la flotte a apporté dans toutes ses combinaisons beaucoup de changemens; faites raccommoder votre artillerie le mieux qu'il vous sera possible.

Je ne pense pas que le général Cafarelli puisse vous envoyer un autre officier du génie : il y en a beaucoup de malades.

Vous trouverez ci-joint l'ordre au général Vial de mettre trente djermes à votre disposition. Il est indispensable que vous soyez toujours en mesure pour que, vingt-quatre heures après la réception d'un ordre, vous puissiez vous porter où le besoin l'exigerait, et, dans ce moment-ci, je sens que cela ne peut s'exécuter qu'avec des bateaux. J'approuve que vous accordiez à la ville de Mansoura une amnistie. Pressez toutes les mesures pour donner de la confiance aux habitans, leur faire reprendre le commerce. Je désire que vous écriviez aux trois ou quatre villages qui se sont le plus mal comportés dans l'affaire de Mansoura, pour qu'ils reviennent à l'obéissance. Dans ce cas, vous ferez sentir aux députés les dangers qu'ils courent, et, s'ils ne veulent pas voir brûler leurs villages, qu'ils doivent faire arrêter les plus coupables et vous les livrer.

Il faut absolument que vous profitiez du moment où les circonstances me permettent de laisser votre division à Mansoura, pour soumettre définitivement tous les villages de votre province, prendre des ôtages des sept ou huit qui se sont mal comportés, et livrer aux flammes celui de tous qui s'est le plus mal conduit : il ne faut pas qu'il y reste une maison. Sans cet exemple, dès l'instant que votre division aurait quitté Mansoura, ces gens-ci recommenceraient. Vous trouverez facilement de petits bateaux pour vous transporter au village que vous voudrez brûler ; enfin faites l'impossible pour cela. BONAPARTE.

Au Caire, le 14 fructidor an 6 (31 août 1798).

Au pacha de Damas.

Je vous ai déjà écrit plusieurs lettres pour vous faire connaître que nous n'étions pas ennemis des musulmans, et que la seule raison qui nous avait conduits en Egypte, était pour y punir les beys et venger les outrages qu'ils avaient faits au commerce français. Je désire donc que vous restiez persuadé du désir où je suis de vivre en bonne intelligence avec vous, et de vous donner tous les signes de la plus parfaite amitié.

BONAPARTE.

Au Caire, le 14 fructidor an 6 (31 août 1798).

Au pacha du Grand-Seigneur en Egypte.

Lorsque les troupes françaises obligèrent Ibrahim à évacuer la province de Scharkieh, je lui écrivis que je vous acceptais pour médiateur, et qu'il vous envoyât vers moi. Je vous réitère aujourd'hui le désir que j'aurais que vous revinssiez au Caire pour y reprendre vos fonctions : ne doutez pas de la considération que l'on aura pour vous, et du plaisir que j'aurai à faire votre connaissance. BONAPARTE.

Au Caire, le 15 fructidor an 6 (1er septembre 1798).

Au général Kléber.

Le citoyen Leroy me mande que toutes les dispositions que j'avais faites pour la marine sont annulées, par le parti que vous avez pris d'affecter à d'autres services les 100,000 liv. que je lui avais envoyées. Vous voudrez bien, après la réception du présent ordre, remettre les 100,000 liv. à la marine, et ne point contrarier les dispositions que je fais et qui tiennent à des rapports que vous ne devez pas connaître, n'étant pas au centre.

L'administration d'Alexandrie a coûté le double que le reste de l'armée. Les hôpitaux, quoique vous n'ayez que trois mille malades, coûtent, et ont coûté beaucoup plus que tous les hôpitaux de l'armée.

Je ne crois pas, dans les différens ordres que je vous ai donnés, vous avoir laissé maître de lever ou non la contribution à titre d'emprunt, sur les négocians d'Alexandrie : ainsi, si vous en avez suspendu l'exécution, je vous prie de vouloir bien prendre les mesures, sur-le-champ, pour la faire rentrer, quels que soient les inconvéniens qui doivent en résulter : nous n'avons point, pour ce moment-ci, d'autre manière d'exister. BONAPARTE.

Au Caire, le 18 fructidor an 6 (4 septembre 1798).

Au général Desaix.

Votre état-major doit correspondre avec le chef de l'état-major de l'armée. Il n'est pas d'usage que je reçoive des lettres des adjudans-généraux, à moins que ce ne soit pour des réclamations qui leur soient particulières. Votre commissaire, et surtout votre agent des subsistances, sont extrêmement coupables. Les biscuits ont resté cinq ou six jours embarqués, et ils avaient bien le temps de les vérifier. Il faut avoir soin aussi qu'on ne donne pas aux corps plus de rations qu'il ne leur en revient.

La Cisalpine part ce soir avec le troisième bataillon de la vingt-unième, quarante mille rations de biscuit, deux pièces de canon et cinquante mille cartouches : ils se rendent à Abugirgé. On m'assure qu'il y a à Abugirgé un canal qui conduit à Benhecé, et j'espère que vous trouverez moyen de vous porter directement à cette position et d'atteindre Mourad-Bey. C'est le projet qui me paraît le plus simple : s'il n'était pas exécutable, je désire que vous remontiez jusqu'à Melaoni, pour descendre par le canal de Joseph.

Vous savez qu'en général je n'aime pas les attaques combinées ; arrivez devant Mourad-Bey par où vous pourrez et avec toutes les forces : là, sur le champ de bataille, vous ferez vos dispositions pour lui causer le plus de mal possible.

Vous verrez, par l'ordre que vous envoie l'état-major, que je vous autorise à traiter avec les anciens beys.

Je n'envoie personne dans le Faioum, jusqu'à ce que je sache définitivement ce que veut faire Mourad-Bey, car je ne peux pas y envoyer de grandes forces, et pour y envoyer cinq ou six cents hommes, il faut que je connaisse les opérations ultérieures de Mourad-Bey.   BONAPARTE.

Au Caire, le 18 fructidor an 6 (4 septembre 1798).

Le général en chef Bonaparte ordonne :

ART. 1er La femme de Mourad-Bey paiera, dans la journée du 20, vingt mille talaris, à compte de sa contribution.

2. Si le 20 au soir ces vingt mille talaris ne sont pas soldés, elle paiera un vingtième par jour en sus, jusqu'à ce que les vingt mille talaris soient entièrement versés.

BONAPARTE.

Au Caire, le 18 fructidor an 6 (4 septembre 1798).

Au vice-amiral Thévenard.

Votre fils est mort d'un coup de canon sur son banc de quart : je remplis, citoyen général, un triste devoir en vous l'annonçant; mais il est mort sans souffrir et avec honneur. C'est la seule consolation qui puisse adoucir la douleur d'un père. Nous sommes tous dévoués à la mort : quelques jours de vie valent-ils le bonheur de mourir pour son pays ? compensent-ils la douleur de se voir sur un lit environné de l'égoïsme d'une nouvelle génération ? valent-ils les dégoûts, les souffrances d'une longue maladie ? Heureux ceux qui meurent sur le champ de bataille ! ils vivent éternellement dans le souvenir de la postérité. Ils n'ont jamais inspiré la compassion ni la pitié que nous inspire la vieillesse caduque, ou l'homme tourmenté par des maladies aiguës. Vous avez blanchi, citoyen général, dans la carrière des armes; vous regretterez un fils digne de vous et de la patrie : en accordant avec nous quelques larmes à sa mémoire, vous direz que sa mort glorieuse est digne d'envie.

Croyez à la part que je prends à votre douleur, et ne doutez pas de l'estime que j'ai pour vous.   BONAPARTE.

Au Caire, le 20 fructidor an 6 (6 septembre 1798).

Au général Dugua.

A l'heure qu'il est, vous devez avoir reçu les cartouches : ainsi j'espère que vous aurez mis à la raison les maudits Arabes des villages de Soubat. Faites un exemple terrible, brûlez ce village et ne permettez plus aux Arabes de venir l'habiter, qu'ils n'aient livré dix ôtages des principaux, que vous m'enverrez pour les tenir à la citadelle du Caire.

Faites reconnaître par vos officiers de génie, d'artillerie et de l'état-major, tous vos différens canaux, et surtout faites-moi connaître quelle route vous devriez prendre si vous étiez forcé de marcher sur Salahieh.

J'ai donné les ordres pour que tous les individus de votre division qui sont au Caire, rejoignissent.

Vous devez avoir des officiers de santé, qui étaient à votre ambulance, et ceux des différens corps. L'ordonnateur en chef va vous envoyer d'ailleurs tout ce qui peut être nécessaire à votre hôpital.

On se plaint du pillage de vos troupes à Mansoura : c'est le seul point de l'armée sur lequel j'aie en ce moment des plaintes; on se plaint même des vexations que commettent plusieurs officiers d'état-major.   BONAPARTE.

Au Caire, le 24 fructidor an 6 (10 septembre 1798).

Au citoyen Regnault de Saint Jean d'Angely.

J'ai reçu, citoyen, par le courrier Lesimple, vos lettres du 14 thermidor et du 8 fructidor.

C'est avec un véritable plaisir que j'apprends la bonne conduite que vous tenez à Malte, et les services que vous rendez à la république en lui organisant ce poste important.

Les affaires ici vont parfaitement bien, tous les jours notre établissement se consolide; la richesse de ce pays en blé, riz, légumes, coton, sucre, indigo, est égale à la barbarie du peuple qui l'habite. Mais il s'opère déjà un changement dans leurs mœurs, et deux ou trois ans ne seront pas passés, que tout aura pris une face bien différente.

Vous avez sans doute reçu les différentes lettres que je vous ai écrites, et les relations des différens événemens militaires qui se sont passés; ne négligez rien pour faire passer en France, par des spronades, toutes les nouvelles que vous avez de nous, ne fût-ce même que les rapports des neutres, pour détruire les mille et un faux bruits que les curieux d'une grande ville accueillent avec tant d'imbécillité.

BONAPARTE.

Au Caire, le 24 fructidor an 6 (10 septembre 1798).

Au général Kléber.

Un vaisseau comme *le Franklin*, citoyen général, qui portait l'amiral, puisque *l'Orient* avait sauté, ne devait pas se rendre à onze heures du soir. Je pense d'ailleurs que celui qui a rendu ce vaisseau est extrêmement coupable, puisqu'il est constaté par son procès-verbal qu'il n'a rien fait pour l'échouer et pour le mettre hors d'état d'être amené : voilà ce qui fera à jamais la honte de la marine française. Il ne fallait pas être grand manœuvrier ni un homme d'une grande tête pour couper un câble et échouer un bâtiment; cette conduite est d'ailleurs spécialement ordonnée dans les instructions et ordonnances que l'on donne aux capitaines de vaisseau. Quant à la conduite du contre-amiral Duchaila, il eût été beau pour lui de mourir sur son banc de quart, comme du Petit-Thouars.

Mais ce qui lui ôte toute espèce de retour à mon estime, c'est sa lâche conduite avec les Anglais depuis qu'il a été prisonnnier. Il y a des hommes qui n'ont pas de sang dans les veines. Il entendra donc tous les soirs les Anglais, en se soûlant de punch, boire à la honte de la marine française! Il sera débarqué à Naples pour être un trophée pour les lazzaronis : il valait beaucoup mieux pour lui rester à Alexandrie ou à bord des vaisseaux comme prisonnier, sans jamais souhaiter ni demander rien. Ohara, qui d'ailleurs était un homme très-commun, lorsqu'ils fut fait prisonnier à Toulon, sur ce que je lui demandais de la part du général Dugommier ce qu'il désirait, répondit : *être seul, et ne rien devoir à la pitié.* La gentillesse et les traitemens honnêtes n'honnorent que le vainqueur, ils déshonorent le vaincu, qui doit avoir de la réserve et de la fierté.

BONAPARTE.

Au Caire, le 26 fructidor an 6 (12 septembre 1798).

Instruction pour le citoyen Mailly.

Le citoyen Mailly partira sur une djerme qui lui sera fournie à Damiette, directement pour Lataquie ; la première attention qu'il doit avoir, c'est d'éviter les croisières anglaises. Il engagera le patron à changer de route lorsqu'il s'en verra menacé ; il ne s'approchera même qu'avec précaution des petits bâtimens venant de la côte, et ne les hélera que lorsqu'il sera sûr que ce ne sont pas des corsaires. Les patrons de la barque reconnaissent facilement au large les djermes de leur pays.

Il cachera soigneusement les paquets en cas de visite, et fera en pareil cas ce que la prudence lui dictera. Son habit oriental pourra lui être utile dans cette occasion, et il aura soin de ne parler qu'en langue turque avec son interprète arabe, lors d'une visite.

Arrivé à la marine de Lataquie, il demandera à parler à Codja-Hanna-Coubbé, intendant du gouverneur, et noligataire du brigantin français *la Marie*, arrivé à bon port à la rade de Damiette le 11 fructidor de cette année. Il lui fera valoir la permission qu'a donnée le général en chef à son correspondant, de faire son retour en riz, pour alimenter son échelle et la ville d'Alep.

Il demandera de suite la permission de communiquer avec le citoyen Geoffroi, proconsul de la république française à Lataquie, distant d'un demi-quart de lieue de la marine. Assisté de cet officier, il se rendra chez le gouverneur, à qui il remettra la lettre du général en chef.

Le citoyen Mailly devra bien prévoir qu'il y a des espions anglais à Lataquie : ainsi, pour mieux masquer l'expédition de son paquet pour Constantinople, il aura soin de dire au gouverneur et de répandre dans le public, que le général en chef a envoyé sur toute la côte divers officiers pour engager les pachas à laisser toute liberté de commerce avec l'Egypte, et que sa mission particulière se borne à Lataquie et Alep.

Cette ouverture donnera au proconsul la facilité d'expédier sur-le-champ un messager qui se rendra en deux jours à Alep. Le citoyen Chos-de-Clos, notre consul, le gardera un jour ou deux tout au plus, pendant lequel temps il donnera au général en chef les nouvelles les plus authentiques qu'il aura pu recueillir de la légation de Constantinople, soit aussi de diverses lettres particulières sur la situation de cette capitale, de même que les mouvemens en Romélie, Syrie, etc., et en général tout ce qui peut intéresser le général en chef.

Le citoyen Mailly attendra chez le proconsul de la république, le retour du message; il se tiendra très-réservé sur les nouvelles de l'Egypte, autant qu'elles pourront entraver sa mission, et, dans le cas qu'il trouve le peuple de Lataquie en fermentation, il pourra dire comme de lui-même : « Le bruit constant au Caire est que l'expédition des Français est terminée, et, sans l'échec arrivé à notre escadre, notre armée se serait déjà retirée ; mais qu'en attendant de nouvelles forces maritimes, les ports de l'Egypte sont ouverts aux négocians musulmans, et que ceux de Lataquie peuvent en toute sûreté y envoyer leur tabac, qui fait toute leur richesse. »

Le messager étant de retour d'Alep, le citoyen Mailly mettra sur-le-camp à la voile, tâchera de n'aborder aucune terre et de s'en retourner en droiture à Damiette, d'où il se rendra sur-le-champ près du général en chef.

Il mettra la même prudence à cacher ses dépêches pour le général en chef, et, dans le cas où il se verrait forcé de les jeter à la mer ou qu'elles seraient interceptées par les Anglais, son voyage ne sera pas inutile sous le rapport des nouvelles, en prenant à Lataquie la précaution de faire écrire en Arabe les nouvelles les plus saillantes, et de les confier à son interprète ou de les cacher dans un ballot de tabac. BONAPARTE.

Au Caire, le 26 fructidor an 6 (12 septembre 1798).

Au général Murat.

Si les Arabes que vous avez attaqués sont les mêmes qui ont assassiné nos gens à Mansoura, mon intention est de les détruire. Faites-moi connaître les forces qui vous seraient nécessaires à cet effet, et étudiez la position qu'ils occupent, afin de pouvoir les attaquer, les envelopper, et donner un exemple terrible au pays.

J'imagine que, si vous avez fait la paix provisoirement avec eux, vous aurez exigé des ôtages, des chevaux et des armes.
BONAPARTE.

Au Caire, le 27 fructidor an 6 (13 septembre 1798).

Au général Fugières.

J'espère qu'à l'heure qu'il est, citoyen général, vous aurez, de concert avec le général Dugua, soumis le village de Soubat et exterminé ces coquins d'Arabes.

J'attends toujours des nouvelles de la réquisition des chevaux, qui n'avance pas dans votre province.
BONAPARTE.

Au Caire, le 28 fructidor an 6 (14 septembre 1798).

Au général Murat.

Je vous répète que mon intention est de détruire les Arabes que vous avez attaqués ; c'est le fléau des provinces de Mansoura, de Keliombeh et de Garbieh.

Le général Dugua doit, de concert avec le général Fugières, avoir attaqué la partie de ces Arabes qui se trouve au village de Soubat ; envoyez reconnaître où se trouvent les Arabes que vous avez attaqués ; faites-moi connaître les forces dont vous aurez besoin, et l'endroit d'où vous pourrez partir pour les attaquer avec succès, en tuer une partie et prendre des ôtages, afin de s'assurer de leur fidélité.

Faites reconnaître la route de Met-Kamao à Belbeys : vous ne devez pas, à Met-Kamao, vous en trouver éloigné.
BONAPARTE.

Au Caire, le 29 fructidor an 6 (15 septembre 1798).

A l'adjudant-général Bribes.

J'ai reçu, citoyen général, votre lettre du 25 fructidor, où vous me rendez compte de l'attaque qu'a essuyée le convoi d'Alexandrie à Damanhour. Le commandant du convoi ne mérite aucun éloge, puisqu'il a laissé prendre plusieurs bêtes chargées ; il devait faire assez de haltes pour ne rien laisser en arrière : le commandant du convoi eût mérité des éloges, s'il l'eût amené sans avoir rien laissé prendre.

Donnez la chasse à ces brigauds ; écrivez au général Marmont à Rosette. Si vous avez besoin de lui, il s'y portera avec sa demi-brigade. BONAPARTE.

Au Caire, le 29 fructidor an 6 (15 septembre 1798).

A l'ordonnateur Leroy.

Il est extrêmement ridicule, citoyen ordonnateur, que vous vous amusiez à payer le traitement de table, quand la solde des matelots et le matériel sont dans une si grande souffrance. Je vous prie de vous conformer strictement à mon ordre, d'employer au matériel les trois quarts de l'argent que je vous ai envoyé, et le quart seulement au personnel de la marine. En faisant de si grands sacrifices pour la marine, mon intention a été de mettre les trois frégates à même de sortir le plus tôt possible, ainsi que les deux vaisseaux.

Par votre lettre du 23, il est impossible de savoir si les deux neutres, *l'Aimable Mariette* et *l'Alexandre* sont rentrés, ou non, dans le port. BONAPARTE.

Au Caire, le 30 fructidor an 6 (16 septembre 1798).

Au conseil d'administration de la soixante-neuvième demi-brigade.

J'ai reçu, citoyens, votre lettre du 21 fructidor ; je me fais faire un rapport sur la solde qui vous est due.

L'armée, depuis son entrée en Égypte, a été soldée des mois de floréal, prairial et messidor : elle se trouve encore arriérée des mois de thermidor et fructidor.

La division dont vous faisiez partie a, ainsi que vous, un arriéré antérieur à floréal : conformément à ce qui a été mis à l'ordre du jour, il y a près d'un mois, il faut que vous vous adressiez, pour tout ce qui est antérieur à floréal, à l'ordonnateur en chef.

Si, dans le rapport que le payeur général me fera, il est constaté que vous ayez touché moins de paye que le reste de l'armée, je donnerai sur-le-champ les ordres et je prendrai les mesures pour que vous soyez mis au courant de paye de l'armée.

BONAPARTE.

Au Caire, le 1er. jour complémentaire an 6 (17 septembre 1798).

A l'ordonnateur en chef.

J'avais ordonné qu'on payât quarante mille rations de biscuit au général Desaix ; on n'en a, sur la lettre de voiture, compté que trente mille, et, lorsque le biscuit est arrivé, il ne s'en est trouvé que vingt mille.

L'agent à Boulac doit avoir le reçu de celui qui a accompagné le convoi, faites-le moi présenter : si vous ne mettez point d'ordre à cet abus, il est impossible que l'armée existe.

Si l'on continue cette friponnerie malgré la plus grande

surveillance, que sera-ce lorsque je serai en avant et qu'il y aura des envois multipliés à faire ?

Les envoyés ont la friponnerie, lorsque l'ordonnateur donne l'ordre en quintaux, d'envoyer en quintaux du pays de soixante livres ; mais ils ne peuvent avoir cette pitoyable excuse par mon ordre, puisque je demande toujours par rations.

BONAPARTE.

Au Caire, le 1er. jour complémentaire an 6 (17 septembre 1798).

Au général Kléber.

Un officier du génie, chargé des ordres du général Caffarelli, se rend à Alexandrie pour activer autant qu'il sera possible les travaux de cette place, surtout du côté de terre.

Mourad Bey a été battu par Desaix, qui lui a pris cent cinquante barques chargées de blé, d'effets, douze pièces de canon et quelques mameloucks : nous sommes maîtres de toute l'Egypte. Mourad Bey, avec cinq à six cents mameloucks et quelques Arabes, est entre le Fayoum et le désert : il va se rendre dans les oasis ou en Barbarie. Dans ce dernier cas, il ne passerait pas loin de la province du Bahhiré.

J'ai donné ordre au général Marmont de se rendre à Rhamanieh, d'y prendre le commandement des troupes de toute la province, pour être à même, dans tous les cas, de protéger la navigation du Nil, celle du canal, et la campagne d'Alexandrie.

Ibrahim Bey est toujours à Gaza, d'où il promet et écrit beaucoup à ses partisans.

Notre fête ici sera fort belle. BONAPARTE.

Au Caire, le 2e. jour complémentaire an 6 (18 septembre 1798).

Au même.

Je reçois, citoyen général, votre lettre du 26. Il est extrêmement urgent de débarrasser Alexandrie de cette grande quantité de pélerins : qu'ils s'en aillent par terre à Derne, où ils pourront s'embarquer, ou faites-les embarquer sur trois bons bâtimens et partir de suite.

Une fois partis, il ne faut plus les laisser rentrer. Dans la saison où nous nous trouvons, où il ne fait grand jour qu'à six heures du matin, tous les bâtimens peuvent sortir à la barbe des Anglais. Forcez ceux qui seront chargés des hommes dont vous voulez débarrasser votre place, à sortir.

Moyennant l'expédition que vous avez faite sur le village qui s'était révolté, les choses changeront. Le général Marmont, avec l'adjudant-général Bribes, se trouve avoir près de quinze cents hommes ; ce qui forme une colonne respectable, qui protégera l'arrivée des eaux à Alexandrie.

On me mande de Rosette qu'on a envoyé à Rahmanieh trois mille quintaux de blé pour Alexandrie; j'en ai envoyé une grande quantité du Caire : si la navigation était commode, il serait facile de pouvoir payer en blé ce que nous devons à une grande partie du convoi.

Le sévère blocus que veulent établir les Anglais ne produira aucun résultat; les vents de l'équinoxe nous en feront bonne raison. J'imagine que M. Hood veut tout bonnement se faire payer pour la sortie et pour l'entrée, comme cela est arrivé quarante fois sur les côtes de Provence. Je désirerais qu'il n'y eût plus de parlementaires, et que le commandant des armes et l'ordonnateur de la marine cessassent enfin d'écrire des lettres ridicules et qui n'ont point de but. Il est fort peu important que les Anglais gardent prisonnier un commissaire, ou non : ces gens-là me paraissent déjà assez orgueilleux de leur victoire, sans les enfler encore davantage. Quand les circonstances vous feront croire nécessaire de leur envoyer un parlementaire, qu'il n'y ait que vous qui écriviez.

Mourad-Bey est toujours dans la même position entre le Fayoum et le désert. Je me suis porté à Gizeh pour surveiller ses mouvemens.   BONAPARTE.

Au Caire, le 1er. vendémiaire an 7 (22 septembre 1798).

A l'armée.

Soldats!

Nous célébrons le premier jour de l'an 7 de la république.

Il y a cinq ans, l'indépendance du peuple français était menacée: mais vous prîtes Toulon, ce fut le présage de la ruine de nos ennemis.

Un an après, vous battiez les Autrichiens à Dégo.

L'année suivante, vous étiez sur le sommet des Alpes.

Vous luttiez contre Mantoue il y a deux ans, et vous remportiez la célèbre victoire de Saint-George.

L'an passé, vous étiez aux sources de la Drave et de l'Isonzo, de retour de l'Allemagne.

Qui eût dit alors que vous seriez aujourd'hui sur les bords du Nil, au centre de l'ancien continent ?

Depuis l'Anglais, célèbre dans les arts et le commerce, jusqu'au hideux et féroce Bédouin, vous fixez les regards du monde.

Soldats, votre destinée est belle, parce que vous êtes dignes de ce que vous avez fait et de l'opinion que l'on a de vous. Vous mourrez avec honneur comme les braves dont les noms sont inscrits sur cette pyramide, ou vous retournerez dans votre patrie couverts de lauriers et de l'admiration de tous les peuples.

Depuis cinq mois que nous sommes éloignés de l'Europe, nous avons été l'objet perpétuel des sollicitudes de nos compatriotes. Dans ce jour, quarante millions de citoyens célèbrent l'ère des gouvernemens représentatifs ; quarante millions de citoyens pensent à vous. Tous disent : c'est à leurs travaux, à leur sang, que nous devrons la paix générale, le repos, la prospérité du commerce, et les bienfaits de la liberté civile.

BONAPARTE.

Au Caire, le 2 vendémiaire an 7 (23 septembre 1798).

Au général Dugua.

Il faut faire partir, citoyen général, le premier bataillon de la soixante quinzième avec une chaloupe canonnière ; mon aide-de-camp Duroc, sur l'aviso *le Pluvier*, et le troisième bataillon de la seconde d'infanterie légère, qui sont partis avant-hier, doivent être arrivés.

J'attends, à chaque instant, des nouvelles de l'opération du général Damas ; s'il n'a que trois à quatre cents hommes, il est un peu faible.

A Mit-el-Kouli, le lundi 1er. complémentaire à neuf heures du matin, on a égorgé quinze Français qui étaient sur un bateau qui venait de Damiette. Les cinq villages qui sont immédiatement après Mit-el-Kouli, se sont réunis pour cette opération. Les habitans de Mit-el-Kouli ont trois ou quatre mauvaises pièces de canon ; ils ont fait quelques retranchemens. La première chose que vous aurez faite sans doute, aura été de vous emparer de ces canons, détruire ces retranchemens et désarmer ces villages : celui de Mit-el-Kouli a plus de quatre-vingts fusils. J'imagine qu'à l'heure qu'il est, vous êtes arrivé à Damiette. Il faut demander des ôtages dans tous les villages qui se sont mal comportés, et avoir sur le lac Menzalé des djermes armées avec des pièces de 5 ou de 3 que j'ai envoyées à Damiette. Si une chaloupe canonnière pouvait y naviguer, il faudrait l'y faire entrer. Il faut s'emparer de toutes les îles du lac, avoir des ôtages, en être parfaitement maître.

Mettez-vous en correspondance avec le général Lagrange, qui commande à Salahieh; il ne faut point se disséminer. Faites une proclamation, vous ne manquerez point de copistes à Damiette. Vous leur ferez sentir qu'ils sont dupes des propos imbéciles d'Ibrahim-Bey, qui les expose à être massacrés, tandis que lui reste tranquille à Gaza. Il faut tâcher d'avoir les chefs dans vos mains en feignant de ne pas les connaître: mais surtout désarmez le plus possible. Envoyez au Caire tous les ôtages que vous prendrez. J'ai le logement préparé dans la citadelle. Il faut avoir soin surtout que les villages qui sont près de la mer et qui peuvent avoir une influence sur l'embouchure du Nil, soient entièrement désarmés, et que vous ayez en ôtages les principaux chefs de ces villages. Enfin, il faut tout mettre en usage pour s'assurer des deux provinces de Mansoura et de Damiette. Il paraît que l'on n'a encore rien fait pour cela. Tout ici va fort bien.

BONAPARTE.

Au Caire, le 3 vendémiaire an 7 (24 septembre 1798).

Au général Dugua.

Je reçois, citoyen général, votre lettre du 1er. vendémiaire. Je suis fâché que vous n'y ayez pas joint le rapport du général Damas. Dans des circonstances comme celles-ci, le moindre retard peut être préjudiciable. Je suis peu satisfait de ce que le général Damas n'est point allé à Menzalé; il devait sentir combien cela était essentiel. Toute cette attaque de Damiette n'eût point eu lieu, si vous eussiez, conformément à mon ordre du 17 et du 30 fructidor, fait reconnaître les canaux et pris des mesures pour soumettre la province.

Vous aurez vu, par ma lettre d'hier, différentes mesures que je vous ai prescrites concernant le désarmement, et pour prendre des ôtages dans les différens villages révoltés.

Faites passer dans le lac Menzalé quatre ou cinq djermes armées de canon, que vous avez à Damiette, et, si vous pouvez, une chaloupe canonnière ; enfin, armez le plus de bateaux que vous pourrez, pour être entièrement maître du lac. Tâchez d'avoir Hassan-Thoubar dans vos mains, et pour cela faire, employez la ruse s'il le faut.

Sur-le-champ, faites partir une forte colonne pour s'emparer d'El-Menzalé ; faites-en partir une autre pour accompagner le général Andréossi, et s'emparer de toutes les îles du lac. J'imagine que vous aurez donné une leçon sévère au gros village de Mit-el-Kouli. Mon intention est qu'on fasse tout ce qui est nécessaire pour être souverainement maître du lac de Menzalé, et dussiez-vous y faire marcher toute votre division, il faut que le général Andréossi arrive à Peluse.

Je vous ai écrit, dans une de mes lettres, de faire une proclamation ; faites-là répandre avec profusion dans le pays.

Il faut faire des exemples sévères, et comme votre division ne peut pas être destinée à rester dans les provinces de Damiette et de Mansoura, il faut profiter du moment pour les soumettre entièrement, et pour cela il faut le désarmement, des têtes coupées et des ôtages. BONAPARTE.

Au Caire, le 4 vendémiaire an 7 (25 septembre 1798).

Au général Dupuy.

Vu les intelligences que la femme d'Osman-Bey a continué d'avoir avec le camp de Mourad-Bey, et, vu aussi l'argent qu'elle y a fait, et voulait encore y faire passer, ordonne que la femme d'Osman-Bey restera en prison jusqu'à ce qu'elle ait versé dans la caisse du payeur de l'armée dix mille talaris.   BONAPARTE.

Au Caire, le 4 vendémiaire an 7 (25 septembre 1798).

Au citoyen Poussielgue.

Je vous prie d'envoyer chez les marchands de café, les Cophtes et les marchands de Damas, des gardes, si dans la journée de demain ils n'ont pas payé ce qu'ils doivent de leur contribution.

Si la femme de Mourad-Bey n'a pas versé dans la journée de demain les huit mille talaris qu'elle doit, sa contribution sera portée à dix mille talaris.

Sur les quinze mille talaris imposés sur le Saga, il n'en a encore été perçu que mille cinquante-cinq; il en reste treize mille neuf cent quarante-cinq. Trois mille neuf cent quarante-cinq seront versés dans la journée de demain, et les dix mille restant, mille par jour.

Faites verser dans la caisse du payeur, dans la journée d'aujourd'hui, l'argent que vous auriez des cotons, café, des morts sans héritiers ou de tout autre objet. Le Caire se trouve absolument dépourvu de fonds, et l'armée a déjà de grands besoins.   BONAPARTE.

Au Caire, le 5 vendémiaire an 7 (26 septembre 1798).

Au général Dugua.

Soit par terre, soit par le canal, il faut absolument, citoyen général, parvenir à Menzalé ; faites-y marcher votre avant-garde en la renforçant de ce que vous jugerez nécessaire ; je désire qu'elle prenne position à Menzalé. En réunissant la quantité de bateaux nécessaires pour pouvoir se porter rapidement soit à Damiette, soit à Salahieh, soit à Mansoura, essayez de prendre par la ruse Hassan-Thoubar, et, si jamais vous le tenez, envoyez-le moi au Caire. Désarmez le plus que vous pourrez ; n'écoutez point ce qu'ils pourraient vous dire, que, par le désarmement, vous les exposez aux incursions des Arabes : tous ces gens-là s'entendent ; surtout il faut que le village de Mit-el-Kouli vous fournisse au moins cent armes et des pièces de canon : ils les ont cachées ; mais je suis sûr qu'ils en ont. Concertez-vous avec le général Vial pour faire désarmer Damiette et faire arrêter les hommes suspects.

Prenez des ôtages, exigez que les villages vous remettent leurs fusils, tâchez d'avoir leurs canons, et faites entrer dans le lac de Menzalé des djermes armées ou armées de leurs bateaux.

Envoyez un officier de génie à Menzalé, afin de bien établir sa position par rapport à Damiette, à Mansoura et surtout à Salahieh.

Faites faire des reconnaissances le long de la mer à droite et à gauche jusqu'au cap Bourlos d'un côté, et aussi loin que vous pourrez de l'autre.

Ordonnez aussi que les troupes soient désarmées. Je vous ai envoyé une djerme armée, *la Carniole* ; vous devez en avoir deux à Damiette. Je vous ai envoyé deux avisos; il y avait une chaloupe canonnière; et cela fait six bâtimens armés.

BONAPARTE.

Au Caire, le 6 vendémiaire an 7 (27 septembre 1798).

Au général Dupuis.

Faites couper la tête aux deux espions et faites-les promener dans la ville avec un écriteau pour faire connaître que ce sont des espions du pays. Faites connaître à l'aga que je suis très-mécontent des propos que l'on tient dans la ville contre les chrétiens. Il doit y avoir en ce moment des ôtages de Menouf à la citadelle.

BONAPARTE.

Au Caire, le 11 vendémiaire an 7 (2 octobre 1798).

Au commandant de la Caravelle.

J'ai reçu la lettre que vous vous êtes donné la peine de m'écrire. J'ai appris avec peine que vous aviez éprouvé à Alexandrie quelques désagrémens. J'ai donné les ordres au Caire pour que tout votre monde vous rejoignît. Tenez-vous prêt à partir à l'époque à laquelle vous aviez l'habitude de quitter Alexandrie. Faites-moi connaître le temps où vous comptez partir; j'en profiterai pour vous donner des dépêches pour la Porte.

Croyez aux sentimens d'estime, et au désir que j'ai de vous être agréable.

BONAPARTE.

Au Caire, le 13 vendémiaire an 7 (4 octobre 1798).

Au général Kléber.

Le général Caffarelli, citoyen général, m'a fait connaître votre désir.

Je suis extrêmement fâché de votre indisposition : j'espère que l'air du Nil vous fera du bien, et, sortant des sables d'Alexandrie, vous trouverez peut-être notre Egypte moins mauvaise qu'on peut le croire d'abord. Nous avons eu différentes affaires avec les Arabes de Scharkieh et du lac Menzalé : ils ont été battus à Damiette et avant-hier à Mit-Kamar.

Desaix a été jusqu'à Syouth : il a poussé les mameloucks dans le désert ; une partie d'eux a gagné les oasis.

Ibrahim-Bey est à Gaza : il nous menace d'une invasion ; il n'en fera rien ; mais nous qui ne menaçons pas, nous pourrons bien le déloger de là.

Croyez au désir que j'ai de vous voir promptement rétabli, et au prix que j'attache à votre estime et à votre amitié. Je crains que nous ne soyons un peu brouillés : vous seriez injuste si vous doutiez de la peine que j'en éprouverais.

Sur le sol de l'Egypte, les nuages, lorsqu'il y en a, passent dans six heures ; de mon côté, s'il y en avait, ils seraient passés dans trois : l'estime que j'ai pour vous est au moins égale à celle que vous m'avez témoignée quelquefois.

J'espère vous voir sous peu de jours au Caire, comme vous le mande le général Caffarelli.   BONAPARTE.

Au Caire, le 24 vendémiaire an 7 (15 octobre 1798).

Au général Fugières.

Il est nécessaire, citoyen général, que vous portiez le plus grand respect au village de Tenta, qui est un objet de vénération pour les Mahométans. Il faut surtout éviter de faire tout ce qui pourrait leur donner lieu de se plaindre que nous ne respectons pas leur religion et leurs mœurs.

BONAPARTE.

Au Caire, le 25 vendémiaire an 7 (15 octobre 1798).

Au même.

J'ai appris avec peine, citoyen général, ce qui est arrivé à Tenta : je désire que l'on respecte cette ville, et je regarderais comme le plus grand malheur qui pût arriver, que de voir ravager ce lieu saint aux yeux de tout l'Orient. J'écris aux habitans de Tenta, et je vais faire écrire par le divan général : je désire que tout se termine par la négociation.

Quant aux Arabes, tâchez de les faire se soumettre et qu'ils vous donnent des ôtages : écrivez-leur à cet effet, et, s'ils ne se soumettent pas, tâchez de leur faire le plus de mal que vous pourrez. BONAPARTE.

Au Caire, le 26 vendémiaire an 7 (17 octobre 1798).

Au directoire exécutif.

Citoyens directeurs, je vous fais passer le détail de quelques combats qui ont eu lieu à différentes époques et en différens lieux contre les mameloucks, diverses tribus d'Arabes, et quelques villages révoltés.

Combat de Rémeryeh.

Le général de brigade Fugières, avec un bataillon de la dix-huitième demi-brigade, est arrivé à Menouf dans le Delta, le 28 thermidor, pour se rendre à Mehalleh-el-kébyr, capitale de la Gharbyéh. Le village de Rémeryeh lui refusa le passage. Après une heure de combat, il repoussa les ennemis dans le village, les investit, les força, en tua deux cents, et s'empara du village. Il perdit trois hommes, et eut quelques blessés. Le citoyen Chênet, sous-lieutenant de la dix-huitième, s'est distingué.

Combat de Djémyleh.

Le général Dugua envoya, le premier jour complémentaire, le général Damas, avec un bataillon de la soixante-quinzième, reconnaître le canal d'Achmoun, et soumettre les villages qui refusaient obéissance. Arrivé au village de Djémyleh, un parti d'Arabes, réuni aux fellahs ou habitans, attaqua nos troupes. Les dispositions furent bientôt faites, et les ennemis repoussés. Le chef de bataillon du génie, Cazalès, s'est spécialement distingué.

Combat de Myt-Qamar.

Les Arabes de Derneh occupaient le village de Doundeh; environnés de tous côtés par l'inondation, ils se croyaient inexpugnables, et infestaient le Nil par leurs pirateries et leurs brigandages. Les généraux de brigade, Murat et Lanusse, eurent ordre d'y marcher, et arrivèrent le 7 vendémiaire. Les Arabes furent dispersés après une légère fusillade. Nos troupes les suivirent pendant cinq lieues, ayant de l'eau jusqu'à la ceinture. Leurs troupeaux, chameaux, et effets, sont tombés en notre pouvoir. Plus de deux cents de ces misérables ont été tués ou noyés. Le citoyen Niderwood, adjoint à l'état-major, s'est distingué dans ce combat.

Les Arabes sont à l'Egypte ce que les Barbets sont au comté de Nice; avec cette grande différence qu'au lieu de vivre dans les montagnes ils sont tous à cheval, et vivent au milieu des déserts. Ils pillent également les Turcs, les Egyptiens et les Européens. Leur férocité est égale à la vie misérable qu'ils mènent, exposés des jours entiers, dans des sables brûlans, à l'ardeur du soleil, sans eau pour s'abreuver. Ils sont sans pitié et sans foi. C'est le spectacle de l'homme sauvage le plus hideux qu'il soit possible de se figurer.

Le général Desaix est parti du Caire le 8 fructidor, pour se rendre dans la Haute-Égypte, avec une flottille de deux demi-galères, et six avisos. Il a remonté le Nil, et est arrivé à Benécouef le 14 fructidor. Il mit pied à terre, et se porta par une marche forcée à Behnéce, sur le canal de Joseph. Mourad-Bey évacua à son approche. Le général Desaix prit quatorze barques chargées de bagage, de tentes, et quatre pièces de canon.

Il rejoignit le Nil le 21 fructidor, et arriva à Acyouth le 29 fructidor, se trouvant alors à plus de cent lieues du Caire, poussant devant lui la flottille des beys, qui se réfugia du côté de la cataracte.

Le cinquième jour complémentaire, il retourna à l'embouchure du canal de Joseph. Après une navigation difficile et pénible, il arriva le 12 vendémiaire à Behnéce.

Le 14 et le 15, il y eut diverses escarmouches qui préludèrent à la journée de Sédyman.

Bataille de Sédyman.

Le 16, à la pointe du jour, la division du général Desaix se mit en marche, et se trouva bientôt en présence de l'armée de Mourad-Bey, forte de cinq à six mille chevaux, la plus grande partie Arabes, et un corps d'infanterie qui gardait les retranchemens de Sédyman, où il avait quatre pièces de canon.

Le général Desaix forma sa division, toute composée d'infanterie, en bataillon carré qu'il fit éclairer par deux petits carrés de deux cents hommes chacun.

Les mameloucks, après avoir longtemps hésité, se décidèrent, et chargèrent, avec d'horribles cris et la plus grande valeur, le petit peloton de droite que commandait le capitaine de la vingt-unième, Valette. Dans le même temps, ils chargèrent la queue du carré de la division, où était la quatre-vingt-huitième, bonne et intrépide demi-brigade.

Les ennemis sont reçus partout avec le même sang-froid. Les chasseurs de la vingt-unième ne tirèrent qu'à dix pas, et croisèrent leurs baïonnettes. Les braves de cette intrépide cavalerie vinrent mourir dans le rang, après avoir jeté masses et haches d'armes, fusils, pistolets, à la tête de nos gens. Quelques-uns, ayant eu leurs chevaux tués, se glissèrent le ventre contre terre pour passer sous les baïonnettes, et couper les jambes de nos soldats; tout fut inutile : ils durent fuir. Nos troupes s'avancèrent sur Sédyman, malgré quatre pièces de canon, dont le feu était d'autant plus dangereux que notre ordre était profond; mais le pas de charge fut comme l'éclair, et les retranchemens, les canons et les bagages, nous restèrent.

Mourad-Bey a eu trois beys tués, deux blessés, et quatre cents hommes d'élite sur le champ de bataille; notre perte se monte à trente-six hommes tués et quatre-vingt-dix blessés.

Ici, comme à la bataille des Pyramides, les soldats ont fait un butin considérable. Pas un mamelouck sur lequel on n'ait trouvé quatre ou cinq cents louis.

Le citoyen Conroux, chef de la soixante-unième, a été blessé; les citoyens Rapp, aide-de-camp du général Desaix, Valette, et Sacro, capitaines de la vingt-unième, Geoffroy, de la soixante-unième, Géromme, sergent de la quatre-vingt-huitième, se sont particulièrement distingués.

Le général Friant a soutenu dans cette journée la réputation qu'il avait acquise en Italie et en Allemagne.

Je vous demande le grade de général de brigade pour le citoyen Robin, chef de la vingt-unième demi-brigade. J'ai avancé les différens officiers et soldats qui se sont distingués. Je vous en enverrai l'etat par la première occasion.

BONAPARTE.

Le 26 vendémiaire an 6 (17 octobre 1798).

Au citoyen Barré, capitaine de frégate.

J'ai reçu, citoyen, le travail sur les passes d'Alexandrie, que vous m'avez envoyé. Vous avez dû depuis vous confirmer davantage dans les sondes que vous aviez faites. Je vous prie de me répondre à la question suivante:

Si un bâtiment de soixante-quatorze se présente devant le port d'Alexandrie, vous chargez-vous de le faire entrer?

BONAPARTE.

Au Caire, le 26 vendémiaire an 7 (17 octobre 1798).

Au général Marmont.

L'intrigant Abdalon, intendant de Mourad-Bey, est passé il y a trois jours à Chouara avec trente Arabes; on croit qu'il se rend dans les environs d'Alexandrie : je désirerais que vous pussiez le faire prendre; je donnerais bien 1,000 écus de sa personne; ce n'est pas qu'elle les vaille; mais ce serait pour l'exemple : c'est le même qui était à bord de l'amiral anglais. Si l'on pouvait parler à des Arabes, ces gens-là feraient beaucoup de choses pour 1,000 sequins.

BONAPARTE.

Au Caire, le 2 brumaire an 7 (23 octobre 1798).

Au même.

Nous avons eu hier et avant-hier beaucoup de tapage ici : mais tout est aujourd'hui tranquille. Le général Dupuy a été tué dans une rue, au premier moment de la révolte ; Sullowski a été tué hier matin : j'ai été obligé de faire tirer des bombes et des obus sur la grande mosquée, pour soumettre un quartier qui s'était barricadé : cela a fait un effet très-considérable. Plus de quinze obus sont entrés dans la mosquée. Nous avons eu en différens points quarante ou cinquante hommes de tués. La ville a eu une bonne leçon, dont elle se souviendra long-temps, je crois.

J'ai reçu votre lettre du 26. Faites-nous passer le plus d'artillerie que vous pourrez : je vous ai demandé quelques pièces de 24 et quelques mortiers ; il serait bien essentiel qu'il nous en arrivât. BONAPARTE.

Au Caire, le 6 brumaire an 7 (27 octobre 1798).

Au général Reynier.

J'ai reçu, citoyen général, votre lettre du 4 brumaire, avec différens extraits des lettres du général Lagrange. Vous devez avoir reçu un convoi avec des cartouches et quatre pièces de canon, dont deux pour votre équipage de campagne, deux pour Salahieh, dans le cas que l'équipage par eau tardât à y arriver. La tranquillité est parfaitement rétablie au Caire. Notre perte se monte exactement à huit hommes tués dans les différens combats, vingt-cinq hommes malades qui, revenant de votre division, ont été assassinés en route, et une vingtaine d'autres personnes de différentes administrations et de différens corps, assassinées isolément. Les révoltés ont perdu un couple de milliers d'hommes. Toutes les nuits nous faisons couper une trentaine de têtes et beaucoup de celles des chefs : cela, je crois, leur servira d'une bonne leçon.

Ibrahim-Bey ne tardera pas, je crois, à se jeter dans le désert. Si quelques Arabes ont été le joindre, cela a été pour lui porter du blé et autres provisions. Il paraît qu'il y a à Gaza une grande disette. Au reste, si nous pouvions être prévenus à temps, il n'échapperait que difficilement.

Pour le moment, tenez-vous concentré à Salabieh et à Belbeis; punissez les différentes tribus arabes qui se sont révoltées contre vous; tâchez d'en obtenir des chevaux et des ôtages; faites activer, par tous les moyens possibles, les travaux de Belbeis, afin que l'on puisse y confier, d'ici à quelques jours, quelques pièces de canon; approvisionnez Salabieh le plus qu'il vous sera possible. La meilleure manière de punir les villages qui se sont révoltés, c'est de prendre le scheick El-Beled et de lui faire couper le cou, car c'est de lui que tout dépend.

Le général Andréossi est reparti de Peluse le 28; il y a trouvé de très-belles colonnes et quelques camées.

BONAPARTE.

Au Caire, le 6 brumaire an 7 (27 octobre 1798).

Au directoire exécutif.

Le 30 vendémiaire, à la pointe du jour, il se manifesta quelques rassemblemens dans la ville du Caire.

A sept heures du matin, une populace nombreuse s'assembla à la porte du cadhi, Ibrahim Ehetem Efendy, homme respectable par son caractère et ses mœurs. Une députation de vingt personnes des plus marquantes se rendit chez lui, et l'obligea à monter à cheval, pour, tous ensemble, se rendre chez moi. On partait, lorsqu'un homme de bon sens observa au cadhi que le rassemblement était trop nombreux et trop mal composé pour des hommes qui ne voulaient que présenter une pétition. Il fut frappé de l'observation, descendit de cheval, et rentra chez lui. La populace mécontente tomba sur lui et sur ses gens à coups de pierre et de bâton et ne manqua pas cette occasion pour piller sa maison.

Le général Dupuy, commandant la place, arriva sur ces entrefaites ; toutes les rues étaient obstruées.

Un chef de bataillon turc, attaché à la police, qui venait deux cents pas derrière, voyant le tumulte et l'impossibilité de le faire cesser par douceur, tira un coup de tromblon. La populace devint furieuse ; le général Dupuy la chargea avec son escorte, culbuta tout ce qui était devant lui, s'ouvrit un passage. Il reçut sous l'aisselle un coup de lance qui lui coupa l'artère : il ne vécut que huit minutes.

Le général Bon prit le commandement. Les coups de canon d'alarme furent tirés ; la fusillade s'engagea dans toutes les rues ; la populace se mit à piller les maisons des riches. Sur le soir, toute la ville se trouva à-peu-près tranquille, hormis le quartier de la grande mosquée, où se tenait le conseil des révoltés, qui en avaient barricadé les avenues.

A minuit, le général Dommartin se rendit avec quatre bouches à feu sur une hauteur, entre la citadelle et la qoubbeh, qui domine à cent cinquante toises la grande mosquée. Les Arabes et les paysans marchaient pour secourir les révoltés. Le général Lannes fit attaquer par le général Vaux quatre à cinq mille paysans qui se sauvèrent plus vite qu'ils n'auraient voulu ; beaucoup se noyèrent dans l'inondation.

A huit heures du matin, j'envoyai le général Dumas avec de la cavalerie battre la plaine. Il chassa les Arabes au-delà de la qoûbbeh.

A deux heures après midi, tout était tranquille hors des murs de la ville. Le divan, les principaux scheicks, les docteurs de la loi, s'étant présentés aux barricades du quartier de la grande mosquée, les révoltés leur en refusèrent l'entrée ; on les accueillit à coups de fusil. Je leurs fis répondre à quatre heures par les batteries de mortiers de la citadelle, et les batteries d'obusiers du général Dommartin. En moins de vingt minutes de bombardement, les barricades furent levées, le quartier évacué, la mosquée entre les mains de nos troupes, et la tranquillité fut parfaitement rétablie.

On évalue la perte des révoltés de deux mille à deux mille cinq cents hommes ; la nôtre se monte à seize hommes tués en combattant, un convoi de vingt-un malades revenant de l'armée, égorgés dans une rue, et à vingt hommes de différens corps et de différens états.

L'armée sent vivement la perte du général Dupuy, que les hasards de la guerre avaient respecté dans cent occasions.

Mon aide-de-camp Sullowsky allant, à la pointe du jour, le premier brumaire, reconnaître les mouvemens qui se manifestaient hors la ville, a été à son retour attaqué par toute la populace d'un faubourg; son cheval ayant glissé, il a été assommé. Les blessures qu'il avait reçues au combat de Salahieh n'étaient pas encore cicatrisées ; c'était un officier de la plus grande espérance. BONAPARTE.

Au Caire, le 9 brumaire an 7 (30 octobre 1798).

Au citoyen Braswich, chancelier interprète.

Vous vous embarquerez, citoyen, avec Ibrahim-Aga; vous vous rendrez avec lui à bord de la caravelle. Vous tâcherez de prendre tous les renseignemens possibles sur notre situation avec la Porte, et sur celle de notre ambassadeur à Constantinople et de l'ambassadeur ottoman à Paris.

Vous ferez connaître à l'officier qui commande la flottille turque le désir que j'aurais qu'il m'envoyât au Caire un officier distingué, pour conférer avec lui d'objets importans; que si les Anglais ne les laissent pas entrer à Alexandrie, ni à Rosette, il peut envoyer une frégate à Damiette, et que j'en profiterai pour écrire à Constantinople des choses également avantageuses aux deux puissances.

Je compte, pour cette mission importante, sur votre zèle et sur votre capacité.   BONAPARTE.

Au Caire, le 9 brumaire an 7 (30 octobre 1798).

Au général commandant à Alexandrie.

Vous ferez sortir, citoyen général, deux parlementaires, l'un sera le canot de la caravelle, sur lequel seront embarqués le turc Ibrahim Aga et le citoyen Braswich, qui s'habillera à la turque, s'il ne l'est pas.

Le second portera un officier de terre.

Vous ferez commander le canot par un officier intelligent qui puisse tout observer sans se mêler de rien.

Ces deux parlementaires sortiront en même temps du port : l'un portera pavillon tricolore et pavillon blanc ; l'autre pavillon turc et pavillon blanc.

Sortis du port, le parlementaire français ira aborder l'amiral anglais ; le parlementaire turc ira aborder l'amiral turc.

Vous écrirez à l'amiral anglais une lettre, dans laquelle vous lui direz que vous vous êtes empressé d'envoyer au Caire la lettre qu'il vous a écrite le 19 octobre ; que la caravelle qui est à Alexandrie étant à la disposition du pacha d'Égypte, elle suivra les ordres que lui donnera ledit pacha ; que celui-ci ayant jugé à propos d'envoyer un de ses officiers à bord de l'amiral turc, avant de donner ledit ordre, vous avez autorisé la sortie du parlementaire qui porte la chaloupe de la caravelle.

Vous aurez soin qu'aucun individu de la caravelle ne s'embarque sur son parlementaire, hormis les rameurs, qui devront être matelots.

L'officier de terre que vous enverrez à bord de l'amiral anglais se comportera avec la plus grande honnêteté : il remettra à l'amiral, comme par hasard, quelques journaux d'Égypte, et cherchera à tirer toutes les nouvelles possibles du continent. Il lui dira que je l'ai spécialement chargé de lui offrir tous les rafraîchissemens dont il pourrait avoir besoin.

Dans la nuit, le général Murat partira avec une partie de la soixante-quinzième; il se rendra à Rahmanieh, de là à Rosette, et de là à Aboukir ou à Alexandrie. Je juge cet accroissement de forces nécessaire pour vous mettre à même de vous opposer à toutes les entreprises que pourraient former les ennemis. Je fais disposer d'autres bâtimens pour vous envoyer d'autres troupes, et m'y transporter moi-même, si les nouvelles que je recevrai demain me le font penser nécessaire.

BONAPARTE.

Au Caire, le 14 brumaire an 7 (4 novembre 1798).

Au général Marmont.

Je reçois, citoyen général, vos lettres des 6 et 7. Puisque les Anglais ne tentaient leur descente qu'avec une vingtaine de chaloupes, il était évident qu'ils ne pouvaient débarquer que huit ou neuf cents hommes : c'eût donc été une bonne affaire de les laisser débarquer, vous nous auriez envoyé quelque colonel anglais prisonnier, qui nous aurait donné quelques nouvelles du continent.

Il est bien évident que les Anglais ne veulent tenter leur débarquement à Aboukir qu'en conséquence de quelque projet mal ourdi, où Mourad-Bey, ou de nombreuses cohortes d'Arabes, ou peut-être même des habitans, devaient combiner leurs mouvemens avec le leur. Puisque rien de tout cela n'est arrivé et que cependant ils tentaient de débarquer, c'était une bonne occasion dont on pouvait profiter. J'espère toujours que si le 9 ils ont voulu descendre, vous aurez eu le temps de vous préparer : vous pourrez les attirer dans quelque embuscade et leur faire un bon nombre de prisonniers.

Quant au fort d'Aboukir, ayant une enceinte et un fossé, il est à l'abri d'un coup de main, quand même les Anglais auraient effectué leur débarquement : cent hommes s'y renfermeraient dans le temps que l'on marcherait d'Alexandrie et de Rosette pour écraser les Anglais.

J'ai reçu des nouvelles de Constantinople : la Porte se trouve dans une position très-critique, et il s'en faut beaucoup qu'elle soit contre nous. L'escadre russe a demandé le passage par le détroit ; la Porte le lui a refusé avec beaucoup de décision. BONAPARTE.

Au Caire, le 19 brumaire an 7 (9 novembre 1798).

A son excellence le grand-visir.

J'ai eu l'honneur d'écrire à votre excellence le 13 messidor, à mon arrivée à Alexandrie ; je lui ai écrit également le 5 fructidor par un bâtiment que j'ai expédié exprès de Damiette ; je n'ai reçu aucune réponse à ces différentes lettres.

Je réitère cette troisième lettre pour faire connaître à votre excellence l'intention de la république française de vivre en bonne intelligence avec la sublime Porte. La nécessité de punir les mamelouks des insultes qu'ils n'ont cessé de faire au commerce français, nous a conduits en Egypte, tout comme, à différentes époques, la France a dû faire la même chose pour punir Alger et Tunis.

La république française est, par inclination comme par intérêt, amie du sultan, puisqu'elle est l'ennemie de ses ennemis ; elle s'est positivement refusée à entrer dans la coalition qui a été faite avec les deux empereurs contre la Sublime Porte : les puissances qui se sont déjà précédemment partagé la Pologne ont le même projet contre la Turquie. Dans les circonstances actuelles la Sublime Porte doit voir l'armée française comme une amie qui lui est dévouée et qui est toute prête à agir contre ses ennemis.

Je prie votre excellence de croire que personnellement je désire concourir et employer mes moyens et mes forces à faire quelque chose qui soit utile au sultan, et puisse prouver à votre excellence l'estime et la considération avec laquelle je suis, BONAPARTE.

Au Caire, le 21 brumaire an 7 (11 novembre 1798).

Au général Menou.

S'il se présentait, citoyen général, une ou deux frégates turques pour entrer dans le port d'Alexandrie, vous devez les laisser entrer. S'il se présentait plusieurs bâtimens de guerre turcs pour entrer dans le port d'Alexandrie, vous ferez connaître à celui qui les commande qu'il est nécessaire que vous me fassiez part de sa demande ; vous pourrez même l'engager à envoyer quelqu'un au Caire, et, s'il persistait, vous emploierez la force pour l'empêcher d'entrer.

Si une escadre turque vient croiser devant le port et qu'elle communique directement avec vous, vous serez à même de prendre toute espèce d'information : vous lui ferez toute sorte d'honnêtetés.

Si elle ne communique avec nous que par des parlementaires anglais, vous ferez connaître à celui qui la commande combien cela est indécent et contraire au respect que l'on doit à la dignité du sultan ; et vous l'engagerez à communiquer avec vous directement sans parlementaire anglais, lui faisant connaître que vous regarderez comme nulles toutes les lettres qui vous viendront par les parlementaires anglais.

BONAPARTE.

Au Caire, le 26 brumaire an 7 (16 novembre 1798).

Au citoyen Guibert, lieutenant des guides.

Vous vous rendrez, citoyen, à Rosette, en vous embarquant de suite sur *la Diligence*. Vous remettrez les lettres ci-jointes au général Menou ; vous aurez avec vous un Turc nommé Mohammed-Tehaouss, lieutenant de la caravelle qui est à Alexandrie.

Vous vous embarquerez à Rosette sur un canot parlementaire, que le contre-amiral Perrée vous fournira. Vous vous rendrez à bord de l'amiral anglais avec votre Turc, qui remettra une lettre dont il est porteur à l'officier qui commande la flottille turque.

Vous resterez quelques heures avec l'amiral anglais : vous lui remettrez sans prétention les différens journaux égyptiens et les numéros de la décade ; vous tâcherez qu'il vous remette les journaux qu'il pourrait avoir reçus d'Europe ; vous laisserez échapper dans la conversation que je reçois souvent des nouvelles de Constantinople par terre. S'il vous parle de l'escadre russe qui assiége Corfou, vous lui laisserez d'abord dire tout ce qu'il voudra, après quoi vous lui direz que j'ai des nouvelles en date de vingt jours de Corfou ; vous lui ferez sentir que vous ne croyez pas à la présence de l'escadre russe devant Corfou, parce que, si les Russes avaient des forces dans ces mers, ils ne seraient pas assez dupes de ne pas être devant Alexandrie ; vous lui direz, comme par inadvertance, qu'il attribuera facilement à votre jeunesse, que, depuis les premiers jours de septembre, tous les jours, je fais partir un officier pour la France ; que plusieurs de mes aides-de-camp ont été expédiés, et entre autres, mon frère, que vous direz parti depuis vingt-cinq jours. S'il vous demande d'où ils partent, vous direz que vous ne savez pas d'où tous sont partis ; mais que, pour mon frère, il est parti d'Alexandrie.

Vous leur demanderez des nouvelles de la frégate *la Justice*, sur laquelle vous direz avoir un cousin ; vous demanderez où elle se trouve : s'il ne la connaissait pas, vous la lui désigneriez comme une de celles qui s'en sont allées avec l'amiral Villeneuve.

Vous leur direz que je suis dans ce moment-ci à Suez et que vous croyez que vous me trouverez de retour ; vous lui direz, mais très-légèrement, que vous croyez qu'il est arrivé un très-grand nombre de bâtimens à Suez, venant de l'Ile de France.

Vous lui direz que le premier parlementaire qu'il aurait à m'envoyer, je désirerais qu'il vînt à Rosette, et que j'avais donné l'ordre qu'il vînt au Caire, et que, dans ce cas, je désirerais qu'il nommât quelqu'un qui eût sa confiance et qui fût intelligent.

Vous lui direz également que, s'ils ont de la difficulté à faire de l'eau ou qu'ils aient difficilement des choses qui puissent leur être agréables, vous savez que mon intention est de les leur faire fournir ; vous leur raconterez que devant Mantoue, sachant que le maréchal de Wurmser avait une grande quantité de malades, je lui avais envoyé beaucoup de médicamens, générosité qui avait beaucoup étonné le vieux maréchal ; que je lui faisais passer tous les jours six paires de bœufs et toutes sortes de rafraîchissemens ; que j'avais été très-satisfait de la manière dont ils avaient traité nos prisonniers.

Enfin, vous rentrerez à Rosette avec votre Turc sans toucher Alexandrie. Si le contre-amiral Perrée préférait vous faire partir d'Aboukir sur la chaloupe de *l'Orient*, vous vous y rendriez.

Vous reviendriez à Aboukir, et de là à Rosette, et descendrez avec votre Turc au quartier-général.

BONAPARTE.

Au Caire, le 26 brumaire an 7 (16 novembre 1798).

Au directoire exécutif.

Je vous fais passer la note des combats qui ont eu lieu à différentes époques et sur différens points de l'armée.

Les Arabes du désert de la Lybie harcelaient la garnison d'Alexandrie. Le général Kléber leur fit tendre une embuscade; le chef d'escadron Rabasse, à la tête de cinquante hommes du quatorzième de dragons, les surprit le 5 thermidor et leur tua quarante-trois hommes.

A la sollicitation de Mourad-Bey et des Anglais, les Arabes s'étaient réunis et avaient fait une coupure au canal d'Alexandrie, pour empêcher les eaux d'y arriver. Le chef de brigade Barthélemy, à la tête de six cents hommes de la soixante-neuvième, cerna le village de Birk et Glathas, la nuit du 27 fructidor, tua plus de deux cents hommes, pilla et brûla le village. Ces exemples nécessaires rendirent les Arabes plus sages, et, grâces aux peines et à l'activité de la quatrième d'infanterie légère, les eaux sont arrivées, le 14 brumaire, à Alexandrie en plus grande abondance que jamais. Il y en a pour deux ans. Le canal nous a servi à approvisionner de blé Alexandrie, et à faire venir nos équipages d'artillerie à Djyzéh.

Le général Andréossi, après différens combats sur le lac Menzaléh, est arrivé, le 29 vendémiaire, sur les ruines de Peluse. Il y a trouvé plusieurs antiques, entre autres un fort beau camée; il y a dressé la carte de ce lac et de ses sondes avec la plus grande exactitude. Nous avons dans ce moment beaucoup de bâtimens armés dans ce lac. Il ne reste plus que deux branches, celle d'Ommfaredje et celle de Dybéh, peu de traces de celle de Peluse.

Deux jours après que la populace du Caire se fut révoltée, les Arabes accoururent de différens points du désert, et se réunirent devant Belbeis. Le général Reynier les repoussa partout; un seul coup de canon à mitraille en tua sept : après différens petits combats ils disparurent, et quelque temps après se sont soumis.

Quelques djermes, chargées de chevaux nous appartenant, ont été pillées par les habitans du village de Ramleh, et deux dragons ont été tués. Le général Murat s'y est porté, a cerné le village, et a tué une centaine d'hommes.

Le général Lanusse, instruit que le célèbre Abouché'ir, un des principaux brigands du Delta, était à Kafr-Khaïr, l'a surpris la nuit du 29 vendémiaire, a cerné sa maison, l'a tué, lui a pris trois pièces de canon, quarante fusils, cinquante chevaux, et beaucoup de subsistances.

Les Anglais, avec quinze chaloupes canonnières et quelques petits bâtimens, se sont approchés du fort d'Aboukir, les 3, 4, 6 et 7 brumaire. Ils ont eu plusieurs chaloupes coulées bas : l'ordre était donné de les laisser débarquer; ils ne l'ont pas osé faire. Ils doivent avoir perdu quelques hommes ; nous en avons eu deux blessés et un de tué : le citoyen Martinet, commandant la légion nubique, s'est distingué.

Depuis la bataille de Sédyman, le général Desaix était dans le Faïoum. Dans cette saison, on ne peut en Egypte aller ni par eau, il n'y en a pas assez dans les canaux ; ni par terre, elle est marécageuse et pas encore sèche : ne pouvant donc poursuivre Mourad-Bey, le général Desaix s'occupa à organiser le Faïoum.

Cependant Mourad-Bey en profita pour faire courir le bruit qu'Alexandrie était pris, et qu'il fallait exterminer tous les Français. Les villages se refusèrent à rien fournir au général Desaix, qui se porta, le 19 brumaire, pour punir le village de Céruni (Chérûnéh) qui était soutenu par deux cents mamelroucks; une compagnie de grenadiers les mit en déroute. Le village a été pris, pillé et brûlé; l'ennemi a perdu quinze à seize hommes.

Dans le même temps, cinq cents Arabes, autant de mameloucks, et un grand nombre de paysans, se portaient à Faïoum pour enlever l'ambulance. Le chef de bataillon de la vingt-unième, Epler, sortit au devant des ennemis, les culbuta par une bonne fusillade, et les poussa la baïonnette dans les reins. Une soixantaine d'Arabes, qui étaient entrés dans les maisons pour piller, ont été tués; nous n'avons eu, dans ces différens combats, que trois hommes tués et dix de blessés.

BONAPARTE.

Au Caire, le 28 brumaire an 7 (18 novembre 1798).

A l'ordonnateur Leroy.

Le capitaine du navire le *Santa-Maria*, qui a acheté ou volé quatre pièces de canon de 2, un cable et un grappin, de concert avec un matelot français, sera condamné à payer 6,000 fr. d'amende, qui seront versés dans la caisse du payeur.

BONAPARTE.

Au Caire, le 29 brumaire an 7 (19 novembre 1798).

A Djezzar-Pacha.

Je ne veux pas vous faire la guerre, si vous n'êtes pas mon ennemi; mais il est temps que vous vous expliquiez. Si vous continuez à donner refuge et à garder sur les frontières de l'Egypte Ibrahim-Bey, je regarderai cela comme une marque d'hostilité, et j'irai à Acre.

Si vous voulez vivre en paix avec moi vous éloignerez Ibrahim-Bey à quarante lieues des frontières de l'Egypte, et vous laisserez libre le commerce entre Damiette et la Syrie.

Alors, je vous promets de respecter vos états, de laisser la liberté entière au commerce entre l'Egypte et la Syrie, soit par terre, soit par mer. BONAPARTE.

Au Caire, le 3 frimaire an 7 (23 novembre 1798).

Au général Menou.

Faites sentir, citoyen général, au conseil militaire combien il est essentiel d'être sévère contre les dilapidateurs qui vendent la subsistance des soldats. C'est par ce manége-là qu'ils nous ont vendu tout le vin que nous avons apporté de France. Par la seule raison qu'il ne surveille pas des dilapidations aussi publiques, le commissaire des guerres est coupable, et mérite une punition exemplaire. BONAPARTE.

Au Caire, le 3 frimaire an 7 (23 novembre 1798).

Au scheick El-Messiri.

J'ai vu avec plaisir votre heureuse arrivée à Alexandrie; cela contribuera à y maintenir la tranquillité et le bon ordre. Il serait essentiel que vous et les notables d'Alexandrie, prissiez des moyens pour détruire les Arabes et les forcer à une manière de vivre plus conforme à la vertu. Je vous prie aussi de faire veiller les malintentionnés qui débarquent à deux ou trois lieues d'Alexandrie, se glissent dans la ville et y répandent des faux bruits qui ne tendent qu'à troubler la tranquillité.

Sous peu, je ferai travailler au canal d'Alexandrie, et j'espère qu'avant six mois l'eau y viendra en tout temps.

Quant à la mer, persuadez-vous bien qu'elle ne sera pas long-temps à la disposition de nos ennemis. Alexandrie réacquerra son ancienne splendeur, et deviendra le centre du commerce de tout l'Orient; mais vous savez qu'il faut quelque temps. Dieu même n'a pas fait le monde en un seul jour.

BONAPARTE.

Au Caire, le 5 frimaire an 7 (25 novembre 1798).

Au directoire exécutif.

Je vous envoie, par le citoyen Sucy, ordonnateur de l'armée, un duplicata de la lettre que je vous ai écrite le 1er. frimaire, et que je vous ai expédiée par un de mes courriers, et le quadruplicata de celle que je vous ai écrite le 30 vendémiaire, et que je vous ai également expédiée par un de mes courriers, et enfin tous les journaux, ordres du jour et relations que je vous ai fait passer par mille et une occasions.

L'ordonnateur Sucy est obligé de se rendre en France pour y prendre les eaux, par suite de la blessure qu'il a reçue dans les premiers jours de notre arrivée en Egypte. Je l'engage à se rendre à Paris, où il pourra vous donner tous les renseignemens que vous pourrez désirer sur la situation politique, administrative et militaire de ce pays.

Nous attendons toujours avec une vive impatience des courriers d'Europe.

L'ordonnateur Daure remplit en ce moment les fonctions d'ordonnateur en chef.

Comme nos lazarets sont établis à Alexandrie, Rosette et Damiette, je vous prie d'ordonner qu'il ne soit pas fait de quarantaine pour les bâtimens qui viennent d'Egypte, dès l'instant qu'ils auront une patente en règle. Vous pouvez être sûrs que nous serons extrêmement prudens, et que nous ne donnerons point de patente, dès qu'il y aura le moindre soupçon.

Nous sommes, au printemps, comme en France au mois de mai.

Je me réfère, sur la situation politique et militaire de ce pays, aux lettres que je vous ai précédemment écrites.

J'envoie en France une quarantaine de militaires estropiés ou aveugles : ils débarqueront en Italie ou en France : je vous prie de les recommander à nos généraux et à nos ambassadeurs en Italie, en cas qu'ils débarquent dans un port neutre.

BONAPARTE.

Au Caire, le 9 frimaire an 7 (29 novembre 1798).

Au général Marmont.

L'état-major vous ordonne, citoyen général, de prendre le commandement de la place d'Alexandrie. Je fais venir le général Manscourt au Caire, parce que j'ai appris que le 24 il a envoyé un parlementaire aux Anglais sans m'en rendre compte, et que d'ailleurs sa lettre à l'amiral anglais n'était pas digne de la nation. Je vous répète ici l'ordre que j'ai donné, de ne pas envoyer de parlementaire aux Anglais sans mon ordre. Qu'on ne leur demande rien. J'ai accoutumé les officiers qui sont sous mes ordres, à accorder des grâces et non à en recevoir.

J'ai appris que les Anglais avaient fait quatorze prisonniers à la quatrième d'infanterie légère ; il est extrêmement surprenant que je n'en aie rien su.

Secouez les administrations, mettez de l'ordre dans cette grande garnison, et faites que l'on s'aperçoive du changement de commandant.

Écrivez-moi souvent et dans le plus grand détail. Je savais

depuis trois jours la nouvelle que vous m'avez écrite, des lettres venues de Saint-Jean d'Acre.

Renvoyez d'Alexandrie tous les hommes isolés qui devraient être à l'armée. Ayez soin que personne ne s'en aille qu'il n'ait son passeport en règle; que ceux qui s'en vont n'emmènent point de domestiques avec eux, surtout d'hommes ayant moins de trente ans, et qu'ils n'emportent point de fusils. BONAPARTE.

Au Caire, le 9 frimaire an 7 (29 novembre 1798).

Au général Ganteaume.

Je vous prie, citoyen général, de faire expédier d'Alexandrie à Malte un bon marcheur du convoi, avec des dépêches pour le contre-amiral Villeneuve. Vous lui ferez connaître le désir que j'aurais qu'il pût, par le moyen de ses frégates, nous envoyer des nouvelles d'Europe. Les frégates pourraient venir à Damiette où les ennemis ne croisent pas.

Vous lui ferez connaître que depuis Alexandrie jusqu'à la bouche d'Orum Farédge, à vingt heures est de Damiette, toute la côte est à nous, et qu'en reconnaissant un point quelconque de cette côte, et mettant un canot à la mer avec cinquante hommes armés dedans, les dépêches nous parviendront très-certainement.

Vous lui direz que nous ne sommes bloqués ici que par deux vaisseaux et une ou deux frégates : s'il pouvait paraître ici avec trois ou quatre vaisseaux qu'il a à Malte, et deux ou trois frégates, il pourrait enlever la croisière anglaise; que nos bâtimens de guerre qu'il sait que nous avons à Alexandrie, sont organisés et pourraient sortir pour lui donner des secours.

Vous donnerez pour instructions à ce bâtiment de ne point

se présenter devant le port de Malte, mais dans la cale de Massa-Sirocco.

Expédiez un autre bâtiment grec ou du convoi à Corfou pour faire connaître à celui qui commande les forces navales dans ce port, combien il est nécessaire qu'il nous expédie un aviso avec toutes les nouvelles qu'il pourrait avoir à Corfou, d'Europe, de l'Albanie, de la Turquie, et de tout ce qui s'est passé de nouveau dans ces mers. Donnez-lui également une instruction du point où il doit aborder.

Expédiez un troisième bâtiment du convoi, si vous pouvez, un bâtiment impérial, au commandant des bâtimens de guerre à Ancône. Vous lui direz que je désire qu'il m'expédie un aviso pour me faire connaître la situation de ses bâtimens, et qu'il m'envoye toutes les nouvelles, et entre autres toutes les gazettes françaises et italiennes depuis notre départ.

Vous lui donnerez également une instruction sur la marche que doit tenir l'aviso.

Vous expédierez un quatrième bâtiment du convoi, bon voilier, pour se rendre à Toulon, avec une lettre pour le commandant des armes, dans laquelle vous lui ferez connaître notre situation dans ce pays, et la nécessité où nous nous trouvons qu'il nous fasse passer des nouvelles de France et les ordres du gouvernement, en évitant Alexandrie, et en venant aborder, soit à Bourlas, soit à Damiette, soit à la bouche d'Orum-Faredge.

Vous ordonnerez au bâtiment de Toulon de passer entre le cap Bon et Malte, d'éviter l'un et l'autre, de doubler les îles Saint-Pierre, et de passer entre la Corse et les îles Minorques. Si les vents le contrariaient ou qu'il apprît la présence des ennemis, il pourrait aborder en Corse ou dans un port d'Espagne.

Sur chacun de ces trois ou quatre bâtimens, vous mettrez

un aspirant de la marine ou un officier marinier, qui sera porteur de vos dépêches, et qui devra en rapporter la réponse. Vous leur donnerez toutes les instructions nécessaires à cet égard, et vous leur ferez bien connaître la manière dont ils doivent se conduire à leur retour. Il sera promis une gratification aux patrons des navires qui retourneront et nous rapporteront des nouvelles du continent.

Je vous enverrai, dans la matinée de demain, quatre paquets, dont seront porteurs ces quatre officiers. Vous leur ordonnerez de les garder, en les cachant; s'ils étaient pris par les Anglais, je préfère qu'ils soient pris, plutôt que de les jeter à la mer.

Il n'y a que des imprimés dans ces paquets.

BONAPARTE.

Au Caire, le 10 frimaire an 7 (30 novembre 1798).

Au général Menou.

Si la contribution ne rentre pas, faites parcourir, citoyen général, une colonne mobile dans toute la province de Rosette, village par village, avec l'intendant, l'agent français et un officier intelligent; à mesure qu'ils passeront dans un village, ils exigeront les chevaux et la contribution.

Vous verrez qu'elle rentrera très-promptement.

BONAPARTE.

Au Caire, le 11 frimaire an 7 (1er. décembre 1798).

Au général Bon.

Vous vous rendrez, citoyen général, demain à Birket-el-Adji. Vous partirez après-demain avant le jour de cet endroit pour vous rendre, avec la plus grande diligence possible à Suez. Il serait à désirer que vous pussiez y arriver le 14 au soir, ou le 15 avant midi.

Vous m'enverrez un exprès arabe, tous les jours, auquel vous ferez connaître que je donnerai plusieurs piastres lorsqu'ils me remettront vos lettres.

Vous aurez avec vous, indépendamment des troupes que le chef de l'état-major vous a annoncées, le citoyen Collot, enseigne de vaisseau avec dix matelots et le moallem,...... qui aura aussi huit ou dix de ses gens avec lui.

Vous trouverez, à Suez, toutes les citernes, que j'ai fait remplir.

Votre premier soin sera, en arrivant, de nommer un officier pour commander la place. Le citoyen Collot remplira les fonctions de commandant des armes du port, et les officiers du génie et d'artillerie qu'y envoient les généraux Cafarelli et Dommartin, commanderont ces armes dans cette place; le moallem.......... remplira les fonctions de mazir ou inspecteur des douanes.

Votre première opération sera de remplir toutes les citernes qui ne sont pas pleines, et de faire un accord avec les Arabes de Thor, pour qu'ils continuent à vous fournir toute l'eau existant dans les citernes, en réserve.

Vous ferez retrancher, autant qu'il sera possible, tout le Suez ou une partie de Suez, de manière à être à l'abri des attaques des Arabes, et avoir une batterie de gros canons qui battent la mer.

Vous vivrez dans la meilleure intelligence avec tous les patrons des bâtimens venant de Jambo ou de Djedda, et vous leur écrirez, pour les assurer qu'ils peuvent en toute sûreté continuer le commerce, qu'ils seront spécialement protégés.

Vous tâcherez de vous procurer, parmi les bâtimens qui vont à Suez, une ou deux felouques des meilleures qui se trouvent dans ce port, que vous ferez armer en guerre.

Vingt-quatre heures après votre arrivée, vous m'enverrez toujours, par des Arabes et par duplicata, un mémoire sur votre situation militaire, sur celle des citernes et sur la situation du pays et le nombre des bâtimens.

Vous ferez tout ce qui sera possible pour encourager le commerce et rien pour l'alarmer.

Dès l'instant que je saurai votre arrivée, je vous enverrai un second convoi de biscuit.

Vous ferez commencer sur-le-champ les travaux nécessaires pour mettre tout le Suez ou une partie de Suez à l'abri des attaques des Arabes, et si vous ne trouvez pas dans cette place un assez grand nombre de pièces pour mettre en batterie, indépendamment des deux que vous emmenerez avec vous, je vous en ferai passer d'autres.

Mon intention est que vous restiez dans cette place assez de temps pour faire des fortifications, afin que la compagnie Omar, les marins et les canonniers suffisent pour la défense contre les entreprises des Arabes, et si ces forces n'étaient pas suffisantes, vous me le manderez : alors je les renforcerai de quelques troupes grecques.

Je vous recommande de m'écrire, par les Arabes, deux fois par jour.

Vous m'enverrez toutes les nouvelles que vous pourrez recueillir, soit sur la Syrie, soit sur Djedda ou la Mecque.

BONAPARTE.

Au Caire, le 12 frimaire an 7 (2 décembre 1798).

Au général Marmont.

Vous ferez réunir chez vous, citoyen général, dans le plus grand secret, le contre-amiral Perrée, le chef de division Dumanoir, le capitaine Barré.

Vous dresserez un procès-verbal de la réponse qu'ils feront aux questions suivantes, que vous signerez avec eux.

Première question. Si la première division de l'escadre sortait, pourrait-elle, après une croisière, rentrer dans le port neuf ou dans le port vieux, malgré la croisière actuelle des Anglais?

Seconde question. Si *le Guillaume-Tell* paraissait avec *le Généreux*, *le Dégo*, *l'Arthémise*, et les trois vaisseaux vénitiens que nous avons laissés à Toulon et qui sont actuellement réunis à Malte, la croisière anglaise serait obligée de se sauver : se charge-t-on de faire entrer l'amiral Villeneuve dans le port?

Troisième question. Si la première division sortait pour favoriser sa rentrée, malgré la croisière anglaise, ne serait-il pas utile, indépendamment du fanal que j'ai ordonné qu'on allumât au phare, d'établir un nouveau fanal sur la tour du Marabou? Y aurait-il quelques autres précautions à prendre?

Si, dans la solution de ces trois questions, il y avait différence d'opinions, vous ferez mettre dans le procès-verbal l'opinion de chacun.

Je vous ordonne qu'il n'y ait à cette conférence que vous quatre. Vous commencerez par leur ordonner le plus grand secret.

Après que le conseil aura répondu à ces trois questions et que le procès-verbal sera clos, vous poserez cette question :

Si l'escadre du contre-amiral Villeneuve partait le 15 frimaire de Malte, de quelle manière s'apercevrait-on de son arrivée à la hauteur de la croisière? Quels secours les forces navales actuelles du port pourraient elles lui procurer? et de quel ordre aurait besoin le contre-amiral Perrée pour se croire suffisamment autorisé à sortir?

Combien de temps faudrait-il pour jeter les bouées pour désigner la passe?

Les frégates *la Carrère*, *la Muiron* et le vaisseau *le Causse* seraient-ils dans le cas de sortir?

Après quoi vous poserez cette question:

Les frégates *la Junon*, *l'Alceste*, *la Carrère*, *la Courageuse*, *la Muiron*, les vaisseaux *le Causse*, *le Dubois*, renforcés chacun par une bonne garnison de l'armée de terre et de tous les matelots européens qui existent à Alexandrie, seraient-ils dans le cas d'attaquer la croisière anglaise, si elle était composée de deux vaisseaux et d'une frégate?

Vous me ferez passer le procès-verbal de cette séance dans le plus court délai.　　　　　　　　　　Bonaparte.

Au Caire, le 13 frimaire an 7 (3 décembre 1798).

Au même.

J'ai donné, citoyen général, plusieurs ordres pour que tous les matelots existant à bord du convoi et ayant moins de vingt-cinq ans, de quelque nation qu'ils soient, fussent envoyés au Caire, ainsi que tous les matelots napolitains provenant des bâtimens brûlés par les Anglais. L'un et l'autre de ces ordres ont été mal exécutés, puisque les Napolitains étaient seuls plus de trois cents, et qu'il était impossible que tout le convoi ne contînt au moins cinq ou six cents personnes dans le cas de la réquisition que je fais.

Vous sentez facilement combien il est essentiel, dans la position où est l'armée, qu'elle trouve dans les convois qui sont sur le point de passer en Europe, de quoi se recruter des pertes que peut lui avoir occasionées, en différens événemens, la conquête de l'Égypte.

Indépendamment de cette raison, j'attachais une grande importance à intéresser à notre opération un grand nombre de marins de nations différentes, lesquelles, par-là, se trouveraient plus à portée de nous donner des nouvelles, et ce que nous avons besoin de France. Je vous prie donc, citoyen général, de vous concerter avec le citoyen Dumanoir, commandant des armes, et de prendre des mesures efficaces pour que, dans le plus court délai, tous les jeunes matelots, italiens, espagnols, français, etc., évacuent Alexandrie et soient envoyés à Boulac.

Veillez à ce qu'aucun bâtiment, en sortant du port, n'emmène avec lui de jeunes matelots qui pourraient nous servir.

BONAPARTE.

Au Caire, le 15 frimaire an 7 (5 décembre 1798).

Au général Leclerc.

Comme nous avons grand besoin d'argent, citoyen général, faites verser dans la caisse du payeur général les 30,000 fr. que vous avez dans votre caisse.

Les souliers vont vous arriver, ainsi que les deux harnois pour votre pièce.

Occupez-vous sans relâche à vous procurer des chevaux : vous savez le besoin que nous en avons.

Douze cents hommes de cavalerie bien montés et bien armés partent demain pour se mettre aux trousses de Mourad-Bey. J'espère, moyennant les chevaux que toutes les provinces envoient, en avoir bientôt encore autant.

BONAPARTE.

Au Caire, le 15 frimaire an 7 (5 décembre 1798).

Au général Marmont.

Je vous ai fait connaître, par mes dernières lettres, l'importance extrême qu'il y avait à retenir tous les matelots napolitains, génois, espagnols, etc. : cette mesure a été exécutée en partie par le citoyen Dumanoir; mais elle est bien loin de l'être entièrement, puisque les Napolitains seuls étaient trois cent quatre-vingt. Les états que l'on m'a remis de la force du convoi, portaient deux cent soixante-dix-sept bâtimens et deux mille-cinq cent soixante-quatorze matelots. Je pense qu'aujourd'hui il sera réduit à deux mille. Il est indispensable que vous parveniez à me procurer encore huit cents hommes.

Si les nouvelles recherches que vous ferez pour trouver des jeunes gens ayant moins de vingt-cinq ans, ne suffisent pas, pour trouver ce nombre vous aurez recours à une réquisition d'un quart de chaque équipage, ayant soin de prendre les plus jeunes : ceci doit avoir lieu pour tous les bâtimens du convoi, soit français ou étrangers.

Ne donnez communication de cette lettre qu'au citoyen Dumanoir, et concertez-vous avec lui pour nous procurer huit cents hommes. Ce ne sera qu'après l'exécution préalable de cet ordre, que je leverai l'embargo mis sur une partie du convoi.

Visez vous-même tous les passeports de ceux qui s'en vont, et ne laissez partir personne qui puisse faire un soldat. Ceux qui s'en vont n'ont pas besoin de domestiques, à moins qu'ils n'aient plus de vingt-cinq ans. BONAPARTE.

Au Caire, le 15 frimaire an 7 (5 décembre 1798).

Au même.

Je vous envoie, citoyen général, un ordre que je vous prie d'exécuter avec la plus grande exactitude. Après que vous aurez fait arrêter ce citoyen, faites venir chez vous tous les administrateurs de la marine, et lisez-leur mon ordre. Vous

leur direz que je reçois des plaintes de tous côtés sur leur conduite, et qu'ils ne secondent en rien le citoyen Leroy; que je punirai les lâches avec la dernière sévérité, et avec d'autant moins d'indulgence, qu'un homme qui manque de courage n'est pas français.
BONAPARTE.

Au Caire, le 17 frimaire an 7 (7 décembre 1798).

A l'intendant-général de l'Egypte.

J'ai reçu, citoyen, la lettre que m'a écrite la nation cophte. Je me ferai toujours un plaisir de la protéger : désormais elle ne sera plus avilie, et, lorsque les circonstances le permettront, ce que je prévois n'être pas éloigné, je lui accorderai le droit d'exercer son culte publiquement, comme il est d'usage en Europe, en suivant chacun sa croyance. Je punirai sévèrement les villages qui, dans les différentes révoltes, ont assassiné des cophtes. Dès aujourd'hui, vous pourrez leur annoncer que je leur permets de porter des armes, de monter sur des mules ou sur des chevaux, de porter des turbans et de s'habiller de la manière qui peut leur convenir. Mais si tous les jours seront marqués de ma part par des bienfaits ; si j'ai à restituer à la nation cophte une dignité et des droits inséparables de l'homme, qu'elle avait perdus, j'ai le droit d'exiger sans doute des individus qui la composent beaucoup de zèle et de fidélité au service de la république. Je ne peux pas vous dissimuler que j'ai eû effectivement à me plaindre du peu de zèle que plusieurs y ont mis. Comment en effet, lorsque tous les jours des principaux scheicks me découvrent les trésors des mameloucks, ceux qui étaient leurs principaux agens ne me font-ils rien découvrir ?

Je rends justice à votre zèle et à celui de vos collaborateurs, ainsi qu'à votre patriarche, dont les vertus et les intentions me sont connues, et j'espère que, dans la suite, je n'aurai qu'à me loüer de toute la nation cophte.

Je donne l'ordre pour que vous soyez remboursé, dans le courant du mois, des avances que vous avez faites.

BONAPARTE.

Au Caire, le 17 frimaire an 7 (7 décembre 1798).

Au citoyen Poussielgue.

Vu les pertes que nous avons éprouvées sur les diamans, la femme de Mourad-Bey sera tenue de verser dans la caisse du payeur 8,000 talaris dans l'espace de cinq jours.

BONAPARTE.

Au Caire, le 18 frimaire an 7 (8 décembre 1798).

Au général Rampon.

Vous devez avoir reçu, citoyen général, du pain pour quatre jours.

Si cette lettre vous arrive à temps, vous partirez demain avec la plus grande partie de votre monde pour aller reconnaître la position de Géziré-Bili, qui est à quatre lieues de l'endroit que vous occupez. Quand vous serez à une demi-lieue de ladite position, vous ferez connaître à ladite tribu de Bili qu'elle n'a rien à craindre; qu'elle peut rester dans son camp, parce que vous avez été prévenu que le scheick était venu me voir et avait obtenu grâce.

Vous tiendrez note de tous les villages par où vous passerez pour arriver à Géziré, et vous observerez les différentes positions qu'occupent les Arabes, afin que, si les circonstances exigent que vous deviez y marcher, vous sachiez comment faire.

Vous aurez soin que les troupes ne fassent aucun mal, et

après vous être promené en différens sens, avoir demandé s'il y a des mameloucks à El-Mansoura, qui est un village près de Géziré, avoir recommandé à tous les villages de payer exactement le miri au général commandant la province, et à ne pas cacher les mameloucks, à les déclarer s'il y en a, vous retournerez, s'il est possible, coucher à Birket-el-Hadji.

Si cette lettre vous arrivait demain trop tard, vous remettriez la partie à après-demain. BONAPARTE.

Au Caire, le 19 frimaire an 7 (9 décembre 1798).

Au général Menou.

Je reçois votre lettre du 14, citoyen général : je venais d'ordonner la mesure que vous me proposez, de vendre soixante-quatre mille pintes de vin. Veillez autant qu'il vous sera possible à ce que ces fonds rentrent dans la caisse du payeur, et que les voleurs n'en vendent pas une plus grande quantité pour masquer leurs vols. Ecrivez au général Marmont pour qu'il fasse vendre les vins les plus aigres et les plus près de se gâter, et que l'on profite de cette circonstance pour vérifier ce qu'il y a en magasin.

J'ai reçu votre lettre du 15, dans laquelle vous m'apprenez que messieurs les Anglais ont évacué Aboukir. Profitez-en pour faire passer à Alexandrie la plus grande quantité de blé possible. BONAPARTE.

Au Caire, le 19 frimaire an 7 (9 décembre 1798).

Au général Gantcaume.

Vous voudrez bien, citoyen général, faire partir d'Alexandrie le brick *le Lodi* pour se rendre à Derne. Il prendra tous les renseignemens qu'il pourrait acquérir sur les nouvelles de France et d'Europe.

Je suis instruit que plusieurs tartanes de Marseille, expédiées par le gouvernement, y sont arrivées dans le courant de brumaire, et n'y ont séjourné que vingt-quatre heures, après avoir pris des renseignemens sur les Anglais et sur notre position. Comme il est extrêmement intéressant que la mission de ce brick soit ignorée, vous lui donnerez ses instructions à ouvrir en mer.

Vous lui ordonnerez de prendre des pilotes d'Alexandrie, connaissant la côte depuis Alexandrie jusqu'à Saint Jean-d'Acre et depuis Alexandrie jusqu'à Tripoli.

J'imagine que la tartane que j'avais ordonné d'envoyer depuis long-temps à Derne, sera partie : si elle ne l'était pas, vous ordonneriez, au préalable, au citoyen Dumanoir de n'expédier *le Lodi* que vingt-quatre heures après la tartane, en ayant bien soin que la tartane ignore que ce brick devait partir.

Ce brick portera le citoyen Arnaud, qui, parlant parfaitement la langue, et ayant eu des relations avec Derne, pourra plus facilement prendre tous les renseignemens nécessaires.

Vous spécifierez bien au commandant du brick que le citoyen Arnaud n'est rien sur son bord, et n'a point d'ordre à lui donner, et que lui seul est responsable de la manière dont sa mission sera remplie.

Vous lui ferez connaître qu'il faut qu'il retourne le plus tôt possible à Alexandrie.

Je compte que son absence sera de moins de quinze jours; que, sous quelque prétexte que ce soit, il ne doit point cingler vers l'Europe; que cela serait regardé par le gouvernement comme une lâcheté et une trahison, dont un Français ne peut être soupçonné.

Vous donnerez deux ordres au commandant du brick : 1°.

de partir et d'ouvrir ses instructions à telle hauteur, et d'embarquer, au moment du départ, un homme qui lui sera remis par le général Marmont, commandant de la place;

2°. Son instruction à ouvrir en mer. BONAPARTE.

Au Caire, le 19 frimaire an 7 (9 décembre 1798).

Instructions pour le citoyen Arnaud.

Le brick sur lequel vous êtes embarqué, citoyen, vous conduira à Derne.

Vous remettrez les lettres ci-jointes au commandant de Derne; vous prendrez tous les renseignemens sur les nouvelles d'Europe et de Tripoli.

Vous me rendrez compte de votre mission et de tout ce que vous aurez vu et appris en mer, en expédiant de Derne deux Arabes.

Le brick vous ramenera à Alexandrie, et, à peine débarqué, vous viendrez au Caire sans communiquer à personne les nouvelles que vous aurez pu apprendre.

Je compte sur votre zèle et sur vos lumières. Je saurai vous tenir compte du service que vous aurez rendu dans cette occasion à la république. BONAPARTE.

Au Caire, le 19 frimaire an 7 (9 décembre 1798).

Au bey de Tripoli.

Je profite d'un bâtiment qui va à Derne pour vous renouveler l'assurance de vivre avec vous en bonne intelligence et amitié.

Dans plusieurs lettres que je vous ai écrites, je vous ai témoigné le désir que j'ai de vous être utile ainsi qu'à ceux qui dépendent de vous.

Je vous prie, lorsque vous aurez des nouvelles d'Europe, de me les envoyer par des exprès.

Croyez aux sentimens d'estime et à la considération que j'ai pour vous. BONAPARTE.

Au Caire, le 20 frimaire an 7 (10 décembre 1798).

Au citoyen Poussielgue.

Vous voudrez bien, citoyen, ordonner sur-le-champ au citoyen Marco-Calavagi, agent du citoyen Rosetti à Terraneh, de verser dans la caisse du payeur, la valeur de deux mille moutons et de cinquante chameaux, que le général Murat avait pris aux Arabes et qu'il a fait restituer en disant que c'était mon intention. BONAPARTE.

Au Caire, le 21 frimaire an 7 (11 décembre 1798).

Au commissaire du gouvernement, à Zante.

Je vous expédie le brick *le Rivoli* pour avoir de vos nouvelles et de celles de Corfou.

Faites-moi passer toutes les gazettes françaises, italiennes ou allemandes que vous auriez depuis le mois de messidor, ainsi que les nouvelles que vous pourriez avoir d'Italie ou de France, et de tous les bâtimens anglais, russes ou turcs qui auraient paru sur vos côtes depuis ledit mois de messidor.

Donnez-moi toutes les nouvelles que vous pourriez avoir sur Passwan-Oglou et sur Constantinople.

Envoyez-nous ici un Français intelligent qui puisse me donner de vive voix toutes les petites nouvelles que vous pourriez avoir oubliées.

Expédiez des bâtimens à Corfou et en Italie pour faire

connaître au commandant de cette place et au gouvernement français que tout va au mieux ici.

Expédiez-moi souvent des bâtimens sur Damiette.

Les journaux et les imprimés que je vous fais passer vous mettront à même de connaître notre position.

Je vous recommande de ne pas retenir le *Rivoli* plus de trois ou quatre heures, et de le faire repartir tout de suite, car je suis impatient d'avoir de vos nouvelles.

BONAPARTE.

Au Caire, le 21 frimaire an 7 (11 décembre 1798).

Au général Marmont.

Cette lettre, citoyen général, vous sera remise par le citoyen Beauchamp.

Vous ferez appeler le capitaine de la caravelle : vous lui direz que je consens à ce que son bâtiment parte pour Constantinople aux conditions suivantes :

1°. Qu'il laissera en ôtages ses deux enfans et l'officier de la caravelle, son plus proche parent, pour me répondre du citoyen Beauchamp, qui va s'embarquer à son bord pour se rendre à Constantinople.

2°. Qu'il passera devant l'île de Chypre ; qu'il fera entendre au pacha que nous ne sommes pas en guerre avec la Porte ; qu'il nous renvoie le consul et les Français qui sont à Chypre ; qu'il les fera embarquer devant lui sur une djerme pour se rendre à Damiette ; qu'en conséquence vous allez tenir en arrestation un officier et dix hommes de la caravelle pour répondre du consul et des Français à Chypre, lesquels seront envoyés à Damiette et renvoyés sur le même bâtiment qui amenera les Français de Chypre à Damiette.

3°. Qu'il sortira du port d'Alexandrie de nuit, afin d'éechapper à la croisière anglaise ; qu'il évitera Rhodes, afin d'échapper aux Anglais.

4°. Qu'après que le citoyen Beauchamp aura causé avec le grand-visir à Constantinople, il sera chargé de le faire revenir à Damiette, et que, sur le même bâtiment qui ramenera le citoyen Beauchamp, je ferai placer ses enfans et l'officier qu'il aura laissés en ôtages.

5°. Que du reste il peut compter que, dans tous les événemens, je serai fort aise de lui être utile.

Vous dresserez de votre séance avec lui un procès-verbal en turc et en français, qu'il signera avec vous, et dont vous et lui garderez une copie, en me faisant passer l'original.

Cette conversation devra avoir lieu à neuf heures du matin : vous lui menerez le citoyen Beauchamp à bord. Vous aurez soin auparavant que l'on tienne tout prêts sur un bâtiment les affûts et tous les objets qu'on aurait à lui rendre.

Dès l'instant que le procès-verbal sera signé et que les ôtages seront remis, vous lui ferez rendre ses effets ; et la nuit, si le temps est beau, il devra partir, ayant bien soin :

1°. Que votre entretien et la mission du citoyen Beauchamp soient parfaitement secrets ;

2°. Que le commandant de la caravelle, en arrivant à la conférence, ait avec lui ses enfans et les personnes que vous voulez garder pour ôtages, que vous lui désignerez pour qu'ils se rendent à la conférence, et que vous laisserez dans un autre appartement.

3°. Qu'il n'ait plus, le reste de la journée, aucune espèce de communication avec la terre sous quelque prétexte que ce soit, afin que personne ne sache le départ de la caravelle : sans quoi ces gens-là embarqueraient beaucoup de marchandises et beaucoup de monde.

Il faut que le lendemain à la pointe du jour, les Français

et les gens du pays soient tout étonnés de ne plus voir la caravelle.

Quelque observation qu'il puisse vous faire, vous déclarerez que, s'il ne part pas dans la nuit, il vous faudra de nouveaux ordres pour le laisser partir.

Je vous envoie deux ordres que vous remettrez au commandant des armes, deux ou trois heures avant l'exécution.

BONAPARTE.

Au Caire, le 21 frimaire an 7 (11 décembre 1798).

Instruction pour le citoyen Beauchamp.

Vous vous rendrez à Alexandrie ; vous vous embarquerez sur la caravelle ; vous aborderez à Chypre, vous demanderez au pacha, de concert avec le commandant de la caravelle, qu'on envoie à Damiette le consul et les Français qu'on a arrêtés dans cette île.

Vous prendrez à Chypre tous les renseignemens possibles sur la situation actuelle de la Syrie, sur une escadre russe qui serait dans la Méditerranée, sur les bâtimens anglais qui auraient paru ou qui y seraient constamment en croisière, sur Corfou, sur Constantinople, sur Passwan-Oglou, sur l'escadre turque, sur la flottille de Rhodes, commandée par Hassan-Bey, qui a été pendant un mois devant Aboukir, sur les raisons qui empêchent qu'on apporte du vin à Damiette, enfin sur les bruits qui seraient parvenus jusque dans ce pays-là sur l'Europe.

Vous m'expédierez toutes ces nouvelles avec les Français, si on les relâche, sur un petit bâtiment qui viendrait à Damiette ; ou, lorsque vous verrez l'impossibilité de porter ces gens-là à relâcher les Français, vous expédieriez un petit bateau avec un homme de la caravelle pour me porter vos lettres, et sous le prétexte de me mander que le capitaine de la caravelle, ayant fait tout ce qu'il a pu, je fasse relâcher les matelots de la caravelle.

A toutes les stations que le temps ou les circonstances vous feraient faire dans les différentes échelles du Levant, vous m'expédierez des nouvelles par de petits bâtimens envoyés exprès à Damiette, et qui seront largement récompensés.

Arrivé à Constantinople, vous ferez connaître à notre ministre notre situation dans ce pays-ci; de concert avec lui, vous demanderez que les Français qui ont été arrêtés en Syrie soient mis en liberté, et vous ferez connaître le contraste de cette conduite avec la nôtre.

Vous ferez connaître à la Porte que nous voulons être ses amis; que notre expédition d'Egypte a eu pour but de punir les mameloucks, les Anglais, et empêcher le partage de l'empire ottoman que les deux empereurs ont arrêté; que nous lui prêterons secours contre eux, si elle le croit nécessaire, et vous demanderez impérieusement et avec beaucoup de fierté qu'on relâche tous les Français qu'on a arrêtés; qu'autrement cela serait regardé comme une déclaration de guerre; que j'ai écrit plusieurs fois au grand-visir sans avoir eu une réponse, et qu'enfin la Porte peut choisir et voir en moi ou un ami capable de la faire triompher de tous ses ennemis, ou un ennemi aussi redoutable que tous ses ennemis.

Si notre ministre est arrêté, vous ferez ce qu'il vous sera possible pour pouvoir causer avec des Européens : vous reviendrez en apportant toutes les nouvelles que vous pourrez recueillir sur la position actuelle politique de cet empire.

Vous aurez soin de vous procurer tous les journaux en quelque langue qu'ils soient depuis messidor.

Si jamais on vous faisait la question : Les Français consentiront-ils à quitter l'Egypte? Pourquoi pas, pourvu que les deux empereurs fassent finir la révolte de Passwan-Oglou et abandonnent le projet de partager la Turquie européenne ? Que, quant à nous, nous ferons tout ce qui pourrait être favorable à l'Empire ottoman et le mettre à l'abri de ses ennemis : mais que le préliminaire à toute négociation, comme à tout accommodement, est un firman qui fasse relâcher les Français partout où on les a arrêtés, surtout en Syrie.

Vous direz et ferez tout ce qui pourra convenir pour obtenir cet élargissement ; vous déclarerez que vous ne répondez pas que je n'envahisse la Syrie, si on ne met pas en liberté tous les Français qu'on a arrêtés ; et, dans le cas où on voudrait vous retenir, que si, sous tant de jours, je ne vous voyais pas revenir, je pourrais me porter à une invasion.

Enfin le but de votre mission est d'arriver à Constantinople, d'y demeurer, de voir nos ministres sept à huit jours, et de retourner avec des notions exactes sur la position actuelle de la politique et de la guerre de l'empire ottoman.

Profitez de toutes les occasions pour m'écrire et pour m'expédier des bâtimens à Damiette.

De Constantinople, expédiez une estafette à Paris par Vienne avec tous les renseignemens qui pourraient être nécessaires au gouvernement : vous lui ferez passer les relations et imprimés que je joins ici à cet effet.

Ainsi, si la Porte ne nous a point déclaré la guerre, vous paraîtrez à Constantinople comme pour demander qu'on relâche le consul français et qu'on laisse libre le commerce entre l'Égypte et le reste de l'empire ottoman.

Si la Porte nous avait déclaré la guerre et avait fait arrêter nos ministres, vous lui direz que je lui renvoie sa caravelle comme une preuve du désir qu'a le gouvernement français de voir se renouveler la bonne intelligence entre les deux états, et en même temps vous demanderez notre ministre et les autres Français qui sont à Constantinople.

Vous lui ferez plusieurs notes pour détruire tout ce que l'Angleterre et la Russie pourraient avoir imaginé contre nous, et vous reviendrez. BONAPARTE.

Au Caire, le 21 frimaire an 7 (11 décembre 1798).

Au grand-visir.

J'ai écrit plusieurs fois à votre excellence pour lui faire connaître les intentions du gouvernement français, de continuer à vivre en bonne intelligence avec la Sublime Porte. Je prends aujourd'hui le parti de vous en donner une nouvelle preuve en vous expédiant la caravelle du grand-seigneur et le citoyen Beauchamp, consul de la république, homme d'un grand mérite, et qui a entièrement ma confiance.

Il fera connaître à votre excellence que la Porte n'a point de plus véritable amie que la république française, comme elle n'aurait pas d'ennemie plus redoutable, si les intrigues des ennemis de la France parvenaient à avoir le dessus à Constantinople : ce que je ne pense pas, connaissant la sagesse et les lumières de votre excellence.

Je désire que votre excellence retienne le citoyen Beauchamp à Constantinople le moins de temps possible, et me le renvoie pour me faire connaître les intentions de la Porte.

Je prie votre excellence de croire aux sentimens d'estime et à la haute considération que j'ai pour elle. BONAPARTE.

Au Caire, le 21 frimaire an 7 (11 décembre 1798).

Au citoyen Talleyrand, ambassadeur à Constantinople.

Je vous ai écrit plusieurs fois, citoyen ministre ; j'ignore si mes lettres vous sont parvenues ; je n'en n'ai point reçu de vous.

J'expédie à Constantinople le citoyen Beauchamp, consul à Mascate, pour vous faire connaître notre position, qui est extrêmement satisfaisante, et pour, de concert avec vous, demander qu'on mette en liberté tous les Français arrêtés dans les échelles du levant et détruire les intrigues de la Russie et de l'Angleterre.

Le citoyen Beauchamp vous donnera de vive voix tous les détails et toutes les nouvelles qui pourraient vous intéresser.

Je désire qu'il ne reste à Constantinople que sept à huit jours. BONAPARTE.

Au Caire, le 22 frimaire an 7 (12 décembre 1798).

Au général Reynier.

Je désirerais, citoyen général, qu'avant de faire un tour à Salahieh, vous envoyassiez cinq ou six colonnes mobiles dans les différens points de votre province.

Tous les villages qui n'auront pas vu la troupe ne se regarderont pas comme soumis : c'est le seul moyen, d'ailleurs, de faire lever le miri et les chevaux. Votre province est celle qui est le plus en retard.

Le général Lagrange porte avec lui des outres. Mon intention serait que vous lui procurassiez une quinzaine de chameaux ; et, après qu'il aura passé quelques jours à Salahieh pour y organiser son service et rendre des visites aux villages qui se sont mal conduits pendant l'inondation, je désire qu'on aille occuper Catieh, où mon intention est de faire construire un fort. BONAPARTE.

Au Caire, le 22 frimaire an 7 (12 décembre 1798).

Au général Marmont.

J'ai reçu, citoyen général, votre lettre du 14.

Il est toujours plus intéressant de rendre compte d'une mauvaise nouvelle que d'une bonne, et c'est vraiment une faute que vous avez faite, d'oublier de rendre compte des neuf prisonniers qu'ont faits les Anglais à la quatrième demi-brigade.

L'état-major donne l'ordre à la légion nautique de se rendre à Foua, d'où je la ferai venir au Caire pour l'habiller et l'organiser, afin qu'elle puisse retourner, si les circonstances l'exigeaient, et servir utilement.

Envoyez-moi au Caire tous les individus inutiles. J'ai ordonné le désarmement de la galère, qui a quatre ou cinq cents hommes qui mangent beaucoup et ne nous rendraient pas un service utile les armes à la main.

Dès l'instant que vous aurez envoyé ici beaucoup d'hommes du convoi, et qu'il n'y aura plus que des vieillards ou des hommes inutiles, j'en ferai partir la plus grande partie.

Vous devez avoir beaucoup de pélerins; débarrassez-vous-en le plus tôt possible, ou par terre ou par mer.

Envoyez aussi des Arabes à Derne pour avoir des nouvelles; il y arrive souvent des tartanes de Marseille.

BONAPARTE.

Au Caire, le 23 frimaire an 7 (13 septembre 1798).

Au général Bon.

J'ai reçu, citoyen général, vos lettres des 20 et 21.

Il est parti hier un convoi.

Vous avez dû recevoir, par le premier convoi, du riz, du

biscuit, de l'eau-de-vie, des matelots, des ouvriers de toute espèce, des outils et des sapeurs.

Je vous ai mandé hier de faire venir tous les chameaux qui vous ont porté du biscuit; joignez-y les chameaux qui ont porté notre artillerie. Ne gardez que les chameaux qui doivent porter l'eau à votre troupe. Ayez soin surtout que les chameaux des Arabes soient parfaitement libres : il faut faire ce que ces gens-là veulent. Laissez passer les lettres pour Djedda sans les décacheter, et laissez aller et venir chacun librement. Le commerce est souvent fondé sur l'imagination. La moindre chose est un monstre pour ces gens-ci, qui ne connaissent pas nos mœurs.

Je vous recommande de faire mettre une corde au puits d'Adjeroud, de manière que l'on puisse s'en servir. On dit que l'eau est bonne pour les chevaux.

Gardez spécialement les matelots, les sapeurs et les Turcs d'Omar, une partie de la trente-deuxième, et renvoyez l'autre partie. BONAPARTE.

Au Caire, le 23 frimaire an 7 (13 décembre 1798).

Au général Leclerc.

Je vous préviens, citoyen général, que j'ai fait arrêter Cheraïbi : si vous êtes encore à Nay, vous vous rendrez à Kélioubé pour mettre le scellé sur tous ses biens. Vous écrirez au divan de la province et aux scheicks des Arabes que Cheraïbi a été arrêté, parce qu'il m'a trahi, parce qu'il a, malgré ses sermens de fidélité, correspondu avec les mamelucks, et, le jour de la révolte du Caire, appelé les habitans des différens villages qui environnent cette ville, à se joindre aux révoltés; qu'ils doivent d'autant plus sentir la justice de l'arrestation de Cheraïbi, qu'ils ont été témoins de ses crimes, et que je l'avais comblé de bienfaits.

BONAPARTE.

Au Caire, le 23 frimaire an 7 (13 décembre 1798).

Au commandant de la place du Caire.

Je vous envoie, citoyen général, Cheraïbi, chef de la province de Kélioubé. Vous le ferez mettre en prison à la citadelle et au secret, afin qu'il n'ait de communication avec qui que ce soit. Vous prendrez toutes les mesures nécessaires pour qu'il ne puisse pas s'échapper. BONAPARTE.

Au Caire, le 25 frimaire an 7 (15 décembre 1798).

Au général Bon.

L'adjudant-général Valentin, citoyen général, est parti hier de Berket-el-Hadji. J'ai reçu votre lettre du 22.

Vous me demandez de vous envoyer Mustapha-Effendi; mais il doit être avec vous. Il n'est pas au Caire; il est parti immédiatement après votre colonne. Si, à l'heure qu'il est, il n'est pas à Suez, je crains fort qu'il n'ait été assassiné. Au reste, je vais prendre des renseignemens.

L'adjudant-général Valentin doit être arrivé, et vous allez vous trouver approvisionné pour long-temps.

On enverra, par la première occasion, de l'argent pour les Turcs et pour les fortifications.

Envoyez-nous les chameaux qui ont porté vos pièces. Comme elles doivent rester à Suez, ils vous sont inutiles, et serviront à vous en porter d'autres.

Si vos rhumatismes, au lieu de se guérir, continuaient à empirer, vous laisseriez le commandement à l'adjudant-général Valentin, et vous vous rendriez au Caire. BONAPARTE.

Au Caire, le 26 frimaire an 7 (16 décembre 1798).

Au contre-amiral Perrée.

Je vous envoie, citoyen général, un sabre en remplacement de celui que vous avez perdu à la bataille de Chebreisse. Recevez-le, je vous prie, comme un témoignage de la reconnaissance que j'ai pour les services que vous avez rendus à l'armée dans la conquête de l'Egypte. BONAPARTE.

Au Caire, le 27 frimaire an 7 (17 décembre 1798).

Au général Dugua.

Je reçois, citoyen général, votre lettre du 20 frimaire, de Mansoura, relative au commerce de Damiette avec la Syrie. Mon intention est que le commerce soit entièrement libre. L'inconvénient d'aider à la subsistance de nos ennemis est compensé par d'autres avantages. BONAPARTE.

Au Caire, le 27 frimaire an 7 (17 décembre 1798.).

Au même.

J'ai lu avec surprise dans votre lettre, citoyen général, que l'on employait l'argent du miri à acheter du blé. Ce doit être une coquinerie des intendans ; je vais m'en faire rendre compte. Mais je vous prie de tenir la main à ce que le produit de toutes les impositions entre dans la caisse des préposés du payeur général, et n'en sorte plus sans l'ordre du payeur.
BONAPARTE.

Au Caire, le 27 frimaire an 7 (17 décembre 1798).

Au contre-amiral Villeneuve.

Je n'ai point reçu de vos lettres, citoyen général ; je vous envoie un aviso. Faites-moi connaître par son retour quelle est votre position et ce que vous pourriez avoir appris des mouvemens et du nombre des ennemis dans la Méditerranée.

Les ennemis n'ont que deux vaisseaux de guerre et deux frégates devant Alexandrie.

Vous devez actuellement avoir trois ou quatre vaisseaux et trois ou quatre frégates de Malte. Nous désirons bien vous voir arriver ici.

Nous aurions besoin de cinq ou six mille fusils ; chargez-en un millier sur l'aviso que je vous expédie, et envoyez-nous le reste sur des bâtimens qui viendraient aborder à Damiette.

Vous devez avoir reçu du contre-amiral Ganteaume des lettres qui ont dû vous faire connaître le besoin où nous sommes d'avoir des nouvelles d'Europe, et de recevoir notre second convoi. BONAPARTE.

Au Caire, le 27 frimaire an 7 (17 décembre 1798).

Au directoire exécutif.

Je vous ai expédié un officier de l'armée, avec ordre de ne rester que sept à huit jours à Paris, et de retourner au Caire.

Je vous envoie différentes relations de petits événemens et différens imprimés.

L'Egypte commence à s'organiser.

Un bâtiment arrivé à Suez a amené un Indien qui avait une lettre pour le commandant des forces françaises en Egypte : cette lettre s'est perdue. Il paraît que notre arrivée en Égypte a donné une grande idée de notre puissance aux Indes, et a produit un effet très-défavorable aux Anglais : on s'y bat.

Nous sommes toujours sans nouvelles de France ; pas un courrier depuis messidor. Cela est sans exemple dans les colonies même.

Mon frère, l'ordonnateur Sucy et plusieurs courriers que je vous ai expédiés, doivent être arrivés.

Expédiez-nous des bâtimens sur Damiette.

Les Anglais avaient réuni une trentaine de petits bâtimens, et étaient à Aboukir : ils ont disparu. Ils ont trois vaisseaux de guerre et deux frégates devant Alexandrie.

Le général Desaix est dans la Haute-Égypte, poursuivant Mourad-Bey, qui, avec un corps de mameloucks, s'échappe et fuit devant lui.

Le général Bon est à Suez.

On travaille avec la plus grande activité aux fortifications d'Alexandrie, Rosette, Damiette, Belbeis, Salahieh, Suez et du Caire.

L'armée est dans le meilleur état et a peu de malades. Il y a en Syrie quelques rassemblemens de forces turques. Si sept jours de désert ne m'en séparaient, j'aurais été les faire expliquer.

Nous avons des denrées en abondance, mais l'argent est très-rare, et la présence des Anglais rend le commerce nul.

Nous attendons des nouvelles de France et d'Europe ; c'est un besoin vif pour nos âmes : car si la gloire nationale avait besoin de nous, nous serions inconsolables de ne pas y être.

BONAPARTE.

Au Caire, le 27 frimaire an 7 (17 décembre 1798).

Au chef de division Dumanoir.

Vous voudrez bien, citoyen, faire partir, le plus promptement possible, un bâtiment pareil à celui dans lequel s'est embarqué le citoyen Louis Bonaparte : il sera approvisionné pour un mois d'eau et deux de vivres. Il prendra à son bord le citoyen..... chargé d'une mission.

Vous remettrez au commandant du bâtiment que vous expédierez, l'ordre que je vous envoie qu'il ouvrira à trois lieues en mer.   BONAPARTE.

Au Caire, le 27 frimaire an 7 (17 décembre 1798).

Au citoyen..... officier, chargé de dépêches.

Le bâtiment sur lequel vous vous embarquerez, vous conduira à Malte. Vous remettrez les lettres que je vous envoie à l'amiral Villeneuve et au général commandant de Malte.

Le commandant de la marine, à Malte, vous donnera sur-le-champ un bâtiment pour vous conduire dans un port d'Italie qu'il jugera le plus sûr, d'où vous prendrez la poste pour vous rendre en toute diligence à Paris et remettre les dépêches que je vous fais passer au gouvernement.

Vous resterez huit à dix jours à Paris : après quoi vous reviendrez en toute diligence, en venant vous embarquer dans un port du royaume de Naples ou à Ancône.

Vous éviterez Alexandrie et aborderez avec votre bâtiment à Damiette.

Avant de partir, vous aurez soin de voir un de mes frères, membre du corps législatif ; il vous remettra tous les papiers et imprimés qui auraient paru depuis messidor.

Je compte, dans tous les événemens imprévus qui pourraient survenir dans votre mission, sur votre zèle, qui est de faire parvenir vos dépêches au gouvernement, et d'en apporter les réponses.   BONAPARTE.

Au Caire, le 27 frimaire an 6 (17 décembre 1798).

Au citoyen......

Vous vous dirigerez sur Malte, citoyen, en passant hors de vue de toute terre. Si vous apprenez que le port soit bloqué, vous aborderez de préférence à la cale de Massa-Sirocco, où il y a des batteries qui vous mettront à l'abri de toute insulte.

Là, vous débarquerez l'officier que vous avez à votre bord.

Vous instruirez le commandant de la marine à Malte et le contre-amiral Villeneuve, de tout ce que vous aurez vu en mer, et du nombre des vaisseaux qui sont devant Alexandrie, et vous demanderez les ordres du commandant de la marine.

Vous reviendrez m'apporter les dépêches du général commandant à Malte, et du contre-amiral Villeneuve, et, si vous ne pouvez pas aborder à Alexandrie, vous aborderez à Damiette ou sur tout autre point de la côte, depuis le Marabou jusqu'à Orum-Faregge à trente lieues de Damiette.

Vous ne resterez que vingt-quatre heures à Malte.

Je compte sur votre zèle dans une mission aussi importante, qui, indépendamment des nouvelles qu'elle doit nous faire avoir de l'Europe, doit nous faire venir des objets essentiels pour l'armée.

Vous chargerez sur votre bâtiment les armes que le commandant de Malte vous remettra.   BONAPARTE.

Au Caire, le 28 frimaire an 7 (18 décembre 1798).

Au général Bon.

J'ai reçu, citoyen général, votre lettre du 25. J'ai lu avec le plus vif intérêt ce que vous m'avez dit relativement à l'Indien des états de Tippoo Saïb.

Il serait nécessaire que vous fissiez sonder la rade pour savoir si des frégates de l'île de France que j'attends, pourraient, étant arrivées à Suez, s'approcher de la côte jusqu'à deux cents toises, de manière à être protégées par les batteries de la côte.

Le chef de bataillon Say est arrivé. La caravelle que je vous ai envoyée, chargée de riz et d'avoine pour les chevaux, sera sans doute arrivée également.

J'ai ordonné au kiaka des Arabes de me faire venir deux bouteilles d'eau de la source chaude qui se trouve à deux journées de Suez, sur la côte de la mer Rouge.

BONAPARTE.

Au Caire, le 28 frimaire an 7 (18 décembre 1798).

Au général Marmont.

J'ai reçu, citoyen général, votre lettre du 19 frimaire. La correspondance commence à être bien lente par le Nil.

Le citoyen Beauchamp, et mon aide-de-camp Lavalette, doivent être arrivés.

Si un bâtiment, dans la principale passe, peut favoriser l'entrée des bâtimens qui vous viendraient de France, il est nécessaire, je crois, que vous vous concertiez avec le commandant des armes pour en faire mettre un.

Envoyez à Rosette toutes les djermes, chaloupes et petits bâtimens qui peuvent passer la barre, afin de charger à Rosette pour Alexandrie des riz, du biscuit, du blé, de l'orge et autres objets. Je vais faire filer sur Rosette jusqu'à cent mille quintaux de blé; mais prenez toutes les mesures pour qu'il ne soit pas dilapidé.

Tâchez d'envoyer des Arabes à Derne. Faites écrire par un habitant d'Alexandrie à un habitant de Derne, afin de lui faire connaître que si, toutes les fois qu'il arrive des nouvelles de France, il nous les fait passer, ses courriers seront bien payés, et que lui aura une bonne récompense.

Il part demain cent mille rations de biscuit pour Rosette, et deux mille quintaux de farine.

Au Caire, le 29 frimaire an 7 (19 décembre 1798).

Bonaparte, général en chef, voulant favoriser le couvent du mont Sinaï :

1°. Pour qu'il transmette aux races futures la tradition de notre conquête;

2°. Par respect pour Moïse et la nation juive, dont la cosmogonie nous retrace les âges les plus reculés;

3°. Parce que le couvent du mont Sinaï est habité par des hommes instruits et policés, au milieu de la barbarie des déserts où ils vivent;

Ordonne :

ART. 1er. Les Arabes bédouins, se faisant la guerre entre eux, ne peuvent, de quelque parti qu'ils soient, s'établir ou demander asile dans le couvent, ni aucune subsistance ou autres objets.

2. Dans quelque lieu que résident les religieux, il leur sera permis d'officier, et le gouvernement empêchera qu'ils ne soient troublés dans l'exercice de leur culte.

3. Ils ne seront tenus de payer aucun droit ni tribut an-

nuel, comme ils ont été exemptés suivant les différens titres qu'ils en conservent.

4. Ils sont exempts de tout droit de douane pour les marchandises et autres objets qu'ils importeront et exporteront pour l'usage du couvent, et principalement pour les soieries, les satins et les produits des fondations pieuses, des jardins, des potagers qu'ils possèdent dans les îles de Scio et de Chypre.

5. Ils jouiront paisiblement des droits qui leur ont été assignés dans diverses parties de la Syrie et au Caire, soit sur les immeubles, soit sur leurs produits.

6. Ils ne paieront aucune épice, rétribution et autres droits attribués aux juges dans les procès qu'ils pourront avoir en justice.

7. Ils ne seront jamais compris dans les prohibitions d'exportation et d'achat de grains pour la subsistance de leur couvent.

8. Aucun patriarche, évêque ou autre ecclésiastique supérieur, étranger à leur ordre, ne pourra exercer d'autorité sur eux ou dans leur couvent; cette autorité étant exclusivement remise à leurs évêques et au corps des religieux du mont Sinaï.

Les autorités civiles et militaires veilleront à ce que les religieux du mont Sinaï ne soient pas troublés dans la jouissance desdits privilèges. BONAPARTE.

Au Caire, le 1er. nivose an 7 (21 décembre 1798).

Aux habitans du Caire.

Des hommes pervers avaient égaré une partie d'entre vous: ils ont péri. Dieu m'a ordonné d'être clément et miséricordieux pour le peuple ; j'ai été clément et miséricordieux envers vous.

J'ai été fâché contre vous de votre révolte ; je vous ai privés pendant deux mois de votre divan ; mais aujourd'hui je vous le restitue : votre bonne conduite a effacé la tache de votre révolte.

Chéryfs, eulémas, orateurs de mosquées, faites bien connaître au peuple que ceux qui, de gaîté de cœur, se déclareraient mes ennemis, n'auraient de refuge ni dans ce monde ni dans l'autre. Y aurait-il un homme assez aveugle pour ne pas voir que le destin lui-même dirige toutes mes opérations ? y aurait-il quelqu'un assez incrédule pour révoquer en doute que tout, dans ce vaste univers, est soumis à l'empire du destin ?

Faites connaître au peuple que, depuis que le monde est monde, il était écrit qu'après avoir détruit les ennemis de l'islamisme, fait abattre les croix, je viendrais du fond de l'occident remplir la tâche qui m'a été imposée. Faites voir au peuple que, dans le saint livre du Qoran, dans plus de vingt passages, ce qui arrive a été prévu, et que ce qui arrivera est également expliqué.

Que ceux donc que la crainte seule de nos armes empêche de nous maudire, changent ; car, en faisant au ciel des vœux contre nous, ils sollicitent leur condamnation ; que les vrais croyans fassent des vœux pour la prospérité de nos armes.

Je pourrais demander compte à chacun de vous des sentimens les plus secrets du cœur ; car je sais tout, même ce que vous n'avez dit à personne : mais un jour viendra que tout le monde verra avec évidence que je suis conduit par des ordres supérieurs, et que tous les efforts humains ne peuvent rien contre moi : heureux ceux qui, de bonne foi, sont les premiers à se mettre avec moi !

ART. 1er. Il y aura au Caire un grand divan composé de soixante personnes ci-après nommées :

(*Suivent les noms*).

2. Il y aura auprès du divan un commissaire français, le citoyen Cloutiers, et un commissaire musulman, Dzulfekar Kiaka.

3. Le général commandant la place fera réunir le 5 nivose, à neuf heures du matin, les membres qui doivent composer le divan général.

4. Ils procéderont à la nomination d'un président, de deux secrétaires, au scrutin et à la majorité absolue des suffrages.

5. Après quoi ils procéderont à la nomination des quatorze personnes qui devront composer le petit divan, au scrutin et à la pluralité absolue. Les séances du divan général doivent être terminées en trois jours : il ne pourra être réuni que par une convocation extraordinaire.

6. Lorsque le général en chef aura accepté les membres nommés par le divan général pour faire partie du divan, ceux-ci se réuniront et procéderont à la nomination d'un président pris dans les quatorze, d'un secrétaire, de deux interprètes pris hors des quatorze, d'un huissier, d'un chef de bâtonniers et de dix bâtonniers.

7. Les membres composant le petit divan se réuniront tous les jours, et s'occuperont sans relâche de tous les objets relatifs à la justice, au bonheur des habitans, et aux intérêts de la république française.

8. Le président aura cent talaris par mois, les autres treize membres quatre-vingt talaris par mois, les secrétaires auront vingt-cinq talaris par mois, l'huissier soixante parahs par jour, le chef des bâtonniers quarante parahs, les autres bâtonniers quinze parahs. BONAPARTE.

Belbeis, le 13 nivose an 7 (2 janvier 1799).

Au divan du Caire.

J'ai reçu la lettre que vous m'avez écrite, que j'ai lue avec le plaisir que l'on éprouve toujours lorsqu'on pense à des gens que l'on estime et sur l'attachement desquels on compte.

Dans peu de jours je serai au Caire.

Je m'occupe, dans ce moment-ci, à faire faire les opérations nécessaires pour désigner l'endroit par où l'on peut faire passer les eaux pour joindre le Nil et la mer Rouge. Cette communication a existé jadis, car j'en ai trouvé la trace en plusieurs endroits.

J'ai appris que plusieurs pelotons d'Arabes étaient venus commettre des vols autour de la ville. Je désirerais que vous prissiez des informations pour connaître de quelle tribu ils sont ; car mon intention est de les punir sévèrement. Il est temps enfin que ces brigands cessent d'inquiéter le pauvre peuple qu'ils rendent bien malheureux.

Croyez, je vous prie, au désir que j'ai de vous faire du bien.
BONAPARTE.

Au Caire, le 18 nivose an 7 (7 janvier 1799).

Au général Marmont.

A mon retour d'une course dans le désert, je reçois vos lettres des 21, 25 et 28 frimaire ; et 4 et 6 nivose.

J'approuve les mesures que vous avez prises dans les circonstances essentielles où vous vous êtes trouvé.

Vous sentez bien que le moment d'augmenter la garnison d'Alexandrie n'est pas celui dans lequel vous êtes, d'autant plus que la saison vous débarrassant des Anglais, vous êtes tranquille de ce côté-là.

Que la caravelle parte le plus tôt possible, que *le Lodi* parte lorsque le citoyen Arnaud sera guéri.

Multipliez vos relations avec Damanhour, où se trouve le quartier-général de la province. Vous recevrez l'ordre de l'état-major, pour que l'adjudant-général Leturcq vous rende compte exactement.

Le citoyen Boldoni part.

J'attends les quatre à cinq cents matelots que vous m'avez annoncés et surtout les Napolitains.

Je donne ordre pour que le village du schérif d'Alexandrie lui soit donné.

Je vous autorise à envoyer un parlementaire aux Anglais : vous leur direz que vous avez appris qu'ils avaient la peste à bord, et que dans ce cas vous leur offrez tous les secours que l'humanité pourrait exiger.

Envoyez un homme extrêmement honnête, qui soit peu parleur et qui ait de bonnes oreilles.

Si Lavalette était à Alexandrie, et que vous eussiez l'idée de l'y envoyer, ce n'est point mon intention ; il faut y envoyer un homme qui ait le grade tout au plus de capitaine, qui leur pourra porter les gazettes d'Égypte, et qui tâchera de tirer des gazettes d'Europe, s'ils en ont et s'ils veulent en donner.

Recommandez que l'officier seul monte à bord, de manière qu'à son retour dans la ville il n'y soit pas fait de caquets, et qu'il vous confie seul tout ce qui se sera passé.

Tous les engagemens que vous avez pris avec le divan seront ponctuellement exécutés. BONAPARTE.

Au Caire, le 22 nivose an 7 (11 janvier 1799).

Au général Murat.

Vous partirez demain, citoyen général, à huit heures du matin. Vous sortirez comme pour aller à Belbeis, dehors de la ville; vous gagnerez le Mokattam; vous vous enfoncerez à deux lieues dans le désert, et vous vous dirigerez en suivant toujours le désert sur le village de Gamasé, province d'Alfiéli, où se trouvent les tribus des Aydé et des Masé, qui ont cent hommes montés sur des chameaux, et qui sont des tribus ennemies.

Le citoyen Venture vous donnera un conducteur qui est un des grands ennemis de ces tribus.

Vous combinerez votre marche de manière à vous reposer pendant la nuit à deux ou trois lieues de ces Arabes, et pouvoir, à la pointe du jour, tomber sur leur camp, prendre tous leurs chameaux, bestiaux, femmes, enfans, vieillards, et la partie de ces Arabes qui sont à pied.

Vous tuerez tous les hommes que vous ne pourrez pas prendre.

Comme le village où ils sont n'est pas éloigné du Nil, vous ferez embarquer sur des djermes, pour nous les envoyer, les femmes, bestiaux et tous les prisonniers. Vous vous mettrez à la poursuite des fuyards qui nécessairement se porteront du côté de Gendeli et de Toueritz. Vous irez dans l'un et l'autre de ces endroits; de là vous irez jusqu'à la mer Rouge, et vous vous trouverez pour lors à peu près à trois lieues de Suez, au commandant duquel vous écrirez un mot.

Vous menerez avec vous le chef de brigade Lédé avec quatre-vingts hommes du dix-huitième et du troisième. Vous le chargerez, avec ce détachement, de la garde des prisonniers, du détail de l'embarquement, de la conduite des prisonniers et de tout ce que vous aurez pris.

Indépendamment de quatre jours de vivres que vous avez eu l'ordre d'emporter sur des chameaux, faites-en prendre pour deux jours à la troupe; ce qui vous fera pour six jours.

Dans toute votre marche dans le désert, vous pousserez toujours sur votre droite et votre gauche, à une lieue, un officier et quinze hommes de cavalerie, et vous marcherez sur tous les convois de chameaux que vous rencontrerez dans votre route. Je compte que votre course en produira plusieurs centaines.
BONAPARTE.

Au Caire, le 23 nivose an 7 (12 janvier 1799).

Au général Lanusse.

Je désire, citoyen général, que vous fassiez arrêter le fils d'Abou-Chaïr, et que vous l'envoyiez sous bonne escorte à la citadelle du Caire : c'est un ôtage qu'il est bon d'avoir. Ses biens seront confisqués au profit de la république.
BONAPARTE.

Au Caire, le 25 nivose an 7 (14 janvier 1799).

Au général Caffarelli.

Demain, citoyen général, le général Junot part pour Suez.

Je désire que la position du puits qui se trouve vers la moitié du chemin soit déterminée; que les ingénieurs se munissent de tout ce qui sera nécessaire pour descendre dans ce puits; qu'ils reconnaissent si l'on a creusé jusqu'au roc, et s'il serait possible de creuser davantage; enfin qu'ils mesurent la distance du Caire à Suez.

Après demain d'autres ingénieurs partiront escortés par cinquante hommes, que le général Junot laisse à cet effet. Ils mesureront aussi la distance du Caire à Suez, par la vallée de l'Egarement.
BONAPARTE.

Au Caire, le 25 nivose an 7 (14 janvier 1799).

Au général commandant à Alexandrie.

Je ne conçois pas, citoyen général, comment les consuls étrangers ont pu recevoir une lettre de l'amiral anglais sans que vous en soyez instruit, et je conçois encore moins comment l'ayant reçue, ils l'aient publiée sans votre permission.

Faites-vous rendre compte par les consuls qui leur a remis cette lettre, et faites-leur connaître que si, à l'avenir, ils ne vous remettaient pas toutes cachetées les lettres qu'ils recevraient, vous les feriez fusiller. Si ce cas se représentait, vous m'enverriez la lettre toute cachetée.

Vous ferez mettre le scellé sur tous les effets du nommé Jennovisch, capitaine impérial qui s'est rendu à Alexandrie, et vous me l'enverrez sous bonne escorte au Caire; vous aurez soin de le faire mettre nu, et de prendre tous ses habillemens que vous ferez découdre pour vous assurer qu'il n'y a rien dedans. Vous lui ferez donner d'autres habits.

L'envoi de cet homme à Alexandrie me paraît suspect: du reste, je suis fort aise qu'il y soit, puisqu'il nous donnera des nouvelles du continent; mais qu'il ne parle à personne.

BONAPARTE.

Au Caire, le 26 nivose an 7 (15 janvier 1799).

Au citoyen Poüssielgue.

Nous avons le plus grand besoin d'argent. Les fermes doivent six mille talaris; les sagats, mille; les négocians de Damas, sept cents. Voyez de les faire payer dans les vingt-quatre heures.

Vous me ferez demain un rapport sur nos ressources et

nos moyens d'avoir de l'argent. Tâchez de nous avoir deux à trois cent mille francs.

Les deux bâtimens de café qui sont arrivés à Suez doivent avoir payé quelques droits; faites-vous-en remettre le montant.

Je vous envoie un ordre pour que les Cophtes versent demain dix mille talaris, après demain dix mille autres; le 1er. pluviose, dix mille; le 3, dix mille autres; le 5, dix mille autres : en tout cinquante mille talaris.

Vous hypothéquerez pour le paiement dudit argent, les blés qui sont dans la Haute-Egypte, et vous leur ferez connaître qu'il est indispensable que cela soit soldé, parce que j'en ai le plus grand besoin.

Vous me ferez demain un rapport sur la quantité d'obligations qu'a en ce moment l'enregistrement, en comptant depuis aujourd'hui, décade par décade.

Enfin, vous me ferez un rapport sur la quantité des villages et terres qui ont été affermés et sur les conditions desdits affermages.

Vous demanderez deux mois d'avance à tous les adjudicataires des différentes fermes. BONAPARTE.

Au Caire, le 26 nivose an 7 (15 janvier 1798).

Au contre-amiral Ganteaume.

Vous vous rendrez à Suez, citoyen général; vous y passerez une inspection rigoureuse de tous les établissemens de la marine de Suez; vous donnerez les ordres pour que tous les magasins et établissemens soient conformes au projet que j'ai d'organiser et de maintenir à Suez un petit arsenal de construction.

La chaloupe canonnière *la Castiglione* sera sans doute de retour.

Si les trois autres chaloupes canonnières sont prêtes, bien armées, et dans le cas de remplir une mission dans la mer Rouge, vous partirez avec elles.

Vous vous rendrez à Cosseir. Vous vous emparerez de tous les bâtimens appartenant aux mameloucks, qui sortiront du port.

Vous vous emparerez du fort, et vous le ferez mettre sur-le-champ dans le meilleur état de défense.

Vous tâcherez de correspondre avec le général Desaix. Vous laisserez en croisière, devant le port de Cosseir, une partie de vos chaloupes canonnières.

Vous menerez avec vous un commissaire de la marine, et un officier intelligent que vous établirez à Cosseir, commissaire et commandant des armes.

Vous ferez tous les réglemens que vous jugerez nécessaires pour l'établissement de la douane, pour la formation des magasins nationaux, la recherche de tout ce qui appartenait aux mameloucks, et pour le commerce.

Vous écrirez à Yamb'o, Gedda et Mokka, pour faire connaître que l'on peut venir, en toute sûreté, commercer dans le port de Suez; que toutes les mesures ont été prises pour l'organisation du port, et pour pouvoir fournir aux bâtimens tous les secours dont ils auront besoin.

Vous embarquerez sur chacune de vos chaloupes canonnières vingt hommes, dont quarante de la légion maltaise, dix canonniers que vous laisserez en garnison à Cosseir, et trente hommes de la trente-deuxième demi-brigade.

Vous ferez embarquer deux pièces de quatre, de campagne, que vous laisserez pour armer le fort de Cosseir, si on n'y en trouve pas.

Du reste, vous combinerez votre marche de manière que, autant que les vents pourront le permettre, vous soyez, de votre personne, de retour au Caire du 15 au 20 pluviôse.

Je vous enverrai, par l'officier qui part dans deux jours, des lettres pour Mascate et Djedda, que vous ferez parvenir à leur destination.

Si les quatre armemens n'étaient pas achevés, vous enverriez alors les trois qui seraient prêts, avec les mêmes instructions que je vous donne; mais vous resteriez à Suez, et donneriez le commandement à un capitaine de frégate.

BONAPARTE.

Au Caire, le 26 nivose an 7 (15 janvier 1799).

Bonaparte, général en chef, ordonne :
Tous les adjudicataires des fermes ou douanes de la république paieront, du 1er. au 10 pluviose, les mois de pluviose et ventose d'avance. BONAPARTE.

Au Caire, le 26 nivose an 7 (15 janvier 1799).

Bonaparte, général en chef, ordonne :
Les Cophtes verseront cinquante mille talaris, à titre d'emprunt, savoir : demain, dix mille talaris; après demain, dix mille; le 1er. pluviose, dix mille; le 3 *idem*, dix mille; le 5 *id.*, dix mille. En tout, cinquante mille talaris.

Il leur sera vendu, pour cette somme, une quantité de blés de la Haute-Egypte. BONAPARTE.

Au Caire, le 26 nivose an 7 (15 janvier 1798).

Bonaparte, général en chef, ordonne :
Il sera formé un conseil des finances, chez l'administrateur des finances, qui se réunira demain à deux heures après-midi. Il sera composé des citoyens Monge, Caffarelli, Blanc, James, et de l'ordonnateur en chef.

Ce conseil s'occupera : 1°. du système et du tarif des monnaies et des changemens possibles à y faire, les plus avantageux à nos finances; 2°. des opérations que dans la position actuelle de l'Egypte, on pourrait faire pour procurer de l'argent à l'armée et accroître ses ressources; 3°. du plan raisonnable que l'on pourrait adopter pour, sans diminuer les revenus de la république, donner aux soldats de l'armée une récompense qu'ils ont méritée à tant de titres.

BONAPARTE.

Au Caire, le 27 nivose an 7 (16 janvier 1799).

Au général Marmont.

Faites faire, tous les cinq jours, une visite des hôpitaux par un officier supérieur de ronde, qui prendra toutes les précautions nécessaires à cet effet, qui visitera tous les malades, et fera fusiller sur-le-champ dans la cour de l'hôpital les infirmiers ou employés qui auraient refusé de fournir aux malades tous les secours et vivres dont ils ont besoin. Cet officier, en sortant de l'hôpital, sera mis pour quelques jours en réserve dans un endroit particulier.

Vous avez bien fait de faire donner du vinaigre et de l'eau-de-vie à la troupe. Epargnez l'un et l'autre; il y a loin d'ici au mois de juin. BONAPARTE.

Au Caire, le 29 nivose an 7 (18 janvier 1798).

Au général Verdier.

Je reçois, citoyen général, vos lettres des 24 et 25. J'ai appris avec intérêt l'expédition que vous avez faite contre les Arabes de Derne.

Le scheick du village de Mit-Massaout est extrêmement coupable; vous le menacerez de lui faire donner des coups de bâton, s'il ne vous désigne pas l'endroit où il y aurait d'autres mameloucks et d'autres pièces qu'ils auraient cachées. Vous vous ferez donner tous les renseignemens que vous pourrez sur les bestiaux appartenant aux Arabes de Derne qui pourraient être dans son village : après quoi vous lui ferez couper la tête, et la ferez exposer avec une inscription qui désignera que c'est pour avoir caché des canons.

Vous ferez également couper la tête aux mameloucks, et vous enverrez à Gizeh les trois pièces de canon que vous avez trouvées dans ce village. Faites une proclamation dans la province, pour que tous les villages qui auraient des canons, aient à les envoyer dans le plus court délai.

BONAPARTE.

Au Caire, le 3 pluviose an 7 (22 janvier 1799).

Bonaparte, général en chef, ordonne :

La maison qu'occupe le général Lannes dans l'île de Baouda avec vingt feddams de terre, dix de chaque côté, lui sont donnés en toute propriété.

La maison qu'occupe le général Dommartin et le jardin qui est vis-à-vis, à gauche du nouveau chemin, lui sont donnés en toute propriété.

La maison qu'occupe le général Murat lui est donnée en toute propriété.

L'île de Baouda sera partagée en dix portions : seront exceptées la partie sud, où est le Mekkias, et la partie nord, où il y a une batterie, avec un arrondissement convenable.

L'île vis-à-vis Boulac, où est le lazaret, sera partagée en dix portions.

Le général en chef se réserve le soin de donner ces vingt portions à des officiers de l'armée qui les mériteront.

L'administrateur général des finances fera rédiger, dans la

journée de demain, par le bureau d'enregistrement, les actes de propriété de ces différens officiers, et prendra des mesures pour exécuter d'ici au 20 pluviose l'article 2 du présent ordre. Les actes de propriété seront remis chez le payeur.

Le chef de l'état-major général fera connaître aux généraux en chef Dommartin, Lannes et Murat, que ces biens leur sont donnés en gratification extraordinaire pour les services qu'ils ont rendus dans la campagne et pour les dépenses qu'elle leur a occasionées.   BONAPARTE.

Au Caire, le 6 pluviose an 7 (25 janvier 1799).

A l'iman de Mascate.

Je vous écris cette lettre pour vous faire connaître ce que vous avez déjà appris sans doute, l'arrivée de l'armée française en Egypte.

Comme vous avez été de tout temps notre ami, vous devez être convaincu du désir que j'ai de protéger tous les bâtimens de votre nation, et que vous les engagiez à venir à Suez, où ils trouveront protection pour leur commerce.

Je vous prie aussi de faire parvenir cette lettre à Tipoo-Saïb, par la première occasion qui se trouvera pour les Indes.
BONAPARTE.

Au Caire, le 6 pluviose an 7 (25 janvier 1799).

A Tipoo-Saïb.

Vous avez déjà été instruit de mon arrivée sur les bords de la mer Rouge avec une armée innombrable et invincible, remplie du désir de vous délivrer du joug de fer de l'Angleterre.

Je m'empresse de vous faire connaître le désir que j'ai que

vous me donniez, par la voie de Mascate et de Mokka, des nouvelles sur la situation politique dans laquelle vous vous trouvez. Je désirerais même que vous pussiez envoyer à Suez ou au grand Caire quelque homme adroit qui eût votre confiance, avec lequel je pusse conférer. BONAPARTE.

Au Caire, le 6 pluviose an 7 (25 janvier 1799).

Au sultan de la Mecque.

J'ai reçu la lettre que vous m'avez écrite, et j'en ai compris le contenu. Je vous envoie le réglement que j'ai fait pour la douane de Suez, et mon intention est de le faire exécuter ponctuellement. Je ne doute pas que les négocians de l'Hygiaz ne voient avec gratitude la diminution des droits que j'ai faite pour le plus grand avantage du commerce, et vous pouvez les assurer qu'ils jouiront ici de la plus ample protection.

Toutes les fois que vous aurez besoin de quelque chose en Egypte, vous n'avez qu'à me le faire savoir, et je me ferai un plaisir de vous donner des marques de mon estime.

BONAPARTE.

Au Caire, le 6 pluviose an 7 (25 janvier 1799).

Au général Berthier.

Vous partirez, citoyen général, le 10 pluviose, pour vous rendre à Alexandrie : vous vous y embarquerez sur la frégate *la Courageuse* : vous aurez avec vous deux bâtimens du convoi, bons voiliers, que j'ai fait arranger à cet effet.

Dès l'instant que vous aurez rencontré quelque bâtiment qui vous aura donné des nouvelles, vous m'en expédierez un sur Damiette, le lac Bourlos ou même sur Alexandrie, si les vents l'y portaient. Vous m'expédierez l'autre dès l'instant que vous aurez appris d'autres nouvelles, ce que je désirerais être avant que vous ne touchassiez aucune terre d'Europe.

Le plus sûr paraît être que vous vous dirigiez sur les côtes d'Italie du côté du golfe de Tarente, du port de Crotone, et, si le temps le permet, de remonter le golfe Adriatique jusqu'à Ancône. Soit que vous touchiez à Corfou ou à Malte, ou dans un point quelconque, ne manquez pas de m'envoyer toutes les nouvelles que vous pourriez avoir, en m'expédiant des bâtimens, auxquels vous donnerez l'instruction spéciale de se diriger sur Damiette.

Vous prendrez aussi des mesures pour que l'on nous envoie de l'une de ces places des sabres, des pistolets, des fusils, dont vous savez que nous avons besoin.

Vous aurez bien soin que la frégate qui vous portera, dès l'instant qu'elle sera approvisionnée de ce qui pourrait lui manquer, reparte sur-le-champ, se dirigeant sur Jaffa, et là elle saura où je suis. Arrivée à Jaffa, elle mouillera au large et avec précaution, afin de s'assurer si l'armée y est; si elle n'y était pas, elle se dirigerait vers Damiette.

Si vous pouvez faire charger sur la frégate quelques armes, vous le ferez; si les événemens qui se passeront sur le continent font que votre présence n'y soit pas nécessaire, vous rejoindrez l'armée à la prochaine mousson.

Vous remettrez les paquets que je vous envoie au gouvernement, et vous remplirez la mission dont vous êtes chargé.

BONAPARTE.

Au Caire, le 7 pluviose an 7 (26 janvier 1799).

Au général Kléber.

J'ai reçu, citoyen général, votre lettre du 3. Comme les lettres que je reçois de Mansoura me font craindre que la maladie de la deuxième demi-brigade ne soit contagieuse, je crois qu'il serait dangereux de la mettre en libre communication avec les autres demi-brigades. Faites-vous faire un rapport détaillé sur la situation de cette demi-brigade, et, dans le cas où la maladie serait contagieuse, vous pourriez la renvoyer à Mansoura : je la ferais remplacer à votre division par un bataillon de la vingt-cinquième demi-brigade.

BONAPARTE.

Au Caire, le 9 pluviose an 7 (28 janvier 1799).

Au général Marmont.

J'imagine, citoyen général, que vous aurez changé la manière de faire le service d'Alexandrie. Vous aurez placé aux différentes batteries et aux forts de petits postes stables et permanens : ainsi, par exemple, à la hauteur de l'observatoire, à la batterie des bains, vous aurez placé douze à quinze hommes qui ne devront pas en sortir, et que vous tiendrez là sans communication. Ces douze à quinze hommes fourniront le factionnaire nécessaire pour garder le poste. La position de la mer vous dispense d'avoir aujourd'hui une grande surveillance; vous vous trouvez ainsi avoir besoin de fort peu de monde. Pourquoi avez-vous des grenadiers pour faire le service en ville? Je ne conçois rien à l'obstination du commissaire des guerres Michaux à rester dans sa maison, puisque la peste y est. Pourquoi ne va-t-il pas camper sur un monticule du côté de la colonne de Pompée ?

Tous vos bataillons sont, l'un de l'autre, au moins à une demi-lieue. Ne tenez que très-peu de chose dans la ville, et, comme c'est le poste le plus dangereux, n'y tenez point de troupe d'élite..... Mettez le bataillon de la soixante-quinzième sous ces arbres où vous avez été long-temps avec la quatrième d'infanterie légère. Qu'il se baraque là en s'interdisant toute communication avec la ville et l'Egypte. Mettez le bataillon de la quatre-vingt-cinquième du côté du Marabou : vous pourrez facilement l'approvisionner par mer. Quant à la malheureuse demi-brigade d'infanterie légère, faites-la mettre nue comme la main, faites-lui prendre un bon bain de mer ; qu'elle se frotte de la tête aux pieds ; qu'elle lave bien ses habits, et que l'on veille à ce qu'elle se tienne propre. Qu'il n'y ait plus de parade ; qu'on ne monte plus de garde que chacun dans son camp. Faites faire une grande fosse de chaux vive pour y jeter les morts.

Dès l'instant que, dans une maison française, il y a la peste, que les individus se campent ou se baraquent; mais qu'ils fuient cette maison avec précaution, et qu'ils soient mis en réserve en plein champ. Enfin, ordonnez qu'on se lave les pieds, les mains, le visage tous les jours, et qu'on se tienne propre.

Si vous ne pouvez pas garantir la totalité des corps où cette maladie s'est déclarée, garantissez au moins la majorité de votre garnison. Il me semble que vous n'avez encore pris aucune grande mesure proportionnée aux circonstances. Si je n'avais pas à Alexandrie des dépôts dont je ne puis me passer, je vous aurais déjà dit : partez avec votre garnison, et allez camper à trois lieues dans le désert. Je sens que vous ne pouvez pas le faire. Approchez-en le plus près que vous pourrez. Pénétrez-vous de l'esprit des dispositions contenues dans la présente lettre; exécutez-les autant que possible, et j'espère que vous vous en trouverez bien. BONAPARTE.

Au Caire, le 9 pluviose an 7 (28 janvier 1799).

Au contre-amiral Ganteaume.

Je reçois, citoyen général, votre lettre du 5. L'intention où vous êtes de vouloir suivre vous-même l'expédition de Cosseir fait honneur à votre zèle ; mais j'ai besoin de vos lumières pour une expédition considérable. Vous savez que, lorsque je vous ai envoyé à Suez, j'espérais que vous seriez de retour du 20 au 30 : nous sommes au 10, et vous n'êtes pas encore parti. Les événemens arrivés à *la Castiglione* me persuadent qu'une fois parti, je ne vous verrai plus d'ici à deux mois ; et les événemens sont tels, que je ne puis me passer de vous. Donnez les instructions nécessaires à l'officier qui commandera l'expédition, et rendez-vous de suite au Caire, où je vous attends avant le 15. Vous pouvez ramener mes vingt-cinq guides. J'écris au général Junot de compléter votre escorte au moins à cinquante ou soixante hommes.

Donnez au commandant des armes et à Feraud toutes les instructions nécessaires à votre départ. Je désirerais que la construction de la goëlette pût être tellement en train d'ici au 20, que le citoyen Feraud, avec un petit détachement d'ouvriers, pût être disponible pour se porter ailleurs.

Un gros brick anglais a fait côte à Bourlos. Sur cinquante-six hommes d'équipage, quarante se sont noyés, et seize sont en notre pouvoir. Je les attends à chaque instant. Ils nous donneront des renseigemeuns sur les mouvemens des Anglais. Il paraît que, cette année, les temps sont terribles.

BONAPARTE.

Au Caire, le 10 pluviose an 7 (29 janvier 1799).

Au payeur-général.

Vous passerez, citoyen, les douze actions de la compagnie d'Egypte qui appartiennent à la république, à la disposition des citoyens : Boyer, chef de brigade de la dix-huitième ; Darmagnac, *id.* de la trente-deuxième; Conroux, *id.* de la soixante-unième; Lejeune, *id.* de la vingt-deuxième; Delorgne, *id.* de la treizième ; Grezins, adjudant-général; Maugras, chef de brigade de la soixante-quinzième ; le chef de la neuvième ; Venoux, *id.* de la vingt-cinquième ; Duvivier, colonel du quatorzième de dragons; Bron, *id.* du troisième; Pinon, *id.* du quinzième, à titre de gratification extraordinaire.

Dix actions existent dans votre caisse ; je donne à l'administrateur des finances l'ordre de s'arranger avec la compagnie d'Egypte pour avoir les deux autres. BONAPARTE.

Au Caire, le 11 pluviose an 7 (30 janvier 1799).

Au citoyen Poussielgue.

La femme Selti-Nefsi, veuve d'Ali-Bey et femme actuelle de Mourad-Bey, conservera la partie de ses biens qui lui vient d'Ali-Bey : je veux par-là donner une marque d'estime pour la mémoire de ce grand homme. BONAPARTE.

Au Caire, le 11 pluviose an 7 (30 janvier 1799).

Au divan du Caire.

J'ai reçu votre lettre du 10 pluviose. Non-seulement j'ai ordonné à l'aga des janissaires et aux agens de la police de publier que l'on jouira, pendant la nuit du Rhamadan, de toute la liberté d'usage, mais encore je désire que vous-même fassiez tout ce qui peut dépendre de vous pour que le Rhamadan soit célébré avec plus de pompe et de ferveur que dans les autres années. BONAPARTE.

Au Caire, le 12 pluviose an 7 (31 janvier 1799).

Au général Kléber.

L'état-major, citoyen général, vous fera passer l'ordre de mouvement pour l'occupation d'El-Arich. Pour y arriver, vous avez deux ennemis à vaincre, la faim et la soif, et les ennemis qui sont à Gaza, et qui, en deux jours, peuvent retourner à El-Arich.

Vous direz aux gens du pays que vous pourriez rencontrer, que vous n'avez ordre d'occuper qu'El-Arich, Kan-Iounes, et de chasser Ibrahim-Bey; que c'est à lui seul que vous en voulez.

Les moyens de transport que vous avez dans ce moment-ci à Catieh peuvent seuls décider de la quantité de troupes que vous pourrez envoyer à El-Arich. L'avant-garde du général Reynier épuisera tous les moyens de transport : car il est indispensable que les soldats portent pour trois jours sur eux, et qu'il ait avec lui un convoi qui assure la subsistance pour douze jours.

Arrivé à Kan-Iounes, vous pouvez écrire à Abdallah-Pacha que le bruit public nous a instruits que le grand-seigneur l'avait nommé pacha d'Egypte; que si cela est vrai, nous avons lieu d'être étonnés qu'il ne soit pas venu; que nous sommes les amis du grand-seigneur; que vous n'avez aucune intention hostile contre lui; que vous n'avez ordre de moi que d'occuper le reste de l'Egypte, et de chasser Ibrahim-Bey; que vous ne doutez pas que, s'il me fait connaître l'ordre qui le nomme pacha d'Égypte, je ne le reçoive avec tous les honneurs dus à son poste; que, du reste, vous êtes persuadé que, s'il est véritablement officier de la Sublime-Porte, il n'a rien de commun avec un tyran tel qu'Ibrahim-Bey, à la fois ennemi de la république française et de la Sublime-Porte.

Les divisions Bon et Lannes, la cavalerie et le parc de réserve sont en mouvement; je compte partir moi-même le 17. Je suivrai la route de Birket-el-Haldji, Belbeis, Corice, Salahieh, le pont Kautaxeh et Cathieh. Vous m'enverrez par cette route les rapports que vous aurez à me faire.

BONAPARTE.

Au Caire, le 15 pluviose an 7 (3 février 1799).

Au général Desaix.

Votre dernière lettre que j'ai reçue hier, citoyen général, est datée du 16 nivose. Je n'ai eu depuis aucune nouvelle de vos opérations ultérieures.

Le général Davoust m'a écrit de Syout le 23 nivose : il m'a annoncé le succès qu'il a obtenu sur les différens rassemblemens de fellahs qui s'étaient révoltés.

Depuis le 3 nivose nous sommes à Catieh et nous y avons établi un fort et des magasins assez considérables.

Le général Reynier part le 16 de Catieh pour se rendre à El-Arich.

Une grande partie de l'armée est en mouvement pour traverser les déserts et se présenter sur les frontières de Syrie.

Le quartier-général va incessamment se mettre en marche.

Mon but est de chasser Ibrahim-Bey du reste de l'Égypte, dissiper les rassemblemens de Gaza, et punir Ibrahim-Bey de sa mauvaise conduite.

Le citoyen Collot, lieutenant de vaisseau, est parti avec quatre chaloupes canonnières de Suez, portant quatre-vingts hommes de débarquement : il a ordre de croiser devant Cosseir et même de s'en emparer. Dès l'instant qu'il aura effectué son débarquement, il vous en préviendra en vous expédiant des Arabes. De votre côté, expédiez d'Esneh des hommes, pour pouvoir être instruit de son arrivée, correspondre avec lui et lui envoyer des vivres dont il pourrait se trouver avoir besoin.

Défaites-vous, par tous les moyens et le plus tôt possible, de ces vilains mameloucks. BONAPARTE.

Au Caire, le 17 pluviose an 7 (5 février 1799).

Au général Kléber.

Nous avons reçu enfin, citoyen général, des nouvelles de France. Un bâtiment ragusais, chargé de vins, est arrivé ayant à son bord les citoyens Hamelin et Liveron. Ils apportent des lettres que je n'ai pas encore reçues, parce que Marmont m'a écrit par un Arabe.

Jourdan a quitté le corps législatif, et commande l'armée sur le Rhin. Le congrès de Rastadt était toujours au même point : on y parlait beaucoup sans avancer.

Joubert commande l'armée d'Italie. Schawenburg commande à Malte. Pléville est parti pour Corfou. Passwan-Oglou a détruit entièrement l'armée du capitan-pacha, et est maître d'Andrinople.

La Marguerite, expédiée après la prise d'Alexandrie, et *la Petite-Cisalpine*, expédiée de Rosette un mois après le combat d'Aboukir, sont toutes deux arrivées.

Descoutes était en route pour Constantinople.

Au commencement de novembre, l'ambassadeur turc à Paris faisait encore ses promenades à l'ordinaire.

Les Espagnols, au nombre de vingt-quatre vaisseaux, se laissent bloquer par seize vaisseaux anglais.

On a pris des mesures pour recruter les armées : il paraît que l'on a requis tous les jeunes gens de dix-huit ans, que l'on a appelés les *conscrits*.

Les choses de l'intérieur sont absolument dans le même état que lorsque nous sommes partis : on ne remarque, dans l'allure du gouvernement, que le changement qu'a pu y apporter le nouveau membre qui y est entré.

Le général Humbert, avec quinze cents hommes, est arrivé en Irlande. Il a réuni quelques Irlandais autour de lui, et, quinze jours après, a été fait prisonnier avec toute sa troupe.

On arme en Europe de tous côtés; cependant on ne fait encore que se regarder.

Je retarde mon départ de deux jours, afin de recevoir des lettres avant de partir.

La trente-deuxième doit être arrivée à Catieh. Le général Bon, avec le reste de sa division, est à Salahieh. Si des événemens pressans vous rendaient un secours nécessaire, vous lui écririez : il n'aurait pas besoin de mon ordre pour marcher à vous.   BONAPARTE.

Au Caire, le 17 pluviose an 7 (5 février 1799).

Au général Marmont.

J'ai reçu, citoyen général, la lettre que vous m'avez écrite le 7, m'annonçant l'arrivée du citoyen Hamelin à Alexandrie. Toutes les troupes dans ce moment-ci traversent le désert, et j'étais moi-même sur le point de partir. Je retarde mon départ pour voir le citoyen Hamelin, ou recevoir au moins les lettres de Livourne et de Gênes que vous m'annoncez.

Vous ferez sortir un parlementaire, par lequel vous préviendrez le commandant anglais que plusieurs avisos anglais ont, à différentes époques, échoué sur la côte; que nous avons sauvé les équipages; qu'ils sont dans ce moment-ci au Caire, où ils sont traités avec tous les égards possibles; que, ne les regardant pas comme prisonniers, je les lui enverrai incessamment. BONAPARTE.

Au Caire, le 20 pluviose an 7 (8 février 1799).

Au citoyen Poussielgue.

Je donne ordre au payeur d'envoyer un de ses préposés sur une djerme armée à Mehal-el-Kebir et Menouf, pour ramasser l'argent et le rapporter au Caire le plus promptement possible.

Donnez ordre à l'agent de la province de Gizeh de se mettre en course pour lever le deuxième tiers du miri.

Pressez de tous vos moyens la rentrée du premier tiers que doivent payer les adjudicataires. Joignez-y tout ce que rend la monnaie et tout ce que doit rendre l'enregistrement; car il est indispensable que vous ramassiez, d'ici au 1er. ventose, 500,000 fr., et que vous me les fassiez passer à l'armée. Ils seront escortés par un adjudant-général de l'état-major et le troisième bataillon de la trente-deuxième, qui ont ordre de partir le 30.

Envoyez des exprès de tous côtés, et écrivez que l'on active la rentrée des impositions.

Donnez ordre à Damiette pour que l'on recouvre les 150,000 fr. qui restent à recouvrer, et que l'on fasse rentrer le deuxième tiers du miri; de manière que le payeur de cette place puisse nous envoyer le 30, par Tineh et Catieh, 200,000 fr.

Donnez ordre également que les impositions se lèvent dans la Scharkieh, de manière que l'on puisse nous envoyer, d'ici au 1er du mois prochain, 100,000 fr.

Vous sentez combien il est nécessaire que, surtout dans ce premier moment, nous ayons de quoi subvenir à l'extraordinaire de l'expédition. BONAPARTE.

Au Caire, le 20 pluviose an 7 (8 février 1799).

Au Directoire exécutif.

Plusieurs généraux et officiers m'ayant fait connaître que leur santé ne leur permettait point de continuer à servir dans ce pays-ci, surtout la campagne redevenant plus active, je leur ai accordé la permission de passer en France.

Je vous ai expédié et je vous expédie ces jours-ci plusieurs bâtimens avec des courriers : j'espère que quelques-uns vous arriveront.

L'on nous annonce à l'instant l'arrivée à Alexandrie d'un bâtiment ragusais chargé de vins, et porteur de lettres pour moi de Gênes et d'Ancône : depuis huit mois c'est la première nouvelle d'Europe qui nous arrive. Je ne recevrai ces lettres que dans deux ou trois jours, et je désire bien vivement qu'il y en ait de vous, et du moins que je puisse être instruit de ce qui se passe en Europe, afin de pouvoir guider ma conduite en conséquence. BONAPARTE.

Au Caire, le 21 pluviose an 7 (9 février 1799).

Au général Marmont.

Vous verrez par l'ordre du jour, citoyen général, que tous les fonds des provinces d'Alexandrie, de Rosette et de Bahhireh doivent être versés dans la caisse du payeur d'Alexandrie. Le citoyen Baude a été investi de toute l'autorité du citoyen Poussielgue.

Le commissaire Michaud est investi de toute l'autorité de l'ordonnateur en chef sur l'administration de ces trois provinces, dont les fonds seront exclusivement destinés à pourvoir à vos services.

Ordonnez que le troisième bataillon de la soixante-quinzième se réunisse, avec deux bonnes pièces d'artillerie, à Damanhour ; que cette colonne puisse se porter dans toute cette province, et même dans celle de Rosette, pour lever les impositions et punir ceux qui se comporteraient mal. Cette mesure aura l'avantage de tirer tout le parti possible de ces deux provinces ; de tenir une bonne réserve éloignée de l'épidémie d'Alexandrie ; et, selon les événemens, vous la feriez revenir à Alexandrie, où sa présence releverait le moral de toute la garnison : car il est d'axiome que, dans l'esprit de la multitude, lorsque l'ennemi reçoit des renforts, elle doit en recevoir pour se croire égalité de force ; et, enfin, s'il arrivait quelque événement dans le Delta, ce bataillon pourrait s'y porter, et être d'un grand secours.

Mettez-vous en correspondance avec le général Lanusse, qui commande à Menouf, et le général Fugières, qui commande à Mehal-el-Kebir. Ne vous laissez point insulter par les Arabes. Le bon moyen de faire finir votre épidémie, est peut-être de faire marcher vos troupes. Saisissez l'occasion, et calculez une opération de quatre à cinq cents hommes sur Mariout : cela sera d'autant plus essentiel, que, partant demain pour me rendre en Syrie, l'idée de mon absence pourrait les enhardir.

Si des événemens supérieurs arrivaient, le commandant de Rosette doit se retirer dans le fort de Catieh, qui doit être approvisionné pour cinq ou six mois. Maître de ce fort, il le serait de la bouche du Nil, et dès-lors empêcherait de rien faire de grand contre l'Égypte. Faites donc armer et approvisionner le fort de Raschid ; mettez dans le meilleur état celui d'Aboukir, et profitez de tous les moyens possibles et du temps qui vous reste d'ici au mois de juin, pour mettre Alexandrie à l'abri d'une attaque de vive force pendant, 1°. cinq à six jours qu'une armée puisse débarquer et l'investir ; 2°. quinze jours pour qu'elle commence le siége ; 3°. quinze à vingt jours de siége.

Vous sentez que, lorsque cette opération pourrait être possible, je ne serais pas éloigné de dix jours de marche d'Alexandrie.

Faites lever exactement la carte des provinces de Bahhireh, Rosette et Alexandrie, et dès l'instant qu'elle sera faite, envoyez-la moi, afin qu'elle puisse me servir si votre province devenait le théâtre de plus grands événemens.

Dans ce moment-ci, la saison ne permet pas aux Anglais de rien faire de dangereux. Envoyez-moi des Arabes par Damiette et par le Caire pour me donner de vos nouvelles : dans ces deux villes, on saura où je me trouve.

Je vous envoie la relation de la fête du Rhamadan et une proclamation du divan du Caire. Il est bon de répandre l'une et l'autre non-seulement dans votre province, mais encore par les bâtimens qui partiront.

Je ne puis pas vous donner une plus grande marque de confiance qu'en vous laissant le commandement du poste le plus essentiel de l'armée.

Le citoyen Hamelin est arrivé hier : j'ai trouvé beaucoup de contradictions dans tout ce qu'il a appris en route, et j'ajoute peu de foi à toutes les nouvelles qu'il donne comme les ayant apprises en route : la situation de l'Europe et de la France jusqu'au 10 novembre me paraissait assez satisfaisante.

J'apprends qu'il est arrivé un nouveau bâtiment venant de Candie : interrogez-le avec le plus grand soin, et envoyez-moi les demandes et les réponses. Informez-vous de l'escadre russe.

Quoique je croie que nous soyons en paix avec Naples et l'empereur, cependant je vous autorise à retarder, sous différens prétextes, le départ des bâtimens napolitains, impériaux, livournais ; concertez-vous avec le citoyen Leroy, et envoyez-en moi l'état : nous acquerrons tous les jours des renseignemens plus certains.   BONAPARTE.

Au Caire, le 21 pluviose an 7 (9 février 1799).

Au général Dugua.

Vous prendrez, citoyen général, le commandement de la province du Caire.

Les dépôts des divisions Bon et Reynier gardent la citadelle avec deux compagnies de vétérans.

Il y a à la citadelle des approvisionnemens de réserve pour nourrir pendant cinq à six mois la garnison et l'hôpital qui s'y trouvent.

Il y a au fort Dupuy un détachemant de la légion maltaise et de canonniers.

Le fort Sullowski est gardé par les dépôts du septième de hussards et du vingt-deuxième de chasseurs.

Le fort Camin est gardé par un détachement du quatorzième de dragons.

La tour du fort de l'institut est gardée par un détachement des dépôts de la division Lannes, ainsi que le fort de la Prise d'eau, et de la maison d'Ibrahim-Bey. Dans cette dernière est notre grand hôpital.

Tous nos établissemens d'artillerie sont à Gizeh, ainsi que les dépôts de la division du général Desaix.

Tous les Français sont logés autour de la place Esbequieh. J'y laisse un bataillon de la soixante-neuvième, un de la quatrième légère et un de la trente-deuxième.

Le bataillon de la quatrième partira le 24, une compagnie de canonniers marins, le 27, et le bataillon de la trente-deuxième, le 30 pluviose. J'ai désigné le 30 pour le départ de ce bataillon, parce que je suppose que le général Menou sera arrivé à cette époque avec la légion nautique. Si elle n'était pas arrivée, vous garderez ce bataillon jusqu'à son arrivée, et dans ce cas vous feriez escorter le trésor qu'on doit envoyer à l'armée, par un détachement qui ira jusqu'à Belbeis.

Je laisse à Boulac tous les dépôts de dragons, ce qui, avec les dépôts des régimens de cavalerie légère, forme près de 300 hommes. Il leur reste à tous quelques chevaux; il en arrive d'ailleurs journellement que vous leur ferez distribuer.

La première opération que vous aurez à faire est de réunir chez vous les commandans des différens dépôts, de passer la revue de leurs magasins, et de prendre toutes les mesures afin que chacun de ces régimens puisse, en cas d'alerte, monter, tant bien que mal, un certain nombre de chevaux.

Ce sont principalement les selles qui manquent. Il y a à Boulac un atelier qui a déjà reçu 6,000 fr. et qui doit en fournir quatre cents, à trente par décade. Vous ne recevrez que des selles très-bonnes, puisqu'on les paie très-cher. Le quatorzième de dragons a deux cents selles qui sont en quarantaine à Rosette depuis vingt-cinq jours, et qui doivent être ici avant la fin du mois.

On doit monter à Gizeh au moins cinq à six cents sabres par jour; vous les ferez donner aux dépôts de cavalerie qui en ont le plus besoin. Vous passerez une réforme des chevaux, et je vous autorise à faire vendre au profit des masses des régimens de cavalerie tous les chevaux hors d'état de servir.

Il y a dans la province du Caire cinq tribus principales d'Arabes :

Les Billy : c'est la plus nombreuse; elle est en paix avec nous, elle a dans ce moment-ci son chef et plus de deux cents chameaux à l'armée.

Les Joualka : nous sommes en paix avec eux. Les fils des

deux principaux scheicks sont en ce moment en ôtage chez Zulvekias, commissaire près le divan.

Les Terrabins; nous sommes en paix avec eux. Ils ont leurs scheicks et presque tous leurs chameaux dans les convois de l'armée.

Enfin, les Aouatah et les Haydé, qui sont nos ennemis. Nous avons brûlé leurs villages, détruit leurs troupeaux. Ils sont dans le fond du désert, mais ils pourraient revenir faire des brigandages aux environs du Caire.

Il faut que les forts Camin, Sullowski et Dupuy leur tirent des coups de canon, quand ils approchent de trop près.

Il faut toujours avoir un bâtiment armé, embossé plus bas que la ville, près du rivage, de manière à pouvoir tirer dans la plaine.

Il faut de temps en temps envoyer cent hommes à Kelioubeh, avec une petite pièce de canon, tant pour lever le miri, que pour connaître si ces Arabes sont retournés, et pouvoir les investir et surprendre leur camp.

Il faut aussi, de temps en temps, réunir une centaine d'hommes à Giza, faire une tournée surtout dans le nord de la province, lever le miri, et donner la chasse aux Arabes.

Je désirerais que, dès que le général Leclerc sera arrivé à Gizeh, vous l'envoyassiez avec cent hommes de Jerich et cinquante hommes de la garnison du Caire, faire, dans le nord de sa province, une tournée de cinq à six jours. Vous régleriez sa marche de manière à être instruit tous les jours où il se trouverait, afin de pouvoir le rappeler, si les circonstances l'exigeaient.

Le divan du Caire a une influence réelle dans la ville, et est composé d'hommes bien intentionnés; il faut le traiter avec beaucoup d'égards et avoir une confiance particulière dans le commissaire Zulvekias et dans le scheick Madich.

L'intendant-général cophte, le chef des marchands de Damas, Michaël-Kebil, que vous pouvez consulter secrètement lorsque vous aurez quelques inquiétudes, pourront vous donner des renseignemens sur ce qui se passerait dans la ville.

S'il y avait des troubles dans la ville, il faudrait vous adresser au petit divan, réunir même le divan général. Ils réussiront à tout concilier en leur témoignant de la confiance; enfin, prendre toujours des mesures de sûreté, telles que consigner la troupe, redoubler les gardes du quartier français, y placer quelques petites pièces de canon, mais n'arriver à faire bombarder la ville par le fort Dupuy et la citadelle qu'à la dernière extrémité : vous sentez le mauvais effet que doit produire une telle mesure sur l'Egypte et dans tout l'Orient.

S'il arrivait des événemens imprévus à Alexandrie et à Damiette, vous y feriez marcher le général Lanusse et même le général Fugières.

Si vous veniez à craindre quelque ruse de la populace du Caire, vous feriez venir le général Lanusse de Menouf; il viendrait sur l'une et l'autre rive, et son arrivée ferait beaucoup d'effet dans la ville.

J'ai donné des fonds au génie, à l'artillerie et à l'ordonnateur pour tout le service de ventose.

Vous correspondrez avec moi par des Arabes, et par tous les convois qui partiront.

Quels que soient les événemens qui se passent dans la Scharkieh, vingt-cinq hommes partant de nuit arriveront toujours à Birket-el-Hadji, à Belbeis et à Salahieh.

Le commandant des armes à Boulac vous remettra l'état des bâtimens armés que vous avez sur le Nil. Il est nécessaire que ces bâtimens fassent un service de plus en plus actif.

Le payeur a ordre de tenir à votre disposition 2,000 fr. par décade, pour payer les courriers que vous m'expédierez.

BONAPARTE.

Au Caire, le 22 pluviose an 7 (10 février 1799).

Au général Desaix.

Je suis fort impatient de recevoir de vos nouvelles, quoique la voix publique nous apprenne que vous ayez battu les mameloucks, et que vous en ayez détruit un grand nombre.

Les généraux Kléber et Reynier sont à El-Arich ; je pars à l'instant même pour m'y rendre. Mon projet est de pousser Ibrahim-Bey au-delà des confins de l'Egypte, et de dissiper les rassemblemens du pacha qui sont faits à Gaza.

Ecrivez-moi par le Caire, en m'envoyant des Arabes droit à El-Arich.

Le citoyen Collot, lieutenant de vaisseau, est parti le 12 de ce mois, avec un très-bon vent, de Suez avec les chaloupes canonnières, portant quatre-vingts hommes de débarquement pour se rendre à Cosseir : on m'écrit de Suez, qu'à en juger par le temps qu'il a fait, il doit être arrivé le 16. Ecrivez-lui par des Arabes, et procurez-lui tous les secours que vous pourrez.

Les citoyens Hamelin et Liveron sont arrivés, le 7 pluviose, à Alexandrie : ils étaient partis le 24 octobre de Trieste ; le 3 novembre, d'Ancône, et le 28 nivose, de Navarino, en Morée, où ils ont resté mouillés fort long-temps ; ils sont venus sur un bâtiment chargé de vin, d'eau-de-vie et de draps. A leur départ d'Europe, tout était parfaitement tranquille en France ; le congrès de Rastadt durait toujours ; le corps législatif paraissait avoir repris un peu plus de dignité et de considération, et avoir dans les affaires un peu plus d'influence que lorsque nous sommes partis. On avait fait une loi pour le recrutement de l'armée. Tous les jeunes gens, depuis dix-huit ans, avaient été divisés en cinq conscriptions militaires.

Voulant activer les négociations de Rastadt, on avait envoyé Jourdan commander l'armée du Rhin, Joubert, celle d'Italie, et on avait demandé à la première conscription 200,000 hommes : cela paraissait s'effectuer.

Presque tous les avisos que j'avais envoyés en France, étaient arrivés.

On avait appris en Europe la prise d'Alexandrie un mois avant la bataille des Pyramides, et la bataille des Pyramides toujours avant le combat d'Aboukir.

Le vaisseau *le Généreux*, qui s'était retiré à Corfou, a pris, en différentes occasions, deux frégates anglaises et le vaisseau *le Leander*, de 64 : ce dernier s'est battu quatre heures.

Au 5 novembre, *la Cisalpine* et deux autres avisos que j'avais expédiés, étaient en rade à Corfou, attendant, à chaque instant, le retour de leur courrier pour remettre à la voile et revenir ici.

Une escadre russe bloquait Corfou; les habitans s'étaient réunis à la garnison, forte de quatre mille hommes. Le blocus n'a pas empêché la frégate *la Brune* d'y entrer le 20 novembre. L'ancien ministre de la marine Pléville est à Corfou, où il cherche à réunir le reste de notre marine. Descoutes est parti, le 15 octobre, pour Constantinople, comme ambassadeur extraordinaire.

Dès l'instant que l'on a su à Londres que toute notre armée avait débarqué en Égypte, il y a eu en Angleterre une espèce de délire.

Nos dignes alliés, les Espagnols, avaient vingt-quatre vaisseaux dans le port de Cadix, et ils étaient bloqués par seize.

L'Angleterre a déclaré la guerre à toutes les républiques italiennes.

Le général Humbert, que vous connaissez bien, a eu la

bonté de doubler l'Ecosse et de débarquer avec deux à trois mille hommes en Irlande. Après avoir obtenu quelques avantages, il s'est laissé investir et a été fait prisonnier; l'adjudant-général Sarrasin était avec lui. Il me fâche de voir, dans une opération aussi ridicule, le brave troisième de chasseurs.

L'escadre de Brest était très-belle.

Les Anglais bloquaient Malte, mais plusieurs bâtimens chargés de vivres y étaient déjà entrés.

On était très-indisposé à Paris contre le roi de Naples.

Ne donnez pas de relâche aux mameloucks, détruisez-les par tous les moyens possibles.

Faites construire un petit fort capable de contenir deux à trois cents hommes, et capable d'en contenir un plus grand nombre dans l'occasion, dans l'endroit le plus favorable que vous pourrez, et il faut le choisir près d'un pays fertile.

Le but de ce fort serait de pouvoir réunir là nos magasins et nos bâtimens armés, afin que dans le mois de mai ou de juin, votre division devenant nécessaire ailleurs, on puisse laisser un général avec quatre ou cinq djermes armées, qui, de là, tiendra en respect toute la Haute-Egypte. Il y aura des fours et des magasins, de sorte que quelques bataillons de renfort le mettraient dans le cas de soumettre les villages qui se seraient révoltés, ou de chasser les mameloucks qui seraient revenus. Sans cela, vous sentez que si votre division est nécessaire ailleurs, cent mameloucks peuvent revenir et s'emparer de la Haute-Egypte; ce qui n'arrivera pas si les habitans voient toujours des troupes françaises, et dès-lors peuvent penser que votre division n'est absente que momentanément. Je désirerais, si cela est possible, qu'un fort fût à même de correspondre facilement avec Cosseir.

Je fais construire, dans ce moment, deux corvettes à Suez, qui porteront chacune douze pièces de canon de 6. Mettez la main, le plus tôt possible, à la construction de votre fort; prenez là vos larges. Assurez le nombre de pièces nécessaires pour armer votre fort. Je désire, si cela est possible, qu'il soit en pierre. BONAPARTE.

Au Caire, le 22 pluviose an 7 (10 février 1799).

Au Directoire exécutif.

Un bâtiment ragusais est entré le 7 pluviose dans le port d'Alexandrie : il avait à bord les citoyens Hamelin et Liveron, propriétaires du chargement du bâtiment, consistant en vins, vinaigre et draps : il m'a apporté une lettre du consul d'Ancône en date du 11 brumaire, qui ne me donne point d'autre nouvelle que de me faire connaître que tout est tranquille en Europe et en France ; il m'envoie la série des journaux de Lugano depuis le n°. 36 (3 septembre) jusqu'au n°. 43 (22 octobre), et la série du *Courrier de l'armée d'Italie*, qui s'imprime à Milan, depuis le n°. 219 (14 vendémiaire) jusqu'au n°. 230 (6 brumaire).

Le citoyen Hamelin est parti de Trieste le 24 octobre, a relâché à Ancône le 3 novembre et est arrivé à Navarino, d'où il est parti le 22 nivose.

J'ai interrogé moi-même le citoyen Hamelin, et il a déposé les faits ci-joints.

Les nouvelles sont assez contradictoires: depuis le 18 messidor je n'avais pas reçu de nouvelles d'Europe.

Le 1er. novembre, mon frère est parti sur un aviso. Je lui avais ordonné de se rendre à Crotone ou dans le golfe de Tarente : j'imagine qu'il est arrivé.

L'ordonnateur Sucy est parti le 26 frimaire.

Je vous expédie plus de soixante bâtimens de toutes les nations et par toutes les voies : ainsi vous devez être bien au fait de notre position ici.

Nous avons appris par Suez que six frégates françaises, qui croisent à l'entrée de la mer Rouge, avaient fait pour plus de 20,000,000 de prises aux Anglais.

Je fais construire dans ce moment-ci une corvette à Suez, et j'ai ma flottille de quatre avisos, qui navigue dans la mer Rouge.

Les Anglais ont obtenu de la Porte que Djezzar-Pacha aurait, outre son pachalic d'Acre, celui de Damas. Ibrahim-Pacha, Abdallah-Pacha et d'autres pachas sont à Gaza, et menacent l'Egypte d'une invasion : je pars dans une heure pour aller les trouver. Il faut passer neuf jours d'un désert sans eau ni herbes; j'ai ramassé une quantité assez considérable de chameaux, et j'espère que je ne manquerai de rien. Quand vous lirez cette lettre, il serait possible que je fusse sur les ruines de la ville de Salomon.

Djezzar-Pacha est un vieillard de soixante-dix ans, homme féroce, qui a une haine démesurée contre les Français; il a répondu avec dédain aux ouvertures amicales que je lui ai fait faire plusieurs fois. J'ai, dans l'opération que j'entreprends, trois buts :

1°. Assurer la conquête de l'Egypte en construisant une place forte au-delà du désert, et dès-lors éloigner tellement les armées de quelque nation que ce soit, de l'Egypte, qu'elles ne puissent rien combiner avec une armée européenne qui viendrait sur les côtes.

2°. Obliger la Porte à s'expliquer, et par-là appuyer la négociation que vous avez sans doute entamée, et l'envoi que je fais à Constantinople du citoyen Beauchamp sur la caravelle turcque.

3°. Enfin ôter à la croisière anglaise les subsistances qu'elle tire de Syrie, en employant les deux mois d'hiver qui me restent à me rendre, par la guerre et la diplomatie, toute cette côte amie.

Je me fais accompagner dans cette course du molah, qui est, après le muphti de Constantinople, l'homme le plus révéré dans l'empire musulman;

Des quatre scheicks des principales sectes; de l'émir Hadji ou prince de la caravane.

Le rhamadan, qui a commencé hier, a été célébré de ma part avec la plus grande pompe. J'ai rempli les mêmes fonctions que remplissait le pacha.

Le général Desaix est à plus de cent soixante lieues du Caire, près des Cataractes. Il fait des fouilles sur les ruines de Thèbes. J'attends à chaque instant les détails officiels d'un combat qu'il aurait eu contre Mourad-Bey, qui aurait été tué et cinq à six beys faits prisonniers.

L'adjudant-général Boyer a découvert dans le désert, du côté du Fayoum, des mines qu'aucun Européen n'avait encore vues.

Le général Andréossi et le citoyen Berthollet sont de retour de leur tournée aux lacs de Natron et aux couvens des Cophtes. Ils ont fait des découvertes extrêmement intéressantes; ils ont trouvé d'excellent natron que l'ignorance des exploiteurs empêchait de découvrir. Cette branche de commerce de l'Egypte deviendra encore par-là plus importante. Par le premier courrier, je vous enverrai le nivellement du canal de Suez, dont les vestiges se sont parfaitement conservés.

Il est nécessaire que vous nous fassiez passer des armes et que vos opérations militaires et diplomatiques soient combinées de manière que nous recevions des secours: les événemens naturels font mourir du monde.

Une maladie contagieuse s'est déclarée depuis deux mois à Alexandrie: deux cents hommes en ont été victimes. Nous avons pris des mesures pour qu'elle ne s'étende pas: nous la vaincrons.

Nous avons eu bien des ennemis à combattre dans cette expédition : déserts, habitans du pays, Arabes, mameloucks, Russes, Turcs, Anglais.

Si, dans le courant de mars, le rapport du citoyen Hamelin m'était confirmé, et que la France fût en guerre contre les rois, je passerais en France.

Je ne me permets, dans cette lettre, aucune réflexion sur les affaires de la république, puisque, depuis dix mois, je n'ai plus aucune nouvelle.

Nous avons tous une entière confiance dans la sagesse et la vigueur des déterminations que vous prendrez.

BONAPARTE.

Belbeis, le 23 pluviose an 7 (11 février 1799).

Au général Kléber.

Je suis parti hier soir à dix heures et je suis arrivé à minuit à Belbeis. Je reçois votre lettre du 19, et, deux heures après, celle du 20. Le parc d'artillerie est arrivé hier à Salahieh. J'ai ordonné que le reste de la division Bon partît demain de Salahieh pour se rendre à Catieh ; la division Lannes ira ce soir à Corain, et demain à Salahieh ; toute la division de cavalerie du général Murat, forte de plus de mille chevaux, part également, et sera demain soir à Salahieh ; deux cents chameaux chargés d'orge doivent être arrivés ou sont en chemin pour Catieh. Nous ramassons dans la Scharkieh tous les chameaux nécessaires, et nous cherchons tous les vivres que nous pouvons. Si les officiers de marine ont trouvé un point de débarquement près d'El-Arich, et que l'un des deux convois y arrive, je crois que nous serons bien, grâce au mouvement que vous avez donné à Damiette pendant le peu de temps que vous y êtes resté.

Quand je suis parti du Caire, le général Desaix avait détruit une partie des mameloucks à trois journées des Cataractes. On disait trois beys pris et Mourad-Bey tué depuis trois jours : cette nouvelle était celle du Caire, et l'intendant-général l'avait presque reçue officiellement. Ainsi, il est sûr qu'il y a eu une affaire. BONAPARTE.

A Belbeis, le 23 pluviose an 7 (11 février 1799).

Au général Bon.

Vous aurez reçu, citoyen général, l'ordre de vous rendre à Catieh : nous passerons sans doute par la route du fort, où il y a de l'eau. Je suis arrivé ici hier soir, et je repars ce matin. Je serai demain à Salahieh, où j'espère recevoir de vos nouvelles.

Plusieurs convois de chameaux sont en route, et vont arriver à Catieh : donnez les ordres pour qu'ils soient déchargés. Envoyez à Tineh pour y prendre les vivres venant de Damiette qui y seraient en dépôt, et faites-les filer le plus possible sur El-Arich. BONAPARTE.

Catieh, le 26 pluviose an 7 (14 février 1799).

Au général Ganteaume.

Il est nécessaire, citoyen général, que vous vous rendiez demain à Tineh et à la bouche d'Omin Faredge.

Vous ferez passer des ordres au commandant de la marine, à Damiette, pour le départ, par El-Arich, du citoyen Slendelet avec sa flottille.

Vous ferez partir pour El-Arich le convoi qui est à Tineh ou Omin-Faredge, et qui est destiné pour El-Arich.

Vous activerez par tous les moyens possibles la navigation du lac Menzaleh, qui, dans ce moment, est notre moyen principal pour l'approvisionnement de l'armée.

Dès le moment que vous croirez que votre présence n'est plus nécessaire, vous viendrez par terre à Catieh, et de-là au quartier-général. BONAPARTE.

Catieh, le 26 pluviose an 7 (14 février 1799).

Au général Kléber.

Le général Bon, avec le reste de sa division, citoyen général, part ce matin pour se rendre à la première journée.

La cavalerie part ce matin pour le même endroit.

J'ignore encore si le convoi par mer pour El-Arich est parti ; je ne sais pas même si le convoi d'Omin-Faredge est arrivé à Tineh ; cependant je le présume, la journée d'hier ayant été favorable.

On a envoyé hier quarante chameaux à Tineh : je les attends ce matin, et je ne partirai moi-même que lorsque je les aurai vu filer sur El-Arich.

Je fais partir deux cents chameaux appartenans au quartier-général, qui viennent du Caire pour se charger à Tineh de tout ce qui pourrait y rentrer, et, dans le cas où le convoi ne serait pas arrivé à Tineh, ils iront jusqu'à Omin-Faredge.

Vous devez avoir reçu un convoi commandé par l'adjudant-général Gillyvieux, un autre par l'adjudant-général Fouler : celui-ci est le troisième Arabe que je vous expédie sur un dromadaire depuis que je suis ici.

Je n'ai point de vos nouvelles depuis la lettre du général Reynier, que vous m'avez envoyée il y a trois jours.

BONAPARTE.

Catieh, le 27 pluviose an 7 (15 février 1799).

A l'adjudant-général Grezieux.

Vous allez partir pour Tineh, citoyen, avec 200 chameaux et cinquante hommes d'escorte et une compagnie de dromadaires. Arrivé à Tineh, vous ferez charger sur ces chameaux tout l'orge, le riz et le biscuit que vous pourrez ; vous presserez le départ du bataillon de la quatrième et des trois compagnies de grenadiers de la dix-neuvième ; vous écrirez à l'adjudant-général Almeyras, commandant à Damiette, et vous lui marquerez d'activer le plus possible le départ des convois de subsistances pour Tineh. Vous m'expédierez de Tineh un Arabe sur un dromadaire pour me rendre compte exactement de la situation des magasins de Tineh, et me donner des nouvelles du Caire et de Damiette.

Vos chameaux chargés, vous vous rendrez à Catieh ; vous y trouverez un convoi de chameaux revenant à vide d'El-Arich ; vous ferez charger dessus cinquante mille rations de riz, de biscuit, et si le nombre des chameaux n'était pas suffisant, vous prendriez dans les deux cents chameaux de quoi assurer le transport de ces cinquante mille rations ; vous partirez avec ce convoi pour El-Arich, et vous remettrez les chameaux dont vous n'aurez plus besoin. Avant de partir, vous donnerez l'ordre au commandant de Catieh de faire filer continuellement sur El-Arich les vivres qui arriveraient de Tineh, et de m'envoyer des exprès pour m'instruire de sa situation, de celle de ses magasins et de celle de Tineh.

BONAPARTE.

P. S. Si, à Tineh, il y avait des denrées pour charger plus de deux cents chameaux, vous feriez un second voyage avec vos chameaux.

Le parc d'artillerie a ordre, dès l'instant qu'il sera arrivé, d'envoyer cent chameaux à Tineh.

Catieh, le 27 pluviose an 7 (15 février 1799).

A l'ordonnateur en chef.

L'adjudant-général Grezieux, qui part avec deux cents chameaux pour Tineh, a ordre de faire un second voyage, si cela est nécessaire, pour l'entière évacuation des magasins de Tineh. Le parc d'artillerie qui arrive ce soir enverra cent chameaux à Tineh, et, si cela est nécessaire, ces chameaux feront deux voyages.

Vous donnerez ordre au commissaire Sartelon de rester à Catieh jusqu'à nouvel ordre, et de faire filer, avec la plus grande activité, sur El-Arich tous les objets de subsistance qui se trouveraient à Catieh.

Il doit y avoir à Damiette, Menouf, Mehal-el-Kebir, une grande quantité de son ; faites filer le tout sur Catieh : ce point est le plus essentiel tant pour avancer que pour la retraite, et doit être approvisionné par tous les moyens possibles.

Vous renouvellerez les ordres à Salabieh, Belbeis et au Caire, de faire filer avec activité des convois de biscuit, orge, fèves, son et riz sur Catieh. BONAPARTE.

Kan-Jounes, le 6 ventose an 7 (24 février 1799).

Aux scheicks et ulemas de Gaza.

Arrivé à Kan-Jounes avec mon armée, j'apprends qu'une partie des habitans de Gaza ont eu peur et ont évacué la ville. Je vous écris la présente pour qu'elle vous serve de sauvegarde, et pour faire connaître que je suis ami du peuple, protecteur des ulemas et des fidèles.

Si je viens avec mon armée à Gaza, c'est pour en chasser les troupes de Djezzar-Pacha, et le punir d'avoir fait une invasion en Egypte.

Envoyez donc au devant de moi des députés, et soyez sans inquiétude pour la religion, pour votre vie, vos propriétés et vos femmes. BONAPARTE.

Ramleh, le 12 ventose an 7 (2 mars 1799).

Au général Kléber.

Je pense que la lettre que vous avez fait écrire par votre capitaine des Maugrabins pourra faire un bon effet. Joignez-y une sommation en règle pour leur faire sentir que la place ne peut pas tenir.

Si vous pensez qu'un mouvement de votre division sur Jaffa en accélère la reddition, je vous autorise à le faire. Si vous entrez dans la ville, prenez toutes les mesures pour empêcher le pillage; vous placerez la cavalerie en avant sur le chemin de Saint-Jean d'Acre.

Nous avons trouvé ici une assez grande quantité de magasins, surtout beaucoup d'orge. BONAPARTE.

Jaffa, le 12 ventose an 7 (2 mars 1799).

Au contre-amiral Ganteaume.

Vous donnerez l'ordre qu'on fasse partir d'Alexandrie les troupes qui s'y trouveraient sur les bâtimens de transport que l'on jugera les plus propices.

Vous donnerez l'ordre au contre-amiral Perrée, s'il peut sortir d'Alexandrie avec les trois frégates *la Junon*, *l'Alceste* et *la Courageuse* et deux bricks, sans que l'ennemi s'en aperçoive, de se rendre à Jaffa, où il recevra de nouveaux ordres. Si le temps le poussait devant Saint-Jean d'Acre, il s'informera si nous y sommes : il est probable que nous y serons. Alors il embarquera avec lui, sur chacune de ses frégates, une pièce de 24 et un mortier avec trois cents coups à tirer, et sur chaque frégate une forge pour rougir les boulets à terre. Il ne faut pas cependant que l'embarquement desdits objets retarde en rien son départ, si le temps était propice.

S'il pensait ne pouvoir sortir sans que l'ennemi eût connaissance de son mouvement, il tâcherait de m'envoyer à Jaffa deux bons bricks, tels que *le Salamine* et *l'Alerte*.

Vous enverrez cet ordre par un officier de marine qui partira sur une djerme, qui débarquera à Damiette, et par le courrier qui part demain pour le Caire. BONAPARTE.

El-Arich, le 15 ventôse an 7 (5 mars 1799).

Au général Dugua.

Le chef de l'état-major doit vous avoir tenu instruit des différens mouvemens militaires qui ont eu lieu ici.

Vous recevrez une quinzaine de drapeaux avec six cachefs et une trentaine de mameloucks : mon intention est qu'ils soient bien traités. On leur restituera leurs maisons, mais on exercera sur eux une surveillance particulière. Vous leur réitérerez la promesse que je leur ai faite de leur faire du bien si, à mon retour, vous êtes content de leur conduite.

Je désire que vous voyiez le scheik Mahdieh et les différens membres du divan, que vous vous concertiez pour faire une petite fête à la réception des drapeaux, et, si cela se peut, faire naturellement qu'ils soient placés dans la mosquée de Geuil-Azur, comme un trophée de la victoire remportée par l'armée d'Egypte sur Djezzar et sur les ennemis des Egyptiens.

Arrangez tout cela comme vous pourrez. Faites connaître aux habitans du Caire, de Damiette, qu'ils peuvent envoyer des caravanes en Syrie; qu'ils vendront bien leurs marchandises, et que leurs propriétés seront respectées.

Faites filer du biscuit par toutes les occasions.

Faites dire à Ibrahim, scheick des Billis, que je désire qu'il vienne, ainsi que le kiaya des Arabes, qui est un Maugrabin qui me serait utile. Faites-nous passer, dès que vous le pourrez, cinq ou six cents coups à boulet de 8 et trois ou quatre cents de 12.

Envoyez-moi les lettres de l'armée par des convois sûrs, et ne m'écrivez par les Arabes que des lettres par duplicata de ce que vous m'écrirez par des détachemens : le désert est fort long, et les Arabes viennent de piller toutes les dépêches que le général Rampon m'envoyait de Catieh par un Arabe.

Je n'ai reçu de vous, depuis mon départ, qu'une seule lettre du 26. S'il venait surtout des lettres importantes, soit de la Haute-Egypte, soit de France, ne les hasardez pas légèrement; mais envoyez-les-moi par un officier et une bonne escorte, en me prévenant en gros, par un Arabe, de ce qui serait parvenu à votre connaissance.

J'ai enrôlé trois à quatre cents Maugrabins, qui marchent avec nous.   BONAPARTE.

Jaffa, le 19 ventose an 7 (9 mars 1799).

Au général Kléber.

Je vous envoie, citoyen général, une lettre au scheick de Naplouse, que je vous prie de lui faire passer. Je vous prie d'en faire faire plusieurs copies, et de les envoyer successivement, afin d'être sûr qu'une d'elles arrivera.

J'ai écrit à Djezzar-Pacha : s'il prend le parti d'envoyer

quelqu'un, comme je le lui propose, recommandez à vos avant-postes de le bien traiter.

À l'instant nous prenons deux bâtimens, un chargé de deux mille quintaux de poudre, et l'autre de riz.

La garnison de Jaffa était de quatre mille hommes : deux mille ont été tués dans la ville, et près de deux mille ont été fusillés entre hier et aujourd'hui. BONAPARTE.

Jaffa, le 19 ventose an 7 (9 mars 1799).

Aux scheicks, ulémas, et autres habitans des provinces de Gaza, Ramleh et Jaffa.

Dieu est clément et miséricordieux.

Je vous écris la présente pour vous faire connaître que je suis venu dans la Palestine pour en chasser les mameloucks et l'armée de Djezzar-Pacha.

De quel droit, en effet, Djezzar a-t-il étendu ses vexations sur les provinces de Jaffa, Ramleh et Gaza, qui ne font pas partie de son pachalic? De quel droit avait-il également envoyé ses troupes à El-Arich ? Il m'a provoqué à la guerre, je la lui ai apportée; mais ce n'est pas à vous, habitans, que mon intention est d'en faire sentir les horreurs.

Restez tranquilles dans vos foyers : que ceux qui, par peur, les ont quittés, y rentrent. J'accorde sûreté et sauvegarde à tous. J'accorderai à chacun la propriété qu'il possédait.

Mon intention est que les cadis continueront comme à l'ordinaire leurs fonctions et à rendre la justice, que la religion surtout soit protégée et respectée, et que les mosquées soient fréquentées par tous les bons musulmans : c'est de Dieu que viennent tous les biens, c'est lui qui donne la victoire.

Il est bon que vous sachiez que tous les efforts humains

sont inutiles contre moi, car tout ce que j'entreprends doit réussir. Ceux qui se déclarent mes amis, prospèrent; ceux qui se déclarent mes ennemis, périssent. L'exemple de ce qui vient d'arriver à Jaffa et à Gaza doit vous faire connaître que si je suis terrible pour mes ennemis, je suis bon pour mes amis, et surtout clément et miséricordieux pour le pauvre peuple. BONAPARTE.

Jaffa, le 19 ventose an 7 (9 mars 1799).

Aux scheicks, ulémas et commandant de Jérusalem.

Je vous fais connaître par la présente que j'ai chassé les mameloucks et les troupes de Djezzar-Pacha des provinces de Gaza, Ramleh et Jaffa; que mon intention n'est pas de faire la guerre au peuple; que je suis l'ami des musulmans; que les habitans de Jérusalem peuvent choisir la paix ou la guerre. S'ils choisissent la première, qu'ils envoient au camp de Jaffa des députés pour promettre de ne jamais rien faire contre moi. S'ils étaient assez insensés pour préférer la guerre, je la leur porterai moi-même. Ils doivent savoir que je suis terrible comme le feu du ciel envers mes ennemis, clément et miséricordieux envers le peuple et ceux qui veulent être mes amis. BONAPARTE.

Jaffa, le 19 ventose an 7 (9 mars 1799).

Aux scheicks de Naplouse.

Je me suis emparé de Gaza, Ramleh, Jaffa et de toute la Palestine. Je n'ai aucune intention de faire la guerre aux habitans de Naplouse, car je ne viens ici que pour faire la guerre aux mameloucks, à Djezzar-Pacha, dont je sais que vous êtes les ennemis.

Je leur offre donc, par la présente lettre, la paix ou la guerre. S'ils veulent la paix, qu'ils chassent les mameloucks de chez eux, et me le fassent connaître; en promettant de ne commettre aucune hostilité contre moi. S'ils veulent la guerre, je la leur porterai moi-même; je suis clément et miséricordieux envers mes amis, mais terrible comme le feu du ciel envers mes ennemis.

BONAPARTE.

Jaffa, le 19 ventose an 7.(9 mars 1799).

A Djezzar-Pacha.

Depuis mon entrée en Egypte, je vous ai fait connaître plusieurs fois que mon intention n'était pas de vous faire la guerre, que mon seul but était de chasser les mameloucks; vous n'avez répondu à aucune des ouvertures que je vous ai faites.

Je vous avais fait connaître que je désirais que vous éloignassiez Ibrahim-Bey des frontières de l'Egypte: bien loin de là, vous avez envoyé des troupes à Gaza, vous avez fait de grands magasins, vous avez publié partout que vous alliez entrer en Egypte : effectivement vous avez effectué votre invasion en portant deux mille hommes de vos troupes dans le fort d'El-Arich, enfoncé à six lieues dans le territoire de l'Egypte. J'ai dû alors partir du Caire, et vous apporter moi-même la guerre que vous paraissiez provoquer.

Les provinces de Gaza, Ramleh et Jaffa sont en mon pouvoir. J'ai traité avec générosité celles de vos troupes qui s'en sont remises à ma discrétion, j'ai été sévère envers celles qui ont violé les droits de la guerre; je marcherai sous peu de jours sur Saint-Jean d'Acre. Mais quelle raison ai-je d'ôter quelques années de vie à un vieillard que je ne connais pas? Que font quelques lieues de plus à côté des pays que j'ai conquis? et puisque Dieu me donne la victoire, je veux, à son exemple, être clément et miséricordieux, non-seulement envers le peuple, mais encore envers les grands.

Vous n'avez point de raisons réelles d'être mon ennemi, puisque vous l'étiez des mameloucks. Votre pachalic est séparé par les provinces de Gaza, Ramleh et par d'immenses déserts de l'Egypte. Redevenez mon ami, soyez l'ennemi des mameloucks et des Anglais, je vous ferai autant de bien que je vous ai fait et que je peux vous faire de mal. Envoyez-moi votre réponse par un homme muni de vos pleins pouvoirs et qui connaisse vos intentions. Il se présentera à mon avant-garde avec un drapeau blanc, et je donne ordre à mon état-major de vous envoyer un sauf-conduit, que vous trouverez ci-joint.

Le 24 de ce mois, je serai en marche sur Saint Jean d'Acre; il faut donc que j'aie votre réponse avant ce jour.

BONAPARTE.

Jaffa, le 19 ventose an 7 (9 mars 1799).

Au général Dugua.

J'ai reçu, citoyen général, fort peu de lettres de vous; elles ont, j'imagine, été interceptées par cette nuée d'Arabes qui couvrent le désert : la dernière que j'ai reçue de vous est du 6 ventose.

L'état-major vous instruira des détails de la prise de Jaffa. Les 4,000 hommes qui formaient la garnison ont tous péri dans l'assaut, ou ont été passés au fil de l'épée.

Il nous reste encore Saint-Jean d'Acre.

Avant le mois de juin, il n'y a rien de sérieux à craindre de la part des Anglais.

Quant à l'affaire de la mer Rouge, on ne comprend pas grand'chose au rapport qui vous a été envoyé. Il faut espérer que les officiers de marine qui s'y trouvent, en donneront un plus intelligible.

La victoire du général Desaix doit avoir tout tranquillisé dans la haute Egypte. Nos victoires en Syrie doivent apaiser les troubles de la Scharkieh. — BONAPARTE.

Jaffa, le 20 ventose an 7 (10 mars 1799).

Au général Marmont.

L'état-major vous aura instruit, citoyen général, des différens événemens militaires qui se sont succédé et auxquels nous devons la conquête de toute la Palestine. La prise de Jaffa a été brillante; 4,000 hommes des meilleures troupes de Djezzar et des meilleurs canonniers de Constantinople ont été passés au fil de l'épée. Nous avons trouvé dans cette ville soixante pièces de canon, des munitions, et beaucoup de magasins. Ces pièces sont toutes fondues à Constantinople et de calibre françois.

Jaffa a une rade assez sûre et une petite anse où nous avons trouvé un bâtiment de cent cinquante tonneaux. Comme nous avons ici beaucoup de savon et autres objets, si quelques bâtimens de convoi de cent à cent cinquante tonneaux veulent se hasarder à venir, on les frétera.

Les dernières nouvelles que j'ai de Damiette sont du 4 ventose, d'où je conclus qu'il n'y avait rien de nouveau à Alexandrie. Le 1er ventose, il a fait des vents très-violens qui auront éloigné les Anglais.

Je vous envoie une proclamation en arabe, faite aux habitans du pays : si vous avez encore une imprimerie, faites-la imprimer et répandre dans le Levant, la Barbarie et partout où il sera possible. Dans le cas où vous n'auriez plus d'imprimerie, je donne ordre qu'on l'imprime au Caire et que l'on vous envoie deux cents exemplaires de cette proclamation.

S'il partait des bâtimens pour France, je vous autorise à écrire au gouvernement ce que vous savez de notre position : vous sentez qu'il ne doit rien y avoir de politique, mais seulement des faits. BONAPARTE.

Jaffa, le 20 ventose an 7 (10 mars 1799).

Au général du génie.

Des personnes arrivées d'El-Arich m'instruisent qu'on n'y a rien fait, pas même rétabli la brèche : veuillez donner des ordres pour que les réparations d'un fort si essentiel n'éprouvent aucun retard. Vous sentez qu'il peut arriver des événemens tels qu'El-Arich devienne notre tête de ligne, laquelle pouvant tenir quinze jours ou un mois, pourrait donner des résultats incalculables. BONAPARTE.

Jaffa, le 20 ventose an 7 (10 mars 1799).

A l'adjudant-général Almeyras.

L'état-major vous aura instruit, citoyen général, de la prise de Jaffa, où nous avons trouvé beaucoup de riz, et nous en avions besoin, car notre flottille nous manque toujours.

Nous y avons trouvé une grande quantité d'artillerie, beaucoup d'obusiers, de pièces de 4 du calibre français.

Comme il y a ici de l'huile et du savon, et d'autres objets qui sont utiles en Egypte, et que la Palestine a besoin de riz, engagez les négocians de Damiette à ouvrir un commerce avec Jaffa. Assurez-les qu'ils seront protégés et n'essuieront aucune avanie.

Si la flottille n'était pas partie, prenez toutes les mesures pour la faire sortir. Envoyez-moi aussi des djermes avec du biscuit, droit à Jaffa. BONAPARTE.

Jaffa, le 20 ventose an 7 (10 mars 1799).

Au citoyen Poussielgue.

Je vous fais passer une proclamation que j'ai faite aux habitans de ces provinces. Faites-la imprimer et répandez-la par tous les moyens possibles ; envoyez-en deux cents exemplaires à Damiette et à Alexandrie, pour qu'il s'en répande dans le Levant, à Constantinople et dans la Barbarie.

Je renvoie au Caire le chef des scheicks, celui qui avait la place que j'ai donnée au scheick El-Bekri. Vous assurerez ce dernier que cela ne doit l'inquiéter en rien, et que je sais mettre de la différence entre mes vieux amis et les nouveaux.

Engagez les négocians de Damiette à venir vendre leur riz à Jaffa. Nous avons ici une grande quantité de savon ; engagez les négocians du Caire à venir en acheter. Ils savent que je protége le commerce ; ils n'ont à craindre ni avanies ni tracasseries. Il y a ici des articles qui manquent en Egypte, tels que le savon, l'huile ; qu'ils apportent en échange du riz et du blé ; prenez toutes les mesures pour activer, autant que possible, ce commerce.

Faites imprimer en arabe tout ce que Venture écrit au divan, en y faisant mettre les ornemens que le scheick Mahdi jugera à propos, et répandez-le dans l'Egypte.

BONAPARTE.

Jaffa, le 21 ventose an 7 (11 mars 1799).

Au général Dugua.

J'ai reçu, citoyen général, par mon aide-de-camp Lavalette le duplicata des lettres que vous m'avez écrites. Vous aurez reçu des lettres de Gaza et le récit de l'affaire de Jaffa.

L'événement arrivé à Cosseir est d'autant plus inconcevable, que le contre-amiral Ganteaume avait donné pour instructions au citoyen Collot, que, s'il y avait des bâtimens à Cosseir, il s'en tînt à croiser pour les empêcher de sortir.

L'état-major envoie l'ordre au général Menou de se rendre à Jaffa pour prendre le commandement de la Palestine.

Après tous les accidens que nous apprenons de la mer, il ne vous paraîtra pas prudent que vous la traversiez dans ce moment-ci; vous penserez, sans doute, qu'il est nécessaire que vous attendiez d'autres circonstances.

Votre convoi de cent cinquante chameaux chargés de vivres et de munitions d'artillerie, nous est venu fort à propos, pour les munitions d'artillerie surtout, car nous avons grand besoin de boulets de 8 et de 12. BONAPARTE.

Jaffa, le 23 ventose an 7 (13 mars 1799).

A l'adjudant-général Grezieux.

Vous aurez, citoyen, le commandement de la province de Jaffa et de celle de Ramleh.

Votre première opération sera de faire placer une pièce de canon sur chacune des tours, et de disposer les quatre plus grosses du côté du front, pour sa défense.

L'officier du génie a ordre de réparer sur-le-champ la brèche.

Vous vous assurerez que les portes puissent se fermer facilement. Comme les deux qui existent me paraissent très-rapprochées l'une de l'autre, il suffirait d'en tenir une ouverte.

Les Grecs doivent fournir des secours à l'hôpital des blessés.

Les chrétiens latins et les Arméniens doivent fournir des secours à l'hôpital des fiévreux.

Vous formerez un divan, composé de sept personnes ; vous y mettrez des mahométans et des chrétiens.

Vous seconderez toutes les opérations du citoyen Gloutier, tendant à établir les finances et à procurer de l'argent à la caisse.

Aucun bâtiment de ceux qui sont actuellement dans le port, ne doit en sortir sous quelque prétexte que ce soit.

Le commerce avec Damiette et l'Egypte sera encouragé le plus possible.

Vous enverrez dans tous les villages une proclamation afin que les habitans vivent tranquilles. J'ai chargé le général Reynier d'organiser un divan à Ramleh.

Il reste ici un officier de marine.

Si vous aviez des nouvelles plus intéressantes à me faire passer, et que le temps fût beau, vous pourriez profiter à la fois de la terre et de la mer.

Toutes les fois qu'il y aura des occasions pour l'Egypte, vous ne manquerez pas de donner des nouvelles de l'armée à l'adjudant-général Almeyras, à Damiette, et au général Dugua, au Caire.

Ayez bien soin que les magasins soient tenus en bon état et ne soient pas gaspillés. Faites toutes les recherches possibles pour en découvrir de nouveaux. BONAPARTE.

Jaffa, le 23 ventose an 7 (13 mars 1799).

Au directoire exécutif.

Le 5 fructidor, j'envoyai un officier à Djezzar, pacha d'Acre : il l'accueillit mal et ne répondit pas.

Le 29 brumaire, je lui écrivis une autre lettre : il fit couper la tête au porteur.

Les Français étaient arrêtés à Acre et traités cruellement.

Les provinces d'Egypte étaient inondées de firmans, dans lesquels Djezzar ne dissimulait point ses intentions hostiles et annonçait son arrivée.

Il fit plus : il envahit les provinces de Jaffa, Ramleh et Gaza. Son avant-garde prit position à El-Arich, où il y a quelques bons puits et un fort situé dans le désert à dix lieues dans le territoire de l'Egypte.

Je n'avais donc plus le choix : j'étais provoqué à la guerre; je ne crus pas devoir tarder à la lui porter moi-même.

Le général Reynier rejoignit le 16 pluviose son avant-garde, qui, sous les ordres de l'infatigable général Lagrange, était à Catieh, situé à trois journées dans le désert, où j'avais réuni des magasins considérables.

Le général Kléber arriva le 18 pluviose de Damiette sur le lac Menzaleh, sur lequel on avait construit plusieurs barques canonnières, débarqua à Peluse et se rendit à Catieh.

Combat d'El-Arich.

Le général Reynier partit le 18 pluviose de Catieh avec sa division, pour se rendre à El-Arich. Il fallut marcher plusieurs jours à travers le désert sans trouver d'eau; des difficultés de toute espèce furent vaincues : l'ennemi fut attaqué, forcé, le village d'El-Arich enlevé, et toute l'avant-garde ennemie bloquée dans le fort d'El-Arich.

Attaque de nuit.

Cependant la cavalerie de Djezzar-Pacha, soutenue par un corps d'infanterie, avait pris position sur nos derrières à une lieue, et bloquait l'armée assiégeante.

Le général Kléber fit faire un mouvement au général Reynier; à minuit, le camp ennemi fut cerné, attaqué et enlevé;

un des beys fut tué. Effets, armes, bagages, tout fut pris : la plupart des hommes eurent le temps de se sauver, plusieurs mameloucks d'Ibrahim-Bey furent faits prisonniers.

Siége du fort d'El-Arich.

La tranchée fut ouverte devant le fort d'El-Arich : une de nos mines avait été éventée et nos mineurs délogés. Le 28 pluviose, une batterie de brèche fut construite, ainsi que deux batteries d'approche : on canonna toute la journée du 29. Le 30 à midi, la brèche était praticable ; je sommai le commandant de se rendre, il le fit. Nous avons trouvé à El-Arich trois cents chevaux, beaucoup de biscuit, de riz, cinq cents Albanais, cinq cents Maugrabins, deux cents hommes de l'Adonie et de la Caramanie ; les Maugrabins ont pris du service avec nous : j'en ai fait un corps auxiliaire.

Nous partîmes d'El-Arich le 4 ventose ; l'avant-garde s'égara dans le désert et souffrit beaucoup du manque d'eau : nous manquâmes de vivres, nous fûmes obligés de manger des chevaux, des mulets, des chameaux.

Nous étions le 6 aux colonnes placées sur les limites de l'Afrique et de l'Asie ; nous couchâmes en Asie le 6.

Le jour suivant, nous étions en marche sur Gaza : à dix heures du matin, nous découvrîmes trois ou quatre mille hommes de cavalerie qui marchaient à nous.

Combat de Gaza.

Le général Murat, commandant la cavalerie, fit passer les différens torrens qui se trouvaient en présence de l'ennemi par des mouvemens exécutés avec précision.

La division Kléber se porta par la gauche sur Gaza ; le général Lannes, avec son infanterie légère, appuyait les mouvemens de la cavalerie, qui était rangée sur deux lignes. Chaque ligne avait derrière elle un escadron de réserve : nous chargeâmes l'ennemi près de la hauteur qui regarde Nebron, et où Samson porta les portes de Gaza. L'ennemi ne reçut point la charge et se replia : il eut quelques hommes tués, entre autres le kiaya du pacha.

La vingt-deuxième d'infanterie légère s'est fort bien conduite : elle suivait les chevaux au pas de course ; il y avait cependant bien des jours qu'elle n'avait fait un bon repas ni bu de l'eau à son aise.

Nous entrâmes dans Gaza : nous y trouvâmes quinze milliers de poudre, beaucoup de munitions de guerre, des bombes, des outils, plus de deux cent mille rations de biscuit et six pièces de canon.

Le temps devint affreux : beaucoup de tonnerre et de pluie ; depuis notre départ de France, nous n'avions pas vu d'orage.

Nous couchâmes le 10 à Eswod, l'ancienne Azot.

Nous couchâmes le 11 à Ramleh ; l'ennemi l'avait évacué avec tant de précipitation, qu'il nous laissa cent mille rations de biscuit, beaucoup plus d'orge, et quinze cents outres que Djezzar avait préparées pour passer le désert.

Siége de Jaffa.

La division Kléber investit d'abord Jaffa, et se porta ensuite sur la rivière de la Hhayah, pour couvrir le siége ; la division Bon investit les fronts droits de la ville, et la division Lannes les fronts gauches.

L'ennemi démasqua une quarantaine de pièces de canon de tous les points de l'enceinte, desquelles il fit un feu vif et soutenu.

Le 16, deux batteries d'approche, la batterie de brèche,

une de mortiers, étaient en état de tirer. La garnison fit une sortie; on vit alors une foule d'hommes diversement costumés, et de toutes les couleurs, se porter sur la batterie de brèche : c'étaient des Maugrabins, des Albanais, des Kurdes, des Natoliens, des Caramaniens, des Damasquyns, des Alepins, des noirs de Tekrour; ils furent vivement repoussés, et rentrèrent plus vite qu'ils n'auraient voulu. Mon aide-de-camp Duroc, officier en qui j'ai grande confiance, s'est particulièrement distingué.

A la pointe du jour, le 17, je fis sommer le gouverneur; il fit couper la tête à mon envoyé, et ne répondit point. A sept heures, le feu commença; à une heure je jugeai la brèche praticable. Le général Lannes fit les dispositions pour l'assaut; l'adjoint aux adjudans-généraux, Netherwood, avec dix carabiniers, y monta le premier et fut suivi de trois compagnies de grenadiers de la treizième et de la soixante-neuvième demi-brigade, commandées par l'adjudant-général Rambaud, pour lequel je vous demande le grade de général de brigade.

A cinq heures, nous étions maîtres de la ville, qui, pendant vingt-quatre heures, fut livrée au pillage et à toutes les horreurs de la guerre, qui jamais ne m'a paru si hideuse.

Quatre mille hommes des troupes de Djezzar ont été passés au fil de l'épée; il y avait huit cents canonniers : une partie des habitans a été massacrée.

Les jours suivans, plusieurs bâtimens sont venus de Saint-Jean d'Acre avec des munitions de guerre et de bouche; ils ont été pris dans le port : ils ont été étonnés de voir la ville en notre pouvoir; l'opinion était qu'elle nous arrêterait six mois.

Abd-Oullah, général de Djezzar, a eu l'adresse de se cacher parmi les gens d'Egypte, et de venir se jeter à mes pieds.

J'ai renvoyé à Damas et à Alep plus de cinq cents personnes de ces deux villes, ainsi que quatre à cinq cents personnes d'Egypte.

J'ai pardonné aux mameloucks et aux kachefs que j'ai pris à El-Arich ; j'ai pardonné à Omar Makram, cheikh du Caire ; j'ai été clément envers les Egyptiens, autant que je l'ai été envers le peuple de Jaffa, mais sévère envers la garnison qui s'est laissé prendre les armes à la main.

Nous avons trouvé à Jaffa cinquante pièces de canon, dont trente formant l'équipage de campagne, de modèle européen, et des munitions, plus de quatre cent mille rations de biscuit, deux mille quintaux de riz, et quelques magasins de savon.

Les corps du génie et de l'artillerie se sont distingués.

Le général Caffarelli, qui a dirigé ces siéges, qui a fait fortifier les différentes places de l'Egypte, est un officier recommandable par une activité, un courage et des talens rares.

Le chef de brigade du génie Samson a commandé l'avantgarde qui a pris possession de Cathieh, et a rendu dans toutes les occasions les plus grands services.

Le capitaine du génie Sabatier a été blessé au siége d'El-Arich.

Le citoyen Aimé est entré le premier dans Jaffa, par un vaste souterrain qui conduit dans l'intérieur de la place.

Le chef de brigade Songis, directeur du parc d'artillerie, n'est parvenu à conduire les pièces qu'avec de grandes peines ; il a commandé la principale attaque de Jaffa.

Nous avons perdu le citoyen Lejeune, chef de la vingt-deuxième d'infanterie légère, qui a été tué à la brèche : cet officier a été vivement regretté de l'armée ; les soldats de son corps l'ont pleuré comme leur père. J'ai nommé à sa place le chef de bataillon Magni, qui a été grièvement blessé. Ces différentes affaires nous ont coûté cinquante hommes tués et deux cents blessés.

L'armée de la république est maître de toute la Palestine.

BONAPARTE.

FIN DU SECOND VOLUME.

www.ingramcontent.com/pod-product-compliance
Lightning Source LLC
Chambersburg PA
CBHW071723230426
43670CB00008B/1105